《万历武功录》研究
WANLI WUGONG LU YANJIU
—— 以蒙古人物传记为中心

孟凡云 ◎ 著

中央民族大学出版社
PRESS OF THE CENTRAL UNIVERSITY FOR NATIONALITIES

图书在版编目(CIP)数据

《万历武功录》研究——以蒙古人物传记为中心/孟凡云著—北京:中央民族大学出版社,2008.7
 ISBN 978-7-81108-564-8

Ⅰ.万… Ⅱ.孟… Ⅲ.①中国—古代史—1436-1572 ②蒙古族—民族历史—中国—明代③万历武功录—研究 Ⅳ.K281.2

中国版本图书馆 CIP 数据核字(2008)第 060429 号

《万历武功录》研究——以蒙古人物传记为中心

作　　者	孟凡云
责任编辑	云　峰
封面设计	布拉格工作室
出 版 者	中央民族大学出版社
	北京市海淀区中关村南大街 27 号　邮编:100081
	电话:68472815(发行部)　传真:68932751(发行部)
	68932218(总编室)　　68932447(办公室)
发 行 者	全国各地新华书店
印 刷 者	北京宏伟双华印刷有限公司
开　　本	787×1092(毫米) 1/16　印张:22
字　　数	315 千字
印　　数	2000 册
版　　次	2008 年 7 月第 1 版　2008 年 7 月第 1 次印刷
书　　号	ISBN 978-7-81108-564-8
定　　价	48.00 元

版权所有　翻印必究

《中国边疆民族地区历史与地理研究系列丛书》前言

中国民族史及中国边疆地理研究是中央民族大学的传统优势学科。1952年全国高校院系调整,撤销了燕京大学、辅仁大学、清华大学的历史系、社会学系,三校的民族史、民族学、社会学方面的专家学者汇集于当时的中央民族学院,建立了民族研究部。1956年,又创建历史系,著名蒙古史和元史专家翁独健教授担任系主任,分设民族历史和民族学两个专业方向,招收本科生和研究生。吴文藻、潘光旦、林耀华、费孝通、傅乐焕、王锺翰等著名学者在系任教。20世纪50年代,全体师生参加了国家民族事务委员会组织的全国少数民族社会历史调查和民族识别工作,并参加《中国少数民族简史丛书》的编写。尔后部分教师接受国家有关部门的委托,整理了中印、中苏、中越边界资料(包括南海诸岛资料),并负责《中国历史地图集》东北部分的编绘工作。历史系和民族研究部的相关人员构成了中央民族大学中国边疆民族研究方面的重要力量,发表了大量具有重要影响的中国民族史和边疆史地论著。近年中央民族大学王锺翰先生主编的《中国民族史》,费孝通、陈连开等先生编著的《中华民族多元一体格局》,谭其骧主编、张锡彤等先生编绘的《中国历史地图集·东北卷》,谭其骧主编、张锡彤等先生编著的《〈中国历史地图集〉释文汇编·东北卷》在国内外学术界都有很大的影响。

中央民族大学的边疆史地研究学科被列入国家教育部"985工程"重点建设的学科,建立了中央民族大学中国边疆民族地区历史与地理研究中心,作为该学科的创新平台,其主要任务是以中国边疆民族地区历史与地理研究项目为核心,汇聚国内外一流人才,开展合作研究,获得创新性研究成果,促进该学科的进一步发展。

本中心的宗旨是:以基础研究为主,应用研究为辅,坚持百家争鸣,鼓励学术创新。注重选题的前沿性,在充分利用汉文史料的基础上，鼓励发掘少数民族语文文献史料和域外史料，注重田野调查，在获取第一手资料的基础上，取得原创性成果。推出新人新作，培养中青年学者，建设一支高水平的学术队伍。

《中国边疆民族历史与地理研究系列丛书》收入的论著都是本中心二期建设期间的科研成果，将其奉献给国内外学术界和读者，希望得到大家的关心和支持，并提出宝贵意见。我们衷心欢迎国内外学者与我们建立学术联系，积极参与和支持中国边疆民族地区历史与地理研究项目，共同为该学科的发展，为边疆少数民族地区的稳定和繁荣做出贡献。

在本系列丛书出版之际，我们谨向关心支持本项目的国家民委和学校的领导，中央民族大学中国少数民族语言文化教育与边疆史地哲学社会科学创新基地的领导，中央民族大学出版社的领导，以及所有支持和参与者表示衷心的感谢。

达力扎布
2007 年 10 月 16 日

Contents 目录

绪论 ……………………………………………………………… (1)

第一章 《万历武功录》概述

第一节 《万历武功录》成书的历史背景 …………………… (8)
一、社会背景 ……………………………………………… (8)
二、文化背景 ……………………………………………… (11)
（一）整体学术背景——实学思潮的兴起 ………… (11)
（二）史学背景 …………………………………… (13)

第二节 关于《万历武功录》一书 ………………………… (18)
一、《万历武功录》的撰写宗旨、成书时间和上下限 …… (18)
（一）撰写宗旨 …………………………………… (18)
（二）成书时间 …………………………………… (23)
（三）全书内容的上下限 ………………………… (24)
二、《万历武功录》的内容、收载标准和结构 …………… (25)
（一）内容 ………………………………………… (25)
（二）收录标准 …………………………………… (26)
（三）结构 ………………………………………… (27)

第三节 《万历武功录》的优点和缺点 ……………………… (27)
一、《万历武功录》的优点 ………………………………… (27)
（一）杂取各体之长 ……………………………… (27)
（二）直书笔法 …………………………………… (33)
（三）内容详瞻 …………………………………… (39)

（四）经世原则下的人民性 …………………………………（41）
二、《万历武功录》的缺点 ………………………………………（43）
　（一）剪裁不精 ……………………………………………（43）
　（二）文字水平差 …………………………………………（45）
　（三）人物评价平庸 ………………………………………（51）
　（四）记事失误较多 ………………………………………（53）

第二章　瞿九思及其史学

第一节　瞿九思生平及其学术渊源 ……………………………（55）
一、家世 …………………………………………………………（55）
二、生平 …………………………………………………………（56）
　（一）生卒年 ………………………………………………（56）
　（二）蒙冤时间 ……………………………………………（57）
　（三）被释之年 ……………………………………………（58）
　（四）冤狱成因 ……………………………………………（59）
　（五）瞿九思的生平简介 …………………………………（60）
三、为人 …………………………………………………………（63）
　（一）远大的救世理想 ……………………………………（63）
　（二）忍辱负重的个人品行 ………………………………（64）
　（三）民胞物欲的深广情怀和过人的胆识 ………………（65）
四、师承 …………………………………………………………（65）
　（一）哲学师承 ……………………………………………（66）
　（二）史学前辈的影响 ……………………………………（68）
第二节　瞿九思的史学思想 ……………………………………（70）
一、关于历史的思想 ……………………………………………（70）
　（一）关于历史发展的方向 ………………………………（70）
　（二）关于历史前进的动力 ………………………………（71）
　（三）局部唯物史观和整体唯心史观相结合 ……………（71）
二、关于现实的思想 ……………………………………………（74）
　（一）政治思想 ……………………………………………（74）

（二）经济思想 …………………………………………（75）
　（三）军事方面 …………………………………………（76）
　（四）正统观问题 ………………………………………（77）
三、关于历史编纂的程序和方法 ………………………………（79）
　（一）关于历史编纂的程序 ……………………………（79）
　（二）著述态度、史料方法和史学原则 ………………（81）
　（三）编纂方法 …………………………………………（83）

第三章 《万历武功录》蒙古部分史源文献的种类

第一节 万历之前史料的来源——前人著述 ……………………（87）
一、司马迁的《史记》、班固的《汉书》、岷峨山人的《译语》、严从简的《殊域周咨录》 ……………………（88）
二、《元朝秘史》、《元史》和《圣武亲征录》 ……………（89）
三、曹汝为的《附北虏始末》、郑晓的《皇明北虏考》、杨荣的《北征记》 …………………………………………（91）
四、曹汝为的《附北虏始末》、郑晓的《皇明北虏考》、冯时可的《俺答前志》、《俺答后志》、王世贞的《北虏始末志》、翁万达奏疏、张雨的《边政考》、王士琦的《三云筹俎考》、许论的《九边图论》及《明世宗实录》 ………（93）
五、《明世宗实录》、冯时可《俺答前志》、《俺答后志》和《赵全谳牍》 …………………………………………（93）
六、《赵全谳牍》、《俺答后志》、《通贡传》、《牧市答问》、《明穆宗实录》、方逢时《云中处降录》、刘绍恤《云中降虏传》、刘应箕《款塞始末》和《北狄顺义王俺答谢表》 ………………………………………………………（99）
七、萧大亨的《夷俗记》即《北虏风俗·北虏世系》、郭造卿《卢龙塞略》 …………………………………（107）
八、周毓阳《全辽图》 …………………………………（108）
第二节 万历年间史料的来源 ……………………………………（112）
一、奏疏 …………………………………………………（112）

二、诏书 ……………………………………………………（114）
三、塘报 ……………………………………………………（115）
四、公文（六部政令）……………………………………（115）
五、邸抄 ……………………………………………………（115）
六、书信 ……………………………………………………（117）
七、告示、檄文 ……………………………………………（117）
八、口碑 ……………………………………………………（118）

第四章 《万历武功录》蒙古部分的讹误种类及相关史料考辨（上）

第一节 时间方面的讹误 ……………………………（121）
  一、时间模糊 ………………………………………………（121）
    （一）年代模糊 …………………………………………（121）
    （二）月份错讹 …………………………………………（126）
    （三）日期模糊 …………………………………………（126）
  二、时序颠倒 ………………………………………………（128）
    （一）典型时序颠倒 ……………………………………（128）
    （二）时事不符 …………………………………………（128）
第二节 记事方面的错误 ……………………………（130）
  一、前元之裔歼焉，是后，虏皆瓦剌种 …………………（130）
  二、此阿弟故物 ……………………………………………（130）
  三、俺答在世多久 …………………………………………（130）
  四、土蛮、黄台吉与王台的联姻 …………………………（131）
第三节 记人方面的错误 ……………………………（132）
  一、人物记载中的血缘和部落传承讹误 …………………（133）
    （一）血缘关系错误 ……………………………………（133）
    （二）部落错误 …………………………………………（135）
  二、用情报资料或虚假材料捏合而成的列传 ……………（138）
    （一）《青把都列传》史料辨析 ………………………（138）
    （二）《中三边·黄台吉列传》史料辨析 ……………（148）

（三）《哈不慎列传》史料辨析 …………………………… (161)
　　（四）《满五索列传》、《满五大列传》史料辨析 ………… (174)
　　（五）《切尽黄台吉列传》史料辨析 ……………………… (177)
三、一人两传或数传 …………………………………………… (188)
　　（一）《俺坠兔阿不害列传》、《阿只兔列传》一人多传
　　　　　………………………………………………………… (188)
　　（二）《沙计阿不害列传》、《沙吉台吉列传》和《把秃台
　　　　　吉列传》的考辨 ……………………………………… (190)
　　（三）《䩀马兔阿不害列传》、《白马台吉列传》一人多传
　　　　　………………………………………………………… (194)
　　（四）《打喇克汉阿不害列传》、《或收气黄台吉列传》
　　　　　一人多传 ……………………………………………… (197)

第五章　《万历武功录》蒙古部分的讹误种类及相关史料考辨（下）

四、两人或数人一传 …………………………………………… (199)
　　（一）《吉能列传》史料辨析 ……………………………… (199)
　　（二）《克臭列传》史料辨析 ……………………………… (202)
　　（三）《永邵卜大成台吉列传》史料辨析 ………………… (213)
　　（四）《火落赤列传》史料辨析 …………………………… (226)
　　（五）《明爱台吉列传》一传三人 ………………………… (236)
　　（六）《炒忽儿列传》一传多人 …………………………… (241)
　　（七）《卜言把都儿列传》一传三人 ……………………… (245)
　　（八）《老撒列传》一传多人 ……………………………… (251)
　　（九）《委正列传》一传多人 ……………………………… (252)
　　（十）《额参列传》史料辨析 ……………………………… (255)
五、一人数传与一传数人两种讹误的综合 …………………… (257)
　　（一）《滚兔列传》和《拱兔列传》的史料辨析 ………… (257)
　　（二）《脑毛大列传》和《暖兔列传》的史料辨析 ……… (264)
　　（三）《大委正列传》、《壮兔列传》和《长秃列传》

的辨析 …………………………………………………（275）
　（四）《隐布台吉列传》和《卑不利阿不害列传》
　　　史料辨析 ……………………………………………（280）
　（五）《西三边·银定台吉列传》和《中三边·
　　　银定把都儿台吉列传》史料辨析 ………………（282）

第六章 《万历武功录》蒙古部分的史料价值

第一节　蒙汉文史籍的大致分类及优缺点 ……………（286）
　一、蒙文史著的特点和重点 …………………………（286）
　二、汉文其他史著的分类和特点 ……………………（289）
第二节　《万历武功录》史料方面的优点 ……………（291）
　一、《万历武功录》的史料集中性 ……………………（292）
　　（一）《万历武功录》在时间上的集中性 …………（292）
　　（二）《万历武功录》在内容上的集中性 …………（293）
　二、《万历武功录》的史料客观性 ……………………（294）
　　（一）《万历武功录》的资料翔实 …………………（294）
　　（二）《万历武功录》的资料可靠 …………………（298）
　三、《万历武功录》部分内容的独有性 ………………（300）
　　（一）《万历武功录·中三边》内容的独有性 ……（300）
　　（二）《万历武功录·西三边》内容的独有性 ……（310）
　　（三）《万历武功录·东三边》内容的独有性 ……（311）
第三节　《万历武功录》在蒙古史研究中的作用和地位 …（312）
　一、《万历武功录》在蒙古史研究中的作用 …………（312）
　　（一）关于切尽黄台吉的史料 ……………………（312）
　　（二）纠正错误、弥补不足 ………………………（322）
　　（三）为深层次文化研究提供史料 ………………（323）
　二、《万历武功录》的地位——研究明朝嘉靖初年到万历
　　　中期蒙古史的主要资料 …………………………（325）
参考文献 ……………………………………………………（329）
后记 …………………………………………………………（337）

绪 论

历史研究离不开史料的支撑。和前人相比，现在我们在历史研究中能够采用材料之种类是多种多样的，如文献资料、考古资料、档案资料以及语言学、民族学、人类学资料等等。而且现实中还呈现了这样一个发展趋势，即越是将各方面的资料综合起来运用，其说服力就越强。另一方面，历史研究中，其他资料仍然是十分缺乏的，文献史料仍然是史料的主要组成部分，是人们在历史研究中利用得最多、最广泛的资料。我国号称文明古国，文献资料十分丰富，遗留下来的史料可谓是浩如烟海，汗牛充栋。仅被称为"正史"（纪传体）的"二十四史"，就有3249卷，据不完全统计，其字数约达4000万左右，记述了中国4000多年的历史，保存了极其丰富的史料。纪传体之外，尚有编年体、国别体、纪事本末体、典制体、专史、别史、杂史、稗官野史等五花八门的大批史书，它们共同构成我国文献史料的主体。史书还仅仅是文献史料中比较少的一部分，史书之外又有经、子、集诸部典籍，也可按照不同的情况用为史料。今日被视为新史料的文字考古资料，如商周甲骨文、金文、秦汉简牍、帛书，以及历代石刻文字等，近世以来也有数量可观的积累。其他还有政府档案、社会团体文件、私人信札、笔记、宗族谱牒、各种契约、账簿、章程、函电，以及报纸杂志、传单广告等。这些均是我们中华民族历史上的优秀精神财富，也是我们今天进行历史研究的重要依据和无尽的宝藏。

但是，无论哪一种文献史料都是优缺点并存的，使用义献前必须首先了解其相关情况，诸如文献本身的真假、可信度的高低等。这是因为，虽然文献史料是经过前人概括和总结的记录，能够相对比较全面地反映人类历史的内容和过程，有很强的真实性、连续性和系统性。但相对于客观存在的历史来说，它首先是带有作者主观意识的产物，能否真实地反应客观事实、反应到什么程度，都是值得注意的问题。更何况还有一些人为窜改、捏造史实的行为。所以，现存号称繁复的文献史料仍远不足以反映历史的全貌，其中还有许多属于有意或无意的失实的记录。这是我们今天利用史著进行历史研究所不得不面临的、无法回避的一个难题，也是历史文献资料在史学研究中的双刃剑属性，它既是历史研究中不可或缺的基础和依赖，没有文献资料，历史研究几乎是无法进行的；同时，如果研究中使用了假的、不可靠的文献记载就不可能得出真实可靠的结论。因此不论对于哪一种史料，我们在具体运用时都必须进行科学的分析和鉴别，察看其是否真实、全面、可靠。有鉴于此，行家在收集、采用文献资料之前，必先了解所使用文献的可信度、其取材范围、来源、作者的口碑、资料的流传等方面的情况，以确定研究中对某种文献的使用程度、频率、叙事的详略甚至论述和论证的口气等。所以，文献研究和文献整理工作是十分重要的，是为史学研究打基础的工作。

　　蒙古族文献的整理工作亦如此且更加繁重。蒙古族是给予我国历史乃至世界历史以重大影响的伟大民族。13世纪时，蒙古族改变了世界的格局，沟通了与欧亚大陆的联系，将中国的四大发明传入欧洲，促进了欧洲中世纪乃至近代的发展，使东、西方的经济交流和文化交流活跃起来。历史上蒙古族活动地区的广泛性决定了与之相关文献的多样性。记载蒙古族历史的文献，有蒙古文、汉文、满文、藏文、阿拉伯文、波斯文、俄文、亚美尼亚文、拉丁文、日文等多种文字的史书、档案、游记碑文等，以文字种类多样化而著称于世。在这些文献中，我国自己拥有的蒙古族历史文献，无论从数量上，还是质量上都位居世界前列，其史料价值为世界所公认。这为我国学者今天研究蒙古史提供了丰富的资料来源，也是世界其他国家学者研究蒙古史过程中必须予以重视的文献之一。但是，因为蒙古史中一些名物制度来源十分复杂，人们大多对其比较陌生；汉文史料和外文史料的记载、翻译和转译过程中都存在着大量译名问题；研究蒙古史的学者由于语言知识和研究方法的不足和缺陷，很多人并不知道以汉语古音结合它民族语言的语音规律及对应规则对蒙古语进行审音勘同，而经常以音差、音转、急读等来解释蒙古语的名物制度等，其结果是每每多牵强附会。因此，我国文献中，不论是汉文文献还是蒙古文文献都必须经过严格认真、耐心细致的整理，才能在研究中使用。这是必须予以明确的原则。

在众多汉文蒙古史文献中，《万历武功录》（从严格意义上讲，《万历武功录》不是专门记述蒙古史的著作，但它以边疆地区为重点，尤其重视北部边疆，其中记载蒙古、女真的部分在整部书中占据了一半的内容，1962年中华书局影印本《万历武功录》计1259页，蒙古部分为567页，在全书中所占比例为45%，因此被人视为蒙古史的专著）以其资料丰富、内容详瞻、人物众多、范围广泛等一系列的优点而备受学者的重视，是我国古代史、民族史上十分重要的史著之一。许多权威书目、古籍整理专著和论文，如《中国百科大辞典》、《中国大百科全书》、《简明中国古籍辞典》、谢国桢的《增订晚明史籍考》等，都提到了它在古代史，尤其是民族史方面的史料价值。其中比较有代表性的评价是："本书记述万历初至中期各地农民起义及少数民族与朝廷的关系……为研究农民起义及民族关系的重要史料。"[①]《万历武功录》"一半以上系记东北、西北和西南少数民族……史料价值较高"；[②] "《万历武功录》是作者在当时私撰的一部史书，它详尽地记述了明代边疆各少数民族的真实状况，对其人物、制度、风俗习惯以及人名、地名等都有不可多见的记述，其史料价值无疑是极高的。尤其难能可贵的是，本书中对于明代北方少数民族的史料，记载颇详，足补其它史书之不足，有些资料甚至是绝无仅有，非此莫可考其实者。"[③] 王雄、薄音湖认为《万历武功录》中所记蒙古自嘉靖至万历间的事迹，多为它书所不载，与蒙文史料，尤其与《俺答汗传》（又称《阿勒坦汗传》）相对照，亦多相符，因此确有很高的史料价值。[④]

[①] 《中国百科大辞典》，第七册，北京：中国大百科全书出版社，1999年，第5489页。
[②] 吴枫主编：《简明中国古籍辞典》，长春：吉林文史出版社，1987年，第45页。
[③] 楚哈、明湖主编：《内蒙古史志资料选编》第四辑《〈万历武功录〉选录》编后说明，呼和浩特，内部刊印，1985年，第545页。
[④] 王雄、薄音湖：《明代蒙古史汉籍史料述略》；呼和浩特市蒙古语文历史学会编印：《蒙古史论文选集》第二辑，第59页；第四辑，第388页。

但与其他蒙古史文献一样，或者较其他文献更为严重的是，《万历武功录》存在颇多瑕疵，给世人的使用造成诸多不便。比如，本书内容前后矛盾、句子成分脱漏缺损、记事错误、年代系舛讹等，都影响着人们的使用及信任度。学界在注意到它的史料价值的同时，也早已注意到它讹误较多之不足。谢国桢在《增订晚明史籍考》中曾说：《万历武功录》"为研究明万历以来之农民起义及各族事迹最足参考之书。不能因其文字驳杂而遽忽之。惟原刊已不免鲁鱼亥豕，传抄复多笔误，必须加以校对。"① 邓嗣禹在《明瞿九思〈万历武功录〉叙论》一文中指出如果能将此书与相关他书进行一番"钩稽互校，看瞿九思是否抄袭他人，或全出自心裁。如有事实抵触之处，以何书为是。经此一番研究功夫，必有所获"。史界先贤早就提出了这一必要且重要的课题方向，亟待我辈完成。因此，整理《万历武功录》（蒙古史部分），对于明代蒙古史、明蒙关系史、明代边疆开发史等的研究都具有重要的参考意义。

整理《万历武功录》不仅具有重要的学术意义，而且还具有重要的现实意义。近年来，有关部门和学者非常重视中国少数民族文献的整理工作。中国少数民族文献包括三个部分：用少数民族文字创作的文献；少数民族语言口头创作、流传至今的文献；用汉文创作、内容属于中国少数民族文化的文献。《万历武功录》属于其中的第三部分。对《万历武功录》进行整理和研究是保护少数民族文化遗产工作中的一个部分。

以往学界对《万历武功录》的研究很少。到目前为止，有关成果主要有：

1. 陈乃乾《影印〈万历武功录〉跋》，中华书局影印本，1962年。

2. 邓嗣禹《明瞿九思〈万历武功录〉叙论》，载《足本〈万历武功录〉》，台湾艺文印书馆，1980年。

3. 达力扎布《〈万历武功录〉有关卜赤汗记事浅析》，载《内蒙古社会科学》，2002年第4期。

其中邓嗣禹的《叙论》是目前最为完善、最为系统的研究成果。

---

① 谢国桢：《增订晚明史籍考》，上海：上海古籍出版社，1981年，第82页。

他认为："《万历武功录》是一部不平凡的书……如此不平凡的丰富资料，世界各大图书馆，皆宜各有一部。"邓氏并对《万历武功录》一书的史料价值、作者著书动机、书籍的内容及其所反映的作者的历史哲学、政治哲学、经济思维等作了简单的论述。达力扎布对《万历武功录·俺答列传》的部分内容作了史源学的鉴别和考证，并以个案研究证明：尽管《万历武功录》的使用价值较高，但使用却极为不便，如果不详细考订，必然会得出错误的结论。

迄今为止，还没有一部真正对《万历武功录》全书内容进行全面系统研究的著作问世。有鉴于此，用文献学和史料学的方法及理论对《万历武功录》进行系统研究，是十分必要的。这或是本书的价值所在。《万历武功录》目前只有一个版本传世，就是万历四十年刊刻、1962年由中华书局影印的版本。本书的研究就是以这个版本为对象进行的。这是需要首先说明的问题。

本书的撰写思路是这样的：以《万历武功录》（蒙古史部分）为研究对象，以实事求是、一分为二的态度，运用文献学、史料学研究的理论、观点和方法，对文献及其作者进行全面细致的考订和考察，对《万历武功录》的成书背景、撰写宗旨、优缺点和作者的生平学术、史学思想等进行论考。采用史料学的方法进行史源追溯、史料比勘，采用年代学的考订、推算等原则和方法，对《万历武功录》一书蒙古史部分的人物传记进行初步的整理和研究，指出其史源文献、讹误种类和讹误原因，并举例证明。最后，通过对比确定《万历武功录》的史料价值。

全书分以下几个部分：

首先是对该书本身进行整体研究。《万历武功录》是在明中后期社会危机日益严重，文化特征转向实学，史学撰写蔚然成风的情况下撰写的，记述了社会现实问题，反映了明代晚期的社会动荡局面。对《万历武功录》的撰写宗旨、成书时间、内容、结构、优缺点等多个问题进行研究和探讨，提出一些新看法。

其次是对作者进行研究。从作者瞿九思的家世、生平、为人、师承、史学思想、史学理论和历史编纂理论等几个方面入手，对其进行评价。瞿九思的家世、生平决定其撰写《万历武功录》以社会下层生存生活问题为着眼点，他的为人、师承是其终生从事写作的原动力，《万历武功录》是体现其史学思想的主要著述。这一部分中较为全面地总结了他的史学思想，考证了其生平中的几个关键细节，对以往的说法进行了辩驳。

最后是从史料角度对《万历武功录》蒙古史部分进行简单整理。这部分工作分为三个方面：

其一，通过细致地比对、分析，追溯《万历武功录》蒙古史部分史源文献，并总结出其选材标准和史料方法。《万历武功录》蒙古史部分记述万历以前内容时使用的前人著述目前有相当一部分还都存在，但关于东三边的史源文献已经失传；记述万历年间内容的史源文献（奏疏、塘报、邸抄等）所存已经不多，且比较分散，因此其万历年间史料的价值特别高。

其二，总结《万历武功录》蒙古史部分的史料讹误种类，并力所能及地举出多个例子以证明其讹误的类型，同时也为学者使用《万历武功录》蒙古史部分提供一些初步的帮助。《万历武功录》蒙古史部分的讹误有两大类：时间讹误和人物讹误。时间讹误有年代、月份、日期的讹误；人物讹误则有两人或数人合为一人、一人分为两人或数人、两人两传，但事迹交叉混杂、用情报资料描述了与现实情况相反的人物、人物的血缘、部落错误等类型，还有记述事件方面的讹误等，本书利用了《明实录》、《明经世文编》、《明史》、《开原图说》、《辽夷略》、《蒙古源流》、《阿勒坦汗传》、《钦定蒙古回部王公表传》等蒙汉文史籍对其中的失误进行考订和纠正。其中对人物讹误的考订所占比例较大、内容较多，总计进行考证的传记达到38个，绝大多数讹误较严重的人物传记都进行了考证，并且进行了细致的分析。但是，还有一些人物的讹误，由于材料的原因，没有条件涉及，仍然存疑。

其三，通过一系列的比较、衡量、总结、概括、归纳《万历武功录》蒙古史部分的三大优点，并指出它在以往学者研究中已经起到的作用，确定其史料价值等。尽管《万历武功录》蒙古史部分存在很多的讹误，但《万历武功录》蒙古史部分在蒙古文文献简略而缺乏、汉文史籍相对零散的情况下仍然是十分重要的，它的内容丰富集中、资料翔实可靠、部分内容绝无仅有等受到学者的重视,在学术研究中起着纠正讹误,弥补不足,为深层次的文化差异研究提供素材的作用。事实证明,《万历武功录》蒙古史部分是研究时代蒙古史不可多得的文献,其史料价值是非常高的。

第一章 《万历武功录》概述

第一节 《万历武功录》成书的历史背景

《万历武功录》（以下除标题外，凡在行文中出现此书名称，均简称为《武功录》）成书于明万历四十年（1612），是一部反映明朝万历前期史事的著作，从成书时间和所记内容都属明代中晚期。这个时代是一个动荡多变、纷乱复杂的时代。说其动荡，是因为这个时代的社会危机最为严重，各种各样的起义、兵变、民乱此起彼伏；说其多变，是因为其新旧经济因素相互并存，相互纠缠；受其影响，各种文化思想流派纷繁复杂，日新月异。有人形容这"是一个斑驳陆离的过渡时代"。[①] 这种复杂的社会环境就是《武功录》成书的大时代环境，而《武功录》本身或间接、或直接的反映了这个时代上述两个特点。弄清这两个特点，是我们分析和了解《武功录》的首要条件。

一、社会背景

明政权统治中后期，即嘉靖、隆庆、万历统治时期，其政治、经济、民族、外交等方面虽然还有一定程度的发展，但明朝统治在总体上已经开始由盛转衰，出现了日益严重的社会政治危机，并表现在社会各个层面和各个范畴。当时，不但在全国范围内不断爆发农民起义和少数民族暴动，而且也不断地遭到漠北蒙古贵族的侵扰，东南沿海又屡屡发生倭寇入侵；古老的封建社会母体中已开始孕育着新的资本主义萌芽和市民阶层的反抗斗争；在其封建统治自顾不

---

① 嵇文甫：《晚明思想史论》，上海：东方出版社，1996年，第1页。

暇的时候，周边的附属国也接二连三地出现种种问题，或对抗中央王朝的控制，或内部争端不断，急需中央王朝的扶持和武力支援；更难以应付的是，统治阶级内部矛盾愈演愈烈，以致于正常的行政机构运行都无法维持，统治阶级内部的各派政治势力的倾轧和斗争也愈演愈烈，整个封建社会机制实际上处于瘫痪状态中。①

政治危机：嘉靖、隆庆、万历前期即万历十年以前，明代社会形势呈现两个特点：一方面，政权局势相对稳定，经济发展，社会呈现了鼎盛局面；另一方面，鼎盛局面下社会矛盾也日渐尖锐，统治危机四伏。世宗长期不理朝政，中央政权中内阁纷争不已，宦官专权，地方官吏报喜不报忧，吏治日坏，民生日蹙。时局动荡，社会衰变的趋势已经显现出来。正所谓"纷纭多故，将疲于边，贼讧于内，而崇尚道教，享祀弗经，营建繁兴，府藏告匮，百余年富庶治平之业，因以渐替"。② 万历十年以后，经济停滞，危机渐深，统治者却闭目塞听，对危机不但没有觉察，还变本加厉的推行着集权、搜括和镇压等政策，明朝统治进入了最贪婪、腐败和黑暗的时期。统治阶级内部矛盾和阶级矛盾等不断激化，社会危机不断加深。可以说，这些正是明朝中期农民起义不断出现的政治原因。

经济危机：嘉靖、隆庆、万历时期是明代经济发展最为迅速的时期，但在专制统治日益腐朽的背景下，经济的繁荣和发展并没有真正增强帝国的实力，却大大刺激了统治集团的搜括欲望，削弱和阻碍了经济发展，激化了社会矛盾。一方面，是统治者为了维护自己的虚荣而偏执地拒绝蒙古一再提出的通贡请求，导致数十年战争不断，烽火不息，耗费了大量的人力和物力，给人民带来无尽的灾难；另一方面，经济的发展使得统治者的虚荣和自我膨胀达到了极致，并且更进一步地挖空心思，巧立名目，加大了对金钱和土地的搜刮和掠夺，从而导致了土地高度集中，赋役苛重的局面。虽经万历初年张居正改革，经济矛盾稍有缓和，但万历十年后，经济搜刮

---

① 陈鼓应、辛冠洁、葛荣晋主编：《明清实学思潮史》上卷，济南：齐鲁书社，1989年，第7页《导论》。

② 张廷玉等撰：《明史》卷18《世宗本纪》，北京：中华书局，1974年，第251页。

变本加厉，引起更加广泛且频繁的反抗斗争。也就是说，经济繁荣诱发统治阶级的贪欲，酿成经济危机；专制统治滋生经济腐败，滋长政治黑暗，经济危机演化为社会危机。

民族危机：从嘉靖初年开始，蒙古右翼各部便不断加强了对明朝边境攻掠活动，其势力还随着追讨亦不剌、卜儿孩等异姓权臣残余活动的开展而西进青海、甘肃；嘉靖中期蒙古左翼势力南下，在东北地区对明朝发动强烈攻势。这样明朝北部边界处于与蒙古的全面战争状态下，并且这种战争状态一直持续了几十年时间。隆庆议和后，由于民族隔阂和民族歧视思想影响，右翼蒙古各部与明朝之间仍不时出现争端，辽东蒙古左翼部落与明政权则一直处于对峙的、战争的状态，女真族正逐渐地积聚力量，西北占据甘肃、青海边境地区的鄂尔多斯部、土默特部等与明朝的争端越演越烈，西南及南方其他民族的反抗亦此起彼伏。这种边防危机看似偶然，原因也多种多样，实际上仍然是明朝自身政治、经济、军事腐败、边防军事策略以及相关民族政策的失当和失察所致。

对外关系：从嘉靖年间开始，东部沿海从北到南屡受日本倭寇侵扰，内地富豪甚至一些民众与日本倭寇相勾结，骚扰掠夺沿海居民，日本还侵略朝鲜，间接威胁中国辽东；万历中期以后，西南方面与缅甸争端不断，葡萄牙殖民者也来到中国，居住于澳门。明朝统治者面临着前所未有的新问题。

以上一系列的危机肇始于嘉靖时期，中经张居正改革，虽危机有所缓解，但时间太短，根本不能挽颓势于既倒之中，因此种种危机愈演愈烈，构成了明代中晚期的社会动荡局面。世宗晚年，社会各个层面的危机已经爆发，"边防危机，财政危机，政治危机同时加重，农民反抗运动此伏彼起，接连不断"，[①] 给统治者提出了严重的警告。到万历神宗皇帝统治的中后期，在中央政权中，政治黑暗腐败，党争迭起，宦官把持朝政，特务横行，君子无法在朝中立足；地方上，民变迭起，反压迫、反兼并、反矿税的斗争风起云涌；军政腐败，边防溃决，军队完全无法履行正常的防卫职能；边疆危机

---

① 林乾：《嘉靖帝、隆庆帝》，长春：吉林文史出版社，1996年，第2页。

已经酿成大祸，蒙古始终没有完全降附，女真更是异军突起，给统治者以严重威胁。总之一句话，全面的统治危机已经形成，再也无法从根本上消弭了。这恰好符合事物发展的一般规律，即崩解中的政权，通常总是从本身的内变自溃开始，首先表现在政治秩序和政治价值的瓦解，再加上外来冲击，便无可挽救地导致全面解体。万历中后期的政局正是朝着这样的方向急滑。故而清代史家所言"明实亡于万历"，可谓至理名言。

二、文化背景

晚明时代的文化背景是：文化传播的物质条件具备，文化的普及程度提高；社会的文化氛围相对宽松，多种思想流派纷繁多样，共同发展。

文化的传播和普及。明代中期经济的发展为文化的传播提供了物质条件，造纸术普及和文化活动商业化，文化传播的速度加快了。16世纪的经济发展，印刷术和出版事业的发展造成了更广泛的社会阶层对过去文化成就的分享的增长，这本身就是一个进步。大批商人投资于书籍刊刻，促进了文化的传播；文人投身于商业活动，提高了文化传播的速度和水平。在与商人合作，或者自为商人的实践中，文人力量得到壮大，对社会的认识更加深刻。他们的著述内容因此更加丰富，更能切中时弊。

文化上的繁荣。明代晚期激烈的社会矛盾、阶级矛盾、民族矛盾及内外矛盾在文化领域中产生了一系列的反应：地主阶级改革派要求刷新政治，改变统治方式，挽救衰颓的统治，打起了复古、经世致用的旗帜；新兴的商人集团要求打破封建专制，为商品经济的发展创造条件，打起了启蒙、个性解放的旗帜；农民和矿工则发动起义，对封建统治进行武器的批判，要求平等、均田，等等。新旧经济因素并存，多种思想流派对立交锋，造就了晚明时代多种学派并存的"光怪陆离"的文化繁荣。

(一) 整体学术背景——实学思潮的兴起

明末清初，力量逐渐壮大的商人阶层以及地主阶级改革派上下求索，寻觅着匡救时弊的古今良方，在思想界形成了一种新的思潮。

有的学者把这一新思潮叫做早期启蒙思潮,有的叫做个性解放和人文主义思潮,有的叫做自我批判思潮,有的叫做经世致用思潮。实际上,这一思潮所包含的内容是多种多样的,陈鼓应等提出了实学思潮的概念,用以概括这一思潮。"我们则以明清进步思想家普遍使用过的'实学'这一概念,来涵盖这一社会思潮,把它叫做'明清实学思潮'。这样或许能够更好地表达当时社会'由虚返实'的历史转向,反映这一社会思潮的丰富内容和基本特征"。明清实学思潮的基本特征是"崇实黜虚",鄙弃理学末流的空谈心性,其影响遍及各个文化领域。①

首先,在哲学上,程朱理学一统天下的局面被打破,多种思想流派并存,并在斗争交锋中得到修正。其基本格局是:西学传入,心学、理学纷争。心学一系中,除王阳明心学中有左、中、右诸派交争外,还有陈白沙(献章)嫡传弟子湛甘泉(若水)及其后学主张"随处体认天理",与王学"致良知"形成不同心学路线之争。同时程朱一系理学中,有罗钦顺、崔铣、陈建等笃守"性即理",对王学中"心即理"的观点展开论难。理学之外,有王廷相、吴廷翰、吕坤等人,继承宋代张载气本论,对理本论的程朱之学和心本论的陆王之学展开批判。至明末,又有东林、蕺山诸派,发展王学右派重视修为工夫的观点,整合程朱、陆王之学。②

其次,文学上的复古运动,是明代自弘治到万历期间盛行的文学风气,当时学者文人"文必西汉,诗必盛唐,大历以后书勿读",③ 要求否定理学化文学,提倡世俗化的文学。这是一场值得肯定的文学变革运动,是当时的文学新思潮。文学的世俗化是反对程朱理学在文学上的反映。

再次,经学上的复古。通经复古风兴起,人们不再拘泥于宋明以来被程朱理学歪曲篡改了的经学,而是提倡重返四书五经的原始

---

① 陈鼓应、辛冠洁、葛荣晋主编:《明清实学思潮史》上卷,济南:齐鲁书社,1989年,第1页。
② 向燕南:《中国史学思想通史》(明代卷),合肥:黄山书社,2002年,第174页。
③ 张廷玉等撰:《明史》卷287《王世贞传》,北京:中华书局,1974年,第7381页。

形态，通读、贯通经学原意，追究其学术本原。这是反对程朱理学运动发展的必然方向和结果。

最后，史学表现为由初期的提倡"史汉风"到后期史学风气的全面更新。史学提倡史汉风，史即《史记》，汉即《汉书》。史汉风从正德时期到万历中期一直影响着明代史学整整一个世纪，到16世纪后期明代史学风气为之一新：理学化史学受到批评，实证精神被重新重视，叙事考信风、综合体、通史风流行；接着，多种史学思潮并存，其中主要的史学思潮是，早期启蒙史学思潮、经世致用史学思潮、黜虚征实的史学思潮等。而且这三股思潮相互砥砺激越，相互助长，共同地推动了明末史学变革的深入发展。这"三股思潮相互影响，相互颉颃，又相互促进，逐渐把史学思想推向高潮，为接续它而来的明清之际的史学思想高峰，奠定了坚实的思想基础"，①促成明代史学由理学化史学向非理学化史学的转变。

以上各方面学术变化之间的关系和作用是相辅相成的。王学的兴起是学术变化的先锋，它首先在思想上打破了程朱理学思想的大一统，肯定人本性的正常需求，为批判精神、启蒙思潮的兴起提供了前提。文学、经学、史学的复古是形式和手段，也是内容变化的某种表现，在复古的旗帜下引进经世思想和注重现实的科学精神，各种新思潮得以出现，学术的重大变化由此发生。

（二）史学背景

《武功录》的撰写与明后期的史学背景关系更为密切。换句话说，没有明代特殊的史学背景，瞿九思不会创作《武功录》。

第一，"史学最盛"。谢国桢著名的论断"有明一代，史学最盛"，是对明代史学公正而客观的评价。无论是从数量、质量上，还是从史学领域、史学群体人员、史学进步因素等方面看，明代史学成就颇为兴盛。以往，人们对明代史学总体评价相对较低，20世纪

---

① 吴怀祺主编、向燕南著：《中国史学思想通史》（明代卷），合肥：黄山书社，2002年，第163页。另葛兆光在《明代中后期的三股史学思潮》中将其分为严肃史学、批判史学、经世致用史学三个流派。载《史学史研究》，1985年，第1期。钱茂伟在《明代史学的历程》中则有实学思潮、启蒙思潮、古学思潮的分法。北京：社会科学文献出版社，2003年，第19页。

80年代以来，在认真研究、全面衡量的基础上，评价已经大为改观，比较有代表性的是钱茂伟、瞿林东、杨艳秋等人。他们在深入研究的基础上，对明代史学给出了更多的肯定，力图改变自清以来对明代史学的贬抑倾向，对公正评价明代史学、史家的地位和贡献作出了艰难的努力。他们认为明代的史学，在官修史书方面，以浩繁的实录和《元史》的撰修最有影响；在私人著史方面，王世贞、李贽、王圻、焦竑和谈迁等，是为名家。而方志撰述的兴盛和稗史的空前增多，以及反映社会经济史方面著述的繁复，还有史学在通俗化方面的发展和历史教育更广泛的展开，显示出了明代史学进一步走向社会深层的趋势和特点。[1] 从学科领域来看，明代史学在各个领域都取得了一定的成绩。明代撰史人员不少，著述数量十分大。既有大量二三流者，也有李贽这样的一流史家。明代史学出现了不少进步因素，如启蒙史学思潮的出现、通俗史学的初步发展、域外史地学的开拓、史体的综合创新、晚明考信学风的形成、长编理论的提出与实践、官修的弱化、职业史家群的出现。[2] "明兴以来，立国近三百年，其间史著纷呈，史家竞现，史学思想也形成了自身的特色"。[3] 在黄虞稷、万斯同审定的《明史·艺文志》原稿中著录的明人著作就有1.2万余部，且有不少遗漏。以上充分说明了明代史学发展的盛况。

第二，野史大盛。明人著述汗牛充栋，全祖望说"明末野史，不下千家"，的确反映了明代野史的兴盛。什么是野史？凡不是官修的史籍，而是由在野的文人学士以及贫士寒儒所写的历史纪闻，都可以说是野史笔记，也可以称为稗乘杂家。明人著述野史从时间上可分为三个阶段，其中自正德、嘉靖以来至李自成农民军的兴起为第三阶段，这一阶段因为社会经济比较繁荣，阶级斗争极为尖锐和复杂，是明代野史笔记极为兴盛的时期。据钱茂伟统计，"《明史·艺文志》著录明代稗史一类的撰述，主要见于史部杂史类和子部杂

---

[1] 瞿林东：《中国古代史学批评纵横》，北京：中华书局，1994年，第242页。
[2] 钱茂伟：《明代史学的历程》，北京：社会科学文献出版社，2003年，第20页。
[3] 杨艳秋：《明代史学探研》，北京：人民出版社，2005年，第13页。

家类、小说家类。杂史类著录 215 部，2232 卷；杂家类著录 67 部，2284 卷；小说家类著录 128 部，3317 卷。其中属于稗史性质的占了不小的分量"。① "光就成部的史书来说，就有 200 种左右"。② 《武功录》是其中之一。这些野史是明代社会各方面的代表人物面对严峻的社会现实和深刻的社会危机，在寻找出路和解决方法的过程中，以史为鉴，或总结过去，针砭时弊，或呼唤盛世，激励当世，在史学上进行不断探索而出现的丰硕成果。

谢国桢、钱茂伟等人对清人贬低、诋毁明代野史的行为和言论作出了分析和批判，并对明代野史的价值给予了充分肯定。"清初人为了'立'新风，必须'破'明人旧风"。③ 尽管明代正史衰微，但野史大盛也是一大成就。明清野史笔记是研究明清史不可或缺的资料，要了解明清两朝的社会状况、经济基础以及科学技术等，野史是一个重要方面，它足以扩充历史的内容，增补官修正史的不足。"拿清代考据学家的尺度来衡量明代的学风，明代的学术思想自然是有时过于疏略；可是拿明代学术思想的放达和记载朝野逸事的丰富来比较衡量，清代考据学家的末流，羌无故实，不关痛痒的繁琐考证，那不更显得索然寡味了吗"？④ 明代野史几乎独据史坛，在中国史学史上第一次成为一代史学的主力和代表，史家们从现实需要出发，大量撰修"野史"，努力将经世致用思想集中地体现在当代史著作上，这在中国古代史学史上还是空前的。⑤

第三，当代史著述成风。明人的当代史撰述开始于嘉靖，后在嘉、隆时期产生了一批当代史著述。其中陈建的《皇明资治通纪》是一部富有时代特色的史著，影响较大，开当代史撰修的先河。⑥ 谢

---

① 瞿林东：《中国古代史学批评纵横》，北京：中华书局，1994 年，第 243 页。另见瞿林东：《明代史学史纲》，北京：北京山版社，1999 年，第 626 页。
② 钱茂伟：《明代史学的历程》，北京：社会科学文献出版社，2003 年，第 285 页。
③ 钱茂伟：《明代史学的历程》，北京：社会科学文献出版社，2003 年，第 4 页。
④ 谢国桢：《明清野史笔记概述》，见：《明史研究论丛》，第一辑，南京：江苏人民出版社，1982 年，第 37、38 页。
⑤ 姜胜利：《明代野史述略》，《南开大学学报》，1987 年，第 2 期，第 44 页。
⑥ 钱茂伟：《明代史学的历程》，北京：社会科学文献出版社，2003 年，第 226、235 页。

国桢说:"明代史学,自陈氏《通纪》流传宇内,人各操觚,遂成一时风气。"① 此后万历中期至明末,是明人当代史撰述的繁荣期。其繁荣的原因有三:

一、阵容庞大的私修正史队伍的出现。明万历中期官修正史失败,刺激了私修正史事业的发展,正史未立,而野史盛,"这一时期的史家,既有朱国祯那样的首辅,王德臣那样的近臣,刘若愚那样的宦官,也有名不见经传的臣民,阶层十分广泛。尤其是出现了诸生史家群体,像涂山、朱鹭、沈国元、许重熙、江旭奇、卜世昌、高汝栻、文秉、冯复京、瞿九思、刘振、谈迁、张岱等都是具有这样经历的学者。大批诸生的介入史坛,使晚明的史家队伍大为扩大"。② 参加私修国史的人员多种多样,是以往朝代中不曾出现的局面。

二、《明实录》的广泛传播,为当代史的撰修提供了丰富的资料。自明初到隆庆朝,明列圣实录密藏于皇宫和内阁中。万历十六年(1588)三月到十八年十二月,应神宗皇帝的要求,政府组织力量抄写了一部微型本实录。在抄写过程中,诸校对、誊录官乘机转相抄录,以至实录"遍及台省。若部属之有力,盖不啻家藏户守矣"。③ 从万历二十四至二十六年为官修正史而正式开馆抄写实录,进一步促进了实录的流传,甚至还有人进行转抄,公开销售。这使得许多人借此机会得到了相对比较丰富而可靠的明朝当代史资料,为从事当代史著述创造了直接条件。

三、新的史学创作高潮出现。官修正史的过程中,早期明人当代史书籍纷纷刊布,许多当代史著作是首次刊刻,一些反响较好的史著也得以重刻。史家因此看到了许多以往看不到的当代史著作,这为史家提供了研读、体味、总结和推陈出新的机会,为史家在自己著述的选材、史法及史体的酝酿、撰写等提供了更为全面的借鉴,为史学撰写新高潮的出现做了充分的准备。④

---

① 谢国桢:《增订晚明史籍考》,上海:上海古籍出版社,1981年,第38页。
② 钱茂伟:《明代史学的历程》,北京:社会科学文献出版社,2003年,第286页。
③ [明]:朱国祯《涌幢小品》卷2《实录》,北京图书馆善本特藏室,缩微胶片。
④ 杨艳秋:《明代史学探研》中还有思想因素、个人因素等原因的总结,北京:人民出版社,2005年,第160-161页。

明晚期激烈的社会矛盾、阶级矛盾、民族矛盾及内外矛盾为思想家、史学家、哲学家、文学家、经学家的著述提供了丰富的现实材料。《武功录》就是瞿九思站在地主阶级立场上,通过记述一系列的兵变、民变、起义、诸生反抗、边疆危机、民族争端等社会现实问题而成就的一部史学著作。诚如他自己所说"方今水旱属频仍,闾阎空竭,有司一不戒,诸群不逞,若楚刘汝国、吴罗朝广、越丁仕卿、闽柯守岳、粤东林道乾、西杨秀、大梁车宗孔、蜀九丝、秦杨戬、晋王汉臣、鲁侯沐封、滇缅甸、夜郎安国亨等,率往往陆梁鼓噪,如猬毛而起。岛夷、播州之役,天戈凡再指,而后仅能定之,不无事矣。正《虞书》铺张'舞两阶'、'窜三危'时也"。① 严峻的社会现实是《武功录》成书的社会背景。

明中期以后学术上的重大变化也直接影响着《武功录》创作。"明清史学带着时代的特点,产生了高水平的历史笔记……江南史学学风上形成了经世致用、讲求实学的新风气"。② 瞿九思能够注重社会现实问题,注重人本身的本性需求,努力寻找社会发展的动力,分析新鲜的经济现象,并直书社会现实,撰写《武功录》,不是偶然的。《武功录》中的诸多史学思想和明晚期的学术变化相关。

瞿九思一生中的重要活动是在万历年间,他的《武功录》一书记载万历年间史事,属于当代史范畴。瞿氏敢于撰述《武功录》,与明代学人的当代史撰述风气关系密切。而且,瞿氏的《武功录》在选材、史料等方面今天仍具有独特价值,同样不是偶然的,是吸收了明代史学的诸多进步因素和先进成果推陈出新而形成的。

---

① 瞿九思:《万历武功录·自序》,北京:中华书局影印本,1962年。
② 邱树森主编:《中国史学家辞典·序》,石家庄:河北教育出版社,1990年,第3页。

第二节 关于《万历武功录》一书

一、《万历武功录》的撰写宗旨、成书时间和上下限

（一）撰写宗旨

关于瞿九思撰写《武功录》的目的，他本人在万历三十七年（1609）的《陈情疏》中没有提及，在《万历武功录·自序》中也未给予任何交代。所以尽管此书的材料收集工作开始很早，但其创作思路、计划乃至宗旨都应该是在万历三十七年《陈情疏》写作以后才产生的。目前人们对《武功录》撰写宗旨有两种看法。

第一，为统治者歌功颂德，以换取"皇上灵宠"。①邓嗣禹也这样认为："九思作《万历武功录》之动机，殆为击登闻鼓，减轻刑罚，以报皇恩，兼庆圣寿。"② 此说当源于作者自己在《自序》中所说："九思识虑诚浅小，第所见仅及此，以故作兹录，为上五十寿。""或谓方今重熙累洽，而天幸上又以圣神文武临况之，疑《武功录》可无作，恐只足导人主好大喜功。"

第二，"搜罗万历以来东征西讨，作《武功录》，其意主于讽谏"。③ 因为在成书以后，作者是考虑到时局的艰难才没有销毁初稿的，"复自念：方今水旱属频仍，闾阎空竭，有司一不戒，诸群不逞……不无事矣。正《虞书》铺张'舞两阶'、'窜三危'时也"。此书或可对现实有一些用途，希望通过皇帝灵宠，使此书刊刻并广泛传播，可"令华夏蛮貊、霜崿日域传相告语，则'帝光天之下，至于海隅苍生、万邦黎献'度且尽寒心销骨，罔复有敢越阙志。此

---

① 陈乃乾：《影印〈万历武功录〉跋》，北京：中华书局影印本，1962年。
② 邓嗣禹：《明瞿九思〈万历武功录〉叙论》，《足本〈万历武功录〉》，台北：台湾艺文印书馆，1980年，第10页。
③ ［明］叶向高：《瞿聘君年谱序》，引自［清］覃瀚元、袁绩懋、宛名昌等纂《黄梅县志》卷35《艺文志·序》。清光绪二年（1876）年刻本。《中国地方志集成》，第24册，南京：江苏古籍出版社，2001年，第367页。

即与诘戎兵、陟禹迹胡异？窃妄意所裨补或亦不甚小，夫安可以导人主好大喜功小之哉"！① 通过一部书的教化使社会各阶层安定下来，虽是书生之愚见，但给统治者以警示和讽谏的作用还是有的。

以上两说尽管相互抵触，一为歌颂现实，一为批判当世，但两说都来自于书籍本身的《自序》，都有一定的依据和道理。实际上，《武功录》本身诸多的错误、矛盾之处，是人们对《武功录》创作宗旨的看法产生矛盾的主要原因。

此外，钱茂伟认为："（瞿氏）为感圣恩，动手撰《武功录》……目的不是为了宣扬'武功'，粉饰太平，恰恰相反，是为了讽谏，给最高统治者敲警钟。"② 也就是说，是以讽谏的方式报答圣恩。看似矛盾的两说被合二为一了，实则重点还是讽谏。邓嗣禹认为作者在"书中对明神宗并未常常阿谀，对于孔孟亦未表示崇拜。而对于三教九流、邱门宗、盗贼罪犯则信笔直书，并未过分贬斥"。③ 与其前面的"报恩说"也有抵牾之处。

那么，到底什么是《武功录》主要的撰写宗旨呢？笔者精心研读了瞿氏的《万历武功录·自序》，发现瞿氏作《武功录》过程中，其著述之目的是随着时间推移而变化的。瞿氏首言创作之艰难，"顾九思所以得就成此，亦大艰难矣"。先是蒙冤披罪，被发配塞外不毛之地；然后隐姓埋名，含辛茹苦地搜集材料；再后许多材料毁于火灾，"第所得羌若倭朝报事状，以戊子（1588）冬十有一月十四日若辛卯（1591）正月十四日夜，尽毁于火"。伤痛之余，仍然继续努力，"苦才笔漏恶甚，诸所就业无章，乃市马、班书以数十，字模句拟"。之后才敢"操笔札。盖三阅岁，乃幸就次"。对如此历尽艰辛的著述作者自我感觉如何呢？"既就矣，余取自披读，大愧死，此何者语，乃敢曰'列传'？当亟投畀烈火中"。据此而言，瞿氏在开始著述此书时，对自己的要求是很高的，是历尽艰辛搜集资料，并仿

---

① 瞿九思：《万历武功录·自序》，北京：中华书局影印本，1962年，第10页。
② 钱茂伟：《明代史学编年考》，北京：中国文联出版社，2000年，第291页。
③ 邓嗣禹：《明瞿九思〈万历武功录〉叙论》，《足本〈万历武功录〉》，台北：台湾艺文印书馆，1980年，第10页。

效司马迁、班固等前贤，期望撰写出一部传世史著的。其名称也绝非今日所见之书名，是准备称为"列传"的。既然是模仿司马迁风格的史学著作，又属于当代史著作，其社会功能和学术功能均应具备，故而作者的撰述目的应是双重的。直书、实录社会现状，成就一部史学名著，使之流传后世，是作者极力要体现的学术功能；揭露现实问题，给统治者以警示，给当道者以讽谏当是其社会功能。故此著作中处处闪耀着现实的、警示的、讽谏的思想光彩。但是在初稿撰写完毕之后，作者发现成就这样的功业殊为不易，现有著述之水平与想象中的标准相差的距离太远，因而大受打击，"此何者语，乃敢曰'列传'"？故羞愧、难过、失望之余欲"亟投畀烈火中"。转而又考虑到自己创作的艰难，不忍废弃，尤其是考虑到当时的社会形势，如果此书能够引起统治者的重视，从而采取措施，振衰起弊，或者有裨于社会。也就是说，在发现其著述水平，尤其是学术功能难以达到原有要求的情况下，瞿氏对书籍的衡量尺度发生了重大转变，注重书籍的社会功能，引起统治者注意是直接目的，再通过统治者之手进而改善社会秩序是其间接的、也是最终的目的。怎样才能引起统治者的注意，瞿氏颇费了一番心思，他很会选择时机，并极具匠心地为书籍取了一个十分冠冕堂皇，而又不乏谦虚的名称——《万历武功录》，即对万历年间武力功绩的记录或抄写。万历四十年（1612）他以"翰林院添注待诏"这个他一度极力辞谢的身份，并以向神宗皇帝祝贺五十大寿的名义，在没有对《武功录》进行完善和修改的情况下，仓促将之公布于众。"书颜'万历武功录'者，主要是为作护身符之用"。① 可以说他选择了一个最佳时机，但也因此降低了《武功录》的学术品位，损害了作者自身的形象，引起今日对《武功录》各方面评价的种种争端，其中也包括对撰写宗旨的纷争。

瞿九思《武功录》的撰写宗旨的变化大致如下：在开始时作者是力图创作一部学术功能和社会功能兼具的传世之作；但在初稿完

---

① 邓嗣禹：《明瞿九思〈万历武功录〉叙论》，《足本〈万历武功录〉》，台北：台湾艺文印书馆，1980年，第11页。

成后，发现其学术功能无法实现，便转而注重其社会功能，希望给当政者以警示和讽谏；为了使讽谏、警示顺利上达，而不致引起统治者的反感，作者打起了歌功颂德、换取皇帝恩宠的旗号，以"献媚"的外衣，包裹了讽谏的真实内容。前者是外在的形式，后者则是内在的核心。总的说来，《武功录》的撰写体现了著者的时代紧迫感和忧患意识，并以此引起人们注意，作者亦被章学诚目为"儒侠"。

有一个问题是，"献媚"与讽谏之间无疑是矛盾的。从内容比例上看，《武功录》中只有极少数的列传是歌功颂德式的，绝大部分都是属于批评、讽谏、警醒、警示的倾向和意图的。那么，讽谏的意图如何体现？献媚的外衣又表现在何处？两者之间的矛盾如何处理？

其一，采取完全实录的形式，维持奏疏、公文、告示等的原样——直书（详见后）。原样的奏疏中有很多是对皇帝或多或少的阿谀奉承，也有大量的战功奏报内容和奖赏有功将士的名单等等，这些都成为瞿氏著作中"献媚"的内容；但是，另一方面，在这些奏疏中也揭示了许多明朝的弊政，即一系列的社会问题都是在明朝种种弊政之下出现的，是由明朝各级官吏一手造成的。当读者在阅览那些奉承、战功的时候，仔细体会事件发生、发展整体描述过程中的真实记载，不难发现社会种种问题的原因所在。比如，兵变、民变、矿盗、盐盗事件的爆发与明朝统治政策、各级官吏施政情况密切相关；各种事变的出现、各种战功的真假和大小问题、奏疏中数以百计的功臣赏赐名单等，既是事实的描述，也是给万历皇帝和统治阶级的最直接的警醒，更是对明朝政治黑暗现象的最有力的抨击。

其二，撰写过程中，采取一定技术手段制造一些逻辑上、内容上的混乱，不直接暴露自己的真实意图，但这些混乱中仍然能使读者体味其目的所在，即不改其讽谏的根本意图。比如，使用插叙手法、一定程度上材料交叉混乱使用等造成暂时的迷感。特举一个短传作为例子，可以更为直接的说明之。如卷六《毛吴坠、长牛、阿田诸苗列传》：

毛吴坠者，永宁苗寨也。长牛阿田者，普安苗寨也。其下多深箐岚瘴，得恃盘江以为险。隆庆初（1573），长牛阿田诸寨出劫白邓、鲁打、罩广三屯，我指挥使陶鼎持斧逐捕之，中流矢，死于野。杀我佐史周寰。居久之，毛吴坠酋长光赛、光见、光印、光论等攻剽罗召华、张斌、匡廷銮，杀罗显奇等五人，略畜产金钱亡算。斌与廷銮等皆戍安南，议欲请于陛下，幸命大将军枭斩光见于永宁市，然后吾等愉快哉。于是，阿迷寨方仲八等即为斌治一介行李，大率一百有六金。斌既治装行有日，乃以奏属刘世元，把其阴重罪而使，斌于是上变矣。是岁，万历己卯（1579）也。前是，都御史王缉、御史马呈图下分守使林澄源、兵备使余一龙治，于是属普安守苏□印帅土舍龙池往长牛等寨，永宁守赵文祯帅土舍罗承宗往毛口等寨，光见等闻两太守至，皆负弩矢出郭迎，叩头："愿将军幸哀怜吾等小人死，请输贡赋比编户氓，毋反。"始，斌上变时，以光见所居在五龙止京箭林间，宫室舆服皆拟王者，出入张黄盖，树幡帜，击鼓，号为云阳王，体貌甚魁伟，耳垂肩，手过膝，巍然一丈夫乎。由今观之，乃苗酋居山鄣间，椎埋为奸，此不过鼠窃盗偷，何足置齿牙间哉？斌等妄愚无知，以为书不上，吾何辞于方仲八金？乃诬光见以不轨，因迹挂普、宁两太守受谢。斌无道至此乎。乃以斌调永宁，以廷銮调乌撒。明年，咨既至，大司马方逢时、给谏光懋吾皆以为都御史议是也。①

从传文看，似乎完全是苗寨首领为非作歹而招致被杀结局。但仔细查看时间，发现事情的经过是这样的：隆庆初，长牛阿田等寨出劫白邓、鲁打、罩广三屯，在作战过程中，明朝官吏兵丁被杀。随后，普安、永宁的长官对此事进行处理，苗寨已经认错服罚。万历七年，毛吴坠酋长光见等又劫掠了明朝安南戍将罗召华、张斌、匡廷銮等（传文中未谈原因），而张斌等得到了阿迷寨方仲八的"一百有六金（这让我们有理由怀疑张斌等实际上曾经邀索光见等未

---

① 瞿九思：《万历武功录》卷6《毛吴坠、长牛、阿田诸苗列传》，北京：中华书局影印本，1962年，第549页。

果)",故而向皇帝上书,诬蔑光见等有僭逆行为,后光见被杀,此前宽待光见的长官受到牵连,被迫辞职。而横行不法的张斌等竟调任永宁地方官。使用这种插叙手法、交叉使用材料制造混乱,达到遮掩批判意图、但又不失讽谏目的的传记很多,恕不再举。

（二）成书时间

瞿九思在书前《自序》中所署为万历壬子（1612）夏五月二十有五日,撰写所用时间为三年,"盖三阅岁,乃幸就次"。那么此书开始撰写的时间应该是万历三十七年（1609）。这一年十月,瞿九思"以抚按疏荐翰林待诏,力辞不受",① 作《陈情疏》。其所以辞官,起因于年老力衰以及他的诸多乐理、经学著述尚未完成。在乐理方面,自"万历甲午纂修正史,榜求天下知乐之士"起,他就一直在研习乐理,一心想"以所见著为诗歌,务使诗与律相比,律与声相谐",并陆续地编制《乐章》一书,期望编制成功后上诸朝廷,"登歌戛击之余无异成周之盛,然后于臣心始快,臣愿始售……使臣更加考验,百无一讹,然后献之明廷以备太平之一助"。他还提到了他的其他经学著述,"臣之生平别所著述,如《六经以俟录》等书数年之内渐有成绩……他日并得……恭呈睿览,庶几上答圣明不次之恩,下毕微臣深自引退之素（责）"。② 在《陈情疏》中瞿氏并没有提到《武功录》,说明此书在当时还没有撰写,甚至是还没有计划。《明史》本传中谈到此书的写作是在瞿氏力辞翰林之官后,"乃撰《乐章》及《万历武功录》",前后共"三阅岁,乃幸就次"。谢国桢的看法与此相同。③ 所以本书最早是万历三十七年十月开始写作,万历四十年五月撰成（刊刻时间还包括其中）,并以此作为献给神宗皇帝

---

① 张廷玉等撰:《明史》卷288《瞿九思传》,北京:中华书局,1974年,第7391页。

② [明]瞿九思:《陈情疏》,引自[清]覃翰元、袁瓚修、宛名昌等纂:《黄梅县志》卷35《艺文志·疏》,载《中国地方志集成》,第24册,南京:江苏古籍出版社,2001年,第327页。

③ 谢国桢:《增订晚明史籍考》:瞿氏"雪钞露纂,阅时三载,撰成是书及乐章二十五篇,以万历四十年八月,神宗五十生辰,上诸朝宁"。上海:上海古籍出版社,1981年,第81页。

五十寿辰的贺礼，由他的儿子瞿罕诣阙上之。所献的著作仅限于《乐章》和《武功录》，至于其他著作，《明史》本传中没有提及。

国家图书馆善本特藏室的《瞿聘君全集》中包含了一部分《武功录》的内容，而且，《全集》中的《佛鑰》一书有刊刻者史学迁所作的序。史学迁——巡按湖广监察御史，刊刻时间——万历丁未即万历三十五年（1607）。那么是不是《全集》中的所有本子都是万历三十五年刊刻的呢？如果是这样的话，《武功录》的成书时间与瞿氏在《自序》中所称的撰写时间就不是一致的。仔细查看后发现，《全集》虽命名为全集，其实并不全，尤其不是一次性完全刊刻完毕的。《全集》中所存十一种书目中，《武功录》的确是万历四十年刊刻，版本模式与天津图书馆所藏的《万历武功录》完全一样；另《征聘本末》是"天中山人张九一刻"；史学迁所刻其他书目的版本不但与《武功录》的版本不同，而且各书间的版本也存在差异。所以，《瞿聘君全集》是不同时间刊刻的瞿氏著作的汇集或汇编，并不是在万历三十五年（1607）统一刊刻，其《全集》的刊刻时间并不能否定《武功录》的成书时间。

（三）全书内容的上下限

《武功录》为断代体史书，并非通史。[①] 这从本书的书名——《万历武功录》就可看出。邓嗣禹对此有不同看法。[②]

上限。《武功录》是专门讲述万历朝史事的史书，故其大部分传记上限起自万历初（1573）。在总体的断代限时体例的大前提下，也有一些传记则因为与前代关联甚重，作者在会通史学思想的指导下对以往历史进行了追述。并且根据情况的需要，或自远古，如卷三《黎歧列传》从黎族始祖谈起，卷七《俺答列传》从远古三代以上叙起；或自中古，卷四《莫茂恰列传》从汉代叙起，卷五《播州杨应龙列传》从后唐唐庄宗时叙起，卷六《缅甸列传》则从元代叙起；

[①] 陈乃乾：《影印〈万历武功录〉跋》："记述万历初年到中期"史事，北京：中华书局影印本，1962年。

[②] 邓嗣禹：《明瞿九思〈万历武功录〉叙论》："就时间言，每传多索其原始至万历中年。"似为通史，《足本〈万历武功录〉》，台北：台湾艺文印书馆，1980年，第3页。

还有一些是从明朝历代帝王统治时叙起，卷五《凌霄、都都寨、九丝诸蛮列传》从洪武年间叙起，卷五《罗打鼓诸羌列传》从宣德年间叙起，卷三《罗旁瑶浪列传》从景泰年间叙起，卷四《流贼黎福庄、黄邦缘列传》从成化年间叙起，卷二《安远贼叶楷、李圆郎列传》从弘治年间叙起，卷三《岑岗江月照列传》从正德年间叙起，卷三《巢贼赖元爵、蓝一清诸酋列传》从嘉靖年间叙起，卷四《高江诸瑶列传》从隆庆年间一直粗略叙述至明代万历年间叙起，并同样以万历年间史事为重点。而且，除以上列举的几个列传之外，其他的追述性列传不是很多。即便是那些从明代各帝王叙起的各传也属于断代史的性质。因而，全书重点是万历一朝的史事。

下限。因为作者本人为万历朝健在的学者，故其所收集的资料没有也不可能延伸到他开始写作之年（1607），更未到著作完成之年（1610）。全书下限最晚至万历二十九年（1601），《武功录》卷六《皮林苗吴国佐、石纂太列传》记述的事件发生在万历二十八年（1600）年。绝大部分传记下限是万历二十三、二十四年（1595、1596）左右。如卷一《王自简列传》下限为万历二十二年（1594）；卷五《土妇奢世统、奢世绩列传》写到万历二十三年（1595）；卷十《暖兔传》写到万历二十五年（1597）等等。从上下限的时间来判定，《武功录》应是断代史著作。

二、《万历武功录》的内容、收载标准和结构

（一）内容

《武功录》是反映明代中后期复杂而深刻的社会矛盾、阶级矛盾、民族矛盾以及中外交往中诸多问题的史书，"记述万历初年到中期镇压各地农民起义，以及各少数民族和明皇朝的关系，反映了明皇朝政治的腐败和用武力压迫民众的情况"。[①] 谢国桢从地区角度对其内容进行概述："是书卷 六，为北直录、山东、山西、宣大镇、河南、陕西、宁夏、南直隶、浙江、江西、湖广、福建、广东、广西、四川、贵州、云南各地农民、矿徒、饥民、叛卒、白莲教、

---

① 陈乃乾：《影印〈万历武功录〉跋》，北京：中华书局影印本，1962年。

各少数民族之起义。卷七——十四，为中三边、东三边、西三边鞑靼、瓦剌北方各民族之事迹，为研究明万历以来之农民起义及各族事迹，最足参考之书。"① 邓嗣禹则侧重于从各传主身份的角度进行概括：比较笼统地说，《武功录》"全书内容，大致可分成两大部分，册六以前，多写社会动乱分子，册六以后写边疆民族"，"叙述社会各阶层，且更进一步，不写王侯将相之特殊阶级，而写三教九流之低层人物，如矿盗、盐枭、响马盗、山贼、海贼、流贼、运河贼、疍户、妖僧、白莲教、'罗道教'等，苗、瑶、壮、羌各民族，及中国与藩属国的关系，如蒙古、俺答、朝鲜、安南、缅甸等"。② 本书的重点内容是以"记述东北、西北、西南各族为多"，③ "详尽地记载了明代边疆各少数民族的真实情况，对其人物、制度、风俗习惯以及人名、地名等都有不可多见的记述……尤其难能可贵的是，本书中对于明代北方各少数民族的史实记载颇详"。④ 故而许多史学史研究者将其归类为边疆史地著作。⑤

（二）收录标准

全书内容的收录标准，须从《武功录》的书名谈起。《武功录》是一部万历年间统治者以武力镇压各地民众反抗活动的"功劳簿"。反之，以武力与明朝统治者相对抗、或与明朝统治力量因种种原因发生武力冲突的各地民众的活动就是其记载的主题，因此凡在这一时间段内以武力进行反抗明朝统治活动的民众就是《武功录》的主角，也是各列传的主角，他们可能是某个人，也可能是某些人或某个团体。这些民众包括饥民、矿工、生员、盗贼、叛兵、教众、少数民族部众等等，在武力反抗明朝统治的凡例下汇合在《武功录》

---

① 谢国桢：《增订晚明史籍考》，上海：上海古籍出版社，1981年，第81页。
② 邓嗣禹：《明瞿九思〈万历武功录〉叙论》，《足本〈万历武功录〉》，台北：台湾艺文印书馆，1980年，第1页。
③ 邱树森主编：《中国史学家辞典》，"瞿九思"条，石家庄：河北教育出版社，1990年，第455页。
④ 《内蒙古史志资料选编》第四辑，《〈万历武功录〉选录》编后说明，呼和浩特，内部刊印，1985年，第545页。
⑤ 钱茂伟：《明代史学的历程》，北京：社会科学文献出版社，2003年，第285页："边疆及域外史地著作有《万历武功录》、《东西洋考》……等53部。"

中。这就是《武功录》内容的结构线索,也是《武功录》撰写时的立题标准。

(三) 结构

全书篇章结构的总体安排是:以明代行政区划作为分类的标准,"分地区编次",① 按照同一经度自北向南、同一纬度则自东到西、边疆地区最后排列的顺序依次列出各传。其中边疆地区的内容不是自东向西,而是以俺答汗及其部落为主体,其后再由东向西。每一地区设立多传,一传自一人至数人,分别叙述本地区内的海盗、书生、矿盗、绿林路盗、民族纠纷等事件。

每一传的篇章结构:基本上由两部分组成,先以年代先后顺序为叙事线索,叙述每个传主的生平事迹或其所经历的主要事件之本末因果;后在传末仿司马迁作史体例附"赞曰",表达作者的观点和看法。每传字数不定,长短不一,必须"言之有物";传主的设立则根据内容多少,或者事情大小、重要与否等情况进行不同的处理,或一人数传,如《俺答列传》分上、中、下;或多人一传,这种情况非常普遍。全书共14卷176传,计471个人物、56个团体有传。

第三节 《万历武功录》的优点和缺点

一、《万历武功录》的优点

(一) 杂取各体之长

对《武功录》的体例,传统的看法是:传记体为主要体例,有分传、单传、合传、类传几个类别。《武功录》"用列传体记述了明万历年间镇压农民起义和兵变历史,以及边疆各少数民族和明王朝的关系"。② 邓嗣禹也是这个看法。"著者深受司马迁之影响,用传记体裁,叙述社会各阶层","每传之末,有'赞曰',极力模仿史

---

① 陈乃乾:《影印〈万历武功录〉跋》,北京:中华书局影印本,1962年。
② 陈乃乾:《影印〈万历武功录〉跋》,北京:中华书局影印本,1962年。

迁体裁"。① 对此书目录进行大致的浏览，也可以发现的确如此。从理论上讲，瞿氏史学模仿的是史记，他的史书应该是司马迁的撰史类型。钱茂伟对瞿氏的学术风格评述说："（王世贞）是一位司马迁信徒……重新高举司马迁实证史学旗帜，强调考信、直书，这对晚明史坛的影响是十分广泛而深远的。此后，瞿九思、朱国祯、刘振、张岱……纷纷学《史记》，重实证学风。"② 他在《明代史学编年考》一书中还直接指出了《武功录》的体例是列传。"《武功录》全书之编排，大体按地域来划分，凡 21 个地区，每一个地区用列传之法，分别记载"。谢国桢和对《武功录》进行校点的楚哈、明湖二人在这一问题上的观点比较含糊，他们的考证和编后说明始终都没有谈到体例问题。③

《武功录》所采用的到底是什么体例？实际上，《武功录》是抄录多种材料而成的，行文上又未经过仔细推敲，成书后也未认真地修改整理，故其体例不可能是纯正的。所以，《武功录》的体例问题值得一谈。

第一，《武功录》中很大一部分使用了传记体。传记体（指正史中的列传）的写作是以人物为记事的主体，将有关某一历史时代的历史人物之所有足以体现其个人特征的事迹归纳起来，组合到他自己的名字下面，替他写成一篇传记。从形式上看，《武功录》各卷中所设的小题目的确都是"列传"，如蒙古史事部分中的《俺答列传》、《黄台吉列传》、《火落赤列传》、《速巴亥列传》、《切尽黄台吉列传》④ 等，蒙古史事以外的部分，如《杨文学列传》、《安国亨列

---

① 邓嗣禹：《明瞿九思〈万历武功录〉叙论》，《足本〈万历武功录〉》，台北：台湾艺文印书馆，1980 年，第 3 页。《中国大百科全书·中国历史》北京、上海：中国大百科全书出版社，1992 年，第 1186 页。
② 钱茂伟：《明代史学的历程》，北京：社会科学文献出版社，2003 年，第 138－141 页。
③ 谢国桢：《增订晚明史籍考》，上海：上海古籍出版社，1981 年，第 81 页。《内蒙古史志资料选编》第四辑，《〈万历武功录〉选录》编后说明，呼和浩特，1985 年，第 545－546 页。
④ 瞿九思：《万历武功录》卷 7、8《中三边》，第 639－784、785－802、892－914 页；卷 11、12《东三边》，第 1050－1077 页；卷 14《西三边》，第 1229－1238 页，北京：中华书局影印本，1962 年。

传》①等都是如此。从内容上看，许多传记均是以万历年间显名的人物为中心，按时间线索叙述其生平。其中有些是在万历前显名的人物，再追述其以前事迹，并以万历年间事迹为重点，如《哱拜、哱承恩列传》；有少数重要人物以追述内容为重点，如《俺答列传》；还有个别人物是万历以前就逝去的，不属于本书的内容范畴，但因与其他人物关系甚重，也进行了追述，如《吉能列传》（吉囊和吉能，虽然都是"济农"的不同音译，但吉能是明人对那言大儿吉能的专用称呼，相关内容见本书第五章《吉能列传》的考证）；数量最多的是万历间方才显名，至《武功录》创作下限时仍然健在的显赫人物，则记述其在万历年间的主要事迹，如《波儿哈都列传》、《青把都列传》等等。可以分析一个例子，具体地看《武功录》的人物传记风格。

《武功录》卷一《宁夏镇》之《哱拜、哱承恩列传》最为典型。《哱拜、哱承恩列传》全文1.6万余字，其中只在开始追述了哱拜起家的历史，"哱拜，胡人也。嘉靖中，亡抵于朔方，备苍头军。久之，为巡边营都指挥使，多所捕获。而会制置使王之诰举大将才，乃上书推拜可使任游击"。所用字数不足百字，其余1.6万字，自"明年壬申（1572）"以后的叙述，完全是哱拜、哱承恩父子二人在万历年间的因功升迁、受压抑以及谋反的酝酿、发动及被平定的过程，是两人在这段时间内或大或小各类事迹的汇集。

因此，传记体无疑应是《武功录》一书的整体体例特征。

第二，除传记体外，笔者认为《武功录》中有些"传记"不完全是传记形式，而是以纪事本末体记事的，或者是综合论述带纪事本末体特征。纪事本末体是一种详录事件始末和原委的记事体，它避免了编年体史书一事散见于数年、数十年之中以及纪传体史书一事散见于纪、传、志之中的弊端，使读者能够很容易地了解事件发生的全过程。纪事本末体虽明确创建于南宋袁枢，但此前已有不少

---

① 瞿九思：《万历武功录》，卷2《浙江》；卷6《贵州》，北京：中华书局影印本，1962年，第190－193页，第531－534页。

史家在史学撰写实践中不完全地使用此种史学方法。① 瞿氏仿照司马迁，吸收前人在史学撰写中的优点和长处，在《武功录》各传中有相当分量的内容是以纪事本末体体例撰写的。这大致又可分为两种情况。

其一，整篇的纪事本末体。《武功录》中有很多传记，篇名是某人的传记，但整篇内容都是对某人一件重要事件的叙述，对事件的起因、经过到结果的叙述在全文中占主体部分，对此人的其他事迹则概不涉及，从而几乎形成整体的纪事本末体。这种类型的"传记"是以叙事为主体，著者只是在撰写过程中把事件中所涉及的人物提了出来，放在篇首强调了一下，人物并没有成为叙事的中心。而且，除文中所叙一个主要事件外别无它事可叙。再加上作者成书仓促，后期又未加仔细的整理，许多材料仍然保持着邸抄、奏议的原样，在行文上也根本不符合以人物为中心的叙事要求。所以这种在叙事中谈到人物，而不是以人物为中心来叙述其生平多个事件的作品类型不应该是传记体。如篇幅较短的《饥民王友臣列传》：

王友臣，内黄人也。县故旁近汤阴、安阳，而限以漳河乎。丙戌岁大饥，村落间屯鹿空虚，百姓不厌糟糠。而贾人皆转麦以逐利，勿遑它问也。于是，榜人李友才以麦舟七艘鼓行而道豆公村，而会王友臣聚安阳、汤阴诸饥民数千人鸣金鼓，张旗帜，并鼓噪而前曰："毋往，亟取麦来。"方是时，我困，恐不能须臾待也。而逻卒申廷谏乃趋而呵止之。友臣即剑斩谏，以惧诸贾人，竟尽夺其麦而去。而会洇县有王安之盗，汲县有车小冈之盗，皆以夺麦为务。于是旁近郡皆提逻卒逐盗贼，遂捕友臣并及安。先是，安在凤凰台树蓝帜，鸣金，略贾人张学书，而小冈亦略赵国英、赖丞、汤克宽。久之，二酋皆伏诛。独小冈未禽也。其后御史柯挺条封救荒诸便宜，而台御史贾三近以为挺有所刺讥，乃上书请告，以避贤者路。上不从，以为抚臣受

---

① 白寿彝：《司马迁与班固》：《史记》"匈奴、南越、东越、朝鲜、西南夷及大宛等传都是综合论述并带有纪事本末的形式。"《中国史学史论集》（一），上海：上海人民出版社，1980年，第195页。

朝廷重寄,当以灾伤为急,岂可以言语疑似,悻悻求去。
于是台御史叩头,奉诏书惟谨。复北向拜,且曰:"第使灾
民无恙,然后足以报塞陛下明德也。"①

此传到底是饥民王友臣列传,还是王友臣因饥饿造反事件之始末,恐怕已经很清楚了。像这样的传记很多,诸如《叛生侯沐封列传》、《流寇罗朝广列传》等就属此类。

其二,《武功录》中另有许多长篇传记,与《史记》的《大宛列传》、《匈奴列传》基本相似,是综合论述并附加纪事本末体的。如《缅甸列传》完全是对缅甸历史的综合论述,然后才附加了对缅甸在万历年间事情的记述。这些从总体上讲,也应该属于纪事本末体的范畴。《播酋杨应龙列传》是对杨应龙家族到达播州立足、站稳并发展的历史进行了全面的概述,之后才对杨应龙个人在万历期间发动叛乱的因果过程做了全面的记述。

当然,传记体裁中以人为中心,在描述人物时将其个人的一件或几件重要事情作个前后因果的整体交代是必然的,必不可少的。但在具体某一个传记的写作过程中到底是以人物为中心线索进行叙事,叙几件事?还是以事件发展为线索,在叙事中谈到其中的主要人物?这是很重要的。两者在行文上也有比较明显的区别。《武功录》中存在着大量的,以事为叙述中心,在叙事中谈到其主要人物的"传记"类型,还有综合论述某事的长期发展并附加一些纪事本末体类型的"传记",这些完全属于纪事本末体范畴。

第三,"编年体"。编年体史书的特征是以事系日,以日系月,以月系季,以季系年,把当时复杂纷繁的历史事件统一在具体的日月季年的记载之中,让人一目了然。《武功录》中某些部分之所以出现编年体特征,其主要的、也是决定性的因素是:《明世宗实录》、《明穆宗实录》是《武功录》的重要史料来源。细查《武功录》卷七《俺答列传》(上)有关嘉靖二十九年(1550)的史事记载,几乎完全节选于《明世宗实录》嘉靖二十九年记事。如嘉靖二十九年:

---

① 瞿九思:《万历武功录》卷1《饥民王友臣列传》,北京:中华书局影印本,1962年,第48页。

八月，俺答引套虏入寇独石外边，壁金字河。兵部言，独石边南潮河川，乃□陵京门户，宜发辽东军军白马关，易州军军古北口。诏从之。甲子，虏至宣府两河口……乙丑，上命东官参将吴尚贤出密云……辛未，命鸾调度诸路客兵，同上谷帅赵国忠并力御虏……癸酉，虏遂驻大兴州，去古北口可一百七十里……乙亥，虏循潮河川南下，至古北口伏牛马溪谷中……丁丑，虏攻古北口。①

这应该属于《明实录》的分类编纂。

再如，《俺答列传》上、中的大半部分不仅记载俺答个人的活动，而且更多的概述了蒙古族诞生、兴起、发展的历史，于明代部分则主要叙述了蒙古右翼三大部——土默特、鄂尔多斯、永谢布部的历史，在一定程度上也可以说是对蒙古各部历史的综合。因此《俺答列传》应该被看做是用编年体撰写的、整个蒙古部落历史的"纪"。故而《俺答列传》的某些部分应该属于编年体。只不过这个编年体所记载的历史事件是以明蒙关系为中心而已。

基于此，笔者认为《武功录》的体例是以传统的传记体为主，有的传记包含了纪事本末体和编年体，有的则是综合论述并融合了纪事本末体与编年体例，还有的"传记"直接使用了纪事本末体。这种融合了编年、纪传、纪事本末三体的杂体是邓元锡在《皇明书》中的首创，瞿九思继续使用这一体例。这是明代私史撰写者在史书体例方面的探索和尝试。今天，我们站在史学史的立场上研究瞿九思撰写的史书，认为其体例不纯，但笔者认为这并不是《武功录》的缺点。相反的，这恰是其价值所在。如前所言，《武功录》撰述完毕，因其体例不纯，瞿氏自己赧颜称其为"列传"，欲投畀烈火中，何以我们今天非要单一地用一种史体来限定《武功录》的体例呢！何以因其不完全符合正史的所谓传记体例而否定其社会价值？因为《武功录》本为野史、杂史，不是正史。但是，《武功录》仍然有其存在价值和史学地位，如同野史在明代、在中国历史上更有价值一

---

① 瞿九思：《万历武功录》卷7《俺答列传上》，北京：中华书局影印本，1962年，第678–680页。

样。笔者认为，正因为《武功录》的体例不纯，综合运用了各种史体，反映了复杂的丰富多样的史实，各体长处在文中都得到了发挥，从而增加了《武功录》的史学效果和社会效果，使其所描述的内容构成了一幅"点"与"面"相结合的、鲜活的立体画卷。事实上，只有这种体例才符合《武功录》以问题为中心的写作要求。

（二）直书笔法

《武功录》是属于著述？还是编述？这是一个首先要搞清的问题。著述和编述，区别是很明显的。

"历史书按照历史家处理材料的态度和性质，一般可分为'著作'与'编述'两种。举凡前人所无，而为个人创造之书，谓'著作'；凡有所依凭，加以编次、说明之书，谓'编述'。著作的目的在于发明见解，创立新说；编述的目的在于汇集资料，加以叙述说明。清人焦循说：'人未知而己先知，人未觉而己先觉，因以所先知先觉者教人，俾人皆知之觉之，而天下之知觉自我始，是为作。已有知之觉之者，自我而损益之；惑其意久而不明，有明之者，用以教人，而作者之意复明，是之谓述'。"[①] 按照这个观点，著述属于作，编述属于述。

按照这种对著述的分类方法衡量《武功录》，无疑它应属于史料集——"编述"一类。作者自己为书籍取名为《万历武功录》（对万历年间武力功绩的记录或抄写）的作法本身也反映了著作在这方面的特点。受"编述"性质的影响，实录、直书和求实存真成为《武功录》的最大优点，也是它的重要学术价值所在，更体现了中国史学的优良传统。

据事直书，秉笔直书，书法不隐，是中国史学的优良传统。刘知几说："君子以博闻多识为工，良史以实录直书为贵。"明中叶的实证史学风气，强调考信、直书，对晚明史坛形成影响。[②] 瞿氏受此风影响，以实证为追求目标，进行史著撰写。

首先，瞿氏在选材上保证了史料的真实性。在《武功录》的整

---

① 赵吉惠：《历史学方法论》，成都：四川人民出版社，1987年，第291页。
② 钱茂伟：《明代史学的历程》，北京：社会科学文献出版社，2003年，第141页。

体撰写过程中,瞿氏所采用的资料大多为第一手资料。他注意广泛搜集资料,从实录、档案、邸报、塘报、奏议、公文到野史,甚至包括一些口碑材料,还有的是作者通过自己调查得到的。这些资料的作者基本上都是事件的主要亲历者、参与者,这从根本上保证了材料的真实性,很多地方未对材料进行过任何修改,完全维持了材料的原貌。两种相同材料共存时,瞿氏采用时尽量使用那些直接描写现实、揭露现实的资料,摈弃了那种为某种目的而曲笔抒写事实的材料。比如,万历初处理三卫属部史、车二枝的时候,"于是,御史孙琮、刘良弼、刘尧卿、给谏张书皆先后上书陈大计,语在奏疏。而台御史吴兑已与制置使王崇古有成画矣。是日,即召大酋达鸡、敌垒、八不刺三人,小酋伍栾秃斯额等一十九人庭中问状,大率未去者凡一千八百八十二人,皆一切罢抚赏"。① 文中所列举诸人,吴兑和王崇古是事件的直接亲历者,而其他御史、给谏等的奏疏则是第二手材料了,故而,瞿氏采用了吴、王的奏疏,而对其他人的奏折一带而过。在《火落赤列传》中,瞿氏采用的都是王崇古、方逢时、郑洛、郜光先、曹子登、梅友松、魏学曾、李汶、田乐等地方督抚大员的奏疏。

其次,瞿氏在《武功录》中敢书别人所不敢书,敢写别人所不敢写的社会现实。《武功录》实录了万历间白莲教的发展情况。"河以南北多信白莲教,卒以此败也。异哉,以余所闻,京师人,人无女男,皆立会焚香,动以数百数。而其甚者,鸣金鼓,张旗帜,黄屋左纛,膜拜而呼佛,洋洋盈耳乎"。②

关于饥民、士兵、诸生等的造反,《武功录》直书其原因,使读者看到他们的造反不是无故挑衅,而是事出有因。万历癸未(1583)夏五月,山西隰州岁大饥,民"卖子鬻产以接衣食,犹不足"。③ 万

---

① 瞿九思:《万历武功录》卷1《史二官、车达鸡列传》,北京:中华书局影印本,1962年,第64页。
② 瞿九思:《万历武功录》卷1《叛僧王铎、如灯、王善列传》,北京:中华书局影印本,1962年,第34页。
③ 瞿九思:《万历武功录》卷1《饥民王汉臣列传》,北京:中华书局影印本,1962年,第56页。

历丙戌（1586）陕西延庆、平凤等地岁大饥，"民流，流死，而以死者悬道左树上，民多为盗"。而且"上诏督抚相机剿处"。①浙江将领"近来文武官以苛暴刻削相尚，其行类失人心，比遇事变，又皆束手无策，仓皇首窜"，以至激起大营兵马文英、象山昌国营兵何中叛乱。②万历己丑年（1589）浙江诸生叛乱，原因是岁"枯旱"；壬辰年（1592）上虞诸生张绮"以诸生夺县官之权"；嘉兴诸生吕协祖则因为"征输甚急"而起兵。③

《武功录》还实录了统治阶级的腐朽以及吏治的黑暗。万历四年（1576），江西安远霸主叶楷被官府拿获，官府派散官尹明遂、刘载永等访叶楷田宅，两人趁机漫取百姓金钱，百姓"不与，而载永遂指不与田以为叶田"。④"如今人臣为国家任事，有功者便苛责搜求无已；因循疏怠，玩时失事却一言不及，公论何在"？"近来地方官以捕法严往往隐匿避罪，或讳言贼情，务为无事，反责失主妄报，以致盗贼滋多，将来必成大患"。⑤土蛮等部落万历十年入边，"辽东人梁才亦被虏。久之，窃胡骑奔关，逢中军崔大相及苍头军詹二，詹二夺被衫布袋，夺所骑马，梁才以裸身，不可归，因赂詹二钱一，得赎衣被而去"。⑥万历十二年蒙古左翼和朵颜卫联合对明前屯卫进攻，明军失利，但边将掩败为胜，"汉虏合战，虏终弗敌火攻，因大破之，斩首虏凡三级，夺获盔甲、顶甲三副、马六骑。虏亦伤我祖成训几死，而军士死者凡一十九人，伤凡三十一人，马死凡五十一

---

① 瞿九思：《万历武功录》卷1《回夷列传》，北京：中华书局影印本，1962年，第88页。
② 瞿九思：《万历武功录》卷2《大营叛兵马文英、象山昌国营叛兵何中列传》，北京：中华书局影印本，1962年，第180页。
③ 瞿九思：《万历武功录》卷2《叛生张绮、吕协祖列传》，北京：中华书局影印本，1962年，第187、188页。
④ 瞿九思：《万历武功录》卷2《安远贼叶楷、李圆郎列传》，北京：中华书局影印本，1962年，第204页。
⑤ 瞿九思：《万历武功录》卷2《江贼何旺、李七列传》，北京：中华书局影印本，1962年，第132、134页。
⑥ 瞿九思：《万历武功录》卷10《土蛮列传》，北京：中华书局影印本，1962年，第952页。

骑,伤凡三十五骑"。① 等等。

对明朝边将腐败进行实录直书的典型莫过于瞿九思在《小阿卜户列传》的记载:

> 按副总陈文治、游击李尚贤言,癸未(1583)夏六月,小阿卜户帅八百余骑恃(持)钩杆木梯,奔黑谷关道、夹沟子鸣炮。于是,尚贤驰救,则虏骑已至关下,而以其半攀墉而上,它皆阻高以为险,发鸣镝射关中。关中鎗(枪)炮、火箭、矢石并发如雨,而北小台及东石崖台夹城而攻亦如之。自寅至卯,虏射死我卒二人,伤二十二人,捕四人。我所系杀虏甚多,虏皆尸舁而去,弃遗钩镰、弓矢、夷帽、皮水袋充塞道左。(虏)相引伏夹沟子沟中诱我师。尚贤追逐至三道外边,见道狭,马不得成列,恐堕虏计。将军乃下令班师,始入塞。是时,部使者李植行边,所闻与:虏实深入二十里,关中被虏破残。驰黑谷关,椽瓦户牖多所倾圮,人畜离折,而峰台寨及烧香寨、马廉寨尤甚,杀士卒郑忠等二十余人,男妇十余人,卤(掳)李仲得等三十余人,马驴亦如数。于是,以书案论之。而制置使周咏及台御史翟绣裳皆上书言:"烧香等寨,残毁有之,然皆曩时总戎戚继光并而为者,非虏骑敢深入也。"上幸从兵尚书吴兑议,诏部使者大会督臣验问。顷之,部使者植复以书请,上特遣使臣往问之,书多不载。于是,诏御史江东之驰黑谷关问状。已,复有诏诏大司马:有如督抚规避扶同,庇下罔上,令指实参奏。因罚守臣绣裳俸半载。其秋,制置使咏、都御史绣裳自以不职,请予告。上不可。自是之后,给谏冯景隆、张哲思、御史詹事讲皆劾奏斯事,则又谓小阿卜户延引诸虏不至百余骑,如入无人之境。事下,大司马覆奏,上幸赐之以诏曰:"边事重大,将才难得,若大将尽忠奋勇,替朝廷出死力的,却误浮言,横加抵斥,

---

① 瞿九思:《万历武功录》卷13《董狐狸列传》,北京:中华书局影印本,1962年,第1152页。

反不如避事偷安，可免訾议。是非倒置，功罪不明，何以服人心、作士气。李成梁封爵如故，调景隆外任。"顷之，给谏杨芳又见劾矣，而绣衣（裳）亦再上书如初。居有顷，御史东之乘传到塞，于是大会备兵使费尧年、于达真、倅（卒）杨廷柟、司理宋伯华、孙瑀、项复弘并驰黑谷关，见两山对峙如闉，又皆高峻，且城居中，以为得天险，倘数十人守之，即万人犹莫敢过，何况数百么么小丑乎？先是，房以三鼓入关，关卒金子明等五人鼾睡，仓卒（仓促）为房骑所杀戮，而关中或一家四口及三口以上甚惨。陈文治恐江使君觉，乃遣裨将齐鸣鹤先期掩埋诸尸骸，甚至焚毁以灭其迹，而又阴告诸死者戚属，毋得成服及悲号。东之幸得其奸，至期，微使使者持刀锄，掘所掩埋，得九尸。按验，果皆被金痍死者。乃按陈文治、李尚贤罪，当斩；而齐鸣鹤及方臣、汪道化、张崇谦扶同欺罔，大不忠。上有诏，诏御史逮问，罚杨四畏俸一级，督臣咏、台臣绣裳俸半年。居亡何，文治、尚贤从狱中上书，深辩其事，而给谏田畴以为不宜乘机展辩，劾奏之。上于是不可文治等请。①

边将敷衍了事，不能尽忠职守，事情发生之后又掩饰败绩，瞒天过海，而且还掩败为胜，最为可怕的是竟然是上下官吏规避扶同，庇下罔上，几经官吏彻查，才弄清事件原委，最后只是处死了两个低级军官，其他官员罚俸了事。

《武功录》直接记载了军将的杀降冒功。卷三《六湾诸山贼列传》记载万历乙亥春（1575）广东六湾有"盗贼"抢劫，杀人如艾草菅情形：

于是制置使殷正茂以羽檄征裨将梁守愚、陈璘往问之，期以六月初六日并发。亡何，璘军逗留不至。贼皆遁逃走。璘竟杀已降贪为功。

---

① 瞿九思：《万历武功录》卷13《小阿卜户列传》，北京：中华书局影印本，1962年，第1185页。

诸如此类的记载在蒙古史事部分的辽东作战中更多。

明年（1593）冬，昂驰喜峰口挟赏。大将军张邦奇佯许昂增布帛七千七百匹，因诱通事张五烈等二十五人至义院口讲赏，醉而杀之，上功幕府。于是御史张允升劾奏，事下戎部问状。其明年（1594），昂益愤邦奇，引众犯大毛山、大青山。①

先是，劈山之捷，给谏光懋以为实土蛮部阿丑哈一日以盗牛马故，惧诛，群辈千余人亡抵汉塞，游击陶承营诱而戮之。至上功幕府，凡四百有奇。其后大司马方逢时按御史安九域议奏对，诏制置使梁梦龙、台御史周咏、总戎李成梁，准辞免原加恩典，陶承营下御史逮问，翟绣裳、马卫都、王有臣皆免官。②

其后庚寅（1590）春，卜言台周引黄台吉、大、小委正等入辽、沈、开原、海、盖诸郡，寇钞（抄）百姓。制置使张国彦劾奏副总戎姚大节有状。先是，大将军李成梁发车骑诣虏营，虏不敢南下，各鸟兽散。已，追逐至河北，再抵雕背山，去边已百余里，击破之。斩首虏二百八十级，酋长十三人，奸细四人，夺获胡马器械，动以千数。是岁也，赐李成梁禄米五十石，荫子李如桢列堂上金书管事。荫郝杰男入太学，迁李宁都督金事。吴希汉、李如柏、副总戎李继武游击，加鲍希颜山东按察使秩视事。它皆赐金币有差。已，祭告郊庙，皆如故事。自后，给谏薛三才称道路传言，言辽左多捕降者为虏，掘死人以为获，请按验首功。③

最后，局部春秋写法蕴涵褒贬。一方面在秉笔据事直书的过程

---

① 瞿九思:《万历武功录》卷13《长昂列传》, 北京: 中华书局影印本, 1962年, 第1176页。

② 瞿九思:《万历武功录》卷12《速把亥列传》, 北京: 中华书局影印本, 1962年, 第1077页。

③ 瞿九思:《万历武功录》卷10《卜言台周列传》, 北京: 中华书局影印本, 1962年, 第971页。

中，著者对材料的取舍本身就表明了一种态度，另一方面在某些地方作者也采用了明善恶，寓褒贬，夹叙夹议的撰写方法，于叙事当中直接发表了议论，表达自己的看法和态度。如卷九《波儿哈都台吉列传》记载：

> 居四五年，丙戌（戍），夷人毛七赖等十五人小入，盗我千家冲沟口马骡。久之，牛儿盖等二十余人又至大定台索酒食，弗可得，夺我兵弓矢而去。我兵霍玠追至碾儿沟，捕获生口端公、张达子。后关吏诘问，皆段奈台吉部夷也。于是，轻重罚治马牛羊如初，而马牛羊即以易金钱，佐县官抚夷费，从制置使郑洛请也。居无何，上谷卒出边樵苏，道逢段奈台吉部夷，我兵执而戮之，磔其尸以徇。洛乃条对，以为此道上行夷也，我士卒何与，而直欲以明威。此太过。且恐异时此酋将率众寇扰亡（无）已也。①

文中直接指出明朝官吏军兵的做法是"太过"了，简单几个字表明了作者的态度，蕴涵了善恶和褒贬。

在直书实录以上封建统治的种种恶习和弊端后，瞿九思不能不了解了社会危机的根本原因，他撰写《武功录》的初衷已经一目了然。他撰写的目的不是为了什么"感圣恩"，更不是为了什么"歌功颂德"，而是为了给统治者直接提出警戒和劝谏。撰写完毕后，他还把这样一部书派了儿子直接进京面呈皇帝，其勇气、其气魄、其胆识、其将生死置之度外的精神恐怕在古今史官中罕见。这恐怕也正是章学诚称他为"儒侠"的重要原因。

（三）内容详瞻

《武功录》内容上的特点——详瞻已经得到了当代学者的承认和重视。此书的内容详瞻，有时给人以多余烦琐的感觉。但在具体研究地方史，尤其是研究蒙古历史时，因为史料的严重缺乏，则深切感受到其内容详瞻的益处。

第一，详细记述事件的始末和细节。"详瞻，是这部书的记事特

---

① 瞿九思：《万历武功录》卷9《波儿哈都台吉列传》，北京：中华书局影印本，1962年，第836页。

点。它不仅备载每次'叛乱'始末,而且连斩首多少,俘虏多少都记"。① 可能会有琐屑之嫌,客观上却为后人留下详细而珍贵的史料。比如,上引《小阿卜户列传》的材料备叙事件的前后经过,使人对事件的了解更为全面透彻,对明朝官场的腐败、军队的敷衍、颠倒黑白、蒙古人的能征善战有了极为清晰的印象。

第二,详尽和精确的人名和地名。一些普通士兵、百姓的人名、具体的地名以及两地间的距离等都有详尽的描述。如《武功录》卷九《哆罗土蛮把都儿黄台吉列传》谈到了明蒙间一次作战的具体过程,对其人名、地名及各种数字作了详细记载:

其七月,歹妻及其子引精兵七百,扶榇东还,余悉置海上。是时,火落赤亦使脱谷大、博思痛等执绑送之。灵柩进口,我裨将陈善道从柩至黄马圈,去口三十里止舍。而部虏五百余骑后至。会莫(暮),疆(强)欲入边,边将张君恩、杨国相弗容入,争论。苍头军袁吉遂反刀殴达妇,妇倾跌下马,诸虏皆鼓噪攘臂而起。而酋使牛的个及脱谷大、博思痛等忽从山上扑来佐斗,乱甚,伤君恩面貌。我军益发勇,矢石如雨。虏被矢石、刀剑击死者二十二人,伤十一人,坠山岩死者五人。我师死十六人,伤十二人,坠死四人。虏分其半走河东墩,而善道闻炮声,亟驰还。去墩不三里,逢虏骑百余,发鸣镝,遂中善道,赖万金良药,得不死。虏皆走凉州坡,我帅追逐,生获牛的个、卜言兀、博思痛、脱谷大、沙尔、当撒尔、倘三库、土忽尔八人,马甲刀矢如(无)数。虏始知汉兵弗可敌也。莽、歹酋榆树前告曰:"愿佐旦日。"歹妻遣酋长恰乞他害、陶速太邦什等赴洪水,而乃以死请还所卤(掳)略及欲赎死者命。汉亦言:"我有杀伤。"于是,留乞他害,而遣通事人哱罗太偕陶速太邦什赴虏营,验问死伤,果如言。而我军还营中死者,则又八人矣。虏使坚欲我予牛的个等,乃得乞他害四人而去。于是,台御史子登大会太仆孔修行洪

---

① 钱茂伟:《明代史学编年考》,北京:中国文联出版社,2000年,第292页。

水,令歹妻移枢大马营,而属同知王协梦、倅(卒)刘起涑及副总戎陈霞复验斯事。乃当牛的个等六人请论如法,则念脱谷大、博思痛为火苗使者,第以军法笞掠之数十,遣去。而我军死者,人予五金,以资槥车费。①

卷二《江西花园洞陶红、李白列传》中谈到一个百姓的具体名姓:"何乾二,乡人也。亦能以其身试奸,为梓里除残蠹,岂不壮乎哉!"类似这样的例子比比皆是。

第三,涉及其他知识,亦有详尽的交代。在书籍撰述的过程中涉及一些事件之外的相关知识,瞿氏一般都做比较详尽的交代。《流寇罗朝广列传》中谈到"流寇"罗朝广在江西宁州地区长时间活动,明廷未能立即将其消灭,官吏间为此相互指责,"分巡使王徽猷移直指张简,称盗贼宁懿。亡何,宁靖又见告矣。简劾奏猷隐蔽,大略谓猷不当居南昌"。作者在此详细交代了分巡使被劾奏的原因:"故事,南昌无兵备使。前都御史、御史以宁州介在武宁、靖安之中,丛崖叠嶂,乃请分巡使兼兵备使秩,居宁州。以故论猷独重。"再如,《扯力克列传》中讲述扯力克西行欲遵循俺答汗西行故例,对明方提出路线和互市等要求而与明朝边吏发生矛盾纠纷时,作者常常追述明朝政策内容,尤其是追述明朝对俺答汗西行的特殊关照,使读者明确明蒙间冲突的根本原因。同样的例子还有很多。

(四)经世原则下的人民性

《史记》的人民性历来为新中国成立以后的史学工作者们所称道。② 瞿氏仿照司马氏,以经世为原则,在形式上完全是以司马迁《史记》为模仿对象,再加上瞿九思自己一生多与最下层百姓生活在一起,这些决定了他把撰写《武功录》的目标锁定在社会下层群众

---

① 瞿九思:《万历武功录》卷9《哆罗土蛮把都儿黄台吉列传》,北京:中华书局影印本,1962年,第883页。
② 翦伯赞:《中国历史学的开创者司马迁》:"他能把眼光投射到社会的每一个阶级……替下层社会的人物如游侠、刺客、龟策、日者等等人物写列传。"《中国史学史论集》(一),第109页。白寿彝《司马迁与班固》:"《史记》是一部有丰富的人民性的著作。它在处理历史重大问题上,重视了人民群众在历史上的影响。"《中国史学史论集》(一),上海:上海人民出版社,1980年,第198页。

身上。他注重对下层社会各行各业群众生活和生存问题的记载，尤其是敢于对这些问题形成的原因进行直面的陈述，对事件原貌进行毫不隐晦的描写，并把这些问题作为向皇帝进谏的主要议题，期待透过他的著作，统治者能够看到现实问题的严峻性，看到各项施政措施所带来的直接结果，并能够有所警醒，有所振作，采取一定的措施挽救危机，兴利除害。作者所描写的这些三教九流的人物，如果不是作者长期生活于地方，不是生活在底层，是不可能注意到的。这种人民性是《武功录》的又一特点。

书中的主角是社会各阶层的普通群众，或者说是社会下层的普通群众。如邓嗣禹所说，书中叙述社会各阶层，"不写王侯将相之特殊阶级，而写三教九流之底层人物，如矿盗、盐枭、响马盗、山贼、海贼、流贼、运河贼、疍户、妖僧、白莲教、罗道教等"，苗、瑶、壮、羌各民族，以及中国与藩属国的关系，如蒙古、朝鲜、安南、缅甸等。

客观的记述普通民众的生活状况是《武功录》一书的重点。直接写下层群众的艰难生活，写民众因各种原因而走上反抗、"叛乱"之途，使读者直面社会危机。邓嗣禹归纳总结说，《武功录》所述之民众叛乱的案件其原因，"大致说来，官逼民反，官吏贪污无能，不能维持地方治安，是属于政治的原因。饥民、水灾、旱灾、矿税、盐税及其他苛捐杂税，以至民不聊生，是属于经济的原因。左道惑众，劫富济贫，生员反抗官吏，反对社会特权阶级，是属于社会的原因。在上列七十九种强抢与暴动案中，属于政治原因者，大约三十三件，属于经济原因者二十五，属于社会原因者二十一。以目的论，称帝、称大王、平天王、教主及'无敌洞王'等凡十五宗，以改善生活者九，谋生存者十，巨寇强抢，求骤富者十六，目的不明者二十九"。①

在议论中直接抒发著者对民众的同情，指陈封建统治的严苛，表明其人民性的立场。"余常过三晋，其下山广川狭，民贫土瘠，赋

---

① 邓嗣禹：《明瞿九思〈万历武功录〉叙论》，《足本〈万历武功录〉》，台北：台湾艺文印书馆，1980年，第5页。

役颇繁。假令岁比丰稔，民犹难之，而况有如水旱，国胡以相恤也。当是时三晋尤苦虏骑哉"！① "是时，治道尚严，而陈御史以为有司奉行太过，裁削太甚，岂不然欤"？② "我偏裨诸将军有如得充调兵之役，多提帮手棍徒以行。既至，索土吏；及行，索驿骑。延引岁月，徒欲充满囊橐，安在其为大兵计乎"？③ 而且作者还直接而明确地总结民众造反的原因："岁凶，禾黍不入，民易动摇。"④ 实际上，《武功录》在大量记述这些民众起义的事件并分析其起义的经济、政治等方面原因时，已经在整体撰写思想上深深地打下了人民性的烙印。

二、《万历武功录》的缺点

（一）剪裁不精

由于《武功录》撰述和刻印时间不足三年，成书仓促，成书后又未仔细地加以整理和修改；著者的讽谏意图不能过于直白，著者有意识的在文中将材料前后穿插，制造混乱；著者使用的奏疏的著者对某人、某事的看法存在不可避免的矛盾等原因，造成《武功录》存在着颇多瑕疵，如内容上前后矛盾、缺乏照应、内容缺损、位置颠倒等错误颇多。

内容上前后矛盾。《武功录》卷十一《东三边》中两个人物传记对贾汝翼的记载就是矛盾的。《王台列传》中记建州女真王杲"数盗边"的原因："先是，抚顺备御史贾汝翼抑损抚赏药酒及稷米，甚至榜略酋长，皆有状。"随后，著者交代了盗边的过程和处理结果："上幸从廷臣议，先抚后剿，因逮问贾汝翼，罚参议使李鹗、佥事使王之弼俸凡三月。"也就是说，贾汝翼是王杲盗边的罪魁，边界冲突

---

① 瞿九思：《万历武功录》卷1《饥民王汉臣列传》，北京：中华书局影印本，1962年，第57页。
② 瞿九思：《万历武功录》卷2《上虞叛民丁仕卿列传》，北京：中华书局影印本，1962年，第185页。
③ 瞿九思：《万历武功录》卷4《高江诸瑶列传》，北京：中华书局影印本，1962年，第377页。
④ 瞿九思：《万历武功录》卷2《安远贼叶楷、李圆郎列传》，北京：中华书局影印本，1962年，第205页。

的原因在明边吏举措的失当，其曲在明。但《王杲列传》中则说："备御史贾汝翼新到官管事，亢厉，不可挠以私。前事，备御史坐抚夷厅，酋长各以次序立，立堂上，因送奉土产既如例，然后验马，马即见羸弱瘸败，使者匿不肯告，于是视善马贾，得厌饱其欲，乃请去。是时，杲尤甚乎，常自恃雄长，睥睨河东久，索赏，往往以箭帽充人。及至关市，辄骂坐，大不敬。备御至，起立台前。已，夺藁酒饮。醉，使酒，左右熟视，莫敢止。汝翼乃一旦新下令，令酋长下阶，皆不下。龙斗益从，诸夷进阶尽一等，争决非故约。于是，汝翼大怒，奋髯抵几曰'陛'！即视左右戏土产，榜笞不下者十数人。顷之，验马肥壮异它时，得三百八十余骑。夫汝翼然后喜可知。"此后，王杲引众盗边。这里，明与女真的冲突是因为贾汝翼改变了原有两者间交易中的因明边臣失误、姑息养成的恶劣惯性所致，应该说改变这种恶劣惯性的做法是正确的。王杲等以次充好、傲慢无礼、欺骗明臣的做法是错误的，被识破后引众盗边更是错上加错。瞿九思实录的作法已经将褒贬、善恶表示得非常清晰，却没有注意到前后内容的矛盾。但是，我们还应该看到另外一种情况，就是许多矛盾不是瞿氏本人的错误，而是瞿氏所采用奏折本身的矛盾，如果材料来源于两个或两个以上官员的奏折，而官员间对事件、对人物的看法恰好是矛盾的，一方是为事件辩诬的，一方是勘察事件的真假的，那么，奏折极有可能原本就是矛盾的。

前后缺乏照应、位置颠倒的错误也比比皆是。如《中三边》之《火落赤列传》、《永邵卜大成台吉列传》等涉及西海蒙古活动的列传，在叙述过程中大多会有"见《抄胡儿传》"、"见《宾兔传》"的字样。但事实上，《武功录》中并无《抄胡儿传》和《宾兔传》；《东三边》一些列传中常见"见《以儿邓传》"、"见《银灯传》"等，同样在事实上，《武功录》中也无《以儿邓传》和《银灯传》。还有卷二《大营叛兵马文英、象山昌国营叛兵何中列传》与《上虞叛民丁仕卿列传》的位置是不合适的，因为前者在文后的"赞"中提到了"丁仕卿"的事迹，但丁仕卿的传记在后面，读者对他本人的情况并不了解，所以两者的位置是错误的。同样的错误还见于卷十四的《卑不利阿不害列传》与后面的《切尽黄台吉列传》。甚至在内容中两件事的发生时间前后颠倒。"癸未（1583）春，长昂发难，计将入关，假兵于兀鲁思罕、老撒，撒等众心不从。已，长昂叩关请罪，老酋北面于塞上晏如矣。至己卯（1579），与卜儿艾引兵从速把亥——速把亥，亲叔父行也。于是乎有辽河之役，大将军李成梁鏖战于圜山，大破之，斩首虏八百七十有九级，夺获马凡一千二百四十八匹，橐驼凡十六头，语在《速把亥传》"。①

（二）文字水平差

瞿九思《武功录》的文字水平很差，主要体现在两个方面：史文不够精彩、史事不够清晰。而史文不够精彩表现在模古的文风及字词使用上存在严重缺陷。

首先是模古文风。模古是一种风格，但不论是在文学，还是史学，模古都不利于思想观点的表达。史学中的模古早就受到刘知几的批判。他主张史文要朴实，反对浮华，"史之叙事也……其文直，其事该"，要"文约而事丰"，史书记载应当采用当代的语言，即"方言世语"，他说："三传之说，既不习于《尚书》；两汉之词，又多违于《战策》；以验氓俗之递改，知岁时之不同。而后来作者通无远识，记其当世口语，罕能从实而书，方复追效昔人，示其稽古。是以好丘明者，则偏模《左传》；爱子长者，则全学史公。用使周秦言词，见于魏晋之代，楚汉应对，行乎宋齐之日。""夫天长地久，风俗无恒。后之视今，亦犹今之视昔。而作者皆怯书今语，勇效昔言，不其惑乎"！这种从文字外表上的生搬硬套，是"貌同而心异"，是"有类效颦，弥益其丑"。② 不仅瞿九思这样，大部分明人的著述风气都是如此。还是在当时，就有人对明代古文派学者做出了类似的评价，说他们最大的毛病是"务为深艰诡异之辞"，不够"平直通达"，"反使事迹郁而弗明"。③

---

① 瞿九思：《万历武功录》卷12《老撒列传》，北京：中华书局影印本，1962年，第1110页。

② ［唐］刘知几：《史通》卷7《鉴识》、卷6《叙事》、卷6《言语》、卷8《模拟》，沈阳：辽宁教育出版社，1997年，第62、50、46、68页。

③ ［明］陆粲：《与华修撰子潜论修史书》。见：《明文海》卷174，转引自钱茂伟《明代史学的历程》，北京：社会科学文献出版社，2003年，第296页。

瞿九思的模古表现：第一是行文以模古、模仿司马迁为特点，所用文字晦涩倨傲，使人难于理解（尽管瞿氏的文风是他遮掩自己著作讽谏意图的一种手段）。《明史·瞿九思传》中说："九思学极奥博，其文章不雅驯，然一时嗜古笃志之士，亦鲜其俦。"陈乃乾在《万历武功录》影印本后跋中也说："就这本《万历武功录》看来，他的文章实在不太高明，为了文章古奥，甚至把许多具体的事物给写成抽象的了。"瞿九思在《自序》中亦交代了他的文风。"乃市班、马书以数十，亲点窜，至十余。每种必别变置法，生刿剥之。诸奇字剩语，若'批亢捣虚'、'乱趋倒走'法，举无不字模句拟"。后人评价时也说他"在形式上刻意模仿《史记》，文字上字模句拟"，其结果对《武功录》的阅读和理解造成一些不必要的困难。

第二是既为模古，也为避讳，而在地名、官名等方面使用古代名称，让人如入迷宫，有些地名让人无法找寻。作者不但对马、班"字模句拟"，还"把明代总督、巡抚等的官称一律改为制置使，使读者弄不清到底讲的是什么时代的事情"。① 地名方面的模古更是让人如坠五里雾中。如将"宣府"、"大同"、"山西"均以古称；称"北京"为"长安"；自序中的"窦德城"也无处查询。总之，瞿氏在文中把地名和职官都不用本朝之名，而用汉、宋名称，给读者阅读和理解本书造成莫大困难。

第三，《武功录》中所使用字词的不严密，甚至存在严重缺陷；句子之间缺乏照应，有的地方没有主语，造成了张冠李戴的笑话；有的地方是半句话，使人无法确定作者原意；再加上传抄（搜索材料、奏疏时）过程中造成的丢句掉段严重等等，均严重影响了《武功录》的质量。如《土蛮列传》的开始、《速巴亥列传》的开始所使用的字词就不严密，也都因缺乏主语而造成读者不必要的误解。比如汉语"顷之"是"一会儿"的意思，但在瞿九思的文章中，这个词却可以超越十几年的时光；同样，汉语中的"自此之后"表示以后的动作或状态持续了相当长的一段时间，但在瞿文中，此词却只能代表一次性的某个动作。用词的失误和缺乏主语的错误，我们

---

① 陈乃乾：《影印〈万历武功录〉跋》，北京：中华书局影印本，1962年。

可以选取《土蛮列传》和《速巴亥列传》中的一段话来做一剖析：

> 土蛮，打来孙长男也。所部皆朵颜莽惠、伯户、鹅毛[秃]、壮兔等，控弦之士六万，最精壮。嘉靖中，移徙黄（潢）河北，常引速巴亥入海、盖、开原。顷之，大会矮塔必、兀鲁台周十余万骑祭旗纛，声欲入河东广宁，后从长勇堡、静远堡入，杀略沈阳以南，辽阳以北。于是大将军杨照拥兵击破之，斩首捕虏凡三十余级。是岁，嘉靖三十八年也。①

这里问题有三：首先，缺漏主语。"嘉靖中，移徙黄（潢）河北，常引速巴亥入海、盖、开原"的人是谁？按行文所指应该是"土蛮"。但土蛮并不是嘉靖中移徙的领导者。这是蒙古史中常识。所以此句漏缺主语。其次，本段也存在用词不当的错误。根据研究表明：嘉靖中的"北虏"南迁大致上是在嘉靖二十七年（1548）左右，② 那么从文中"嘉靖中"的移徙到文末的结束时间（嘉靖三十八年）是十一年。这中间所叙述的"顷之"是哪一次"入海、盖、开原"后的"顷之"呢？无法分清。稍后到文末，作者交代了是"嘉靖三十八年"。这里的"顷之"的使用是不恰当的。再者，从"嘉靖中"到"嘉靖三十八年"的这段文字所描述的内容可分为两个部分：其中"常引速巴亥入海、盖、开原"是一个习惯性的、规律性的动作，而"顷之，大会矮塔必、兀鲁台周十余万骑，祭旗纛，声欲入河东广宁，后从长勇堡、静远堡入，杀略沈阳以南，辽阳以北。于是大将军杨照拥兵击破之，斩首捕虏凡三十余级"介绍的是一个具体的动作。后者的具体动作内容直接违背了前者的规律，超出了"常……入"的地理范围。而且文章从表述层次也是不匹配的，普遍规律和具体事件相提并论，混在一起，是不合逻辑的。

> 速把亥，虎喇哈赤仲子也。嘉靖丙午（1546）岁，以

---

① 瞿九思：《万历武功录》卷10《土蛮列传》，北京：中华书局影印本，1962年，第918页。

② 达力扎布：《明代漠南蒙古历史研究》，海拉尔：内蒙古文化出版社，1997年，第113页。

三卫故,迁徙旧辽阳以北沙堝之间。于是,[所]部泰宁人抄木(大)、花大、把儿都(把都儿)、红脸孛罗等引弓之夷万余人,颇骁勇,东西到锦、义一千五百里,所在皆可直入犯,无险阻。是时,大父魁猛磕惑内罗言,常入我刺梨山,杀边吏王相,甚至卤(掳)掠人,动以三四千数。自是之后,花当之属皆与虎喇哈赤并勃勃著名塞上矣。延引至速巴亥世,益慓悍……数数然从土蛮入海、盖、开原。已,谋欲自白土厂入广宁,又欲自辽河两岸入沈阳奉集堡。当是之时,泰宁人果力个亦叛,新亡抵速巴亥。①

这里的问题更多。第一,"是时"之前的文字,从字面意义理解,嘉靖丙午岁迁徙及以后对锦、义东西入犯无险阻的人应该是本文的主角速把亥,描述的是一段持续很长的状态。随后的"是时"一句与上面所述的应该是同时并行的动作或状态,但文中描写的却是具体的动作与规律性动作的混杂。第二,"是时,大父魁猛磕常入我刺梨山,杀边吏王相,甚至卤(掳)掠人,动以三四千数"。假定"常入我刺梨山"中的"常"通"尝"(不应该是经常的意思),它和"杀王相"共同表示的是具体的行为,但"甚至卤(掳)掠人,动以三四千数"却是规律性的。状态不合,逻辑也不合。魁猛磕杀王相的时间查《明世宗实录》,是嘉靖三十一年(1552)三月丙寅条。第三,"自是之后"应该表明状态持续一段时间。下文的"自是之后"是自什么时间以后呢? 是"常入刺梨山……杀王相"的嘉靖三十一年,还是"甚至卤(掳)掠人,动以三四千数"中的某一年后呢? 第四,从"速把亥"世到"魁猛磕"世再到"花当和虎喇哈赤"世的叙述不符合逻辑。速把亥与其大父魁猛磕活动于同时,但速把亥之父虎喇哈赤却活动于他们之后,等等,不一而举。

《黑石炭传》万历九年"自是之后,虏骑遂聚众至二万余突入沈阳上榆林堡,因击我蒲河关厢。副总兵秦得倚拥兵疾力战,虏乃遁走,走出塞"。此处的"自是之后"同样应该表明状态持续一段时

---

① 瞿九思:《万历武功录》卷12《速把亥列传》,北京:中华书局影印本,1962年,第1050页。

间,可惜著者却用这个词表达一个具体的动作,聚众至二万余突入沈阳上榆林堡。同样是用词不当。同一传记中还有"自是之后,黑石炭数为宁前患害",这个"自是之后"的使用才是恰当的。

丢句掉段和半句话。《武功录》行文中出现丢句掉段和半句话情况的原因应该是多方面的。第一,可能是作者的搜集材料的过程中得到的就是如此。第二,在《武功录》刊刻过程中出现的谬误。谢国桢已经指出过这一点。《武功录》从撰写、刊刻到送往京都只有两年半的时间,时间非常匆忙,以至于在刊刻过程中连卷数都没有标清,造成重大遗漏。如此匆忙,在刊刻过程中出现种种失误也属正常。第三,著者自己写作过程中存在的疏漏。综观之,由于前两种过错所造成的缺陷不应都算在瞿九思的名下。

史事不够清晰。瞿氏所收集的材料无疑是十分丰富的。但瞿氏本人对史料的驾驭能力是很有限的。这主要表现在对史料的处理杂乱无章,一传的前后文、前后各传间材料胡乱穿插,穿插后并未形成系统的叙述,反而造成了时间、事件的混杂,给人以更为零乱的感觉。《史二官、车达鸡列传》:

> 史二官、车达鸡皆三卫部夷也。阻山后以为险。二官常与黄台吉相仇杀亡(无)厌,嘉靖中幸悔过,廼衿甲面缚诣台御史刘玺曰:"累茵愿旁近塞上逐水草,唯将军所左右。"于是台御史请于肃皇帝,幸报可。由此史夷得牧龙门所。隆庆初,车夷达鸡亦自虏中亡抵于边吏,请牧滴水崖、靖胡堡。自是之后,二酋常往来虏中为间谍以自效。久之,老把都、黄台吉声欲犯渔阳,而制置使王崇古即使史二官深入朵颜部黑臭营,诇之其状,间告汉。

> 亡何,黄台吉东徙,惟推择胡中美女子为妇人。是时,车夷大恰、奇老撒久物故,而恰有子曰敌垒,撒有子曰八不剌,皆年少不视事。而以所部哈卜当驻密云边,幸有(其)女。哈不当,亲阿卜者汉兄也。已,又得车夷克臭女,及朵颜阿太女、史二女,黄台吉并皆室之,曰:"吾长王胡中,若等岂忧贫乏哉?"居亡何,黄台吉比妓益思其父哈不当,廼单骑至密云边迎谒父,父与阿卜者汉偕往也。

而车夷革固、烧花柰等亦惑比妓言，遂引众去，动以百数。顷，比妓复使酋长肯吉布恰、哑石害、首领哥躬帅所部剌八他不囊等二百余骑驰瓦房沟，西至水克，卤（掳）获车夷哈计、哈班瞎、擦哈赖、卜肯及秃厮个兔、事胡累去矣。

于是御史孙琮、刘良弼、刘尧卿、给谏张书皆先后上书陈大计，语在奏疏。而台御史吴兑业已与制置使王崇古有成画矣。是日即召大酋达鸡、敌垒、八不剌三人，小酋伍栾秃厮额等一十九人，庭中问状。大率未去者凡一千八百八十二人，皆一切罢抚赏。因以檄谯让顺义王曰："奈何教儿子不谨，而廼诱惑我属夷去乎？趋归我，不然者，我败乃市赏也。"黄台吉果惶惧，问诸比妓，乃送奉阿卜者汉到边。已，复为酋妇所部穷夷五百人，窃比史、车事，请抚赏。当是时，史夷服属已久，畜产颇多，而独车夷訾窳无积聚，常盗窃马牛羊。已，乃计画（划）无所之，辄欲偕缘边卒从征，徼幸于捣巢赶马，而遂因以为利。及后贡市成，毋用武，惟仰食县官。而老把都又从旁行抢略，帐中澹如也。台御史于是叹曰："车夷以穷困故来归我，我不蚕自为若地，若宁不掉臂去耶？"于是请筑堡三座以安之。事下大司马谭纶议，竟寝。廼于宁远堡及四海冶并修起墙垣，令二夷岁时逐滴水崖水草。有如一日不可知，虏来，并皆匿前垣，老把都乌奈彼何也。是岁，万历癸酉（1573）也。①

本段材料的混乱原因可能是多方面的，其一，是黄台吉、三卫车"夷"、史"夷"、明政权间的错综复杂的关系，使人不能立刻理解事件的来龙去脉。其二，和瞿氏本人的撰写水平有关。至少，他叙述中的时间颠倒是造成材料混乱的重要原因。如：前既叙述了王崇古等"以檄让顺义王"，就证明时间已经是隆庆议和之后了，但随后行文中却又指出："及后贡市成"，这说明瞿氏自己在写作时也未

---

① 瞿九思：《万历武功录》卷1《史二官、车达鸡列传》，北京：中华书局影印本，1962年，第65页。

理清事件的发生顺序。这种情况下撰写的著作怎能给人以清晰完整的印象呢！

(三) 人物评价平庸

史书中的专段评议大多都是在人物的传记写作完成后进行的，这是史书的写作规范。《武功录》的人物评议也是如此，是著者模仿司马迁《史记》的写作形式，以论赞的方式表现出来的。其内容多样，或论其遗事，或于言外标揭风尚，表达著者多方面的思想倾向，如经济、政治、宗教、民族、军事等。但是《武功录》的人物评议却极为平庸，这大概因为文中的"赞"是在作者做出以此书向神宗万历皇帝生辰献礼的决定后才撰写的。正是因为这一点，即受题目所限，使得《武功录》很大部分的人物评议十分平庸。

无"赞"如何解释。《武功录》列传后的"赞"，是列传的重要组成部分。但有的传记没有"赞"，卷一《矿盗张守清列传》、卷五《播酋杨应龙列传》就属于这种情况。无赞是否是内容的缺损呢？或者，瞿氏是在以无字之序寓微言大义？司马迁曾有这种作法。"所谓无声之讽，就是不作直接的评论而寓有强烈的讽喻意义。无声之讽要运用各种创造性的手法构成讽喻的环境和气氛，引人深思。如《将相表》创无字之序衬托倒书的创造，引人深思，倒书是突出汉代公卿的下场，大都绳法免诛，以示汉家德薄和专制之酷"。① 这里须做具体的分析。卷一《矿盗张守清列传》记述了五台人张守清"专以矿盗为务"的经历。对矿盗，明政府在隆庆、万历两朝是镇压政策，但张守清因为与明朝藩王通婚媾，在矿盗身份被发现之后，不但未被制裁，反而上书请求开矿，具保编甲，大肆地表达自己的意见。虽然最终明廷否决了他的建议，但对张守清是宽容放纵的，与明廷当时所执行的政策是相左的。对此，瞿氏似乎是以无声表达讽喻。《播酋杨应龙列传》也是如此，著者用以表达对明廷姑息纵容杨应龙的痛恨。

赞的分类。笔者将《武功录》的人物评议进行了大概的统计，

---

① 张大可：《简评史记论赞》，《史记研究》，兰州：甘肃人民出版社，1985年，第281页。

基本上可以分为以下几个类型：歌功颂德类、强调统治秩序类、民族歧视类、公正客观的描述或批评警戒类、无任何意义类等。在总数174篇评议中，歌功颂德类为67例，强调统治秩序类为7例，民族歧视类的90例，公正客观的描述或批评警戒类为59例左右，还有一些是无意义的。其中民族歧视的所占比例较大，达到90传，凡涉及民族问题的内容几乎都是民族歧视、并为统治者歌功颂德的，只有《罗贼马有忠列传》和《奢效忠列传》是例外。[①] 民族歧视式和歌功颂德式互有交叉。具体表现如下：

评议中公正客观的描述或批评警戒式的评议不多。在总数176篇评议中，公正客观的描述或批评警戒类的只有59例左右，占总数的33％。

正文内容与评议相矛盾的。卷一《饥民王友臣列传》中的正文内容与评议中的结论就是互相矛盾的。"其后，御史柯挺条封救荒诸便宜，而台御史贾三近以为挺有所刺讥，乃上书请告，以避贤者路"。这是正文的内容。贾三近不以救荒为要务，反而无事生非，遇事躲闪，推诿搪塞。这样一个人在文末的"赞"中却受到作者的极力赞扬："贾公念饥民念至深，惟恐升斗之粟稍壅滞，使九重德意不旦莫及也。而饥民卒赖以生活亦甚盛矣哉！"让人不知以何为准。

评议模式雷同，一些语言几次甚至十几次的使用。譬如，在少数民族人物传记中，"非我族类，其心必异"一句话，使用次数之多达到了泛滥的程度。

同一类型的评议互相之间形成矛盾。卷一《矿盗王张住列传》的"赞"中，"矿亦天地自然之利，何必坚闭哉"！但在卷一《矿盗王西庵、盐盗涂四列传》在"赞"中却说："余过大梁之墟，求问岁岁为郡邑所患苦者，皆曰矿盗。且盐与矿，皆天地自然之利。《语》曰'天下攘攘，皆为利往。'假令疆吏终禁而勿开，奈国计何哉！"卷一《矿盗王张住列传》中指责朝廷"欲重臣为救荒弥盗

---

① 瞿九思：《万历武功录》卷1《罗贼马有忠列传》的"赞"说："何乃罪羌哉！"卷6《奢效忠列传》的"赞"说："何乃罪酋哉！"北京：中华书局影印本，1962年，第95页，第541页。

策"，但在卷二《湖盗殷应采列传》、《叛兵陆文绪、傅胎子列传》等中却主张用严刑重法治理，提出"乱世施重法"。

（四）记事失误较多

《武功录》的记事失误较多，凡提到该书的著作和著者几乎无不提及这一点。其中关于万历以前的记事失误更多，使用时要更加小心谨慎。"记明万历以前蒙古事迹基本都是抄撮前人著述，年代讹误、时序颠倒、前后重复和相互矛盾之处甚多"。① 其"文字驳杂"、"原刊已不免鲁鱼亥豕，传抄复多笔误"。② 有些地方甚至是与实际情况完全相反的。举一例为证。嘉靖三十二年"九月，虏犯神池，帅李涞追击至大虫岭，舍骑逐虏，虏甚窘，会诸军争级而嚣，阵乱，涞败没"。③ 但《明世宗实录》记载，嘉靖三十二年九月丙午"虏万余骑由大同平虏卫入犯山西神池、利民等堡，巡抚山西都御史赵时春帅马步军自出御之，至广武，诸将皆会。是时，虏纵略八角堡。忽谍者报曰：有虏骑二十余去此两舍许，疾掩之，可尽得。时春擐甲欲驰，总兵李涞等固止曰：虏悍狡未可易，公第驻此，涞当督诸将尽力抗敌，必不贻公忧。时春大言曰：虏知吾来，必遁，少缓即追不能及矣。攘臂而前，及虏于大虫岭，虏伏兵四起，鼓噪来蹙，涞太息曰：公速去，吾死于此矣。时春弃众而奔，虏欲取时春，涞等殊死遮斗逡巡，虏骑益众，涞与其子松及大同参将冯恩、游击李桂、神池守备孔宾、偏头守备高迁、太原指挥陈金、中军尹忠、把总俞辉皆战死。涞所将全军皆没。时春仓皇投一墩，守哨卒以绳引之而上，乃免。虏寻引去"。两者区别之大，一看即知。当然这样的情况是极个别的，而且主要是记载万历以前明军方面的材料，应该是作者为明军避讳之作。仔细推敲，《武功录》蒙古史事部分记事上的失误集中反映在人、地、时三者记载中的错误。

地名错乱。地名的古今掺杂是《武功录》最大的弊端。如人同，

---

① 达力扎布：《〈万历武功录〉有关卜赤汗记事浅析》，《内蒙古社会科学》，2002年，第4期，第40页。

② 谢国桢：《增订晚明史籍考》，上海：上海古籍出版社，1981年，第81页。

③ 瞿九思：《万历武功录》卷7《俺答列传中》，北京：中华书局影印本，1962年，第704页。

文中多数地方称云中，但也有的地方称其当时名字大同；宣府，有时称其古名上谷，有时则是时名宣府。在大的地名范围内，对小地名的分辨也不是十分准确。如，《武功录》所记："嘉靖三十二年二月，虏从新河口入寨，参戎史略死之。又入青边口，副帅郭都死之，延绥帅丁碧以卫卒与抗，虏乃引去。"与《明世宗实录》对比，就可以发现错误。"嘉靖三十二年二月壬辰，虏犯宣府新开口地方，参将史略御之，败死。虏亦引去……三月甲辰，宣府报虏数万骑由青边口入犯，游击孙邦、丁碧与虏遇，战却之。邦亦被创。上嘉邦、碧奋勇御敌，俱赐金币，阵亡及被伤者并加优恤。寻又寇宣府深井堡，副总兵郭都战没"。史略死于新开口，非新河口；郭都死于深井堡，非青边口。

"人物错误"和"时间错误"的类型，笔者将在第四、五章中进行详细的考证。此处从略。

在了解了以上有关《武功录》的情况之后，我们可以对其做一个总体的评价。《武功录》著作本身虽有种种缺点，但作为一部野史，按王世贞对野史评价三大缺点的标准进行对比、衡量，《武功录》并不存在王世贞提到的缺点，所以，它无疑是野史中的上乘之作。王世贞说野史有"挟郄而多诬"、"轻听而多舛"、"好怪而多诞"弊端，那么《武功录》的讽谏目的、直书和考信特点、结构安排以及它的人民性等应该是对以上三点的最好辩驳。

第二章 瞿九思及其史学

第一节 瞿九思生平及其学术渊源

一、家世

瞿九思，字有道，① 又字睿夫，湖北黄梅人，出生于仕宦之家。瞿氏后人瞿荆州交代瞿氏一族"是在明朝初叶，为了避祸，从合肥迁到黄梅的"。② 祖父及以前均不显名，史无记载。只有其父亲瞿晟在《黄梅县志》中有一篇传记（本章所采用有关瞿晟的资料均来自于此传）。从传记中我们发现，尽管在瞿九思十六岁时瞿晟就去世了，但对其一生影响最大的还是父亲。尤其是对瞿九思著述《武功录》的影响是决定性的。瞿晟，字景明，号莲川，是明嘉靖三十二年（1553）进士。曾以户部主事身份到江西吉安为官，以订正斗量，当时"江西岁漕六十万，大猾藉为奸利"，③ 民不堪忍受。瞿晟到达江西吉安，很快厘正斗具，公私称便。在瞿晟任职江西吉安期间，还发生了一件重大事件，倭寇连月进犯东南沿海，明廷派兵征剿，军饷难以为继，瞿晟日夜筹划，并调查军饷被隐匿的具体情况。因操劳过度，仅三月须发皆白。筹足军饷后，又上转运粮饷的百条

---

① ［明］瞿罕：《聘君年谱》（瞿慕川先生年谱），谱主：瞿九思，字有道。见谢巍编撰：《中国历代人物年谱考录》，北京：中华书局，1992年，第307页。

② ［台］瞿荆州：《一部不平凡的罕传书——万历武功录》，台湾：《湖北文献》，65期，1982年10月。

③ ［清］覃翰元、袁瓘修、宛名昌等纂：《黄梅县志》卷24《人物志·官绩·瞿晟传》，载《中国地方志集成》，第24册，南京：江苏古籍出版社，2001年，第183页。

建议,皆被朝廷采用,并次第施行。① 以功升为户部郎中。不久,云中(今山西大同)驻军缺粮,朝廷发粮十万石,主管官员从中克扣近半,瞿晟上书弹劾经手官员,被当事者挟私报复,严嵩因衔恨徐阶,而瞿晟为徐阶所荐,故严嵩利用职权,借机将其贬为广平知府。刚刚赴广平知府之任,恰逢广平地区连年饥馑,乡民常群起抗官。"广平比岁恶,盗起邯郸、临洺间,桴鼓昼鸣,饥民争附之"。② 瞿晟一面买粮赈济灾民,甚至捐出自己的俸禄;一面严厉镇压,"盗掠富人刘承德,廉得其魁,逮捕论死。于是群贼股栗,遁去"。次年夏,广平又遭遇旱灾、蝗灾,他以工代赈,组织民众凿长渠三百里,引水为四闸,得田三万九千顷(《明史·瞿九思传》中说"得田数十万亩"),深受当地群众的欢迎和爱戴,可以说是德荫桑梓,造福一方。他还从黄梅招纳工人到广平,制作水车引水,很受当地人民的欢迎。兵部尚书杨某奏称广平知府有边才,吏部议后,晋太仆寺卿。但未赴任而卒。瞿晟是明代中后期吏治腐败的情况下少有的为民出力实干的地方官员,他的为官经历直接影响了瞿九思对社会问题的诸多关注。受其为官经历的影响(瞿九思一直跟随其父为官吉安、永平),瞿九思很早就注意到了明朝地方上的民变、兵变、倭寇、民族冲突等问题。

二、生平

瞿九思个人的生平也对他的著述内容及其思想起了重要的影响。尤其是他青年时期的蒙冤经历对他的人生价值取向起着至关重要的决定作用。在叙述瞿九思的生平之前,我们必须首先弄清几个重要问题。其一,他的生卒年问题;其二,他青年时期蒙冤的具体时间;其三,九思由塞外被释是哪一年;其四,瞿氏冤狱的成因。

(一) 生卒年

现有两条材料足供我们确定瞿九思生卒年。《明史》本传中提及

---

① 皮明庥:《湖北历史人物辞典》,武汉:湖北人民出版社,1984年,第169页。
② [清] 覃瀚元、袁瓚修、宛名昌等纂:《黄梅县志》卷24《人物志·宦绩·瞿晟传》,载《中国地方志集成》,第24册,南京:江苏古籍出版社,2001年,第183页。

瞿九思年龄的有关情况是"卒年七十一";《黄梅县志》卷三十五《艺文志》中选录的瞿九思的《陈情疏》作于万历三十七年（1609）。文中谈到"臣今年六十有五矣"。由此瞿氏应是生于1545年，卒于1615年。钱茂伟在《明代史籍编年考》中"瞿九思的《万历武功录》"条中也认定1545—1615年的说法。

但是，另有一条线索让我们怀疑瞿氏在《陈情疏》中有故意夸大年龄的嫌疑。《瞿聘君全集·征聘本末》中有《当道公移》数篇，是万历三十六年（1608）三月湖广地方为答复明朝礼部访求隐逸的公文，而力荐瞿九思进入翰林，尤其重要的是其中有史学迁的参与。史学迁，巡抚湖广监察御史，对瞿氏十分赏识、尊敬，为他刊刻《全集》，在刊刻《全集》的"序"中自称为"后学"，万历三十七年瞿氏被授予翰林待诏，是他此次力荐的结果。而且地方官吏的公移中关于瞿九思的年龄取材于户籍（鱼鳞黄册），应是更为真实的。所以《当道公移》中的年龄应该是可以采信的。"今据黄州府册开据黄梅县申称：隐逸举人瞿九思年六十二岁"。① 按此计算，次年瞿氏撰《陈情疏》时应为六十三岁。瞿氏为拒绝出仕，完全有可能有意识的夸大自己的年龄。据此，我们认定瞿氏的生年应该是1547年，卒于1617年。另又根据瞿罕的《聘君年谱》记载，瞿九思应生于嘉靖二十六年（1547），② 恰好与此符合。

邓嗣禹在《明瞿九思〈万历武功录〉叙论》一文中给出的瞿九思生于1546年，卒于1617年，瞿氏后裔瞿荆州提出九思生于嘉靖二十五年（1546）③ 的说法是错误的。他们没有考虑到古代人年龄的虚岁算法。瞿荆洲是依据瞿氏宗谱，但宗谱为后人记述，缺乏准确性。

（二）蒙冤时间

《明史》本传中谈到"举万历元年乡试。居二年……遂长流塞

---

① ［明］瞿九思：《瞿聘君全集》，北京图书馆善本特藏室，第105页。
② 钱茂伟：《明代史学编年考》，北京：中国文联出版社，2000年，第109页。
③ ［台］瞿荆州：《一部不平凡的罕传书——万历武功录》，台湾：《湖北文献》65期，1982年10月。

下",乡试一般都是在秋天进行,故"居二年",是为万历三年(1575);瞿氏后裔据《瞿氏家谱》也指出为万历三年;① 似乎应以家谱为主,与本传也是契合的。但瞿氏自己在《万历武功录·自序》中说:"岁甲申,余不幸得罪过之不意",是为万历十二年(1584),这明显是错误的。笔者认为这似乎是"甲戌"年(1574)之误。另明人余锡春的《书瞿太初讼父冤书后》中言:"有客示我伏阙书一通,我时展读生敬恭,书上大书万历丁丑字,书中慷慨唏嘘说若翁。"是为万历丁丑(1577)。邱树森主编《中国史学家辞典》的"瞿九思"条据此认为瞿氏之被诬陷得罪为是年。那么,到底是哪一年?笔者认为虽然有两种材料支持1575年说法,但作者的"甲申(戌)"说不可忽视,而余锡春所指的1577年应该是指瞿九思之二子在京为父亲鸣冤的时间。以此为准,再去掉瞿氏"囚系武昌狱以三年"的时间,其蒙冤得罪的时间应该为万历二年(1574)。这与瞿氏的《自序》是相符合的。

(三)被释之年

瞿九思哪一年被释放?按照《自序》的说法,应为万历十年(1582),或者是万历十三年(1585)。因为文中有"丁丑(1577)、庚辰(1580),余更再伏阙,有诏下所司,行楚中推勘,楚当事念余当出开,设骤报,即不得久留止中国,乃故缓不报,以故余得留窦德以五载"。丁丑之后的五年是万历十年,庚辰之后的五年则是万历十三年。如按明人刘醢骥所撰《瞿九思传》及章学诚所撰《瞿九思传》均说:"张居正故才九思,乃释归,九思归,闭关著述,与门人休宁张复策进心学,四方从游者日众……凡十八年不与外事。"万历己酉(1609)巡按御史史学迁上疏推荐瞿九思,皇帝命征为翰林添注待诏。② 按此推算,应该是万历辛卯(1591)才被释还。到底是哪一年呢?关键是"张居正故才九思,乃释归",不管怎样,九思被

---

① [台]瞿荆州:《一部不平凡的罕传书——万历武功录》,台湾:《湖北文献》65期,1982年10月。
② [清]覃翰元、袁瓒修、宛名昌等纂:《黄梅县志》卷36《艺文志·瞿九思传》,载《中国地方志集成》,第24册,南京:江苏古籍出版社,2001年,第375页。章学诚:《章氏遗书》,上海:商务印书馆,1936年,第4册,第69页。

释还的时间当在张居正逝世之前,即万历十年(1582)六月之前。余锡春亦有"江陵相国素怜才,一扫浮云天日霁"之语。① 据此推算,只有"丁丑年(1577)后五年"一说符合以上条件,故九思之被释应该确定在万历十年(1582)。

(四)冤狱成因

关于瞿九思的冤狱,邓嗣禹说:"愚意这位知识分子,是暴动捣乱的首领。以犯倡乱罪,故囚于狱中三年,然后长流塞下。"如按此说,瞿氏之罪则并非冤狱。而且,凡有关瞿九思冤狱经历的一切记载都是错误的。本人觉得,在没有确凿证据的情况下,推翻前人的记载和结论是不科学的。邓嗣禹之所以得出如此结论,是因为瞿九思在《武功录》中对诸生群体寄予了同情。"书中有不少内证,阴颂诸生捣乱之举动",如《叛生张绮、吕协祖列传》附论"静悄悄的归咎于官长的处理不善,同情生员"。但详细研究《武功录》,其中涉及诸生群体的只有两传,作者的态度一为同情,一为批评。并不完全是无原则的同情。那么,瞿九思到底因何得罪呢?直接的获罪原因确实是被诬陷的。"值同袍有过,乃为任咎弃繻,养素丘园"。"以原任黄梅县知县张维翰激变小民,原与九思无干,初欲籍九思以为重而求解,既乃因九思坚拒而栽入,遂至褫革,人皆冤之"。② 笔者认为深层原因是因才高名重而招人嫉恨所致,③ 再加以生性中不肯附庸权贵,学术中又比较重视现实问题,对现实政务指手画脚,评头品足恐是常有之事。如此怎能不招致大祸!明人叶向高在《瞿聘君年谱·序》中说:"自予为诸生时即知海内有瞿慕川先生,天下才也。亡何而先生为邑令困……或疑其多才而跅弛以至此,惟知先生

---

① [明]余锡椿:《书瞿太初讼父冤书后》,[清]覃瀚元、哀赟修、宛名昌等纂:《黄梅县志》卷36《艺文志》,载《中国地方志集成》,第24册,南京:江苏古籍出版社,2001年,第406页。
② [明]瞿罕:《征聘本末》,见《瞿聘君全集》,北京图书馆善本特藏室,第7页。
③ 《征聘本末》中记载:瞿氏隆庆初年在黄梅大出风头,当时湖广地区、武昌道、黄州府各个方面的官员都曾檄于黄梅县衙门,以各种形式给予瞿九思以奖掖和激励,其原因,与九思父亲瞿晟升任太仆寺卿有关,但与九思才学关系甚密。《瞿聘君全集》,北京图书馆善本特藏室,第1-15页。

者能明其不然"，即九思虽有才，但绝不自负。余锡椿在《书瞿太初讼父冤书后》中亦说"若（指瞿甲，九思之子）翁当时知名士，名高招忌祸以起。"九思之子瞿甲间接指出父亲的名声和才气是招致祸端的原因，他在《为父讼冤书》中把这一点作为剖析父罪原由之重点，"甲父自结发载笔，幸得以浮誉闻，以是中丞台暨若方岳郡国往往先礼遇之，非甲父敢先期有所造谒"。瞿九思因为才高受到外地当辖礼重，与本地官员却无交情，以至于落得个"猎取盛名"、"狂生"、"好气任侠"之名，而惹恼了县令，招致莫名之罪。不管瞿氏是主动还是被动地结交官员，才气是致祸之根本。屠隆的《为瞿睿夫讼冤书》更为直接："闻滔滔江汉有年少负奇才之瞿九思，文掩中州，名在南国"，未几，"受恶为塞下迁民"，"九思所坐，无亦才名为祸，蛾眉取憎耳。"①

（五）瞿九思的生平简介

瞿九思，生于1547年，卒于1617年。字有道，又字睿夫，号慕川，湖北黄梅人，出生于仕宦之家。父亲瞿晟曾官至太仆寺卿，甚有官称。幼羸弱，五岁就读于家塾，早年丧母，九岁随父赴吉安任所，师事于罗洪先；后又随父至广平，参加了督学对随任子弟的考试，为秀才，时年十二，后檄还黄梅。当时奸相严嵩当政，九思十五岁作《定志论》进行抨击，并建议父亲乞骸骨避贤路，"指类极广，陈义甚高"，其父评价说，"小子剽刻人物，其言大过"。②十六岁，父丧。"后从同郡耿定向游，学益进"。③十九岁以后，遍访名家，当时如曹大章、瞿景纯、林廷机、许毂、罗汝芳、邹善等都曾经指点过他。青年时代就已经很负盛名，江西督学徐爌迎主白鹿洞书院，后湖北督学胡直迎其主濂溪书院，又讲学于岳麓书院、石鼓书院，还应巡抚赵贡之请纂修《湖广通志》。万历元年（1573）又

---

① 四文均见于［清］覃瀚元、袁瓈修、宛名昌等纂：《黄梅县志》卷36《艺文志》，《中国地方志集成》，第24册，南京：江苏古籍出版社，2001年，第366、406、385、383页。
② ［清］章学诚：《章氏遗书》，上海：商务印书馆，1936年，第4册，第68页。
③ 张廷玉等撰：《明史》卷288《瞿九思传》，北京：中华书局，1974年，第7390页。

中了举人。① 可以说瞿氏的青年时代是一帆风顺，十分得志的。

然而，万历二年（1574）瞿九思的霉运开始了。这一年，县令张维翰苛敛繁重，激起民变，县民躁辱公庭，因变乱头目与九思是近族，张维翰谋求借重九思求得和解，但九思毫不买账，县令一怒之下，诬蔑九思号令徒众闹事。御史向程上书弹劾张县令激变，但吏部尚书张瀚驳斥了向程，九思之冤狱遂成，被"囚系武昌狱以三年"。万历五年（1577）出狱后，又被处以流刑，流至居庸塞下，九思遂携子北上。路过京城，父子二人在友人的指点帮助下，"因挝击登闻鼓，上书北阙下，赖天子哀怜，臣得逡巡未辄发"。② 其子甲，字释之，年方十三，"为书数千言，历抵公卿讼父冤。甲弟罕，亦伏阙上书求宥"。③ 万历五年（1577）"东海屠隆怜才仗义，作《讼瞿生书》，遍告中外，代为讼冤"。④ 后京师戒严，瞿九思惊恐万状，惧被逻卒抓捕，逃到京城西约百里的窦德庄，寄居于一个高姓的大户人家，开馆授徒，名声大振。"余在窦德，率远近裹粮行百余里毕来受学。余或与谈学，或与谈制义，或与谈文章辞赋，或与谈二氏，或与谈经国大业"。"于是长安荐绅多盛言九思非罪。久之，相国怒亦骎以解。丁丑、庚辰，余更再伏"。⑤ "诏下所司，行楚中推勘，楚当事念余当出开，设骤报，即不得久留止中国，乃故缓不报，以故余得留窦德以五载"。⑥ 冯梦祯亦白于楚中当事，而张居正故才九思，经其援手，又二年，乃获释归。

---

① ［清］章学诚：《章氏遗书》，上海：商务印书馆，1936年，第4册，第69页。
② 瞿九思：《万历武功录·自序》，北京：中华书局影印本，1962年，第3页。
③ 张廷玉等撰：《明史》卷288《瞿九思传》，北京：中华书局，1974年，第7391页。
④ 皮明庥：《湖北历史人物辞典》，武汉：湖北人民出版社，1984年，第174页。《明史》卷228《瞿九思传》：屠隆，万历五年中进士，"屠隆作《讼瞿生书》。"北京：中华书局，1974年，第7391页。在《黄梅县志》卷36《艺文志》中有屠隆的《为瞿睿夫讼冤书》，书称"比以公车之役薄游长安，闻九思方击登闻鼓奏书，自讼于圣天子丹陛之下。"故屠隆作《讼瞿生书》应为万历五年。载《中国地方志集成》，第24册，南京：江苏古籍出版社，2001年，第383页。
⑤ 瞿九思：《万历武功录·自序》，北京：中华书局影印本，1962年，第4页。
⑥ 瞿九思：《万历武功录·自序》，北京：中华书局影印本，1962年，第5页。

尽管早年丧父，青年时期又经历了不白之冤，九思仍关心时政，关注民生，不改初衷。在艰难而痛苦的流放、避难生涯中，他位卑未敢望忧国，时时关心时政，关心社会问题，希望有所作为。他历尽千辛万苦，到处搜集材料，在京城悉心寻访，筹划著书立说，把有限的一点财力都用到了买书和著书上，冀图他的著述能为当局提供一些参考和借鉴。五年漫长的等待中，他坚持不懈地搜集材料，"余揣知难且解，乃变易姓氏曰'吾陈姓'，往往骑一驴，或附载大车中，微服入京师。余故无妻孥，念里中若旁郡所惠遗我驼中装，无虑二百金，将安所用？即出塞居庸，去陵寝不百里而近，九思冯持列圣宠灵，或不至竟穷饿死黄云白草间"。在搜集材料的过程中，他所关注的重点是时势问题，其中尤以黄河、"北虏"为重，而且付出的艰辛也非常人所能忍受。"以一短褐衣，被天下士盛名，日走四裔，君固夷然不屑也"。九思的这种遭遇虽然难以与司马迁的遭遇相提并论，但同属遭际因厄而不气馁，历尽艰辛而不改初衷的赤子胸怀。

被释归乡后，瞿氏便"闭关著述"，前后经十八载，成就了一批充满心血和智慧的学术著作和关注国事的著作。"其学原本六经，至古史、传记、山经地志、天文图籍、律历算数、稗官野乘，无不搜罗。而本朝国史、时政兴革利病尤悉可施实，用才最敏瞻，手自抄录至指罢，不复能字；撰著口授，门人弟子更相代书犹不给，凡十八年不与外事"。与此同时，他在湖北及江南地区声名鹊起，以至于"当时自部院大僚及州县吏求书不获、士大夫过境以不得见为耻"。万历二十二年（1594）曾被当地官员、举人共同推荐进入史馆纂修正史，不果。① 万历三十七年（1609）湖北巡按御史史学迁推荐其"宜备侍从，上命征翰林院添注待诏"。瞿九思急忙作《陈情疏》，上书推辞，并很快获得恩准和官府资助。此后他更抓紧时间，一方面写作新书，另一方面修改旧书，还曾经一度主持了史学迁所建的江汉书院。到七十岁时卒。平生所著有：《六经以俟录》、《中庸口授》、《中庸位育图》、《洪范衍义》、《仁统实用编》、《孔门愠解》、《和燮图》、《时务表》、《边略》、《孔庙礼乐考》、《明诗》、《仿古

---

① 《征聘本末》，见《瞿聘君全集》，北京图书馆善本特藏室，第36页。

编》、《蓄艾编》、《文莫堂集》、《拟幽赞录》、《乐章》及《纪思录》等等，但目前流传下来的只有《万历武功录》和《六经以俟录》中的《仁统实用编》、《蓄艾编》、《拟幽赞录》等。

三、为人

瞿九思之所以能够成就一番著述功业，是和他远大的救世理想、忍辱负重的个人品行、民胞物欲的深广情怀和过人的胆识等等密切相关的。

（一）远大的救世理想

瞿九思自幼即胸怀远大理想，敢于臧否人物，不屈于权贵，不愿为官，不愿与邪恶势力同流合污。九思十五岁作《定志论》，对当政的奸相严嵩进行抨击，并建议父亲辞职，乞骸骨避贤路，文中"指类极广，陈义甚高"。父亲瞿晟评价说："小子剽刻人物，其言大过。"瞿氏之子瞿甲直言其父很早就以著述为志，"甲父忠孝友爱有大节领。癸酉（1573）第时凡当辖有加于我，皆再拜谢。县官不取……甲父少蹑裀与古人处，操六经，引绳墨，修令属词，欲褒然建旗鼓超乘而前，亡其才，则早夜频蹙语于甲曰：'我何修而可与论于作者。'十又五载之间，心罔不在王室，日从置邮中勾邸状，究观我君（郡）国大举措，大建置，大礼乐征伐，以娴于经济之策。此其志不在小，即令以万金为寿，令其无故佯狂为不道，恐卒不以彼易此"。而且瞿甲还指出了其父不愿交接权贵，自视甚高。假如其父好结识贵人，"则当其岁甲戌（1574）射策明光时，长安人有谓甲父当数伏谒江陵相公以冀一遇，甲父谢不敢；一时王公大人多先大父同年友，或其交游，又或有雅重甲父而阴推毂之者，甲父一无敢奔走；且其幸把臂于江陵公子至欢矣！脱欲游大人以成名，宜莫如公子，乃甲父不欲令公子门下有韩愈、张师德其人，以故公子欲止之长安邸舍中，同事铅椠，亦去之，不之就"。[①] 不肯求宥于赏识者，却甘

[①] ［明］瞿甲：《为父讼冤书》，［清］覃翰元、袁瓒修、宛名昌等纂：《黄梅县志》卷36《艺文志》，载《中国地方志集成》第24册，南京：江苏古籍出版社，2001年，第385页。

愿隐姓埋名，东躲西藏奔波五年，搜索资料，以著述为志，这一点，没有远大的理想是不可能做到的。吏部万历三十七年覆瞿氏《陈情疏》中就直接说他"驰早誉于中原，大节目无权贵"。

（二）忍辱负重的个人品行

瞿九思一生生活坎坷却成就颇多，其中他的坚忍顽强、忍辱负重之个人品行是至关重要的。他幼年丧母，少年丧父，青年时期又身陷冤狱，但艰难曲折的生活经历并没有消磨瞿九思的生活意志，相反的却更加锤炼了他的品性，他坚忍顽强，为了实现远大目标能够忍辱负重，不达目的决不罢休。在武昌被监禁三年，出狱后被发往居庸塞。他的门生、亲属以及家乡父老得知他被流放，纷纷解囊，资助他远赴北疆。到达京城后，身负不白之冤，人身自由亦十分有限，他却很快投身于资料的收集工作，并为了达到这一目的，能够较长时间留在京城，甚至不惜运动楚中当事，缓发他的开释文书，因而得以"非法"留居京城五年。五年中，他苟且偷生，忍辱负重，变匿名姓，至或附载大车中微入城里，为收集材料付出了千辛万苦。穷索书肆、抄报簿籍、拾遗补缺、委托他人穷搜书籍及朝报，甚至"卑肯词"，寻访当事诸人，获取第一手材料。"以一短褐衣，被天下士盛名，日走四裔，君固夷然不屑也。此其人盖有为天地立心，生民立命，往圣继绝学，万世开太平之志，其识量固已鸿远矣"。① 归乡后，埋头著述，"年方四十八，须发多白。十载以来，家贫彻骨，衣服器皿鬻当无余，米麦、蔬菜、被褥、履袜、油烛、薪炭皆不能办，所寝处仅一草席，短褐不能掩肘，妻子糟糠不给，啼饥号寒……本生心心济世，念念忧民……必不以顷刻忘著述之业，生平不慕仕宦，不好爵禄，不事虚名，惟好图籍"。② 在此中间还遭遇过火灾，损失了许多资料。为了写好《万历武功录》，他"市买班马书以数十……每种必别变置法，生刲剥之。诸奇字剩语若批亢倒虚、乱趋倒走法，举无不字模句拟，方缪敢操笔札"。③ 后抱病著书，历经

---

① 《征聘本末》，载《瞿聘君全集》，北京图书馆善本特藏室，第103页。
② 《征聘本末》，载《瞿聘君全集》，北京图书馆善本特藏室，第56页。
③ 瞿九思：《万历武功录·自序》，北京：中华书局影印本，1962年，第8页。

三个寒暑，终于大功告成。与司马迁受腐刑而忍辱作《史记》一样，瞿氏被诬蒙冤，却始终以撰写传世史书为念，这再次说明了只有那些身处逆境而不气馁，经受得起艰难环境磨炼的人才能做出一番事业来。

（三）民胞物欲的深广情怀和过人的胆识

瞿九思的《武功录》在今天还能受到人们的重视，能够在"汗牛充栋"的明人著述之林中占有一席之地，原因在于他具有民胞物欲的深广情怀，并以独特视角关注民生、关注社会，直面社会问题，撰写是书。在他的著述中，我们可以发现，他在遭受坎坷人生之后，潜心钻研六经的同时，仍然没有忘却社会现实问题，他的《时务表》、《边略》和《武功录》，都是探讨现实问题的力作，于"本朝国史、时政兴革利病尤悉可施实"。尤其是《武功录》通篇直接描写万历朝政及结果，透过社会下层反映当朝弊政，"叙述社会各阶层……写三教九流之低层人物"，敢于实录直书下层人民"叛乱"的种种根源，借此抨击时政，补充了明代史著内容上的大不足，更以莫大的勇气及过人的胆识将其著述直接上达皇帝。这是当代史著述中从没有过的，是将自己身家性命和家族存亡置之度外的过人举动。与其他史家相比较，更显出著者超人的胆识和勇气。也正因为如此，瞿氏才被大史学家章学诚目为"儒侠"，"九思以墨吏污，长陷流，蒙释……然能折节读书，卓然有所自立，所谓虽在缧绁之中，非其罪也"。①

四、师承

瞿九思的丰富学识以及杰出的个人才能在当时就有很大影响。这一点，他自己及时人都有较为详细的记载。而后人的评价比较典型的见于《明史》。"（九思）学极奥博，其文章不雅驯，然一时嗜古笃志之士，亦鲜其俦"。②除个人的苦心经营和家庭影响外，瞿九

---

① ［清］章学诚：《章氏遗书》，上海：商务印书馆，1936年，第4册，第75页。
② 张廷玉等撰：《明史》卷288《瞿九思传》，北京：中华书局，1974年，第7391页。

思的师友对他的影响应该更为深远。瞿九思广泛拜师求学，涉猎范围极广。他"年十九，谒定向问《春秋》，二十谒曹大章于京口，至南京谒瞿景淳、林廷机、许毂。江西督学徐爌迎主白鹿洞，遂如江西与爌论太极定性之学。致书罗汝芳论文行。年二十五，谒邹善于河南。督学胡直迎主濂溪书院，复讲学于岳鹿书院、石鼓书院"。① 钱茂伟对瞿氏的师友做了大致的划分，"瞿氏早年致力于心学研究，曾问学于江右王门弟子罗洪先、邹善、胡直（属王学正统，笔者加），又和泰州王学耿定向、罗汝芳（王学左派）相切磋，不主一派……陈建《通纪》出版后，曾给他以极大影响"。② 除以上几位外，瞿景淳、焦竑等人在史学上对九思的影响也不可轻忽。

（一）哲学师承

在哲学思想上影响瞿九思的是罗洪先、邹善、胡直、耿定向和罗汝芳。

瞿九思的启蒙老师罗洪先，是九思十岁时随父亲在吉安所拜的业师。罗洪先，字达夫，别号念庵，吉水人。年十五，"读王守仁《传习录》，好之，欲往受业，循（其父）不可而止。乃师事同邑李中，传其学。嘉靖八年举进士第一"。十九年冬，因事弹劾，"洪先归，益寻从守仁学。甘淡泊，练寒暑，跃马挽强，考图观史，自天文、地志、礼乐、典章、河渠、边塞、战阵攻守，下逮阴阳、算数，靡不精究。至人才、吏事、国计、民情，悉加以谘访"。他曾帮助当地官吏除赋税弊政，赈济饥民，为吉安城守吏策划战守，智退流寇，力辞严嵩的重用。③ 罗洪先虽然没有见过王阳明，更没有拜过师，但他"特拈'收摄保聚'四字为'致良知'符决，故其学专求之未发一机，以主静无欲为宗旨"，④ 对挽救王学于左派狂禅破坏，起了极大的作用，"他是后来学者所公认为最能继承阳明之一人……当阳明

---

① [清]章学诚:《章氏遗书》，上海：商务印书馆，1936年，第4册，第69页。
② 钱茂伟:《明代史学编年考》，北京：中国文联出版社，2000年，第290页。
③ 张廷玉等撰:《明史》卷283《罗洪先传》，北京：中华书局，1974年，第7279页。
④ [清]黄宗羲著，沈芝盈点校:《明儒学案·师说》，北京：中华书局，1985年，第12页。

年谱编定时……（洪先）谱中改称门人"。①

耿定向，瞿九思成年后自己选择的老师。"年十九，谒耿定向问《春秋》"，②受其影响较深，《明史》本传中称九思"后从同郡耿定向游，学益进"。耿定向"字在伦，黄安人，嘉靖三十五年（1556）进士"。历官右副都御史、刑部左、右侍郎、南京右都御史，因事极力辞官。"定向初立朝有时望，后历徐阶、张居正、申时行、王锡厚四辅，皆能无龃龉。至居正夺情，寓书友人誉为伊尹而贬言者，时议訾之。其学本王守仁，尝招晋江李贽于黄安"。③

另外，九思在江浙一带所拜谒、从游之士大多为名士。

罗汝芳，字雄德，南城人。嘉靖三十二年（1553）进士，与瞿九思父亲为同年。除太湖知县，迁刑部主事，历宁国知府等。"初，从永新颜钧讲学，后钧系南京狱当死，汝芳供养狱中，鬻产救之，得减戍……钧诡怪猖狂，其学归释氏，故汝芳之学亦近释"。④颜钧和罗汝芳均属王学左派。

邹善，江西安福人。邹东廓之子。嘉靖三十五年（1556）进士。曾"以刑部员外郎恤刑湖广，矜释甚众。万历初，累官广东右布政使……久之，致仕"。邹善本人学术上影响不大，其父邹东廓为王阳明嫡传弟子，"正德间讲学于赣州……由南京祭酒落职归，讲学，四方从游者踵至，学者称东廓先生"。⑤"阳明之没，不失其传者，不得不以先生为宗子也"。⑥

胡直，字正甫，号庐山，吉之泰和人。嘉靖三十五年进士，历任湖广佥事、四川参议、湖广督学、广东和福建按察使等。"先生著

---

① 嵇文甫：《晚明思想史论》，上海：东方出版社，1996年，第36页。
② ［清］覃翰元、袁瓒修、宛名昌等纂：《黄梅县志》卷36《艺文志·瞿九思传》，载《中国地方志集成》，第24册，南京：江苏古籍出版社，2001年，第375页。
③ 张廷玉等撰：《明史》卷221《耿定向传》，北京：中华书局，1974年，第5817页。
④ 张廷玉等撰：《明史》卷283《罗汝芳传》，北京：中华书局，1974年，第7276页。
⑤ 张廷玉等撰：《明史》卷283《邹善传》，北京：中华书局，1974年，第7270页。
⑥ ［清］黄宗羲著、沈芝盈点校：《明儒学案》卷16《江右王门学案一》，北京：中华书局，1985年，第334页。

书，专明学的大意，以理在心，不在天地万物，疏通文成（王阳明谥号）之旨"。①

在瞿九思被释一事上起过重要作用的人物屠隆，在《明史·文苑传》中有传。史称屠隆"生有异才，落笔数千言就"，"举万历五年进士，除颖上知县，调繁青浦……士民皆爱戴之。迁吏部主事"，"隆归，道青浦，父老为敛田千亩，请徙居。隆不许，欢饮三日谢去"。②

以上诸人虽都出自王门，但罗洪先、邹善、胡直属于王学右派，而耿定向、罗汝芳属王门左派。瞿九思自己则不专主一派，而是吸收了王门左右两派的长处，融会贯通于自己的思想和行动中。

（二）史学前辈的影响

在史学上影响瞿九思的是陈建、瞿景淳和焦竑。

陈建（1497—1567），字廷肇，号清澜，广东东莞人。嘉靖十一年（1532）中会试副榜，多次出任乡试主考官。五十岁后闭门著述二十一年。他的史学名著《皇明历朝资治通纪》是明代人作明代通史的第一部著作，倡导了明代的当代史著述，得风气之先。九思对他十分崇拜，嘉靖三十九年（1560）得到此书，给予了高度评价，"国家声謦，至是始有目有耳"。③ 隆庆中专程到粤一游，拜谒了陈建墓，"徒跣行数十步，为《谒墓文》，并焚所著书以献"。他称赞陈建的《皇明历朝资治通纪》"号称直笔"。④ 此段资料证明瞿氏早有著史之志，并已经付诸行动。而他后来以实录、直书笔法作当代史，并以大无畏的精神、青出于蓝而胜于蓝的气概直接作万历本朝史，当与陈建关系甚大。

瞿景淳（1507—1569），字师益，号昆湖，江苏常熟人。能属

---

① ［清］黄宗羲著、沈芝盈点校：《明儒学案》卷22《江右王门学案七》，北京：中华书局，1985年，第512页。
② 张廷玉等撰：《明史》卷288《屠隆传》，北京：中华书局，1974年，第7388页。
③ ［民国］陈伯陶等：辛亥重修《东莞县志》卷58《陈建传》，广东东莞县养和印务局印，第8页。
④ ［民国］陈伯陶等：辛亥重修《东莞县志》卷58《陈建传》，广东东莞县养和印务局印，第8页。

文，至嘉靖二十三年始中进士。善制诰，时人多求制文，多拒权贵之请。① 九思年二十（1565）"至金陵谒瞿景淳、林庭机、许毂"。瞿景淳的史学批评思想对九思的影响最大，其中他总结作史时应注意的"四事"即重委任、假岁月、专职业、访遗书，颇具新意，"其后，张居正、焦竑的史学思想实不出此"。② 这一思想更直接指导着九思的史学实践，是他搜集资料、编纂史籍的指导思想。九思此年对瞿景淳的拜访也从另一个角度证实了九思早有著史之志，求教目标和人生目标都非常明确。他的儿子曾说他"处操六经，引绳墨，条令属此，欲褎然建旗鼓超乘而前。无其才，则早夜矍矍"，后"癸酉第时凡当辖有加于我，皆再拜谢"。③

焦竑（1541—1620），字弱侯，号澹园，南京人。与九思生活在同一时代，他博极群书，自经史至于"稗官杂说，无不淹贯。善为古文，典正驯雅，卓然名家"，④ 是当时最知名的学者之一，且"为人心胸廓达，能容纳众长"。⑤ 他的史著《国朝献征录》后世评价很高。与九思一样曾受学于耿定向、罗汝芳，但他"讲学以汝芳为宗，而善定向兄弟及李贽"。万历二十三年（1595），他的《锲两状元编次皇明人物考》刊刻发行，书前有瞿九思为他作的序《附一二考题辞》。⑥ 此时恰好是万历朝纂修正史活动方兴未艾之时，焦竑专领其事，修史思想与瞿景淳大致相似，也比较成熟。在瞿氏的《武功录》使用的材料里，焦竑的《通贡传》也占了很重要的地位，足见两人关系密切及彼此之间的推重。

瞿氏撰述《万历武功录》从观点到选材都来源于王学的自由主

---

① 张廷玉等撰：《明史》卷216《瞿景淳传》，北京：中华书局，1974年，第5696—5697页。
② 钱茂伟：《明代史学的历程》，北京：社会科学文献出版社，2003年，第163页。
③ [明]瞿甲：《为父讼冤书》，[清]覃翰元、袁巘修、宛名昌等纂：《黄梅县志》卷36《艺文志》，载《中国地方志集成》，第24册，南京：江苏古籍出版社，2001年，第385页。
④ 张廷玉等撰：《明史》卷288《焦竑传》，北京：中华书局，1974年，第7393页。
⑤ 谢国桢：《明清野史笔记概述》，载《明末清初的学风》，上海：上海书店出版社，2004年，第88页。
⑥ 武新立：《明清稀见史籍叙录》，南京：金陵书画社，1983年，第64页。

义和现实主义的思想影响。而以当代史为撰写焦点、撰写的史法和笔法、史学思想等则受陈建、瞿景淳和焦竑等人的濡染。多元的思想和文化素养，使他具备了丰富的学识和杰出的才能，在当时就已经有很大的社会影响。这些都是他撰写《武功录》的重要条件。

第二节　瞿九思的史学思想

一、关于历史的思想

（一）关于历史发展的方向

瞿氏主张历史是向前发展的，世界是互相依存的。他认为："动而不著，于动乃为真动，行所无事是也。静而不落，于静乃为真静，必有事焉。是也，仁亦自有动，智亦自有静……动静固互根也。"①这是朴素的辩证法。他还认为桃李花落是事物发展和升华的表现。"不有落也，其何以归！惟其落乃归耳，归根浮名敛花就实于是焉。在当其盛开、色可观、香可闻，而花之精不在焉……气不舒则理不凝，华不收则精不固。由是观之，惟落乃归也，且落者，静机也"。很多时候，他认为历史是向前发展的，今定胜昔的。这种辨证的、发展的独特眼光是少见的。

受这种辨正思想的影响，瞿九思撰写《武功录》的目的，以及在《武功录》中记述具体事物的发展过程，阐明具体结论时，都体现了他的历史观是向前发展的比较进步的朴素唯物史观，因而他的政治思想、经济思想观点中不乏真知灼见。比如，他揭示现实中存在的种种矛盾和问题，希望引起皇帝的注意，从而着手进行改革，以使得社会更加进步；重视经济的推动作用，批评现实政治行政体制中的某些弊端，这些堪称是局部的唯物史观。

---

① 瞿九思：《与督学胡公直论动静说》，［清］覃翰元、袁瓛修、宛名昌等纂：《黄梅县志》卷36《艺文志》，载《中国地方志集成》，第24册，南京：江苏古籍出版社，2001年，第390页。

（二）关于历史前进的动力

离开了具体的历史事实，讨论历史发展的抽象动力问题，解释历史前进的方向和原因时，瞿九思往往要归结到唯心史观的观点上，即天道和帝王个人的神力。他对各种原因的造反起兵进行总结，失败的原因是因其"为祸首"而致，是天道好还、天人感应和因果报应；常用"天道无亲，常与善人"来衡量历史人物的结局，如在《把汉那吉列传》中写道："若把汉那吉首款塞，后至拥精兵三十万于塞上，秋毫亡所利，可谓善人非与。卒之身死未一载，而为扯力克卒然有其妻。此岂无天道之极哉"；对明朝政府和军队的镇压胜利则总结是"王者之师若时雨"，是"非天子圣神文武不易有此"；① 甚至政府和军队镇压的速度也和天道联系起来，"金鹅之捷，岂天欲歼除此属耶！何其灭之速也"；② 凡在内讧中得以保全的，则是"天道好还，丝毫不差……此天所以报施恩隆。"③ 总之，瞿氏的历史发展动力的最终原因是由上帝、天所决定的，大到各种战争的胜负结果及速度，小到家族的兴衰、个人的祸福际遇等都是由天道在冥冥之中掌握控制着。虽然有时，他对那些荒诞不经、乖张妄言的宣传也持批评态度，但在总体上仍不改唯心主义倾向。

（三）局部唯物史观和整体唯心史观相结合

何以瞿九思关于历史发展动力的思想前后不一，彼此矛盾呢？这是由他的哲学思想——局部唯物史观和整体唯心史观相结合所决定的。

笼统地讲，瞿九思哲学思想受王阳明心学影响，属于王学范畴，并且不主一派。钱茂伟对瞿氏的师友做了大致的划分，"瞿氏早年致力于心学研究，曾问学于江右王门弟子罗洪先、邹善、胡直［属王学正统，笔者加］，又和泰州王学耿定向、罗汝芳［王学左派］相切

---

① 瞿九思：《万历武功录》卷5《凌霄、都都寨、九丝诸蛮列传》；卷3《但贼苏观升、周才雄、梁本豪列传》，北京：中华书局影印本，1962年，第312页、第437页。
② 瞿九思：《万历武功录》卷4《怀集严秀珠诸侗列传》，北京：中华书局影印本，1962年，第382页。
③ 瞿九思：《万历武功录》卷4《土吏黄拱圣列传》，北京：中华书局影印本，1962年，第386页。

磋，不主一派"。① 其具体内容有哪些呢？

首先，瞿九思在学术和思想上深受王阳明本人思想的影响；同时，明后期经世思潮的兴起又极大地影响着社会，使得学风为之一变。"阳明学说，无论从'致良知'上或'知行合'上，处处可以看出一种自由解放的精神，处处是反对八股化道学，打破道学的陈旧格套……正可和当时西方的宗教革命家互相辉映。他们都充满自由主义和现实主义的精神"。② 这种自由主义和现实主义思想开启了明代中后期中西文化交流的先河，社会风气遂发生了由200余年的支离破碎、因循墨守向讲求实际、清新自然的转变。在这种背景下，成长起一大批合自由主义和现实主义为一的知识分子和政治实干家。瞿氏就是这样一个知识分子。他注重现实问题，认真体味自然万物的至理，是现实主义的；他以个人的本善之心发现现实中的问题，写别人所不敢写的文章，发别人所不敢发的言论，体现了"儒之侠义"，属于王学自由主义的特征。

其次，对左右分道扬镳的王门后学，瞿氏取两派长处，摈弃其短处，形成了自己独特的思想。瞿氏对著史的执著和热情，虽辱身不能忘怀，对下层民众生活的关注和同情，以《武功录》讽谏统治者等，无不受左派的影响。他没有左派诸人的狂禅和疯癫，但他做事的勇气和敢于牺牲的气派，与左派许多人相比，有过之而无不及。他打着上寿的名义，冒着触怒龙颜的危险，向皇帝进讽谏之言，本是置生死于度外的。因为此举，章学诚把他视为与郝敬等同的"儒侠"。③ 另一方面，他讲经世，讲收摄凝聚，克己而不张扬，不喜欢唱高调，脚踏实地做事，这又是王门右派的学风。王门右派许多人物官场失意后，丝毫不以为意，转而在学术上有所贡献。和他们一样，瞿氏身陷冤狱而不悲天悯人，背负羁绊而心无旁骛，发奋著书。所以他没有左派的猖狂，也没有右派的疏懒，而是吸取了他们的热

---

① 钱茂伟：《明代史学编年考》，北京：中国文联出版社，2000年，第290页。
② 嵇文甫：《晚明思想史论》，上海：东方出版社，1996年，第13页。
③ 郝敬在万历间以能谏敢谏，屡次地、直接向皇帝纳谏而闻名，见《明史》卷288《郝敬传》，北京：中华书局，1974年，第7386页。

心和静思，成就了一番独特的名气和事业。尽管各取所长，但瞿氏总体上还是倾向于右派的。罗洪先是他的发蒙业师，对他思想影响最大。瞿氏的学问、思想和治学方法都是模仿启蒙恩师的。先生（罗洪先）"晚彻悟于仁体"，"静坐之外，经年出游，求师问友……盖先生无处非学地，无人非学侣"。① 瞿氏为《武功录》准备材料时到处寻访，求师问友，是以恩师为楷模的。另外，耿定向、罗汝芳两人思想及行为亦算不上是纯正的左派。罗汝芳"其学实本之东廓，独闻戒惧慎独之旨，则虽谓先生为王门嫡传可也"。② 耿定向虽出自王学左派，被人视为王学正统。③ 他与同门李贽的思想差异更是早已为人所熟知。"先生因李卓吾鼓倡狂禅，学者靡然从风，故每每以实地为主，苦心匡救。然又拖泥带水，于佛学半信半不信，终无以压服卓吾。乃卓吾之所以恨先生者，何心隐之狱，唯先生与江陵厚善，且主杀心隐之李义河，又先生之讲学友也。斯时救之固不难，先生不敢治手，恐以此犯江陵不说学之忌"。"先生所历首辅：分宜、华亭、新郑、江陵、吴县，皆不甚龃龉"。与左派之狂禅大相径庭。④ 李贽本人直接指出了两人在思想、行事和为人上的差异是矛盾的根源所在，⑤ 实难以归为一派。

瞿氏在历史和哲学方面思想的矛盾性与他本人思想上的矛盾关系密切，也反映时代新旧更替的历史特点。

---

① ［清］黄宗羲著、沈芝盈点校：《明儒学案》卷18《江右王门学案三》，北京：中华书局，1985年，第388、390页。

② ［清］黄宗羲著、沈芝盈点校：《明儒学案·师说》，北京：中华书局，1985年，第12页。

③ 陈鼓应、辛冠结、葛荣晋著：《明清实学思潮史》，济南：齐鲁书社，1989年，第548页。

④ ［清］黄宗羲著、沈芝盈点校：《明儒学案》卷35《泰州学案四》，北京：中华书局，1985年，第815页。

⑤ ［明］李贽：《焚书·答耿司寇》："试观公之行事，殊无甚异于人者……自朝至暮，自有知识以至今日，均之耕田而求食，买地而求种，架屋而求安，读书而求科第，居安而求尊显，博求风水以求福荫子孙。种种日用，皆为自己身家计虑，无一厘为人谋者。及乎开口谈学，便说尔为自己，我为他人，而为自私，我欲利他……以此而观，所讲者未必公之所行，所行者又公之所不讲，其与言顾行，行顾言何异乎？"思想、行事和为人均有差异明显。《焚书》上，北京：中华书局，1974年，第821页。

二、关于现实的思想

（一）政治思想

瞿九思对现实政治的许多问题及其现象是持批评态度的，这集中反映在他批判行政体制的不合理、吏治的腐败、封建特权等方面。

对行政体制不合理现象的批评。明代的行政体制有许多不尽如人意的地方，一些地方行政区划的划分和管理都存在着许多问题，造成了建制重叠、责任推诿、轮番搜刮等，其发展下去必然是各种不合理的因素繁衍滋长，并进而导致农民起义的爆发。《武功录》卷一《张小村列传》指出这种行政体制沿用下去的危害："余观宿州与永城，中间不至十余里，然一属秣陵，一属大梁，有如一日盗贼公负，岂不互相推诿乎？"有时则直接地批评："余独怪汪四屯在建德，往往有以异省视之者，此殆非是。尺地莫非其有，一民莫非其臣，而况于军政乎？犬牙相制，盖所由来者渐矣。"①

明代的封藩制度违背了历史发展趋势，在社会上早已引起了种种问题。对此瞿九思也持批判的态度。在《武功录》卷二《杨文学列传》中瞿氏直接指出："孟子曰：'天下使吏治其国，而纳其贡税焉。'岂不万世治宗藩长策哉！夫以此为训，而诸侯王犹有驰马出行郡国者，其弊乃至有如杨文学，抑何愚与……悲夫，宸濠之变，与汉七国无异，说者尚何称于后，而云子姓乎？"有的地方是毫不含糊："楚事非不饷明矣，盖藩镇之遗祸。"②

批判封建官僚政治的弊端，警戒当世。瞿氏在《茶盗杨四列传》和《崇德强贼梁翰列传》中说得比较含蓄："茶盗为害久远，民畏茶盗如畏虎也。""山嶂间盗贼公负，势自有之。"但在《崇明、江阴诸盐盗列传》和《牛角尖大盗列传》中的警戒丝毫也没有留情："环大江南北皆盐场，非疍丁，则盐徒，比比皆是。假令有如江阴诸盗，相因而起，则司寇之刀锯，岂不日敝乎！""山川沮泽，荆楚之

---

① 瞿九思：《万历武功录》卷2《叛民帅嘉谟、倪伍、徐宗式、朱汉卿列传》，北京：中华书局影印本，1962年，第169页。

② 瞿九思：《万历武功录》卷2《叛兵王礼、董承恩、张索儿、张胜豪列传》，北京：中华书局影印本，1962年，第234页。

望也,盗贼故鼎沸于其间,而岂一日之积乎!"

但瞿氏毕竟属于地主阶级知识分子,在具体的问题上他绝对站在维护封建统治秩序的立场上,提倡使用严刑峻法。他认为人生来是有各自的等级和地位的,并且是不可逾越的。卷四《莫茂洽列传》中:"帝王自有真,岂人力也哉!"《京营叛兵列传》:"尚书,国之喉舌,而武弁、苍头奈何以不法施之?"《土妇奢世统、奢世续列传》中:"《春秋传》不云乎:'并后匹嫡,乱之本也'……余独谓续与统并名,终非是。"《土吏黄拱圣列传》中:"立嫡以长亦天道也。"所以他主张用严刑峻法进行镇压违反了等级和地位规定的某些"盗贼"。《湖盗殷应采列传》中:"马直指'巡警'及'连坐'诸条对,当亟讲也。"在《叛兵陆文绪、傅胎子列传》中更直白:"今变者数起,其原皆出于偏裨侵军饷,遂至以履加首。悲夫,大司马欲立队长严约束,复商君连坐之法,岂得已哉!"这样严格的等级观念,提出如此的对策,由此反证万历二年在黄梅,他绝不可能策动乡民殴辱县令。故其罪确实为冤案。

(二) 经济思想

瞿氏一生中主要活动于经济相对发达的江南江浙、两湖地区,耳濡目染,他的经济思想是比较先进的。

首先,他注重经济因素在人们的日常生活和社会发展中的推动作用,敢于言利,以利为荣。他在《西山、珠窝、房山、易州诸矿盗列传》中指出:"利,诚乱之始……矿亦天地之利也,而以之助边,顾不善与?"他还进一步指出:"矿,亦天地自然之利,然何必坚闭哉!"[1]"向其利者为有德。"[2]"余观罗定、东山事,难发主将,延引瑶浪……军无财,士不来;军无赏,士不往。宜其攘臂而去也。"[3] 虽然所言为"公利",但言"公利"的士大夫文人也并不多。

---

[1] 瞿九思:《万历武功录》卷1《矿盗王张住列传》,北京:中华书局影印本,1962年,第60页。

[2] 瞿九思:《万历武功录》卷1《叛生侯沐封列传》;卷2《合肥、山阳诸强贼列传》,北京:中华书局影印本,1962年,第53页,第143页。

[3] 瞿九思:《万历武功录》卷3《罗定、东山叛兵列传》,北京:中华书局影印本,1962年,第334页。

可以说，封建社会末期士大夫文人的耻于言利，在瞿氏这里是踪影皆无。

他关注社会各类问题、批评一些现象的同时，也比较注意从经济角度找出解决社会问题的方法。比如，他批评矿监、税使的横行："采矿之使，一旦四出，则必竭府库起争竞，让无穷之祸，曷胜道哉！"① 他也批评官吏的不顾民生："至盐丁煮海为盐，凡以佐国计。而奈何因于饥谨（馑），乃与江山诸偷相扇而起也。"② 对经常发生的各种灾荒，他提出平时应该多注意积贮，以丰年的积贮解救荒年的灾难。但是可悲的是明朝一些官吏竟然不明白这个道理："余独悲郡邑不讲于积贮之策，卒然有变，至无以相恤也。"③ "余尝南游洞庭，泛三湘而下，见其下沃壤谷贱，则未尝不仰天而叹曰：'贤生称积贮者，天下之大命也。'岂不信然哉！邵阳易得稻，皆可仿社仓法，假令仿社仓法，则何有周志棋乎！"④

但是，他的经济观点并不是一成不变的，有时用在普通民众或少数民族身上，他的经济观就发生倾斜了。在《矿盗王西庵、盐盗涂四列传》中，他提出闭矿："且盐与矿，皆天地自然之利，假令疆吏终禁而勿开，奈国计何哉？"还有的地方他提出民众的造反是不应该的："何至以一溴粮之故而遂反唇相讥哉！"⑤ 安智"而乃以土地之故，然则智岂不鄙乎哉！甚矣，其不讲于吾礼也"。⑥

（三）军事方面

---

① 瞿九思：《万历武功录》卷1《西山、珠窝、房山、易州诸矿盗列传》，北京：中华书局影印本，1962年，第28页。

② 瞿九思：《万历武功录》卷2《扬州、通州饥灶列传》，北京：中华书局影印本，1962年，第155页。

③ 瞿九思：《万历武功录》卷2《饥民江奈、史存列传》，北京：中华书局影印本，1962年，第159页。

④ 瞿九思：《万历武功录》卷2《山贼周志棋列传》，北京：中华书局影印本，1962年，第227页。

⑤ 瞿九思：《万历武功录》卷2《叛兵王礼、董承恩、张索儿、张胜豪列传》，北京：中华书局影印本，1962年，第234页。

⑥ 瞿九思：《万历武功录》卷6《安智列传》，北京：中华书局影印本，1962年，第538页。

对明朝军队现状的批判、对现实问题的揭示、对军事现状的担忧是《武功录》中的重要内容。从他的介绍中，可看到军事形势的严峻。

他记载了在镇压兵变、民变、民族冲突过程中明朝军队的种种弊端，或望风而逃，或杀降冒功，或掩败为胜，或相互牵制掣肘等。这些弊端在《哱拜、哱承恩列传》中体现得淋漓尽致。在《叛兵陆文绪、傅胎子列传》、《大营叛兵马文英、象山昌国营叛兵何中列传》等叛兵列传中都谈到各级官吏巧立名目，层层克扣军饷，以致激起兵变。还有其他一些影响军队战斗力的事情发生，以至于军队中士兵起而造反，甚至官兵公开为盗，连百户军官都参与到劫掠活动中。比如，海南驻军中有士兵解释他们的日常任务说："吾等小人岂敢鼠耗廪食，徒提桴鼓在军门，而漫无所事事乎。且暮从将军供徭使，出入道上，甚至役占纳班，虚兵扣廪，犹往往有之。然亦不敢道也。"① 军队建制已经有名无实。军事力量还参与、影响了中央和地方官吏的党争，以至于瞿九思两次提到"藩镇之祸"。② 军队欺压良善百姓的事情更是时有发生。③

（四）正统观问题

瞿九思的正统观和明朝政府的民族政策关系密切，很多地方具有重合性，其两面性更是如出一辙。明朝统治者的民族观一方面是以"内中华而外夷狄"为中心的极端大汉族主义民族观，另一方面就是他们为了解决现实中的民族问题，而一再宣扬的"华夷一家"、对各民族都要"一视同仁"，都是"朝廷赤子"的思想。④ 瞿氏在《武功录》中首先体现的是以汉族为中心的民族歧视理念。比如，对

---

① 瞿九思：《万历武功录》卷3《王三、唐景松列传》，北京：中华书局影印本，1962年，第336页。

② 瞿九思：《万历武功录》卷1《京营叛兵列传》，卷2《叛兵工礼、董承恩、张索儿、张胜豪列传》，北京：中华书局影印本，1962年，第38页、第234页。

③ 瞿九思：《万历武功录》卷2《叛兵王礼、董承恩、张索儿、张胜豪列传》，北京：中华书局影印本，1962年，第229-234页。

④ 田继周等：《中国历代民族政策研究》，西宁：青海人民出版社，1993年，第262页。刘祥学：《明朝民族政策演变史》，北京：民族出版社，2006年，第3-4页。龚荫：《中国民族政策史》，成都：四川出版集团，四川人民出版社，2006年，第502页。

占据《武功录》近一半篇幅的蒙古史事部分的处理中就表现了这一点。瞿氏清楚地知道土蛮是蒙古部落的首领，是俺答的故主，但他却把俺答作为蒙古部分的中心人物，以《俺答列传》为线索从古到今讲述了北方民族发展的大致脉络。这表明，他对蒙古内部的主从关系不予理会，而只是根据与明朝关系的顺逆来决定蒙古列传在《武功录》中的地位和处理方式，尤其重要的是，俺答虽然在嘉靖、隆庆两朝数十年中与明朝为敌，给予明朝军队和边境地区无以计数的打击和破坏，但隆庆末年，他终于还是率领蒙古右翼部落与明朝达成了和解，实现了款贡。这是明蒙关系史上的一件大事，也是对明朝来讲十分光彩荣耀的事情。故而，瞿九思才有如此的处理方式。再如，在所有的民族列传和民族人物列传中，对明朝官吏和民族地区的冲突，瞿九思几乎从不记述事发原因，而只是记述事情的爆发、发展和结束的过程，不体现事情曲直变化。在他的意识里，任何少数民族与明朝之间发生的冲突，其曲在彼，而不在明朝。他在论赞中经常使用的词语就是："柔远人，则四方归之"、"夷德无厌"、"汉灭诸苗，犹九牛一毛耳"、"非我族类，其心必异"等。所以，在瞿九思的民族观念中，大汉族主义是核心，是主要的组成部分。

同样，受明朝民族政策另一方面的影响，同时也是受瞿九思实录、直书的撰史方法的影响，在他的论述中还有一些公正的、符合实际情况的言论。《武功录》卷一《啰贼马有忠列传》中谈到："何乃罪羌哉！"卷六《奢效忠列传》中提到："何乃罪奢酋哉！"卷六《安国亨列传》中对安国亨的家族之争的记载比较符合实际情况，对安国亨的评价颇为公正，安国亨曾帮助明朝平定播州杨应龙叛乱，为地方政务做出过一定的贡献。对此，瞿氏在论赞中评价说："以余所闻，贵筑诸驿骑马皆充自土夷，此诚得古者顾役意，而民复以为不便者，何哉？使者结驷连骑，炫煋于道，而民犹不以时徭役也，戒之哉！戒之哉！余独嘉亨能办龙场诸驿骑乎，至从走卒行徽道上，令盗贼不敢入吾界，此又不可不谓优于干才者矣。亨奉法循理，亦可为治，何必残忍哉！"

总之，瞿九思对现实世界是持批评态度的。

三、关于历史编纂的程序和方法

受王门心学、陈建史学和自己生活经历的影响,瞿九思特别注重当代现实问题,以现实性作为学术的出发点和立足点,以现实中直接暴露的问题为研究中心。这决定了他严肃的治学态度、合理的治学程序和严格的治学方法。同样,王门学者的史学实践也给他提供了可供借鉴的经验。正是在对以往史学作品的继承和批判的基础上,瞿九思创作了《武功录》。

(一) 关于历史编纂的程序

著述前广泛搜集资料。材料的丰富与否是著作能否成书并流传下去的第一保证。瞿氏十分了解这一点,他首先是广泛的搜集资料。从他开始搜集材料到最后书籍的撰述工作开始,前后用于搜集材料的时间历时三十二年(1577 – 1609)。他搜集文献资料的途径主要有四种:其一,在流放期间,"日走礼部前正阳门外双塔寺演象所左右,从康、王、陈、李诸书肆穷搜索。每三日为一至。至即移日,甚或至夜分乃去,诸书贾殊厌苦之"。其二,"久之,闻六科有存科,盖日纪载纶音簿籍,余乃从所知交在省中者购得,密登录之。乃执是走抄报所,稽其日全报章,设率与存科合,无阙疑,乃愉快取大卮酒,饮数升;设第阙一疏,为多方谋之四方,至七八年,必尽得乃已"。其三,"京师故重书,即小交际亦必以一书包裹怕(箔)金,其内题其刺曰'小书一'。余念其中或庸有奇诸书,乃属诸把买从荐绅家童奴收买。设其家故名家,多书史,即尽令诸把买持来余邸中,验问有边事辄多金市易之"。其四,"所知交有仕宦在四方者,余必卑恳词,乞其以羌虏倭蛮名籍事状幸告诏我"。如此,"久之,幸稍稍多所得"。① 他搜集到的资料种类很多,有正史、野史、实录、奏疏、诏书、塘报、公文、邸抄、书信、檄文、告示、口碑材料等,实际上,他的资料还远远不止这些,他还"购求天下志书、奏议、邸抄、传记、碑铭、行状及地方事宜、当路条约、**两京各衙门志亚考记**"。② 正是因为瞿氏如此的努力,《武功录》所使用的材料才会

---

① 瞿九思:《万历武功录·自序》,北京:中华书局影印本,1962年,第7页。
② 《合省举人公举呈》,《瞿聘君全集·征聘本末》,北京图书馆善本特藏室,第56页。

如此丰富。

注重实地调查。除文献资料外，瞿氏还十分重视自己的亲身调查，并在调查中了解了大量的口碑资料，丰富了著述的内容，增强了书籍的可信度。著作中，他常常把调查资料和口碑资料放在附论中，用以强调事实，并表明自己的态度。对口碑资料他常使用"以余所闻"、"余闻其下"等话语引出。如"余过大梁之墟，求问岁岁为郡邑所患苦者，皆曰矿盗"。[①] 对调查资料他则使用"余尝过"、[②] "以余而观"等引出。如"余尝由西城还走易州、通州，见其下冠盖相望，而独患苦响马"、"余常过三晋，其下山广川狭，民贫土瘠，赋役颇繁，假令岁比丰稔，民犹难之，而况有如水旱。国胡以相恤也。当是时三晋尤苦虏骑哉"。[③] 这样的口碑资料和调查资料在北直隶、山西、山东、两湖、江浙地区的传记中使用的比较多，可见著者所下工夫之大。

编书的程序一般分为三步：整理材料、撰写初稿、最后定稿。在搜集了丰富的史料，完成了对史料的博采之后，著者下一步的任务是排比资料，将所收集的资料以人物为中心、按照地区划分进行整理、筛选，然后按年、月、日的先后顺序排列起来。随后进入写作初稿的阶段。在这方面，瞿九思下了很大工夫。因收集的资料非常丰富，以至于他自己感到驾驭困难，"苦才笔陋恶甚，诸所就业无文章，乃市买马、班书以数十，亲点窜，至十余。每种必别变置法，生刲剥之"。虚心研读范文，用以指导编纂实践，这是瞿九思选择的最好办法。善择，要对史料的真伪加以考辨，去粗取精，去伪存真。同时，还要把材料安排一个合理的位置，既能发挥材料的最大功效，又能使人物的事迹轻重有序，突出其个性。做好了准备之后，瞿氏"方缪敢操笔札"。经"三阅岁，乃幸就次"。最后是定稿。应该说

---

① 瞿九思：《万历武功录》卷1《矿盗王西庵、盐盗涂四列传》，北京：中华书局影印本，1962年，第71页。

② 瞿九思：《万历武功录》卷1《西城、易州、邯郸、通州诸响马盗列传》，北京：中华书局影印本，1962年，第42页。

③ 瞿九思：《万历武功录》卷1《饥民王汉臣列传》，北京：中华书局影印本，1962年，第57页。

瞿氏的《武功录》少了最后一步，即定稿过程。这从本书的诸多错误就完全可以确定。"其书似成于仓促，需要严密组织，再三修改"。①

（二）著述态度、史料方法和史学原则

首先是著者严肃认真的著述态度。如前所述，瞿氏的《武功录》在整理材料的过程中比较急躁粗糙，撰写初稿的过程中也十分匆忙，又缺少了最后一步，即定稿过程。故而，才出现了种种讹误和不足。但是，这并不代表本书从开始撰写起，作者就没有认真的态度。实际情况是，著者在第一稿完成之后，发现自己的著述与理想中的史著标准相差太远，才放弃了对本书的史著要求，转而注重其社会功能的。因此，在本书搜集材料、整理材料、撰写初稿的过程中，著者的态度是十分认真而严谨的。尤其是本书搜集材料的工作前后持续三十余年（1577-1609），没有一个严肃的著述态度和执著的史学精神是不可能做到的。

前后有别、重点突出的史料方法。在搜集了丰富的史料，完成了对史料的博采之后，作者下一步的任务就进入到写作阶段。《武功录》最珍贵的史学价值是万历年间的史料，书中也有很多涉及万历以前史事的内容，但史料价值不高。这是因为，瞿九思在处理这两部分内容时采用的史料方法是不同的（详见下章内容）。

六经皆史的原则。随着王阳明心学和复古思潮的兴起，理学地位在明代中后期下降，对六经的看法相对比较客观。学术研究中六经被看做是普通的古籍，不再视其为圭臬。具体到史学，受王阳明心学思潮及复古思潮的影响，六经被看做是史学中的一种，即六经皆史。虽然"六经皆史"的命题是章学诚直接提出的，但在司马迁作《史记》时就已经把六经作为史料对待了。② 而且，心学学派创始人王阳明也曾说过："以事言曰史，以道言曰经。事即道，道即事。《春秋》亦经，五经亦史。"③ 瞿氏对六经有良好的基础，他有

---

① 邓嗣禹：《明瞿九思〈万历武功录〉叙论》，台北：台湾艺文印书馆，1980年，第10页。
② 张大可：《史记研究》，兰州：甘肃人民出版社，1985年，第258页。
③ [明]王阳明：《传习录》，长沙：岳麓书社，2004年，第28页。

多种六经的研究著作,为他的史学撰写提供了坚实的基础。瞿氏模仿司马迁,故其在撰写《武功录》时也是把六经作为治国典章制度看待的。"书经乃万世帝王心法治法所在,尤不可不加玩索"。①把《尚书》看做是帝王治理国家的方法而已。他在著述评议中很多地方引用六经的观点,但在著述内容中又比较客观,实录具体历史事实,并未把六经作为教条,这是比较科学的方式和方法。

考信的原则。在收集大量资料后,作者对史料进行比较和鉴别,经过实证后决定取舍,最后才动笔写作。在比较和鉴别材料时,瞿氏的采用原则是:著者为事件的亲历者,其材料优先采用;注重以自我调查资料补充或辩明文字资料的不足、缺陷或错误,并借鉴口碑资料、调查材料。对一个人物、一件事情常使用多种材料、从多种角度记录事件的始末,阐述观点。如《武功录·王登列传》在谈到万历十四年(1586)山东东昌人王登因大旱无法生存,率饥民起兵被镇压后,朝廷议论纷纷,作者采用了多种资料阐明了自己的观点。他使用了自我调查的资料、口碑资料、奏疏和自我观点相结合,进行论证:"余观故志,自邓国公破杀之后,历景泰、天顺、成化、嘉靖皆未称捷,岂不诚剽悍哉!凌司马提兵二十万始荡其巢穴而郡县之,此与幕(漠)南无王庭何异!《诗》不云乎,'行百里者,半于九十。'此言末路之难也。道洲之役,可称覆辙。余既闻新邑,多沃土膏壤,尚徙民耕且守,可也。"② "北三之战,余仅得之台御史所题知耳。其后竟以自缚得免哉。北三故接北五八寨,可通东欧,皂岭横亘,恐失。今不治,瑶侗益炽,它日足为迁来所害患,岂此间耶!"③等。

存疑并录的原则。在比较、鉴别后著者选择了第一手的、可靠性更强的史料。但尚有一些问题分歧较大,因无法得到更多信息以获得确切的结论,著者便采用了存疑的办法,几种说法并存。在

---

① 《瞿聘君全集·书经以俟录》,北京图书馆善本特藏室,第2页。
② 瞿九思:《万历武功录》卷3《罗旁瑶浪列传》,北京:中华书局影印本,1962年,第325页。
③ 瞿九思:《万历武功录》卷4《北三谭公柄、河塘韦宋武诸侗列传》,北京:中华书局影印本,1962年,第367页。

《李茂列传》中介绍了李茂等人的情况：李茂，隆庆中曾与林凤等共同"叛乱"，但隆庆末，"自面缚，请归降"，其后，李茂等又曾帮助明廷驱倭逐寇，屡立战功。但万历十六年（1588）竟再次起兵作乱，至十八年被完全镇压。明廷为军将请功，刘继文、李栋、孙秉阳等皆立功受奖。但万历十九年给谏王德完上奏章指出："李、陈之变，实由游击沈茂索珠构衅，旋擒二酋，俄徒党二三十人下海……言贼众千余人。""制置使使总兵提兵二千人往讨之……斩贼首不至百余人，乃从林寿甫计，遂杀略行旅僧道冒功。"明廷复查后给予处置。到底以谁为是？明廷的处置是否恰当？著者直接说明："李茂、陈德乐之没，岂可谓非功乎！厥后王给谏所□，抑何异辙也。余皆两纪之，将谁适从乎。"《武功录》卷十《土蛮列传》中谈到土蛮之子时，就是两说并存。"土蛮生八子：长卜言台周，次宰桑兀儿，次伯言户儿，次把哈委正，次额参，次先银，次烧花。又言生四子：长卜言伯吉，次柏太，次卜言兔"。① 哪种说法更为准确合理，只能读者自己去体味选择。

经过这样一番工夫，书中所记述各个人物之重大事件的确是内容详细，相对客观。有时为了客观，同时也因为编后疏于修改，著作中有的地方甚至还维持着所采用材料本身的记述原貌。

（三）编纂方法

具体的编纂方法有：论赞法、互见法、史书自注法等。

互见法。互见法是司马迁首创的一种述史方法，具体做法是：将一个人的生平事迹、一件历史事件的始末经过，分散在数篇之中，参差互见，彼此相补。"司马迁已将某段材料摆在甲篇，遇着乙篇有关联时，便清楚地作出交代说：'事见某篇'，'语在某篇'"。② 瞿九思大量采用了这种做法。比如，在《中三边·扯力克列传》中谈到扯力克西行赶赴西海，这是一件大事，牵涉人物颇多，包括同行诸

---

① 瞿九思：《万历武功录》卷10《土蛮列传下》，北京：中华书局影印本，1962年，第964页。
② 张舜徽：《中国古代史籍校读法》，武汉：华中师范大学出版社，2004年，第390页。

人以及已在西海活动多年的首领人物,他们的行动日期大概一致,但具体事件和具体人物所起的作用是不相同的。在每个人的传记中如果将扯力克西行的情况一一作出交代,必将是"一事所系数人,一人有关数事,若为详载,则繁复不堪"。① 在这种情况下,互见法是最好的方法,既节省了笔墨,"详此略彼,详彼略此,则互文相足尚焉",② 又令人将这些人物、事件联系起来,形成一个综合的印象。"唤起读者们不要把每篇记载孤立起来看,应该联系他篇来参考问题"。③ 但是,与许多史家一样,在使用互见法转述史书,做到"详此略彼,详彼略此"的同时,瞿氏也在很多地方漏载了史实,比如《抄胡儿列传》、《银锭列传》、《宾兔列传》等在书中漏载。

论赞法。瞿氏的《武功录》属于编述性质,尽管文中材料的取舍、夹叙夹议的撰写方法等已经表明了著者的史学思想以及对现实政治的看法,但不是很系统,他的论赞是《武功录》一书的重要组成部分,也是他思想的精髓所在。这同样是效仿司马迁的作法。但如前所述,他的论赞不是很成功,其中与他个人的能力有关,也与他把书籍作为向皇帝献寿的礼物这一做法有关。

史书自注法。史书自注起源于杜佑,注文可补正文的不足,也可指出材料的出处,便于稽考。瞿氏在《武功录》中的自注不多,但这两个类型都具备了。

补正文的不足。如前述《王登列传》中著者采用了多种资料阐明了自己的观点——东昌应设将军坐镇。他使用了自我调查的资料、口碑资料、自我看法和他人奏疏,进行论证:"余观东昌,南至曹濮,北至临德,皆饷道,岂非天下咽喉乎!其下地四平旷,奈何不请大将以备之也。而说者曰:'兵巡使俨然建大将军旗鼓矣。'余以为不然,运筹帷幄之中,将不如兵巡使;攻城先登,陷阵却敌,前蒙石矢,不避汤火之难,兵巡使不如将,二者何可废哉。《易》称

---

① 靳德俊:《史记释例》,上海:商务印书馆,1934年,第14页。
② 靳德俊:《史记释例》,上海:商务印书馆,1934年,第14页。
③ 张舜徽:《中国古代史籍校读法》,武汉:华中师范大学出版社,2004年,第390页。

'履霜坚冰至'。余每读王御史疏,则未尝不夹然自失也。"王御史的奏疏到底是什么内容?"御史王象蒙上书,欲曹州建守备一人,武定调守备一人,济南改参将一人"。①《俺答列传》中"是年,竟以吉能市延绥,狼台吉市宁夏"。后有自注:"史道疏载,市花马池。"

指出材料出处。在《俺答列传》中谈到了正德十六年(1521)蒙古各部的分布及后裔情况,中间插入自注:"《通贡传》及《牧市答问》",注明了材料的出处。

由于条件和能力的限制,笔者目前所见到的瞿九思著作主要是《武功录》,但《武功录》一书所反映的他的史学思想是比较丰富的,既有宏观的哲学思想、政治思想、经济思想及历史发展动力思想等,又有具体的历史编纂原则、程序和方法。不可否认,《武功录》不是一部特别成功的作品,它的缺点、错误很多,但他的思想及他所反映的时代特点是他的光芒所在,尤其是《武功录》记述的明嘉靖后期、隆庆和万历前期的蒙古史事是其他书不能替代的。

---

① 瞿九思:《万历武功录》卷1《王登列传》,北京:中华书局影印本,1962年,第51页。

第三章 《万历武功录》蒙古部分史源文献的种类

瞿九思在《武功录·自序》中已经指出了他写作过程中使用的材料种类，后人也进行了归纳和总结。或说瞿氏"访求六科记事、实录邸报，以及官吏馈送书帕中之'羌虏倭蛮名籍事状'，"撰成《武功录》；或说"根据当时邸抄和六科存案等原始材料，又从故家及书肆搜索有关文件，并访问曾经在四方游宦的知交，化（花）了很大精力，写成这部书"。① 总结归纳起来，《武功录》在记述万历以前事件时还使用了很多著作资料，而万历年间的史料来源主要是奏疏、诏书、邸抄等。如果对《武功录》的史源进行更细致地划分，可以划分为著作、实录、奏议、诏书、政令、邸抄、塘报、口碑资料、书信、檄文、告示等类型，但每一传中所使用的材料不一定是种类齐全的。

为什么瞿九思要使用奏疏、诏书、邸抄等资料撰写史著？

时间因素。《武功录》的著者是万历年间人，本书所写的又是万历年间主要事件，属于当世人记当时事，时间的同一性决定着此书的史料来源以万历年间产生的奏疏、诏书、政令、塘报、邸抄等为主，著作类资料很少，而且是只有在追述前段历史的时候才会使用。所以《武功录》中使用的奏议、诏书、政令、塘报、邸抄等数量在全书的史源文献中所占分量最大。这是数量上的问题。另质量上，这些奏疏、诏书、政令、塘报、邸抄等大部分是第一手的资料，是真实的。但不可否认，也有一部分是虚假的，不符合实际情况。对这一点，奏疏等的著者在当时也不明了，事后事实的发展证实其是虚假的，是有违历史事实的。这样的材料被瞿九思采用了，有一些，瞿九思在使用时即给予纠正，这是瞿九思的成就所在；还有一些，

---

① 陈乃乾：《影印〈万历武功录〉跋》，北京：中华书局影印本，1962年。

瞿九思并没有发现其虚假性质，故而得出的结论当然是错误的，需要后人予以纠正。

内容因素。《武功录》蒙古史事部分是以记述俺答封贡后万历年间蒙古众多首领事迹为内容的传记，也有一些内容是追述俺答封贡前"北虏"事迹的。无论是封贡前还是封贡后，都不可避免地涉及两者间的战争、和平状态下的贡使来往及冲突。战争状态中战况的发展、有关人员的调动升迁、战争的部署指挥、将士的奖惩赏罚、俘虏的处置等都要经过各级将领的汇报、总结，并请示皇帝的御批。俺答封贡后明廷与蒙古间的和平交往，如：入贡、封赏、赐予、革赏、复赏等事件更是离不开经手官员的报告和皇帝的诏书。和平时期，明蒙间局部的冲突此起彼伏，辽东更是战火不断。反映这些事件之前因后果及过程的材料在当时只有奏疏等。这些因素决定着《武功录》离不开奏疏、诏书、政令、塘报、邸抄等。

著者自身的因素。封贡后的明蒙关系，虽然以和平为主，但两个政权间的往来并不是完全自由的。明廷方面专门设立了"行人司"处理少数民族和周边四"夷"的具体事务。瞿九思只是封建时代的知识分子，又因"罪"丧失了出仕的机会，没有直接接触北方少数民族，进而搜集材料的机会。故而，他在写作《武功录》时，受思想因素、环境因素的影响，只能是片面的从明廷这面获得信息，并尽量收集全面，这在当时已经是十分不容易的，对此我们不能苛求于古人。下面将分别指正材料来源的种类，并逐一举出例证。

第一节 万历之前史料的来源——前人著述

《武功录》中有一部分内容是记述万历以前事件的，有关万历以前事件的记述基本上是抄撮他人著述而成。关于《武功录》他人著作方面的史源文献的研究上已经有人做出了一定的成绩，得出了一些结论。对于这些成果本书将在相关章节予以交代。经笔者查证，其史源著作主要有：

一、司马迁的《史记》、班固的《汉书》、岷峨山人的《译语》、严从简的《殊域周咨录》

　　顺义王俺答，阿著子也，或言諲阿郎子。三代以上，有熏鬻、山戎、淳维、猃狁；秦汉，匈奴；唐，突厥；宋，契丹。皆居于北边，随草畜牧而转移。其畜之所多，则马、牛、羊；其奇畜，则橐佗、驴、骡、駃騠、駒駼、驒奚。无城郭、常居、耕田之业，以革作帐。然今已习屋居。有文书，类兽篆，所奏皆从左而右。儿能骑羊，引弓射鸟鼠。少长，则射狐兔，肉食。士力能弯弓，尽为甲骑。其俗喜盗好杀，轻生嗜利，刻木封箭为信。宽则随畜田猎禽兽为生，急则人习战功以侵伐，其天性也。其长兵，则弓矢；短兵则刀鋋。挟弓马长技，上下山谷间，往来聚散倐忽如风雨，饥渴不倦。自君王以下，咸食畜肉，衣其皮革，被旃裘。壮者食肥美，老者饮食其余。贵壮健，贱老弱。父死，妻其后母；兄弟死，皆取（娶）其妻妻之。有名不讳而无字，大略犹有匈奴风。汉时，匈奴最强大，而乌桓亦盛。汉末，为鲜卑所灭。鲜卑衰而蠕蠕强大，与魏为敌。蠕蠕灭而突厥起，尽有西北地，唐李靖灭之。后五代以及宋，契丹为盛。后女真灭契丹，于是侵中国，遂僭帝号，号金。其所部蒙古、太赤乌、塔塔儿、克列亦各有分地。后，蒙古又并诸部，灭女真及宋，国号元。①

《武功录·俺答列传上》开始的这个部分是杂糅了《史记》、《汉书》、《译语》、《九边考》和《殊域周咨录》而成。其中关于北方民族的生活习性、风俗及畜产等来自《史记》。

《史记》的原文如下：

　　匈奴，其先祖夏后氏之苗裔也，曰淳维。唐虞以下有山戎、猃狁、荤粥，居于北蛮，随畜牧而转移。其畜之所多则马、牛、羊，其奇畜则橐驼、驴、骡、駃騠、駒駼、

---

① 瞿九思：《万历武功录》卷7《俺答列传上》，北京：中华书局影印本，1962年，第640页。

骅骤。逐水草迁徙,毋城郭常处耕田之业,然亦各有分地。毋文书,以言语为约束。儿能骑羊,引弓射鸟鼠;少长,则射狐兔,用为食。士力能弯弓,尽为甲骑。其俗,宽则随畜,因射猎禽兽为生业,急则人习战攻以侵伐,其天性也。其长兵则弓矢,短兵则刀鋋。利则进,不利则退,不羞遁走。苟利所在,不知礼仪。自君王以下,咸食畜肉,衣其皮革,被旃裘。壮者食肥美,老者食其余。贵壮健,贱老弱。父死,妻其后母;兄弟死,皆取(娶)其妻妻之。其俗有名不讳,而无姓字。①

《汉书》的记载也大致如此。②

其余部分在《译语》中有记载。"自汉以来,匈奴颇盛,后稍弱而乌桓兴。汉末,鲜卑灭乌桓,尽有其地。后魏时,蠕蠕独强,与魏为敌,蠕蠕灭,而突厥起,尽有西北地。唐贞观中,李靖灭之。五代及宋,契丹复盛,别部小者曰蒙古,曰泰赤乌,曰塔塔儿,曰克列,各据分地。既而蒙古兼并有之,遂入中国,称号曰元"。③

二、《元朝秘史》、《元史》和《圣武亲征录》

按元之先,苍色狼与惨白鹿配,度腾吉思水,至斡滩河(斡难河)源不儿罕山,生巴塔赤罕;巴塔赤罕生塔马察,至十二世曰孛端察儿,始大。先是,曰孛端察儿之母阿兰果火寡居,夜寝,有明光照腹,果生曰孛端察儿。曰孛端察儿生也速亥,也速亥生铁木真,以孛儿赤斤为姓。久之,也速亥死,舍铁木真幼,其部曲多散归它部泰赤乌。泰赤乌遂合七部诸精兵攻铁木真,铁木真亦与其母月轮(即訶额仑)率部曲为十三翼,大击泰赤乌,破之。于是,诸部曲皆叹曰:"铁木真衣人以衣,乘人以马,吾当归之。"

---

① 司马迁:《史记》卷110《匈奴列传》,北京:中华书局,1974年,第2897页。
② 班固:《汉书》卷94《匈奴列传》,北京:中华书局,1962年,第3743页。
③ [明]岷峨山人:《译语》,《纪录汇编》本,卷161,第1页。[明]严从简:《殊域周咨录》,北京:中华书局,2000年,第506页。

由此赤乌遂微，铁木真益盛。是时，金塔塔儿亦叛，铁木真率众从金师讨平之，[金朝]授木真察兀秃鲁。察兀秃鲁，犹汉言招讨使也。自是之后，铁木真复破乃蛮太阳罕，而部曲多相率来降，铁木真党于是称强矣。明年遂攻西夏，破力吉里寨，经落思城，大略而还，益大。会诸酋长斡滩（斡难）河，建九游白旗，自称成吉思可汗，为元太祖。居沙漠，凡四世，有五十七年。然后传忽必烈，始迁都燕京，为世祖。历十四帝。于是元百六十三载矣。①

这段文字是从《元朝秘史》、《元史》和《圣武亲征录》节略杂糅而成。《元朝秘史》在蒙元时秘藏宫廷，"明洪武时翰林译员们把它题作蒙古文《蒙古秘史》（《忙豁仑·纽察·脱卜察安》），并把其中每个蒙古词逐一用汉字音写下来，再加上旁译（每个蒙古词旁所注汉文意思）和总译（每节蒙文大致内容的汉译），作为培养通晓蒙古语的大批译员们的蒙语教材"。② 这样，《蒙古秘史》在明初就已经流传开来，瞿九思肯定看到过此书。上述引文中开始的一段就来自于《秘史》。其后的内容取自《圣武亲征录》。"上集诸部戒严，凡十有三翼，月伦太后暨上昆弟为一翼……军成，大战于答兰版朱思之野……泰赤乌部众苦其长非法，相告曰：太子衣人以己衣，乘人以己马，安民定国必此人也。因悉来归"。"上尽虏（掳）其车马粮饷，杀蔑兀真笑里徒……金兵回，金主因我灭塔塔儿，就拜上为察兀忽鲁"。"（上）杀太阳可汗，乃蛮众溃，夜走绝阻……明日余众悉降……乙丑，征西夏，攻破力吉里寨，经落思城，大略人民，多获橐驼而还。丙寅，大会诸王百官于斡难河之源，建九游之白旗"。③《元史》亦有相同记载。④

---

① 瞿九思：《万历武功录》卷《俺答列传上》，北京：中华书局影印本，1962年，第640页。
② 余大钧译注：《蒙古秘史》，石家庄：河北人民出版社，2001年，第2页。
③ [元] 佚名：《圣武亲征录》，见王国维：《王国维遗书》，第十三册，《圣武亲征录校注》，上海：上海古籍书店，1983年，第12、16、57页。
④ [明] 宋濂等：《元史》卷1《太祖本纪》，北京：中华书局，1976年，第13页。

三、曹汝为的《附北虏始末》、郑晓的《皇明北虏考》、杨荣的《北征记》

《俺答列传上》从明太祖洪武年间（1368－1398）到正德十五年（1520）间的叙事基本上是抄撮于曹汝为《附北虏始末》、郑晓《皇明北虏考》、高岱《鸿猷录》。其中，《附北虏始末》和《皇明北虏考》为主要史源，两相对比，前者相对简略，后者相对详备一些。

瞿氏在使用《附北虏始末》时几乎是完全照抄的。如，宣德"九年夏，瓦剌王脱欢攻杀阿鲁台，欲领其众，众不附。乃求故元苗裔脱脱不花立之，居于漠北。哈懒嗔（哈喇慎）诸虏皆应之。于是，脱欢来上阿鲁台捷，且献前元玉玺。九月，阿鲁台子阿卜只俺降，上纳之，授中府都督。阿鲁台部遂亡，瓦剌独盛"。瞿九思几乎完全照抄曹汝为的书，只在中间加了"瓦剌王"和"于是"两词。此段历史，《皇明北虏考》中记载是以阿卜只俺为"中府左都督"，①《附北虏始末》则记为"中府都督"。② 所以，此段引文肯定来自于《附北虏始末》。

《武功录》：（正统）八年，也先及阿鲁骨遣人贡马。是时，脱脱不花弱，而也先强盛。乃以其姊妻脱脱不花，因挟脱脱不花并入贡，得金币无算。使人皆馆京师，逾春始遣还。所过，时肆杀略。我往来通事人变诈出好语，输我中国实虚也。也先遂因通事人请婚中国。通事人佯应曰："诺。"已谩之曰。也先喜，已通事人面谩曰："吾为若奏，上幸报可矣。"也先复大喜，自以为得和亲中国，乃夸诩张诸酋，扬扬大自雄也。③

此段来自《皇明北虏考》。其原文如下：

（正统八年）也先、阿鲁骨遣人贡马。也先者，脱欢之

---

① ［明］郑晓：《皇明北虏考》，《吾学编》本，载《四库焚毁书丛刊》，史部，第46册，北京：北京出版社，2000年，第61页。
② ［明］曹汝为：《附北虏始末》，载顾炎武辑《皇明修文备史》，《北京图书馆古籍珍本丛刊》，第八册，北京：书目文献出版社，1988年，第472页。
③ 瞿九思：《万历武功录》卷7《俺答列传上》，北京：中华书局影印本，1962年，第646页。

子也。当是时，脱脱不花弱，而也先强盛。也先又以其姊妻脱脱不花，数年间挟脱脱不花遣人并入贡马，得赐金帛无算，使人皆馆京师，逾春始遣还。遂桀骜不恭，时时杀掠道路。我往来通事人变诈，出好语，告以中国虚实。也先因与通事人言："吾有子，请婚南朝公主。"通事人谩曰："为若奏皇帝，皇帝许尔矣。"也先大喜，诳诸酋曰："吾且进聘礼。"①

《北征记》的使用需要进行证实。永乐皇帝的出征及病逝的情况是取自《北征记》的。

> （永乐二十二年四月）上亲征，道应昌，阿鲁台遁走。其六月，次答兰纳木儿河，弗见一虏而还。是夜，上梦神为我言："上帝好生者。"再，乃遣使谕虏，令自归。乃班师，次榆木川而崩。

这段材料基本上取材于杨荣的《北征记》。《北征记》的原文如下：

> 永乐二十二年四月皇帝亲征。"庚午，发独石，"获虏谍者言，"[虏]复遁往答兰纳木儿河，趋荒漠以避。"五月，次开平，"甲甲（申），召学士杨荣、金幼孜至幄中，谕之曰：'朕昨夕三鼓，梦有若世所画神人者，告朕曰：上帝好生。如是者再，此何祥也？岂天属意此寇部属乎？'……即命草敕，遣中官伯力苛及所获胡寇赉往虏并谕部落"。六月，"上以大军继进十数里，（陈）懋等遣人奏言：'臣等已至答兰纳木儿河，弥望惟荒尘野草，虏只影不见。'……癸亥，次连秀坡。宁阳侯陈懋、忠勇王金忠亦还，奏曰：'臣等引兵抵白邙山，咸无所遇，以粮尽故还。'……遂命班师"。七月，"庚寅，次榆木川，上大渐……辛卯，上崩"。②

---

① [明]郑晓：《皇明北虏考》，《吾学编》本，载《四库禁毁书丛刊》，史部，第46册，北京：北京出版社，2000年，第62页。
② [明]杨荣：《北征记》，《纪录汇编》本，卷34，第3-9页。

可以发现，瞿氏在抄撮缩略过程中发生了错误，将永乐皇帝做梦时间推后了。

四、曹汝为的《附北虏始末》、郑晓的《皇明北虏考》、冯时可的《俺答前志》、《俺答后志》、王世贞的《北虏始末志》、翁万达奏疏、张雨的《边政考》、王士琦的《三云筹俎考》、许论的《九边图论》及《明世宗实录》

《俺答列传上》中明正德十六年（1521）至嘉靖二十六年（1547）间，即大约相当于蒙古卜赤汗时期的记载，其史源文献已经有人做了研究，并得出了相关结论。达力扎布对此中有关小王子的记载做了史料学鉴别后，指出其史源文献主要有：曹汝为的《附北虏始末》、① 郑晓的《皇明北虏考》、冯时可的《俺答前志》、《俺答后志》、王世贞的《北虏始末志》、翁万达奏疏、张雨的《边政考》、王士琦《三云筹俎考》、许论的《九边图论》及《明世宗实录》。② 另外，亨瑞·塞瑞斯指出《武功录》中吉囊生二十一子及吉囊生四子的"名单录自焦竑的《国朝献征录》第 120 卷第 36 页"，③ 实际上指的仍然是《通贡传》和《牧市问答》。本节内容将不再举例。

五、《明世宗实录》、冯时可《俺答前志》、《俺答后志》和《赵全谳牍》

《俺答列传上》及《俺答列传中》中有关嘉靖二十八年（1549）至嘉靖三十一年的记载主要来自于《明世宗实录》和《俺答前志》。

其二十九年（1550）二月，上谷谍者言，虏已移壁威宁海子。已，又言虏欲寇朔州。於是，大司马言，虏寇独

---

① 达力扎布：《〈万历武功录〉有关卜赤汗记事浅析》."《俺管列传上》这段话及记述弘治十五年至正德十六年间事基本都是抄录《附北虏始末》。"载《明清蒙古史论稿》，北京：民族出版社，2003 年，第 173 页。

② 达力扎布：《〈万历武功录〉有关卜赤汗记事浅析》，《明清蒙古史论稿》，北京：民族出版社，2003 年，第 173 页。

③ ［美］塞瑞斯：《达延汗后裔世系表笺注》，《北方民族史与蒙古史译文集》，昆明：云南人民出版社，2003 年，第 753 页。

居威宁海子者最强，而云中、上谷尤虏所甘心焉。有如入朔州，则必冲白羊、横岭、紫荆、倒马诸关；有如入上谷，则必冲黄花、白马、古北诸隘，而蓟州、保定尤为当路，请严为边备。是时，辽东又言：虏欲寇海西、开原，而朵颜诸夷则请备白马关。如是，廷议备蓟镇，以为京师屏蔽，欲以河间军军密云，保定军军通州，皆听蓟州度调。诏可之。其五月，三卫数引北虏犯广宁、辽阳，睥睨白马关，益逼黄花镇。是时，朵颜夷与小王子和亲。大司马条对十事，语在奏疏。其六月，虏数万骑攻云中当路塞，为三覆待我师。大帅张达易而不戒，直前击之。虏大至，达战死。副帅林椿出援，亦歼焉。事闻，逮郭宗皋等，罚治有差。起咸宁侯仇鸾帅大同。其闰六月，虏犯河防口。先是，猛可犯马兰谷、鲇鱼石。台御史王汝孝奏，先后斩首一百二十一级。大司马覆汝孝奏：但盛称功伐，而不及失事将领之罪。宜命御史核实以闻。报可。是役也，汝孝愤朵颜诸夷索赏无厌，尝出边扑杀之。诸夷以此蓄宿怨，数入边，虽再失利遁出，然后通东北大虏至，亡状。呜呼，实祸所从矣。其七月，俺答、脱脱、辛爱等自威宁移壁断头山，调众十余万，谋深入关南、宣、大。①

以上来自于《明世宗实录》。②而六月中的有关记载来源于《俺答前志》。③

（嘉靖二十九年二月甲辰）宣府谍报：虏移帐驻威宁海子。已而，复报虏欲寇朔州。兵部言：诸边虏寇独驻威宁海子者最强，而宣大二镇尤虏垂涎之地。若欲寇朔州，则必冲白羊、横岭、紫荆、倒马等关；若寇宣府则冲黄花、

---

① 瞿九思：《万历武功录》卷7《俺答列传上》，北京：中华书局影印本，1962年，第678页。
② 《明世宗实录》卷357、360、361、362、362，嘉靖二十九年二月甲辰条、五月壬午条、六月戊午条、七月己亥条、七月戊申条。
③ ［明］冯时可：《冯元成文集·俺答前志》。见［明］陈子龙等辑《明经世文编》，北京：中华书局影印本，1962年，第4743页。

白马、古北等隘，而蓟州、保定尤为要区，请敕督抚诸臣严责诸路将领，厉兵防御，仍选京营听征士马，三部待警启行。从之。时虏报日闻，辽东谍者复称，虏欲寇海西、开原，而朵颜诸夷又请备白马关。各相传不一。部复言：诸边各守信地以捍，虏入乃将帅事。今日庙谟所当先定者，惟当急备蓟镇，为京师屏蔽。请发河间兵一枝驻密云，保定兵一枝驻通州，俱听蓟州抚镇节制。

（嘉靖二十九年五月壬午）朵颜三卫数引北虏犯广宁、辽阳，睥睨白马关，逼黄花镇。于是兵部条上十事……而朵颜诸夷阴与小王子和亲，其情叵测。

《俺答前志》记：

"庚戌六月，虏数万骑攻云中当路，分为三覆以待我师。张达易而不戒，直前击之，虏大至，达战死，副帅林椿出援，亦歼焉。事闻，逮宗皋等罚治有差，起咸宁侯仇鸾帅大同。"

《明世宗实录》也有关于此事的记载，较之《俺答前志》更加详细。

（嘉靖二十九年七月己亥）顺天巡抚都御史王汝孝奏：五月中，蓟镇边外夷酋猛可等犯马兰谷、鲇鱼石等处，闰六月中又犯河坊口等处，官军前后斩首共一百二十一级，乞褒赏有功官军及优恤死事者。兵部覆汝孝疏：但盛称功伐，而不及失事将领之罪。宜命巡按御史核实以闻。报可。是举也，汝孝愤朵颜三卫诸夷索赏无厌，尝出境扑杀之，诸夷以此蓄怨，数入盗边。虽再失利去，然后遂通迤北大虏。至八月中由古北口溃防而入，盖诸夷为之乡导云。

（嘉靖二十九年七月戊申）虏酋俺答、脱脱、辛爱等自威宁移驻断头山，并调集套虏聚众十余万，谋深入关南、宣大。守臣以闻。

这段记载上所存在的最大问题是瞿氏在抄撮过程中使用了模糊的时间概念，在嘉靖二十八、二十九年已经用明确干支方法标示日期的情况下，把《明世宗实录》中的几日内发生的事件混同在一日内记述。

此后的嘉靖三十二年（1553）到隆庆四年（1570）十月俺答之孙把汉那吉来降期间的记载则仍来源于以上所有文献。

  其明年（1567），庄皇帝（明穆宗）即位矣……其九月，赵全说俺答曰："蓟台垣固，所征卒常选，攻之倅未易入。晋中兵弱，亭障希，石隰间多肥羊良铁，可致也。彼藉宣、云为救，卒来千里，人马俱罢，我以全制其敝，必得所欲。"俺答乃移壁黑石崖，声欲寇铁锅、白羊之间。已，分六万骑四道并入井坪、入朔州、入老营、入偏关，卒皆悍勇，边军遇之披靡。老营副帅田世威婴城自守，游击方振出战，中大创，败。复入壁。虏众十余万遂从山西偏头关、老营、红门、青阳卯入。督臣王之诰闻变，率游兵六千骑，倍日并行。于是，雁门、云中、延绥骑二万亦至，皆相望不敢前。顷之，虏直捣五寨、三岔、岢岚、临梁诸郡。已，从罗汉洞、东岭溃墙入永平。而给谏孙枝、张齐皆后先上书，大略以为：虏或屯结一时，未有久如今日者；或聚党一路，亦未有东西合营如今日者。是时，虏已入（岢）岚乎。岚去边三百里，负山，道阻峡，诸将莫敢据险纵兵。虏遂长驱，无复狼顾。而又会黄台吉窥上谷，土蛮逼滦河，羽书告急。诏王之诰还怀来，护陵寝。朝廷征卒尽力东捍，不暇及西矣。其十一日，虏至石州营城北，使骑至城下曰："吾以牛之虻视平阳，而蚍蜉视尔城也。而（尔）必我贿，我毋破而（尔）城。不则，我以祸平阳者，祸而（尔）城矣。"其十三日，虏围城，飞矢雨集，晬晬。州守王亮喻（谕）富民以赀啖虏。有反唇者，亮忿下城，众逐贼，不能止，虏拥入，亮被祸，男女死者数万。帅申维岳驻大武店，去城四十里，使人候贼，尾之而已。先是，驿骑书至，发卒二万往援。后度弗及，乃以便宜罢师。顷之，虏分犯文水、交城、平阳、介休，遣间入汾内应，参政使宋岳禽（擒）之，焚其伪书，以安众。虏攻汾凡八昼夜，皆不利，引去。是月，俺答论张彦文导引功，转为大酋长，而以千余人属之。①

此与《俺答后志》所记相差无几。其原文如下：

先帝元年九月，赵全说俺答曰："蓟门台垣甚固，所征卒常选，攻之倅未易入。而晋中兵弱，亭障希，石、隰间多肥羊、良铁，可致也。彼藉宣、云为救，而宣、云卒来千里，人马俱罢，我以全制其敝，必多所欲矣。"俺答乃分六万骑四道并入，入井坪、入朔州、入老营、入偏关，卒皆悍勇，边军遇之无不披靡。老营副帅田世威婴城自守，游击方振出战，中大创，败。复入壁。贼遂南下。督臣王之诰闻变，率游兵千骑倍日并行抵燕门，而云中、延绥骑二万亦至，皆相望。前八日，直至岚县。岚，负山，道阻狭，诸将莫敢据险纵兵，贼遂长驱而入。会黄酋窥上谷，土蛮逼滦河，羽书告急。诏王之诰还怀来，护陵寝。朝廷征卒尽力东捍，不暇及西矣。十一日，虏至石州，营城北，使骑至城下曰："吾以牛之虻视平阳，而虮虱视尔城也。尔必我贿，我毋尔破。否则移其祸平阳者，祸尔城矣。"城上士皆无人色，惴惴莫敢应。十三日，贼围城，飞矢雨集，晡晚。州守王亮召富民，喻（谕）令以赀啖贼，有反唇者，亮怂下城，众遂散，不能止。贼拥入，亮被害，男女死者数万。帅申维岳驻大武店，去城四十里，使人候贼，尾之而已。报至，发卒二万往援，度弗及，则以便宜罢师。贼分犯文水、交城、平阳、介休，遣间入汾内应，参政宋岳擒之，焚其伪书以安众。贼攻汾八昼夜，不利，引去。②

接下来是《赵全谳牍》。《俺答列传中》：

其四十年（1561）十一月，张彦文从云中帅刘汉驰平虏汤西河，遂弃旗鼓亡抵俺答营，易夷名曰"羊忽厂"，以

---

① 瞿九思：《万历武功录》卷7《俺答列传中》，北京：中华书局影印本，1962年，第719－720页。

② [明]冯时可：《冯元成文集·俺答后志》。载[明]陈子龙等辑《明经世文编》，北京：中华书局影印本，1962年，第4751页。

曩时鬻陈（阵）功，转为酋长。先是，老营将军李应禄兵刘四，又名天麒，怨应禄严，又渔猎饩稟（廩），欲亡，遂与陈世贤、王麒谋杀禄，即携其家室一百三十余人从羊角山亡抵俺答，亦易夷名曰"刘参将"。于是，偕全与李自馨、赵龙、王廷辅导引虏骑万余，从左卫黑龙王墩入，破云阳诸堡凡五十余座，杀略一千六百余人，略马牛羊凡七千八百余头。俺答即以所略及汉亡命二千余人属四，四亟使汉人筑土堡一座，可二里，有马牛五千，糇粮五千余石。是月，丘富亦引虏寇榆坡，不克，中流矢死。

其四十二年（1563）十月，全与李自馨、赵龙、王廷辅、张彦文、刘天麒引俺答、黄台吉十万余骑，从墙子岭入通州、顺义、平谷诸郡，杀略马、牛、羊亡算。京师震惊。已，谋攻天寿诸山陵，见宿卫严，转所卤（掳）略，得快其欲而去。已，越我都城，直走路河。既还，俺答大喜，乃封全官为把都儿哈，而以汉人万余属之。①

这段材料抄自《赵全谳牍》。其原文如下：

嘉庆（靖）四十年十一月内，张彦文跟随大同总兵刘汉前往平房、汤西河等处，与贼对敌，见得贼众，又因素日卖阵媚虏得计，恐事败露，又不合丢弃弓矢出边，投入俺答部下，起夷名羊忽厂。虏酋因伊先年卖阵，升为头目，随营出战。嘉靖四十一年间，又见获陕西延安府府谷县民刘四郎即刘天麒，原投老营堡游击李应禄作为家丁。本年五月内，因李应禄剥削军粮及严行捆打，怨狠（恨），就不合谋为不义，倡率见（现）在虏营逆犯陈世贤、王麒等，各又不合听从，持刀杀伤李游击，各骑官马带领见（现）在虏营伊母贺氏、妻陈氏，并各人男妇一百三十余名口，于本月十三日由本堡丫角山出边，投入俺答部下，送发板升住种，及将刘天麒起名刘参将。本年九月二十九日，全

---

① 瞿九思：《万历武功录》卷7《俺答列传中》，北京：中华书局影印本，1962年，第717页。

与李自馨、张彦文、赵龙、王廷辅、刘天麒等各又不合导引俺答部贼一万余骑,由左卫黑龙王等墩进入……嘉靖四十二年十月内,全与李自馨、赵龙、王廷辅、张彦文、刘天麒各又不合导引俺答、黄、把各部达贼十万余骑,由墙子岭进入口抢掳,深入通州、顺义、平谷等县,抢杀牛羊骡马衣粮不计其数,以致畿辅震惊。全等各又不合谋为大逆,仍要诱引各夷谋犯天寿山陵,当被官军阻截。各贼满载回营,俺答欢喜,将全封官把都儿哈,管领叛逆并召集被掳汉人一万余名口。①

两相对照,瞿氏将《赵全谳牍》稍稍变更了一下,把原文中的嘉靖四十一年的事情压缩到了上一年而已。但是这样的变更涉及的还是时间的准确性问题。薄音湖已指出过,《武功录》使用了《赵全谳牍》:"瞿九思《万历武功录》曾利用过这个材料(《赵全谳牍》)。"②

六、《赵全谳牍》、《俺答后志》、《通贡传》、《牧市答问》、《明穆宗实录》、方逢时《云中处降录》、刘绍恤《云中降虏传》、刘应箕《款塞始末》和《北狄顺义王俺答谢表》

以上是《俺答列传下》隆庆议和前后到隆庆六年期间相关史实的文献来源。其中焦竑《通贡传》和《牧市问答》在《武功录》中著者以"自注"形式已经标示出来。③

其十月,俺答乍失那吉,心私念之,哭泣,目尽肿。一克哈屯又朝夕请:"黑台吉,非君少子耶?所遗孤幸长,奈何以淫逆杀之?"俺答愧,乃遣黄台吉九(纠)合兀慎、摆腰入弘赐堡,直薄城索那吉,不可得,召赵全等计事。

---

① [明]《赵全谳牍》,载《四库全书存目丛书补编》,第93册,济南:齐鲁书社,2001年,第11页。
② 薄音湖、王雄点校:《明代蒙古汉籍史料汇编》,呼和浩特:内蒙古大学出版社,2000年,第108页。
③ 瞿九思:《万历武功录》卷7《俺答列传中》有自注:"《通贡传》及《牧市问》",北京:中华书局影印本,1962年,第657页。

全曰："欲得那吉，须厚贿赎之。不则，必胁以兵。试发万人临城，中国将卒必悉出战。吾因据其城而索之，亦一快也！"俺答深然之。居四、五日，率众万余入云中，直走上谷，计欲捕一偏将军，而与汉请易。时冬寒，草枯马饥，俺答众惮寇，指全等怨詈甚。于是，制置使移上谷，帅赵苛引兵带刀岭，逢虏战，败其前锋，而斩其骁虏之首，陆虏惮之，遂转兵从故道，至镇羌堡而出。自是，稍稍有内属意矣。因为营，营平虏外边，树杂色帜，白如茶（荼）、朱如火、玄如墨，伴以振耀我边吏，然后请把汉。边吏曰："寇深矣，其若之何？"逢时曰："彼幸索我急，此天所以赞（赞）我也。"乃遣使金国，赍传贴往，杀之。已，遣侯金往，又杀之。已，遣鲍崇德往。崇德故役胡中，与虏狎，遂让俺答："而（尔）欲得把汉急，胡乱乎？"俺答曰："以太师之灵，我何敢凭陵，不胜舐犊爱耳，愿移珍赎焉。"崇德曰："中国重译纳赆方输，错出谁利？是吾为若谋，可不费一缗。"俺答曰："唯使者命！"曰："而（尔）不欲得把汉则已，必欲得把汉，非以赵全、李自馨等生献见，莫可者。"先是，使者言把汉已部送长安。俺答故惶恐，计划无所复之。今闻崇德言，欢甚。即引兵却出塞，而遣使持番文诣崇古，请称臣奉职贡，祈那吉还。崇古要以执诸逃人为主划、为羽翼、爪牙者以来，庶得遣。大略如所划策。是时，相国［谓］俺答子辛爱颇怨答溺少妻幼子，欲谋答，汉可因以为间。崇古复遣崇德往，俺答曰："吾欲以牲赎那吉。"崇德因言："中国牛羊被野，财物腐朽，王府金币珠玉委积，无所用之，安用汝牛羊马？吾来，欲为若谋得孙耳！若不可不遣赵全等亟诣幕府请那吉。不然，旦夕断那吉首矣。"于是，俺答悔用赵全谋，仰天叹曰："始，吾欲降旗奔天朝请封，赵全等谓我有天分，数道（导）我兴兵，南北疲于战闘。今父子妻孥且不保，皆诸酋罪也，吾奈何爱诸酋头，而不以易一孙乎。若为我请太师，幸怜我北番爨无釜、衣无帛。既款之后，请得岁给我金缯

第三章 《万历武功录》蒙古部分史源文献的种类 **101**

及釜鬵以为生,我当以旧釜还汉。且微独是,我胡中人至亡赖,诚非假汉爵,必不奉约束。以太师之重,请皇帝陛下有如授我王封,剖符通使,得乐太平,圣制足矣。愿太师勿过疑。"于是别崇德,因使其部夷火力赤上书,请约麾骑避一舍。约已定,属黄台吉以万骑逼云中,永邵卜以五千骑走威远,张两腋进。逢时曰:"彼不闻约耳!"密取把汉矢,使使者授之,谕以旨。黄台吉手其矢泣曰:"阿弟故物,太师全我弟以安我父,大惠也!敢不受承大师之明德"。遣部夷随使入。逢时劳以糟醪,黄酋喜,出张家口。我上谷兵断其归路。房前部欲战,黄酋曰:"战则败约,我无辞于太师"。整兵而西,出拒门堡。顷之,崇德复驰房营,俺答微难我,欲先出把汉。我竟欲俺答先献所房获。

其十一月初五,献被房(掳)男妇八十余人。夷性最躁急,又寒馁,不倖得把汉,遂寇抄我云石堡。崇古亟令守备苑宗儒以嫡子苑国圉及其弟宗伟、宗伊质房营,易全等。俺答喜曰:"太帅诚语我,我背之不详。"其十九日,遣其党伍奴柱收捕故阳和人赵全、赵龙、山阴人李自馨、浑源人王廷辅、静乐人吕西川、后卫试百户张彦文、阳和军马老营刘四儿,皆面缚械系送大同左卫。是时,周元闻变,饮鸩死。元,故黄冈人也。而板升所为不可捕者,仅冯世周等七十余人。先是,吕老祖与其党李自馨、刘四等归俺答。而赵全又率渫恶民赵宗山、穆教清、张永宝、孙天福及张从库、王道儿者二十八人悉往从之,互相延引党众至数千,房割板升地家焉。①

此段是抄撮《赵全谳牍》、《俺答后志》、《款塞始末》、《云中处降录》、《云中降房传》和《通贡传》而成。先看《云中降房传》:

(十月五日,鲍崇德入房幕中)俺答曰:"吾何敢称兵?愿输不赀赎吾孙。"崇德曰:"中国富有四海,岂利尔牛羊

---

① 瞿九思:《万历武功录》卷8《俺答列传下》,北京:中华书局影印本,1962年,第728-731页。

财宝哉。吾为尔谋，不费一缗可以自赎矣。"俺答曰："唯使者命。"崇德曰："赵全等数十人皆中国亡赖，蒐之不啻土苴。汝板升为逋逃主萃渊薮，何裨于汝，殆贻汝后患，何执之以赎汝孙。"俺答故与诸逆相得甚欢，有难色，崇德曰："汝孙与华人亡赖者孰亲？我太师有言，当不负汝。"俺答曰："太师信有言，我何敢负太师？"遣其下火力赤、十六上书于公，公（指方逢时）谕之如所授崇德者云。俺答得公书，麾骑兵退一舍请约。属黄台吉以二万骑薄镇城，永邵卜以万余骑趋威远，为东西犄角之势。我使既至，永邵卜兵闻之，遂不进。黄台吉远，不及闻我盟约，丁未奄至镇城之东塘坡，时诸将悉已遣出，公计虏万一知我内虚，纵兵四掠，则负郭百里之内皆鱼肉矣。乘其初至，可计诱而退也。公知虏中以令箭为信，乃密取把汉令箭，募能胡语、谙虏情者二人，则龚喜、土忽智应募往。公授以箭而誓之曰："汝执箭入黄台吉营，第言把汉业已送京师授官。昨太师与俺答约，为之请，俺答如约，恐汝引兵入犯，以箭令汝，汝即出，毋沮约信。汝不即出，我太师大兵四集，何论把汉，即汝不知死所耳。"黄台吉手其箭泣曰："此吾弟故物也。我来非为寇，欲得把汉耳。太师既为之请，敬如约。"遣部下哑都善同喜等见公东城楼上，公面谕如前，犒以酒食，夜遣还之。黄台吉大喜，明日即敛兵东去矣，去且谓喜曰："吾心感太师，誓不复言抢掠，但取道宣府，出张家口归耳。"已而宣镇兵断虏归路，虏前部奋欲冲突夺路去，不已则战。黄酋曰："战则败信，我将无辞于太师。"整兵而西，辛亥自拒门堡去，秋毫无犯……甲寅，复遣崇德同虏使往约期，俺答难我，欲先得把汉乃献俘。崇德折之曰："中国竞尚信义，岂效此谲诈者之为乎？"俺答辞诎，遣其首领哥打儿汉、张彦文、铁不气、哑都善、火力赤等赍书谒公，公谕以大义曰："今日之事，是为汝谋，非利我中国也。我皇上以仁覆汝，将士体上意，不加以兵。汝若观望不决，唯有战耳。塞上旱甚，汝牛马日就疲毙，天命可知，尚欲以诗词缓我乎？"诸夷慑服。公命崇德同诸夷往，云石堡守备指挥苑宗儒以其子质之，俺答大喜曰："太师诚信待我，我负之不祥。"遣其党恰台吉、伍奴柱捕首恶赵全、李自馨、刘四、赵龙、吕老祖、吕老十、猛谷王、马西川执之，胁从悉令解散去。周元闻变，服毒药死。张彦文先已拘留阳和，板升窠穴为之一空，时十一月十九日也。①

与《武功录》的上述引文相比，两者内容上基本相同，但仔细分析，《武功录》并未完全以《云中降虏传》为底本，其语言特征与《俺答后志》是完全相同的，甚至其中史实的错误也被沿袭下来。

十月，俺答率数万骑军平虏边外，树杂色帜，白如荼、朱如火、玄如墨，欲以震耀我。诸帅曰："寇深矣，若之何？"逢时曰："非我深之，其谁咎？"遣使鲍崇德责酋何为称兵，俺答曰："以太师之灵，我何敢凭陵上国？但不胜舔犊爱耳。愿移珍赎焉。"崇德曰："中国重译纳赆，方输错出，其谁利？若珍吾为若谋，可不费一缗也。"俺答曰："唯使者命！"曰："赵全诸逆叛主而去，天下之恶一也。恶于中国而保于尔，不可，请受而甘心焉。"虏有难色。崇德曰："保仇而失亲，与恶而弃好，非谋也。"俺答喜，使其下火力赤上书请约，麇（麾）卒辟（避）一舍。约已定，属黄、永二酋各以万骑趋镇城。方逢时曰："彼不闻约耳。"密取把汉矢，使使授之，谕以旨。黄台吉手其矢泣曰："嗟乎，此我弟故物，太师若全我弟，以安我父，大惠也。我闻命矣，敢不承受太师之明德。"遣部夷随使入，而逢时劳以糒醪。黄酋喜，遂出张家口。宣镇兵断其归路，虏前部欲战。黄酋曰："战则败约，我何辞于太师"。整兵而西，出拒门堡。甲寅，鲍崇德复往虏营，俺答难我，欲先得把汉。逢时不可，令偏帅苑宗儒用其子为质。俺答喜曰："太

---

① ［明］刘绍恤：《云中降虏传》，《名臣宁攘要编》本，载《北京图书馆古籍珍本丛刊》，第11册，北京：书目文献出版社，1998年，第598－600页。

帅诚语（与）我，负德不详（祥）。"十一月十九日，遣其党伍奴柱收捕赵全、李自馨、刘四、吕老祖诸逆，牯以献。周元闻变服毒死。①

此为《俺答后志》，其内容与《云中降虏传》有重复的地方，与《武功录》的相似性极大。最典型的是黄台吉的语言，将其中人物关系的错误也照抄下来。

其他内容分别来自于《款塞始末》、《通贡传》和《云中降虏传》。

乃议得逆赵全等与相易。遣金国往，俺答杀之，遣侯金往，俺答又杀之，后巡抚部下鲍崇德者请往，乃遣之。崇德小字官保，旧役虏中，与虏最狎，是以毅然请往，遂定其事。②

是时，俺答既失那吉，心常私念。又一克哈屯朝夕泣，曰："黑台吉所遗孙幸赖长成，奈何以淫逆杀之！"俺答无以应，因召赵全等计事，全曰："欲得那吉，须厚贿赎之，否则必胁以兵。试发万人临城，中国将卒必悉出战，吾因据其城而索之可也。"俺答然其计。③

及俺达之来平鲁也，全为俺达计曰："把汉那吉既南降，求之必不易得，且示弱也。今惟悉集部落，分为三股，多备牛羊，更番迭进。为日既久，则他人马困疲，粮草耗竭，不待求而把汉可得矣。"其部众皆不欲，曰："如此举动，恐反为害。且三十年前无汉人，我亦无所亡失，今有汉人而亡失甚多，兵主子亦亡去，是为吾祸者汉人也。若将汉人与汉人易把汉，即两家安矣。"俺达入（如）全言，欲得其孙急，其妻一克哈屯时与呶啐，俺达乃调其子黄台

---

① ［明］冯时可：《冯元成文集·俺答后志》。载［明］陈子龙等辑《明经世文编》，北京：中华书局影印本，1962年，第4754页。
② ［明］刘应箕：《款塞始末》，《名臣宁攘要编》本，载《北京图书馆古籍珍本丛刊》，第11册，北京：书目文献出版社，1988年，第574页。
③ ［明］焦竑：《通贡传》，《国朝献征录》明万历刻本，载《四库全书存目丛书》，史部，第106册，济南：齐鲁书社，1995年，第733页。

第三章 《万历武功录》蒙古部分史源文献的种类

吉以二万骑入宏赐，薄镇城，永邵卜以万骑趋威远，而自以大营向平鲁。①

《俺答列传下》又记：

> 始，把汉出塞时，参将牛相子伯杰尾把汉后，驰虏营，部酋恰台吉因言："吾亦欲生献冯豪杰、张豪杰、杨天下、刘五等，若易我金缯，可乎？"归而与相谋，即偕苍头军敕八、敕腊台出紵丝五采，挑线草兽衣一称，青绿缎袄二称，缎二纯，镀银鞓带一根，送奉恰台吉，乃言俺答方得把汉，诵经谢天地，以打牲为禁，因与伯杰马、鞓带、小刀、解锥亦如之。迟我月余，来索人。自是之后，相数使使者结恰台吉为兄弟欢。恰台吉竟欲得千金，相弗能办。事觉，相等皆请论如法。②

此段材料来源于《明穆宗实录》隆庆五年四月辛亥条。

> 先是，把汉那吉自云石堡出，（牛）相子伯杰随至其营，闻酋首恰台吉将执叛人刘五等来献，乃还，白相，欲买以邀功。既而恰台吉至塞下索相千金，相不能应，计剥诸军粮银足之，诸军怨望，事遂觉，总督王崇古乃劾奏相及伯杰父子为奸利，并论伯杰弟、牛心山守备伯英、中军指挥徐世臣、云石堡守备苑宗儒匿情济恶等罪。

关于《北狄顺义王俺答谢表》的使用。《俺答列传下》记载了隆庆议和中最重要的一项内容，为蒙古部落酋长封授官职。

> 它悉以次除吏：都督同知则把都儿（即昆都力哈，俺答弟）、黄台吉（俺答长子）；指挥使则把汉那吉（俺答孙）；指挥同知则宾兔台吉、把林台吉（即野邓白吉）、不他失里（三娘子所生，皆俺答余男）、扯力克（即扯力更，俺答长孙，黄台吉长男）、青把都儿台吉（把都儿长男）、

---

① [明] 方逢时：《云中处降录》，载《四库未收书辑刊》，北京：北京出版社，2000年，第5辑，第19册，第786页。

② 瞿九思：《万历武功录》卷8《俺答列传下》，北京：中华书局影印本，1962年，第733页。

白洪大（黄台吉子）、［永］邵卜大成台吉、秃（委）兀儿慎着力兔台吉（俺答侄）、哆啰土蛮把都儿黄台吉、哈喇慎着力兔把都儿台吉（即打喇名哑台吉）；指挥佥事则那木儿台吉、波儿哈都台吉、把都儿台吉、台失哈不害、孙木儿哈不害，哈木儿呵（阿）不害（皆黄台吉男）、把都儿台吉（俺答第二子摆腰男）、阿不害（俺答第六子打郎台吉男）、那那台吉（俺答伯叔弟）、哈不慎（即来三元［兀］儿台吉）、满五索台吉、满五大台吉（皆把都子）、满克寨台吉、旭胡美台吉（皆俺答伯叔弟）、麦力艮台吉、差［着］力兔台吉、克臭台吉、克邓台吉（皆俺答伯叔侄）、合罗气把都儿台吉（永郡卜大成台吉弟）；正千户则阿力哥打儿汉台吉（俺答侄兀慎男）、来赛台吉、来洪大台吉（青把都儿台吉子）、大成台吉、大安台吉、阿拜（恰［哈］不慎台吉子）、薛的个台吉、蛮根儿台吉、不腊杜台吉（满五索台吉子）、白慎台吉、插汉敖不慎台吉、哈不慎台吉（皆把都儿侄）、隐克台吉（即安克阿不害）、挨肆台吉（即挨肆阿不害）、挨着兔台吉（皆永邵卜大成台吉子）、挨落台吉（为大台吉子）、阿不害（着力兔台吉男）、委敬阿拜（哆罗土蛮把都儿黄台吉之子）；副千户则阿拜台吉（克臭男）、阿不害（满克赛兄抽吃把都儿台吉）、恶不慎台吉、八耳谷台吉（大成已故都腊儿子）、唐伍台吉（哈罗气男）、阿不害（俺答伯叔弟楮叱把都儿台吉男）、五奴谷把都儿台吉、薛的哥台吉、银定把都儿台吉、吃慎把都儿台吉、独腊儿台吉、满根大台吉（皆把都儿昆都力哈侄）；百户则恰台吉、打儿汉凡六十五人，皆有敕。①

这段文字来源于《北狄顺义王俺答谢表》，虽与《谢表》本身有一定的差距，即每位酋长后都注释了他们与几大首领间的关系，但从其次序看，其使用的最原始的材料是《谢表》。而且，《谢表》

---

① 瞿九思：《万历武功录》卷8《俺答列传下》，北京：中华书局影印本，1962年，第751页。

本身就已经经过明朝官员整理过的。可以肯定的是，俺答的上表顺序是按部落，明廷官员改动后是按官职的大小高低排列的。瞿九思在使用本材料时已经被明朝官员加上注释了。

《谢表》原文如下：

都督同知臣把都儿、臣黄台吉；指挥使臣把汉那吉；指挥同知臣宾兔台吉、臣把林台吉、臣不他失里、臣扯礼克、臣青把都儿台吉、臣白洪大、臣永邵卜大成台吉、臣委兀儿慎着力兔台吉、臣多罗土蛮把都儿黄台吉、臣哈剌慎着力兔把都儿台吉；指挥佥事臣那木儿台吉、臣波儿哈都台吉、臣把都儿台吉、臣台失哈不害、臣孙木儿哈不害、臣哈木阿不害、臣把都儿台吉、臣阿不害、臣那那台吉、臣哈不慎、臣满五索台吉、臣满五大台吉、臣满克赛台吉、臣旭胡弄台吉、臣麦力艮台吉、臣着力兔台吉、臣克邓台吉、臣合罗气把都儿台吉；正千户臣打儿汉台吉、臣来赛台吉、臣来洪大台吉、臣大成台吉、臣大安台吉、臣阿拜、臣薛的哥台吉、臣蛮根儿台吉、臣不腊社（杜）台吉、臣白赖台吉、臣插汉敖不艮台吉、臣哈不慎台吉、臣引克台吉、臣挨四台吉、臣挨着兔台吉、臣挨落台吉、臣阿不害、臣委敬阿拜；副千户臣阿拜台吉、臣阿不害、臣恶不慎台吉、臣八耳谷台吉、臣唐五台吉、臣阿不害、臣五奴谷把都儿台吉、臣薛的哥台吉、臣银定把都儿台吉、臣吃慎把都儿台吉、臣独腊儿台吉、臣满根大台吉；百户臣恰台吉、臣打儿汉。①

七、萧大亨的《夷俗记》即《北虏风俗·北虏世系》、郭造卿《卢龙塞略》

《武功录》中蒙古史事部分的各位首领传记后都叙述了他的儿子数字和名字。这些应来源于萧大亨的《夷俗记》、佚名《北虏世系》和郭造卿的《卢龙塞略》。首先，《武功录》中俺答汗的子嗣情况与

---

① ［明］佚名：《北狄顺义王俺答谢表》，《玄览堂丛书》本，第1册，第9页。

萧大亨的《北虏风俗·北虏世系》中所记载的情况是一致的。稍有差异的是俺答第六子的名字，萧大亨记为哥力各台吉，《武功录》中记为打郎台吉，这是有原因的。瞿氏在使用《顺义王俺答谢表》时已经注意到打郎台吉为俺答第六子，在此处将哥力各改换成打郎台吉是合乎情理的。

《武功录》所记黄台吉的子嗣情况不知其来源为何种材料。"黄台吉，妻五，妾一，子十七，女四"。王鸣鹤的《登坛必究》、① 王士琦的《三云筹俎考》、② 萧大亨的《北虏世系》等都记黄台吉子十四，三文均不记黄台吉的妻妾、女儿情况。所以，瞿氏关于"北虏"的世系方面应当还有其他的史源文献。此文献今已不存。

关于朵颜卫革兰台诸子的排序，瞿氏使用的是郭造卿的《卢龙塞略》。"董狐狸，又名董忽力，革兰台第五子也。兀鲁思罕，革兰台第六子也。长秃，革兰台第八子也"。这些与《卢龙塞略》所记是完全符合的。

八、周毓阳《全辽图》

《武功录》和《辽夷略》有一些内容相同。下举两者重合的例证。

例证1："使夷使莽惠来告，以为'安滩故阿蛮部夷，今乃得王封，佩金印大如斗，它岂不汉子，而土蛮老婆乎'？"③

"土蛮倔强自负，为俺答先入贡封王爵，意独恋恋，挟之以兵二十年，恐喝塞上，竟不可得，老而厌兵，死矣，犹怏怏曰：'它岂不汉子，而土蛮老婆乎'？"④

例证2："脑毛大始亦蓟门抚夷也，以寇辽故，自婴大罪不可

---

① [明] 王鸣鹤：《登坛必究》，载《四库禁毁书丛刊》，子部，第35册，北京：北京出版社，2000年，第123页。
② [明] 王士琦：《三云筹俎考》，载《国立北平图书馆善本丛书》，第一集影印明万历刻本，卷2《封贡考》，上海：商务印书馆，1937年，第25页。
③ 瞿九思：《万历武功录》卷10《土蛮列传》，北京：中华书局影印本，1962年，第928页。
④ [明] 张鼐：《辽夷略》，载《四库禁毁书丛刊》，集部，第105册，北京：北京出版社，2000年，第606页。

赦，每至广宁关下，自张家口市夷，竟无复与请者。"①

"脑毛大始为蓟门抚夷，后以寇辽故，挟市广宁关下，辽人竟弗许。"②按：脑毛大是博迪汗之弟也密力台吉的孙子，挨大比失（即矮塔必）之子，又名那木大黄台吉，是察哈尔部落黄金家族成员，非属夷。

例证3："是时，大父魁猛磕惑内罗言，常入我刺梨山，杀边吏王相，甚至卤（掳）掠人动以三四千数。自是之后，花当之属皆与虎喇哈赤并勃勃著名塞上矣。延引至速把亥世，益慓悍……（速把亥）生四男，长卜言兔，又名柏彦务；次卜言把都儿，又名把兔儿，次卜谷，次勺里兔，又名召里兔。始速把亥伏欧刀死，尚披戴盔甲臂手，汉使降夷长汉往验级，级大如斗也。"③

"虎喇哈赤之先大父魁猛磕嘉靖中尝入我刺梨山，至速把亥益剽悍，扰边上无虚岁。后以入寇镇夷堡，为参将李平胡射死，斩其级，死时尚披戴盔甲臂手，级大如斗也。速把亥有三子，长卜言兔，无子；次卜言顾，有三子；其三男把兔儿有七子马（焉）……卜言兔一名柏彦务，胡人名多讹音也。"④还有一些，不一一列举。

以上三段材料从语言特点、史实正误的吻合程度、史实内容及叙述语气上都有极大的相似性，故《武功录》和《辽夷略》的重合性较大。前者成书于万历四十年（1612），后者则为天启元年（1621）撰次。两者相差九年，《武功录》在前，故不存在《武功录》抄袭《辽夷略》的可能。和田清由此断定是《辽夷略》抄袭了《武功录》。"《辽夷略》关于这事显然是取材于《万历武功录》的"。⑤那么，关键是《武功录》又取材于何书呢？实际上，和田清

---

① 瞿九思：《万历武功录》卷10《脑毛大列传》，北京：中华书局影印本，1962年，第990页。

② [明]张鼐：《辽夷略》，载《四库禁毁书丛刊》，集部，第105册，北京：北京出版社，2000年，第606页。

③ 瞿九思：《万历武功录》卷12《速把亥列传》，北京：中华书局影印本，1962年，第1050、1077页。

④ [明]张鼐：《辽夷略》，载《四库禁毁书丛刊》，集部，第105册，北京：北京出版社，2000年，第608页。

⑤ [日]和田清：《明代蒙古史论集》，北京：商务印书馆，1984年，第493页。

的结论未免过于武断，他似乎没有考虑到还有另外一种可能，就是两者有着共同的史源文献。《辽夷略》的作者说："余自庚申十一月归途撰次《辽夷略》，记其种落住牧及市赏诸处，盖得之周中丞毓阳《全辽图》底本中，颇详而核。"①而且笔者觉得这种可能性更大。《武功录》东三边记述了蒙古左翼三万户、朵颜三卫及女真各部诸多首领的事迹，同样是以万历年间的史实为主，但其中涉及万历以前历史的内容也很多。万历前成书的记述东部蒙古历史的汉籍资料不多，就笔者目前所掌握的材料看，马文升的《抚安东夷记》、杨守谦的《大宁考》和严从简的《殊域周咨录》都不是这方面的史源文献。② 瞿九思在撰写东三边时到底依据了哪些文献？目前仍然是个谜团。而周毓阳的《全辽图》是我们现在知道描写辽东各部落住牧及市赏情况的唯一的一部书籍。所以，《武功录》取材于《全辽图》的可能性是极大的。

需要说明的一点，是瞿氏在使用以上文献时有时也进行了一些修改。有的改动较大，有的改动几个字，有的只是顺序、位置的调整等。修改的效果如何？这要看具体情况。如前所述，《附北虏始末》和《皇明北虏考》都是瞿氏在撰写《武功录》有关明朝嘉靖以前历史时使用的史源文献。将《附北虏始末》、《皇明北虏考》和《武功录》相对比，笔者发现瞿九思在使用两部著作的过程中有些修改是成功的。如，从洪武年间到永乐七年的记事基本上是录自《附北虏始末》的，但到永乐八年瞿九思改用了高岱的《鸿猷录》。原因是什么？永乐八年、九年记述了永乐皇帝的出征。

> 其明年（永乐八年，1410）七月，遣淇国公（丘）福将五将军出塞击之。尚书夏原吉议，以为师出塞，远，饷难，请用武刚车三万辆，大率转饷二十万石，踵军行十日，请筑一城贮之。又十日，筑城亦如之。上曰："善。"于是

---

① ［明］张鼐:《辽夷略》，载《四库禁毁书丛刊》，集部，第105册，北京：北京出版社，2000年，第599页。
② 据薄音湖、王雄点校:《明代蒙古汉籍史料汇编》第一、二辑，潘喆、孙方明、李鸿彬编:《清入关前史料选辑》（北京：中国人民大学出版社1984年），谢国桢:《增订晚明史籍考》搜索，没有发现与《武功录》相符合的史源文献。

名所筑城曰"杀胡"、曰"平胡"。居顷之,果败阿鲁台诸将,丘福等于胪朐河。其明年三月,上亲勒兵十万,发京师,大阅于鸣銮镇。出塞,至清水原,地碱卤,水泉不可食。军苦渴,上默祷而泉沛出,赐名神应泉。其四月,次滦海。其五月,至斡滩(斡难)河。斡滩(斡难)河者,元太祖始兴地也。本雅失里率众战,大败,遂引去。是时,阿鲁台请降……(上)不许平,大破于静虏镇,勒石玄石坡禽胡山清泉流而还。先是,士饥,上以大官所储给三军,军食,已乃食次开平,张宴,大酺将士,士酺已,乃肉食。其亲爱士卒类如此。居岁余,瓦剌马哈木杀本雅失里,立答里巴。①

《鸿猷录》的记载比《武功录》要详细一些,但内容上大体是相同的。② 为什么瞿氏不再继续使用《附北虏始末》了呢? 我们看《附北虏始末》的记载:"八年七月,讨本雅失里、阿鲁台,诸将丘福等败没。八月,上亲征,破本雅失里于斡滩(斡难)河,又破阿鲁台。九月,阿鲁台归款。"其中时间上的错误十分明显,瞿氏发现了曹汝为的错误,因此改用了《鸿猷录》。这是他善择材料的结果。在抄撮过程中出现的一些讹误,如永乐八年(1410)丘福北征,全军覆没于漠北,《武功录》记"居顷之,果败阿鲁台诸将,丘福等于胪朐河。"这样明显的、低级的错误应该不是著者有意造成的,大概属于无心之失,因为所使用的史源文献中并无这样的记载,应该是在《武功录》搜集材料、传抄或刊刻时出现的。或者根本就是笔误。

但也有一些修改是失败的。瞿九思在地名上的改动、对多种材料的综合、缩编过程中经常会出错,"改地名大同为云中,宣府为上谷,肃州为酒泉等,其实这些汉代地名与明代地名所指地理范围不同,或有很大差异"。还有一些是引用他人著作过程中出现的错误,"瞿九思文中既说前来大同的是'北虏'吉囊等右翼部落,又说

---

① 瞿九思:《万历武功录》卷7《俺答列传》,北京:中华书局影印本,1962年,第643页。

② [明]高岱:《鸿猷录》,《纪录汇编》本,第74册,第22-25页。

'其后，小王子果勒兵塞下'。其实这是把《俺答前志》等晚出史书中随意更改的记述与稍早的记载重复拼凑的结果，瞿九思文中出边勾'虏'的有杨钺、邢通事、阚钺三人，这是把几种传说并在了一起"。这些失败的修改也成为《武功录》讹误的一个组成部分。总而言之，"《万历武功录》对万历以前蒙古史的记载多抄撮前人著述和边吏有关'北虏'声息的传报，常常把不同时期的史料拼凑在一起，随意改编，以至出现讹误。收录甚至编造了很多有关小王子的传闻，但多不可靠。因此在使用《万历武功录》有关记载时需慎重，应勘对其引用原书"。①

在万历以前内容的撰写中，瞿九思的撰写原则是：简洁，故事完整，叙述流畅。因为万历前的内容是根据某些传记个体的需要而设定的，不是每传必有的内容，在比例上所占份额不大，不是瞿氏撰写的重点。所以，这部分是瞿氏抄撮正史、野史、志书、实录、传记及地方事宜、当路条约等材料而成，从某种程度上说，这部分的史料价值不大，使用起来也不安全和方便。但是，这并不等于这部分完全没有什么意义，相反的，《武功录》中使用的很多材料在后来历史发展中已经失传，故而，《武功录》中这部分内容仍然具有保存史料之功。

第二节 万历年间史料的来源

一、奏疏

瞿九思在《武功录》自序中已经指明奏议是其撰书的主要史源文献。但如何确定《武功录》中哪些材料是奏疏？这可分为两个方面。

奏疏形式上的标识。书中很多奏议，著者在传文中已经明确地予以指出，如用"语在奏疏"，或者是以"某某上书劾……"，或者

---

① 达力扎布：《〈万历武功录〉有关卜赤汗记事浅析》，载《明清蒙古史论稿》，北京：民族出版社，2003年，第174、180、186页。

第三章 《万历武功录》蒙古部分史源文献的种类 113

是"某某请于上"等语言标示出来。如《宣大镇》："御史孙琮、刘良弼、刘尧卿、给谏（给事中）张书皆先后上书，陈大计。语在奏疏。""参将麻承诏告于总戎李迎恩、副总戎张元，于是偕守巡使宁化龙、陈于阶以请也。而御史连标乃以其事属同知毛似荀、通判任国相、县令赵尔守具得其状，因上书劾褫将马一龙、杨谕、李天爵、李宽、李迎恩、黄明臣，已，劾大司马王一鹗"。《宁夏镇》："御史蒋春芳上书陈三事，事多不载。""御史刘芳誉以星变，陈兵食大计"。"给谏乔胤复以书奏，甚恳切，语在奏疏"。但是，有些出自《明世宗实录》和《明穆宗实录》中的资料，瞿氏也可能标示是"语在奏疏"。这是极个别的现象，可能是因为瞿氏的确得到了奏疏原文吧。

　　奏疏内容的标识。还有一种情况，著者并未指出他所使用的资料来源及种类，但追溯史源可以发现著者使用的是奏疏。

　　例如：在《宣大镇·史二官、车达鸡列传》的开始，著者介绍了史"夷"和车"夷"出边的情况："居无何，黄台吉比妓益思其父哈不当，乃单骑至密云边迎谒父，父与阿卜者汉偕往也。而车夷革固、烧花奈等亦惑于比妓言，遂引众去，动以百数。顷，比妓复使酋长肯吉布恰、哑石害、首领哥躬率所部剌八他不囊等二百余骑驰瓦房沟，西至水克，卤（掳）获车夷哈计、哈班瞎、擦哈赖、卜肯及秃厮个兔、事胡累去矣……台御史于是叹曰：'车夷以穷困故来归我，我不早自为若地，若宁不掉臂去耶？'于是请筑堡三座以安之。"根据上下文推断，台御史即巡抚宣大都御史为吴兑，此当为吴兑奏疏。那么，吴兑奏疏是否存在，用什么证明这一点呢？杨博的《覆巡抚宣府都御史吴兑等计处安插史、车二营属夷疏》中间接引用了吴兑的奏疏，证明了此事。"看得巡抚宣府都御史吴兑题称黄台吉下比妓诱哄车夷账房三十余顶往东密云边外去讫，随差通夜前往黄台吉账房责问，回称番文：容白往东边夷妇账房内审查。乞要将见留史、车诸夷于近边开旷处所另筑小堡二三座安插，永树藩篱"。①

---

　　① 杨博：《覆巡抚宣府都御史吴兑等计处安插史、车二营属夷疏》，载《明经世文编》，北京：中华书局影印本，1962年，第2938页。

所以,《武功录》此处引用的是吴兑奏疏。

再如,《哱拜、哱承恩列传》载,万历二十年(1592)"后四月初五日,恩及旸以步军推火车、火炮为营而待。李昫冲锋,夺获火车一百辆,追亡逐北至湖中,贼赴水溺死者一千余人。是时,苍头军高盖等三人疾力扑入城,剑斩数人,而会游击俞尚德兵逗留不进,贼竟斩高盖"。这段材料在文中并没有指明其来源,经查证发现其来源于魏学曾的奏疏。"总督尚书魏学曾奏:官兵大丁(力)战,贼败,入城。勇高盖等三名乘胜扑入,杀贼颇多。后兵不继,竟死于贼。乞先行恤录以劝来者"。① 同时,可以发现瞿九思在引用魏学曾的奏疏时对原文做了细微的改动。原文"杀贼颇多"被改为"剑斩数人",更符合情理。

奏疏作者。凡是与万历期间蒙古争战有关的各种奏议均在使用范围内。这些奏疏的作者或者是明朝政府的各级官员,其中在地方上任督抚大员的占了绝大多数;也有御史、各部尚书、各科给事中官员、内阁成员及朝廷其他高官;或者是政府机构,如六部衙门等。其中都督、巡抚都御史、巡按御史的奏疏占多数,它们大多为第一手资料。这一点与《明实录》有区别。《明实录》中许多奏疏以朝廷大臣的奏疏为主,督抚奏疏都是经六部批注后的奏疏;在六部批注后这些奏疏或为梗概,或被更改,失去了奏疏的风貌。所以相对而言,《武功录》中使用的奏折在内容上基本保持着原貌。虽然许多奏折是在文中穿插使用的,其奏折原文的内容所占比例仍然较大。这些奏议大多不存,个人文集中或还有一部分,但也是有过加工的。

奏折的使用程度:按照与所叙述事件关系的大小处理奏疏的使用。有的奏疏是全文引用,基本上没有改动;有的是部分引用,有的是简单提到等。部分引用的情况占多数。

二、诏书

《武功录》中使用诏书数量也很大,仅次于奏疏。诏书无疑是皇帝发布的,其作者主要是明朝的神宗皇帝。因为瞿九思在撰述中还

---

① 《明神宗实录》卷248,万历二十年五月丁卯条。

使用了《明世宗实录》和《明穆宗实录》，所以万历前史事的记载也使用了世宗和穆宗皇帝的诏书。从时间范围上讲，《武功录》中的诏书绝大部分是万历二十五年（1597）前，有些上延到嘉靖和隆庆年间。使用程度大多是局部引用，很多是引用了奏疏之后，在后面加上"诏从之"。有一个特点是，《武功录》中有些诏书，其详细程度远远胜过《明实录》。比如，在每次大战告捷后的奖赏诏书，《武功录》比《明实录》要全面的多。种类：封赏有功战将；赏赐属夷或悬赏诏书；督军作战；答复六部的复议等等。

三、塘报

塘报是战争发生时前方将领用来快速汇报战争发展态势的紧急文书。一般情况下，塘报首先上达督抚大员，然后由督抚大员根据塘报内容撰写奏疏，再转送京师各部。有的塘报是直接上达六部的。相比较而言，塘报是最原始的材料。但同样，其准确性也存在问题。因为有些塘报本身就是军官们捏造出来，冒功请赏的；或者是推断错误的。这样的塘报有的遭到弹劾，被揭露出来；有的仍然保持着秘密状态。同奏疏一样，在使用时也要进行甄别。

四、公文（六部政令）

还有的是六部的公文，像兵部、户部、礼部、刑部、工部、吏部等发出的公文以及对各级官员奏疏的批复。兵部的将领任命、户部的军饷供应、礼部的贡使接待、工部的边防工程、吏部的人员更换、刑部的惩罚官员、将领等公文命令，凡和九边边情相关的内容都在取材范畴。

五、邸抄

邸抄是我国古代官府传知朝政的文书抄本和政治情报。其底本就是奏疏、诏令和塘报，也有社会上的言论。本书之所以将邸抄单独列出，原因是瞿九思十分重视邸抄。他曾说："世儒能博古而不能通今，一时朝报固它日之旧章也，见辄抄而藏之，其最计者，则北虏黄河，纚纚不下千万言。"① 他在《武功录》中使用了很多邸抄，有许多地方直接注明是"语在邸抄"。如，"是后，给谏张希皋、侯先春亦上边计至悉，语在邸状"。② 况且许多奏疏和诏令已经无法找到原文，在这种情况下，在邸抄中出现的全文，或者是摘录或梗概都显得十分宝贵，同第一手资料的价值应该是等同的。"兵书石星论宁夏乱，卒猖獗，谓黄河大坝之水，比宁夏西塔顶高数丈，若决填灌城，贼可立厄。"③ "宁夏监军御史梅国桢奏报军情……宁夏西南，又唐渠，东为红花渠，登堤一望，城如釜底，惟北面底洼，原以出水，已募民夫将北堤筑断，贼在釜中。一决大坝，即可淹没。"④ 当然邸抄也有错误的地方。"虏前（酉）扯力克渡河，住收（牧）莽剌、捏工川"。⑤ 扯力克是不可能同时住牧莽剌、捏工二川的，实际上扯力克住牧在哪里呢？"居无何，火落赤以轻骑渡河，迎扯酋。扯酋欲莽剌川，乃为火落赤所左，竟引扯酋之众万余，并驰捏工川，以搜诸番族"。⑥ "洮州失事系火落赤作歹，虏王过河抢番亦系火落赤邀请，今日之计，当晓谕虏王使无助逆，并革绝火落赤市赏，密图剿处"。⑦ 火落赤住牧在何地？"兵科都给事中张希皋疏言：'莽、捏二川逼近河洮，先年丙酉移住莽剌川，不早驱除已为失策，今火落赤又移住捏工矣'"。⑧ 扯力克应住牧在捏工川。

---

① 《征聘本末》，载《瞿聘君全集》，北京图书馆善本特藏室，第 103 页。
② 瞿九思：《万历武功录》卷 8《扯力克列传》，北京：中华书局影印本，1962 年，第 822 页。
③ 《万历邸抄》万历二十年壬辰卷四月条，台北："国立"中央图书馆出版，1968 年，第 661 页。
④ 《万历邸抄》万历二十年壬辰卷八月条，台北："国立"中央图书馆出版，1968 年，第 689 页。
⑤ 《万历邸抄》万历十八年庚寅年六月条，台北："国立"中央图书馆出版，1968 年，第 521 页。
⑥ 瞿九思：《万历武功录》卷 8《扯力克列传》，北京：中华书局影印本，1962 年，第 818 页。
⑦ 《明神宗实录》卷 225，万历十八年七月庚申条。
⑧ 《明神宗实录》卷 225，万历十八年七月辛丑条。

六、书信

《武功录》之《宣大镇》中有王崇古致俺答的书信。隆庆议和刚刚达成，黄台吉比妓诱引车夷出边，从而引起了明蒙双方的交涉，于是，王崇古致书俺答："因以檄让顺义王曰：'奈何教儿子不谨，而乃诱惑我属夷去乎？趋归我，我败乃市赏也。'黄台吉惶遽，问诸比妓，乃送奉阿不者汉到边。"《扯力克列传》中有扯力克和三娘子致郑洛的书信：

> 于是，三娘子、扯力克亦报以书，其略曰："吾家自兵兔台吉及圪抽台吉、克臬台吉、多罗土蛮威静阿拜台吉、招力兔台吉、把儿误台吉故住牧西海，未尝一阑入汉关也。顷者，歹言黄台吉卤（掳）瓦剌黄毛，幸得捷，还归，独遗其子威静阿拜，于是瓦剌黄毛亦报之怨。以故，我歹言黄台吉深偕麦力艮、圪抽为孩子地来，今所过或不免请县道道里，费檄到，当即调还。东还之日，幸为我诸酋比先王西行例，令县道得予米麦段布也"……复得三娘子夷书，略言："威静阿拜引克臬台吉西来，实为修黄毛瓦剌之怨耳。而以橐中装空虚，一旦告急于汉太师，志在索抚赏，而或以马匹请值，此亦易与也。而塞上卒直必欲发乘矢，遂射死我克臬台吉，甚亡辜。而我袄儿都司设剌克炭黄台吉乃诱歹言黄台吉发难，是以有关中之役，横祸生民。今三镇及佛僧答赖剌麻问及我等，其为说欲我诸酋走外口道远，而况边外春寒无草，马骑羸弱，弗可行。诚愿内假关中道，而以通事人及我房酋十数人与俱，因约麦力哥东还，惟太师轻重布之。"①

七、告示、檄文

《武功录》之《宁夏镇》中有梅国桢发出的平叛檄文和安民告

---

① 瞿九思：《万历武功录》卷8《扯力克列传》，北京：中华书局影印本，1962年，第808、810页。

示。"后十二日（八月），梅国桢以檄布告诸贼，大略谓：'许朝等必欲请招安，则先以饥民若干人具报县官，为诸饥民治钱谷。檄到三日，开关迎大兵入，施赈毋畏。有如二三必疑畏，则以饥民赴河西寨就赈，亦惟女（汝）等所便也'"。魏学曾的檄文："制置使于是以檄尽发其奸，曰：'所不猝以斧钺临城，徒以吾城中民耳，今岂顾问哉'！"叶梦熊的告示"制置使入南关，劳苦百姓：'极知若等久窘困无策。'于是问其家六口以上者予一金，它皆五金"。①《扯力克列传》中还保存了万历十五年三娘子和扯力克写给明朝边吏的几封书信。这些都是十分珍贵的。

八、口碑

《武功录》之《宣大镇·车达鸡、史二官列传》中的"口语甚藉藉"，是时胡中或言"谍者梁天禄何故锁我史二子红亥"？或言"麻参将、苍头军何故强夺我骑马"？另外，"余闻之曰：'蓟门以险为边，墩台连峙，而虏骑时复小入塞，何哉？'而说者曰：'边长二千里，有险易，易者通大举，险者通步贼。唯是大举易御，鼠窃难防'。信哉，是言也……余又闻抚赏费，我已增至二千五百余金，而诸虏曾无厌心乎？"②"我闻虏中有喇胡马只个颇责炒忽儿……讯之，喇胡马只个乃土昧阿不害部夷也"。③《小阿卜户列传》还记载："按副总陈文治、游击李尚贤言，癸末（1583）夏六月，小阿卜户帅八百余骑恃（持）钩杆木梯，奔黑谷关道夹沟子，鸣炮。于是，尚贤驰救，则虏骑已至关下，而以其半攀墩而上，它皆阻高以为险，发鸣镝射关中。关中鎗（枪）炮、火箭、矢石并发如雨，而北小台及东石崖台夹城而攻亦如之。自寅至卯，虏射死我卒二人，伤二十二人，捕四人。我所系杀虏甚多，虏皆尸舆而去，弃遗钩钁、弓矢、

---

① 瞿九思：《万历武功录》卷2《哱拜、哱承恩列传》，北京：中华书局影印本，1962年，第122、117、125页。
② 瞿九思：《万历武功录》卷13《炒蛮列传》，北京：中华书局影印本，1962年，第1195页。
③ 瞿九思：《万历武功录》卷14《土昧阿不害列传》，北京：中华书局影印本，1962年，第1207页。

夷帽、皮水袋充塞道左。相引伏夹沟子沟中诱我师。尚贤追逐至三道外边，见道狭，马不得陈列，恐堕彼计，将军乃下令班师，始入塞。"以上所举的例子应该都属于口碑材料。

以上所列材料分类可能存在重合，如公文中应该包括诏令、告示、檄文等，塘报、奏疏、邸抄也有交叉部分，奏疏和诏令在很大程度上也区分不开，但在严格意义上说，这些的确属于不同的种类。故本书将其一一单独分列出来。

这部分中，瞿九思使用的史料原则和方法如下：

万历期间传记的撰写，瞿氏的史料原则主要是直书和交叉混合使用材料。他几乎完全取材于奏疏、塘报、公文、邸抄、书信、檄文、告示等，这决定了本部分内容史料价值最高。但另一方面，因为所采用材料都是比较零碎、局部的、单一角度的，而每一个传记都要对某个人、某件事形成一个整体的印象，这决定了每传的撰写综合了多种材料，前后穿插、组合而成。这些材料不可能是一个作者写成的。所以，他必须首先排比资料，将所收集的资料以人物为中心进行整理、筛选，然后按年、月、日的先后顺序排列起来。在这方面，瞿九思下了很大工夫。因收集的资料非常丰富，以至于他自己都感到驾驭困难，"苦才笔陋恶甚，诸所就业无章，乃市马、班书以数十，亲点窜，至十余。每种必别变置法，生跬剥之"。虚心研读范文，用以指导编纂实践，这是瞿九思选择的最好办法。同时，如何把材料安排在一个合理的位置，既能发挥材料的最大功效，又能使人物的事迹轻重有序，突出其个性，这也是著者需要考虑仔细的问题。当然，《武功录》是以"献媚"的外衣包裹讽谏的真实目的，在写作过程中，为了不至过于锋芒毕露，必须隐藏自己真实的批评、批判的意图，瞿氏也不得不交叉使用材料，或插叙、或倒叙等。再加上成书比较仓促，没有进行后续修改，使《武功录》的内容常常出现前后混乱，内容错杂，逻辑上不能衔接等现象，造成读者阅读和理解的困难。

台湾学者廖瑞明研究了明代野史发展的历程，提出了后期野史的整体特点："明代后期由于《实录》资料的外传，邸报的刊行，所以野史笔记明显地从随手札记、道听途说、不加考核，朝采据《实录》、邸报为主，注重考核，比较严肃的方向发展……笔记除了传抄官书外，也有很多信而有征，亲见耳闻的当代第一手资料。"① 从以上我们对《武功录》史源文献的分析，可以看到《武功录》因属于编述类别，的确代表了明后期私人著史的这一特点。

---

① ［台］廖瑞明：《明代野史的发展与特色》，私立中国文化大学史学研究所，博士论文，1994年，第153页。

第四章 《万历武功录》蒙古部分的讹误种类及相关史料考辨（上）

因为所收集的材料不甚齐全，著者驾驭史料的能力欠缺以及对蒙古各部落的了解有限，有时甚至是因作者自己在撰写过程中的故弄玄虚等原因，《武功录》在许多方面出现了讹误，研究者使用时应谨慎小心。笔者仅据自己的研究归纳出以下几种讹误种类，并进行相关考辨，予以证明。

第一节 时间方面的讹误

瞿氏在《武功录》中很少使用明确的时间用语。偶尔在某个地方用上一二个干支纪年，然后继之以"其明年"、"明年"、"是年"、"是时"、"久之"、"顷之"、"此后"、"自此之后"等模糊的时间词，有时还将一条奏疏分在几个月、或者分在两年内使用，这样经他有意识的模糊时间，或者是他自己也确实很模糊，造成记述中的时间混乱，致使今天使用起来相当不便。

一、时间模糊
（一）年代模糊

前述瞿氏对《附北虏始末》和《皇明北虏考》的修正有的是成功的、必要的。但也有一些是不成功、不必要的，不但没有为《武功录》增色，反而造成了一些麻烦，甚至引起了一些错误。其中瞿氏改动时间造成的讹误就是主要的一种。紧接上引《鸿猷录》部分，瞿氏在《俺答列传》中叙述如下：

居岁余，瓦剌马哈木杀本雅失里，立答里巴。其明年七月，阿鲁台与瓦剌相仇杀，穷蹙南保塞，乞降，请讨马哈木。上受之。诏封阿鲁台为和宁王,母若妻封夫人。是后,瓦剌以和宁王故,朝贡不至,数犯边。其明年三月,上自将兵征瓦剌,侍边。其六月,至撒里哈儿,与马哈木、太平、孛罗逢战,击破之。追亡逐北,至土剌河,瓦剌遁。上乃班师。是时,阿鲁台称病,遣使请行在所。其明年十一月,瓦剌马哈木贡马,请死罪。居岁余,马哈木死,子脱欢嗣。……

　　其二十一年夏,阿鲁台为脱欢所败,人畜殆尽。其秋,上亲征阿鲁台。其九月,驾次沙城,知院阿先等来降。其十月,次土庄堡。鞑靼王子也先土干等来降。上大说(悦),赐也先土干姓名金忠,封忠勇王。时,故元苗裔为马哈木、阿鲁台所杀戮殆尽。金忠,或言本雅失里子,或言答里巴子,或言答里巴弟之子。其十一月还归。久之,虏降将屡告阿鲁台弑主虐人,违天逆命,当诛,愿捐躯为士卒先。上曰:"而(尔)休矣,兵数动,即朕犹厌之,况下人乎!吾欲自戢也。"金忠曰:"如边人荼毒何?"上曰:"卿意故善,然事须有名,汉文帝言汉过不自先,姑待之。"其明年,开平将奏:虏窃入,数盗边。请讨之。①

此两段抄自《附北虏始末》,在原著中曹汝为是使用明确年号的,但到了《武功录》中瞿氏改用了"其明年"、"居岁余"、"久之"等含混用语,时间概念完全变得模糊起来,有些东西很难确定其具体年份,如"瓦剌马哈木杀本雅失里,立答里巴"、"马哈木死,子脱欢嗣"、"虏降将屡告阿鲁台弑主虐人,违天逆命,当诛,愿捐躯为士卒先"。到底发生在何时? 有时读者必须把某个有特定年号开始的材料作为起点,一点点地推断下面史实所发生的具体时间。为读者增加了负担,还造成了错误。第二段中的金忠请战的史料应该系于何年? 实际上应该是在永乐皇帝出征的同一年。但文中的模糊时间"久之"使人产生疑问,而后面的"其明年"到底是什么时

---

① 瞿九思:《万历武功录》卷7《俺答列传上》,北京:中华书局影印本,1962年,第643-644页。

间，也无法确定。所以在使用《万历武功录》材料的时候，必须对其时间进行推敲。

万历前历史记述中时间间隔比较大，瞿氏如此记述；万历时期时间间隔比较小，瞿氏的记述仍是如此。为直观起见，我们选取《卜失兔阿不害列传》作一个例证。同时为节省篇幅，笔者已将其中无关紧要的内容加以省略。

卜失兔阿不害，把都儿之长子也。隆庆末（1572），授我正千户秩，后袭父都督同知。万历初（1573）至甲申（1584），皆如约。先是，市毕，宣大授合庆台吉等九十余人，宁夏授苦的大等七人职。套长卜失兔心忿之，乃同松山那木大阿不害等、西海宾兔等，告于督臣，请颁诰敕，且言："吾等保塞称藩十有四年，于今，从夷四十四人曾不得爵赏，视宣大、宁夏观望之谓何？"庚辰（1580），崇古等已请，而部议议本镇给赐，为之奈何？于是郑洛复以奏闻，幸授卜酋部夷满金台吉、歪剌台吉、秃悶台吉试百户秩。已，又使刀儿匠等领皇赏，请比宣大增卖马宴劳……

明年（1），笔者加注数字），庄秃赖阿不害索宴赏，弗得。乃聚兵二千，声欲犯神木堡。友松使使者薄责卜失兔，令其罚治回套，语在《庄秃赖传》。是年，切尽黄台吉马先进，卜失兔阿不害久不至，抚臣使使者问状，卜失兔言："吾祖吉能与顺义王、青把都鼎足为三，今宣大甚厚而延绥独薄，我是以未服"……

明年（2）夏，卜失兔杀牛一、羊一祭旗纛，而与庄秃赖会。复从边外川底走南山，而与火落赤大会，会抄瓦剌。瓦剌故在加（嘉）峪关西，卜隆吉河之北。诸夷不直走西底，而由南入海，此其志不在小，乃单绝市赏。制置使郜光先见为南山，迤东不数日可飞渡洮河，迤西不数日可直冲肃州，皆番族之薮，心甚虑之。而会明年丙戌（戌）（1586），扯力克当嗣封，此驭虏大机也。乃下令：令扯酋不调还西酋，毋予封贡。扯酋既奉令，即使夷使西召，而其札文未免藉我僧大以为辞，语在《扯力克传》。居有顷，卜失兔使画匠调部落回套,遂开市赏如初。

　　明年(3),火落赤、庄秃赖等盘牙莽、捏二川。是时,卜失兔复欲假道西行。在庄浪则镇羌堡;在黑松则铁柜儿;在凉州则泗水堡;在永昌则水泉及宁远;在甘州则石硖口。此西走番族道也。先是,俺答假之。厥后,扯力克西行,遂率为胡房通道。

　　明年丁亥(1587),郑洛为制置使,乃使使者风晓卜失兔:"戒勿西来,朝廷方遣将问火酋,来则不汝贳矣。"已,又严其禁令,走加(嘉)峪边外,毋扰。卜酋竟以九月朔渡河,助火落赤寇边。酋母太虎罕同遣夷使追之,不从,乃先闯蔡旗堡,越黑山而西趋水泉。我兵追逐三十余里,斩首九十余级,夺获马、牛、羊一万八百有奇……

　　明年(4)春,虏王上书请携卜酋等还巢。始,虏王自铁柜山逐水草,至黄草滩,恋牧半载,而后过扁都。今假扁都边外走,不烦系牛酒塞上相犒劳也。当是时,卜酋亦已待罪狼湾,第与宰僧等私相疑畏,必欲得番僧马剌麻导引过边。郑洛幸怜其窘困久,量罚马九匹。亡何,卜酋进马,且索辎重。于是,使裨将杨桂给所夺骆驼三十,以示优恤之雅。卜酋不悛,乃执杨桂为质,行次镇番,复乘虚入边。我师击破之,又复宵遁,从镇羌驿出口望套走。见塞上旌旗布列,乍隐乍见(现),凛凛自以为天兵不可犯也。于是,率诸酋赴红山、清水、中卫、平房、扁都诸市。

　　明年戊子(1588),抚臣贾仁元同督臣梅友松、部使者连格,追问卜失兔不能约束庄秃赖,罚马牛羊八十一头,仍送奉庄秃赖、明爱台吉所掠人畜,及他无要挟。然后,准开市,不则,闭关谢绝。卜酋谨如疏奏,上有诏,幸许开市。久之,刘东旸崛起宁夏,而以金银及蟒段、白绫徵卜失兔兵。而切尽比妓乃止卜酋勿往,尚(倘)亦有覆车之戒乎?始,双山之攻劫,乃炒忽儿、俺坠兔,卜酋罚其三九。柏林乃阿计大、阿沙计阿不害,罚其四九。常乐、榆林,乃圪塔台吉,罚其四九。已,复下令曰:"射死一人者，罚九九，加骆驼一头。"大率罚诸酋骆驼及马牛羊三百二十有六。抚臣谓卜酋虽为套长，稚弱，不能约束诸部，今乃令严法行，断断如也。①

还可以把其中表示时间的用词专门排列出来，以便其错误更为清晰。"隆庆末，万历初至甲申（1584），庚辰（1580），明年1，是年，是时，明年2，明年丙戌（1586），明年3，明年丁亥（1587），明年4，明年戊子（1588）"。以上的时间到底如何排列，明年1和明年2到底是哪一年的明年？明年3和明年4又是哪一年？在这样的罗列后，其时间错讹就一目了然。所以在使用《武功录》时应该注意时间问题。

《武功录》卷十二《花大列传》也存在同样的问题。

还有一种年代差误的类型：此传中记一事发生在此年，而到了彼传则系于彼年，其他传中又有其他的记法，让人摸不清到底此事发生的确切时间，只能是核对史源文献后才能使用。如：卷十《黄台吉列传》中在记万历四年（1576）事后提到下面的事情："先是，土蛮有女姣好，黄台吉为其子求婚。大言：'若许我，即以金缯貂裘、马牛羊送若；若不许，请得以横磨剑刃若塞'。土蛮恐启衅，竟许之。是日，刑白马以盟，遂送土蛮牛马五十头，羊二百角，甲一副。土蛮亦致通袖袄十袭，貂豹皮袄三付，兰白布三匹，盔甲二副。已，乃戒之曰，既与阿塞有百年之雅，自今，开原塞不得动一草一木。明年（哪一年？1577年？）四月，黄台吉帅诸部往海西行亲迎礼如汉。"

其内容对错（土蛮是小黄台吉的叔叔）暂且不提，时间是不明确的。到《王台列传》中是将此事放在了"明年（1573），上改元矣"之后，"久之，土蛮酋长小黄台吉闻台谊至高，以为吾而得与台结连，必所言见从。于是引五万骑（《明实录》作五千）诣养家奴：'吾来，以吾有犬子未受室，若幸为若都督女子地，若许我，我即与若连兵入汉塞。即不许我，我即以数万骑驰蹂败若穹庐也。'乃引兵

---

① 瞿九思：《万历武功录》卷14《卜失兔阿不害列传》，北京：中华书局影印本，1962年，第1209-1214页。

围海西新寨。台自度祸且迫，不可已，幸许诺。于是送奉台马、牛、羊、甲胄、貂、豹皮裘。台赠土蛮及二奴者，亦如之。小黄台吉因谢曰：'不腆之仪，岂谓丈人无有？亦婚礼始事耳。'是日，即筑坛刑白马，徼灵于皇天上帝，曰：'两家儿女子事，今兹一言决矣'"。仍然是没有确切时间，是万历元年？还是二年？或者更后？

在《黑石炭列传》中指出了时间，还是不具体。"其后甲戌（戍）（1574），黑石炭与委正、以儿邓、黄台吉、炒户儿、卜言兀、矮山堵儿、四兔、暖儿寇广宁、锦、义。顷之，从黄台吉围海西寨乞婚"。"顷之"所指为何时？查《明神宗实录》万历二年五月条："先是开原地方属夷王台一枝士马精强，为房中所惮，而贪嗜抚赏，颇怀效顺。至是土蛮、小黄台吉等要挟结亲。兵科给事中蔡汝贤、辽东抚按张学颜等各上疏言之。兵部覆议：'诸房通好，意在连兵，但据王台报称，不得已之故，犹未敢自绝。况黄台吉以五千之众，能劫之使婚，矧辽阳数万之师加以岁贡月市，岂不能挽之使附，谓宜明示利害，以决其疑，照常抚市以固其志。'报可。"① 文中明确说"至是土蛮、小黄台吉等要挟结亲"，故此事应发生在万历二年五月前后。

（二）月份错讹

有时瞿九思记某事发生的时间在年代上统一了，但月份又常常出现差异。如：记载俺答汗去世后，土默特部落的内争，其中俺答之孙扯力克与大成比妓结婚一事，在《扯力克列传》中是万历十二年五月，② 而在《三娘子列传》中则笼统地记为同年的春天。③

（三）日期模糊

大多数情况下，具体的日期在一部史书中可能已不是什么重要问题。但《武功录·俺答列传》中有一部分在标明具体日期后，却

---

① 《明神宗实录》卷25，万历二年五月癸卯条。
② 瞿九思：《万历武功录》卷8《扯力克列传》："扯力克已于是月（五月）十一日四更时，与大成比妓合矣"，北京：中华书局影印本，1962年，第807页。
③ 瞿九思：《万历武功录》卷8《三娘子列传》："其明年春，扯力克起，亦欲娶大成比妓，于是，恰台吉幸为扯力克地，竟为扯力克所得也。三娘子益大怒，誓以死相仇杀。"北京：中华书局影印本，1962年，第840页。

把一天之内的事情分割开来，或者是两天以致更多天内的史实混记在一天之内，在使用这类资料时应该予以重视。"丁丑，虏攻古北口，汝孝帅蓟镇诸将兵御之。虏引满内向以缀我师，而它从间道西黄榆沟诸所拆墙而入，汝孝兵大溃，虏遂由石匣营达密云县，转略怀柔，至顺义城下，围之，几入其郭。闻保定兵居城中，遂解去。于是鸾上书，请复辽东、甘肃、蓟州、喜峰口关市，大略言，'俺答、脱脱、辛爱、兀慎割据我大边墩台，虏代军了望，军代虏牧马，而故大帅周尚文又私使其部与虏市，而叛将王臣及亡命沈继荣，虏辄抚而用之，以故虏窥我虚实，而边益不可为矣。臣窃以为胡中生齿浩繁，事事仰给中国，若或缺乏，则必需求，需求不得，则必抢略，彼聚而众强，我散而寡弱，彼知我之动静，我昧彼之事机。是以岁每深入，无不得利而返。往时虏曾请贡，廷议未从，尚文惧虏众觖望，必将肆毒，乃乘其效顺之机，投以货贿之利，虏既如愿，边亦少宁。尚文非得已而为之也。然与其使边臣违禁交通，利归于下，孰若朝廷大开赏格，恩出于上。'诏曰：'此疏所言利害，不但一时一镇，可行兵部即详议奏闻，毋得推避。'居无何，道路有言，虏微遣人潜居长安，谋焚各场刍茭者，给谏王德奏：'台基厂等场积刍，宜半给马兵，半令五场商人转入城中。视上纳数，而坝上御马亦悉发郡邑牧养，至厂卫五城尤宜严为令，讥察非常。诏嘉纳之。丁丑，虏至三辅"。① 此段完全出自《明世宗实录》嘉靖二十九年八月丁丑条，是丁丑日发生的事情。但在瞿氏的笔下，丁丑日的记述中掺杂上"居无何"的时间用语，将后面的史实分割出去。稍后，他又使用了"丁丑"纪日，但所记事情却非丁丑日发生的。"虏至三辅"在《明世宗实录》中是列在同年八月"戊寅"条下的，"虏至通州，以白河阻，不得渡，乃驻营河之东岸孤山一带，分掠密云、怀柔、三河、昌平各州县，京师戒严"。

---

① 瞿九思：《万历武功录》卷7《俺答列传上》，北京：中华书局影印本，1962年，第680-681页。

二、时序颠倒

（一）典型时序颠倒

还有一些地方，瞿氏在记事中将事件发生的先后次序颠倒，时序完全混乱，以因为果，以果为因，对后人了解历史事件的整个过程造成了障碍，引起误解。如《武功录》卷十四《那木太台吉列传》："那木太台吉者，切尽黄台吉之弟也。隆庆壬申（1572）与其兄超胡儿、妹滚吉阿卜害寇钞（抄）凉州。是时，切尽黄台吉方在行间，约束甚严，乃移书抚臣廖逢节为那木歹（太）等请官爵。抚臣谓那木歹等不奉汉法，不可以请。居有顷，那木歹等从安远墩过边临城曰：'吾欲往西海，汉官何拒之深也？'已，乃从土佛寺、黄家泉还走塔儿湾，透水塘湖出境。于是，那木歹逐牧红山寺，超胡儿逐牧昌宁湖。明年辛未（1571）又逐水草往肃州。甲戌（1574）遣部酋哱吉素赴清水营贡市。乙亥（1575）亦如之。明年，遂从切尽西旋。春秋入市毋乏。"其中，那木太台吉"辛未（1571）又逐水草往肃州"一事并不是发生在"隆庆壬申（1572）与其兄超胡儿、妹滚吉阿卜害寇钞（抄）凉州……那木歹逐牧红山寺，超胡儿逐牧昌宁湖"等事件之后，时间错讹，因果便倒置了。

（二）时事不符

前述《卜失兔阿不害列传》更是将时间整体的提前了一、二年或数年不等，其中史实也有失误之处。其中，所记诸事时间均出现差错。卜失兔征庄秃赖西行是万历十四年，即丙戌年（1586），① 不是丙戌前一年；扯力克嗣封前约束诸"房"回巢，卜失兔派画匠征调部落回套一事发生在万历十五年（1587）；② 而卜失兔率"套房"

---

① 《明神宗实录》卷184，万历十五年三月乙卯条记扯力克嗣封事。扯力克得以嗣封的条件就是约束西行征瓦剌的鄂尔多斯部、多罗土蛮部等各自回巢。故各部西行是在丙戌年。

② 《明神宗实录》卷187，万历十五年六月丁卯条："督臣遣官申谕延绥吉囊，差其使画匠等亦来行调兄弟，遂将部落置镇夷边外，先至镇番昌宁湖边外，会其母妻东回套矣。母妻部落群然于西，即使暂归，而马壮复来，皆不可必（避）。他酋仍散部肃镇边外。此原系套房久去西抢者然也。"

第四章 《万历武功录》蒙古部分的讹误种类及相关史料考辨(上)

西行助庄秃赖寇肃州水塘是在万历十六年十月；① 而下文的郑洛为制置使，晓谕卜失兔及卜失兔犯边（水泉、永昌宋家庄战役）发生在万历十八年；② 扯力克、卜失兔等的还巢则是在万历十九年（1591）底的事；③ 但紧接着，下文出现的时间却是"戊子"年（1588）。

《武功录》卷十四《虎来罕同列传》和《阿只兔列传》时序的颠倒更为明显。前者谈到了"万历辛卯（1591）秋"，卜失兔盗水泉边，后复从永昌宋家庄入塞，被明军击溃，俘获其爱女。但紧接着，后者便谈到"万历乙酉（1585）秋"，卜失兔求增赏不成，失望之余，以兵马属阿只兔。"阿只兔见卜酋不与宴，而又领兵马，大喜过望。于是同炒忽儿、圪塔台吉并聚抬瓮山，顿足起舞，叹曰：'宋家庄之役，阿兄中流矢，几不可救药，阿妹（实为侄女）生被逮，存亡今不可知'"。后来发生的卜失兔爱女被俘一事竟然成了此前阿只兔出兵的借口。

《武功录》卷十二《老撒、卜儿艾列传》开篇言："老撒、卜儿艾皆答补子也。癸未（1583）春，长昂发难，计将入关，假兵于兀鲁思汗、老撒，撒等众心不从。已，长昂叩关请罪，老酋北面于塞上，晏如矣。至己卯（1579），与卜儿艾引兵从速把亥——速把亥，亲叔父行也，于是乎有辽河之役。"时间从1583年倒退回1579年，完全颠倒了。

---

① 《明神宗实录》卷204，万历十六年十月戊子条："巡按陕西御史徐大化题，河西于九边为多事，而肃州为河西为最孤。今边将报房酋抄胡儿、把汉及青把台吉、火落赤等各部各枝与东套房酋吉囊合兵西来，不下数万。虽声言谋抢瓦剌，而意固叵测也。又闻庄酋抱水塘之仇，实图一逞。故鼓煽而来，理之可信者。"此处可见，文中所言"火落赤、庄秃赖等盘牙葬、捍二川"本身就是讹误，庄秃赖在肃州水塘，不是葬、捏。

② 《明神宗实录》卷231，万历十九年正月戊午条；郑洛《经略四陲解散群房疏》，载《明经世文编》，北京：中华书局影印本，1962年，第4387页。

③ 《明神宗实录》卷242，万历十九年十一月乙亥条："经略尚书郑洛谓，扯酋东归，火、真远遁。西陲业已就绪。"同年十二月己亥条："经略尚书郑洛奏：自西宁起行，节次塘报房情，在甘镇称境南境北并无往来达房，在宁夏则称市规已定，群夷安妥，即卜酋亦已回套。"

第二节 记事方面的错误

一、前元之裔歼焉，是后，虏皆瓦剌种

《武功录》卷七《俺答列传》所记明代蒙古汗系传承的语言颇多，"鬼力赤，虽非元苗裔"、"时，故元苗裔为马哈木、阿鲁台所杀殆尽"、"也先闻之，遂聚其族类杀之。前元之裔歼焉。乃自称大元田盛大克汗，改元添元。田盛，华言天圣也。冒元之称，实非元裔。是后，虏皆瓦剌种矣"等错误是瞿氏在抄录《附北虏始末》、《皇明北虏考》和《殊域周咨录》等文献时直接延续下来的。以上诸书就是这样记载小王子之祖先传承关系的。此错误是瞿氏所使用文献中的错误，不是瞿氏本人的责任。

二、此阿弟故物

《武功录·俺答列传》："黄台吉手其矢泣曰：'此阿弟故物，太师全我弟以安我父，大惠也！敢不受承太师之明德。'"

《俺答后志》："黄台吉手其矢泣曰：'嗟乎，此我弟故物，太师若全我弟，以安我父，大惠也。我闻命矣，敢不承受太师之明德。'"

《云中降虏传》："黄台吉手其箭泣曰：'此吾弟故物也。我来非为寇，欲得把汉耳。太师既为之请，敬如约。'"

众所周知，黄台吉是俺答长子，把汉为俺答之孙，令箭为把汉之父黑台吉的物品，由把汉随身携带，故黄台吉见令箭说："此吾弟故物也。"但明方的行为不应该是"全我弟"，而应该是"全把汉"，不杀把汉，并非是保全黄台吉"弟之命"，而是保全了其侄之命。

三、俺答在世多久

俺答病故于万历九年（1581）。① 但《武功录》卷十四《切尽黄

---

① 瞿九思：《万历武功录》卷8《俺答列传下》，北京：中华书局影印本，1962年，第783页。

台吉列传》谈到俺答的死是在甲申年:"甲申(1584),互市。(切尽)遣房骑诫西行诸部毋轻称兵。当是时,俺答久郁郁回巢,旋物故。"这里的俺答指的当是俺答之子辛爱黄台吉。《切尽妣吉列传》将俺答在世时间延长得更久。"顷之,火落赤阻莽剌、捏工以为乱,而妣吉乃与卜失兔、庄秃赖等偕往。督臣郑洛尝晓譬以显祸,令其自爱。余以为,妣吉必居套中,方思念其夫不置。岂期复从海上与三娘子为刎颈交乎?乃趋劝俺答,旋而又恐俺答不听,密以俺答与火落赤事告汉关。俺答闻而喜曰:'妣吉言良是。曩者,龙〔虎〕将军导我迎佛饮长生水,今所请佛具在,吾且还矣。请尝试之……'"① 这里的俺答实际上应该是俺答之孙扯力克。可能是这样一种情况,明人把"俺答"当成了一种官号,用来称呼继俺答之后成为蒙古右翼诸部首领的人。但是,从严格意义上讲,这种习惯并没有得到认同,而且也不为当时其他人所知晓。故而三个人还是应该加以细致区分。

四、土蛮、黄台吉与王台的联姻

《武功录》卷十《黄台吉列传》中记载蒙古与女真的联姻,"先是,土蛮有女皎好,黄台吉为其子求婚,大言:'若许我,即以金缯貂裘、马牛羊送若;若不许,请得以横磨剑刃若塞。'土蛮恐启衅,竟许之。是日,刑白马以盟,遂送土蛮牛马五十头,羊二百角,甲一副……已,乃戒之曰:'既与阿塞有百年之雅,自今,开原塞不得动一草一木。'明年四月,黄台吉帅诸部往海西行亲迎礼如汉"。②土蛮与黄台吉为叔侄关系,不可能联姻,瞿九思的记载有误。《武功录》卷十一《王台列传》所记是正确的,是小黄台吉与王台通过养家奴建立婚姻关系。"明年上改元矣。前是王台入贡,多盗北房马。已,委亚幸与通婚媾,自是弗复再盗也。久之,土蛮酋长小黄台吉闻台谊

---

① 瞿九思:《万历武功录》卷14《切尽妣吉列传》,北京:中华书局影印本,1962年,第1238页。

② 瞿九思:《万历武功录》卷10《黄台吉列传》,北京:中华书局影印本,1962年,第976页。

至高,以为吾而得与台结连,必所言见从。于是引五万骑诣养家奴:'吾来,以吾有犬子未受室,若幸为若都督女子地,若许我,我即与若连兵入汉塞。即不许我,我即以数万骑驰蹂,败若穹庐也。'乃引兵围海西新寨。台自度祸且迫,不可已,幸许诺。于是送奉台马、牛、羊、甲胄、貂、豹皮裘。台赠土蛮及二奴者,亦如之。小黄台吉因谢曰:'不腆之仪,岂谓丈人无有?亦婚礼始事耳。'是日,即筑坛刑白马,徼灵于皇天上帝,曰:'两家儿女子事,今兹一言决矣。'居顷之,小黄台吉果帅台犯当路塞。台曰:'何至是?若今与阿台既有成盟,则开原自今不得易折伤一草木也。'小黄台吉遂还归"。①

第三节 记人方面的错误

蒙古民族给每个人物的命名方式有自身的许多特点,他们有乳名,还有绰号、封号,还有的人以官职作称呼。以绰号、封号和官职命名的方式比较普遍,因而造成重名的人很多,尤其是因封号、职务而重名的几率更大。他们的名字汉译后更是变化繁多,一个人名一个写法,不了解的人实在是难以分清。当时的人就已经在为此烦恼了。"时在辽境外驻牧,颇为边患者,多为花当次儿之裔,而与前所列或同而异呼,故详之备考焉"。②"然其文虽译而众不能通知,即其语言而名同字异,如长昂为专难,忽力为狐狸也。夷人岂有谱,边史不为记,为因讨赏口分以稍别其种类,故载敕之名多不同于前简矣"。③蒙古人的多名制同样也给瞿九思造成了很大的麻烦,瞿氏的记载中有的人名字是多种多样的,如,对老把都儿名字的记载,《武功录》就出现了五种之多。"昆都力哈"、"髡突里哈"、"坤肚儿哈"、"坤的里罕"和"老把都"。④ 这还是次要的。更为严重的是,

---

① 瞿九思:《万历武功录》卷 11《王台列传》,北京:中华书局影印本,1962 年,第 998 页。
② [明]郭造卿:《卢龙塞略》,北京:中国审计出版社,2001 年,第 176 页。
③ [明]郭造卿:《卢龙塞略》,北京:中国审计出版社,2001 年,第 178 页。
④ 乌兰:《〈蒙古源流〉研究》,沈阳:辽宁民族出版社,2001 年,第 408 页。

因为瞿氏在当时不能充分了解和理解蒙古族特有的民族习惯，掌握蒙古人名方面存在欠缺，故而他的记载便出现了诸多错误，把一个人分记成两个人、两个人或三个人合成为一个人；人物的血缘关系不明，以"部夷"代替部落的血缘传承；以"某地市夷"代替其部落首领职务等等。有时他自己都陷入混乱，难以解释清楚，常常在书中自疑。"厥后抚臣贾仁元使使者侦之，乃信明爱方在套，倘亦名所同者乎"？[1] "五在谓：'达来汗亦即黑石炭乎'"？[2] 所以《武功录》在人物方面的讹误也是其比较重要而且常见的讹误。归纳而言，其人物的讹误种类大致上有以下几种。

一、人物记载中的血缘和部落传承讹误

《武功录》中有许多传主，没有部落，血缘传承关系不清，瞿氏或者将其记为"某某部夷也"，或者记"某处市夷也"。实际上这些人大多是部落的领主，出身高贵，蒙古族本身的传统又是十分重视黄金家族族谱的世代相传，其血缘传承应该是清晰的。尤其是"某某部夷"所表示的关系，应该是与其中的"某某"有血缘关系的。有的虽然注明了是部落或血缘关系，却是错误的。因瞿氏在当时了解的材料有限，而蒙古部落的发展十分迅速，台吉队伍庞大，名字的变化又十分复杂，故而瞿氏的含混和错误是不可避免的。

（一）血缘关系错误

血缘关系不清，而以"部夷"关系混淆血缘关系。"《武功录》卷十四提到了一个'阿著兔阿不害'，称为'切尽黄台吉部夷'。这个阿著兔当指完者·允都赤，因为列在阿著兔后面的'折答答阿不害'（也被称为'切尽黄台吉部夷'），无疑是指切尽黄台吉的次子石答答·扯臣·朝库儿"。[3] 《武功录》卷十四《炒忽儿列传》所记的"炒忽儿"是吉能之子，而非部酋。"炒忽儿，当即楚克库尔之转

---

[1] 瞿九思：《万历武功录》卷14《明爱台吉列传》，北京：中华书局影印本，1962年，第1246页。

[2] 瞿九思：《万历武功录》卷13《黑石炭列传》，北京：中华书局影印本，1962年，第1116页。

[3] 乌兰：《〈蒙古源流〉研究》，沈阳：辽宁民族出版社，2001年，第421页。

音。据《蒙古源流》所载,诺延达喇济农五子,其第五子为莽国斯楚克库尔,而楚克库尔之次子名布达锡哩伊勒都齐,本书称炒忽儿之子为卜打失,则与布达锡哩音近,是可知炒忽儿即楚克库尔,卜打失即布达锡哩"。①《碑马兔阿不害列传》中记载碑马兔为"切尽黄台吉部酋也",实际碑马兔(Buyimatu)是宾兔弟昆都楞之子,名为备马图。② 从其本传中反映的内容看也是如此。与碑马兔一起活动的着力兔和打正都是吉囊次子狼台吉的儿子,宾兔的弟弟。

瞿九思在《武功录》卷十三《黑石炭列传》的赞中说:"孛只之五人,黑石炭独以强著哉? 它所谓打来孙及阿牙台皮、卜以麻、王文打来稍称善乎。"按瞿氏的感慨,上述五人均为孛只(博地汗)之子。实际情况并不是这样的。"《武功录》所记阿牙台皮、卜以麻、黑石炭三人不是不地(博迪)的儿子,阿牙台皮、卜以麻是不地汗之弟也密力(纳密克)的儿子,黑石炭指答言汗第五子阿赤赖孛罗(以部名相称)"。③ 实际上黑石炭(kešigten)不是人名,而是部名,是达延汗第五子阿赤赖台吉,蒙古名字为鄂齐尔博罗特(Wčir bolod)及其后裔所属部落的名称。"其首领名为打来,译作打赖,因有汗号故明人称作打来汉(汗),其部名克石炭(克什克腾)。瞿九思将克什克腾部首领打来汉的称号与其部名相混,把他记作博迪汗之子是不对的"。④ "以部名误为人名,这在汉籍中是常见的"。⑤

《速把亥列传》中谈到"速把亥,虎喇哈赤仲子也……是时,大父魁猛磕惑内罗言,常入我刺梨山,杀边吏王相,甚至掳掠人动以三四千数"。速把亥(Subuqai),喀尔喀著名首领,是嘉靖中后期及隆万年间寇略辽东的强酋,是达延汗后裔。"元太祖十六世孙阿尔楚

---

① 瞿九思:《万历武功录》(选录),载《内蒙古史志资料选编》第四辑,呼和浩特,1985年,第540页。
② 乌兰:《〈蒙古源流〉研究》,沈阳:辽宁民族出版社,2001年,第368页。
③ 乌兰:《〈蒙古源流〉研究》,沈阳:辽宁民族出版社,2001年,第395页。
④ 达力扎布:《明清蒙古史论稿》,北京:民族出版社,2003年,第165页。
⑤ 敖登:《蒙古史文集》,呼和浩特:内蒙古教育出版社,1992年,第160页。

第四章 《万历武功录》蒙古部分的讹误种类及相关史料考辨(上) **135**

博罗特生和尔朔齐哈撒尔，次子苏巴海（速把亥），称达儿汗诺颜"。①而魁猛磕（küi möngke）是科尔沁部首领，属元太祖弟哈撒尔后裔，"元太祖弟哈巴图哈撒尔，十三传至图美尼雅哈齐，子三：长奎蒙克塔斯哈喇，游牧嫩江，号嫩科尔沁"。②速把亥与魁猛磕虽说都属于孛儿只斤氏，但在蒙古部落中的地位已经相差很大，而且两人的辈分不合，一为元太祖十七世孙，一为哈撒尔十四世孙，所属部落不一，怎么会有"大父"之称呢？

（二）部落错误

无部落所属关系，只以"某处市夷"代替。《武功录》卷十四《打正台吉列传》、《丑气把都儿台吉列传》、《苦素阿不害列传》、《脱计阿不害列传》和《打喇克汉阿不害列传》中将他们统统归之于"清水市夷也"，实际他们都是鄂尔多斯部的首领，是鄂尔多斯万户狼台吉及那木按台吉的子孙。

"着力兔台吉，故，部落约二千五百有余，生五子：长子打剌克汗阿不害，即杌大，又改名合收气……打正台吉，即宰僧，故，系着力兔弟，部落约二千五百有余"。③着力兔（joriɣtu）是吉囊次子狼台吉的第二子，宾兔的弟弟。④打正（Dayičing）是狼台吉的第三子，打喇克汉阿不害是狼台吉的孙子。住牧地为宁夏河东边外的"敖忽洞、五坐山，是营名，与兴武、清水营相对"。⑤ "丑气把都儿，部落约一千五百有余……苦素阿不害，即威静着力兔，系丑气

---

① 包文汉、奇·朝克图整理：《钦定蒙古回部王公表传》卷28《巴林部总传》，呼和浩特：内蒙古大学出版社，1997年，第219页。
② 包文汉、奇·朝克图整理：《钦定蒙古回部王公表传》卷30《阿鲁科尔沁部总传》，呼和浩特：内蒙古大学出版社，1997年，第237页。
③ ［明］茅元仪：《武备志》，载《四库禁毁书丛刊》，子部，第26册，北京：北京出版社，2000年，第293页。
④ ［明］萧大亨：《北虏世系》，载《北京图书馆古籍珍本丛书》，第11册，北京：书目文献出版社，1988年，第641页。
⑤ ［明］茅元仪：《武备志》，载《四库禁毁书丛刊》，子部，第26册，北京：北京出版社，2000年，第292页。

三弟,部落约一千五百有余"。① 威静着力兔为吉囊第三子那木按的第五子,汉译名为哭线台吉,蒙文名字为哭线·威正·着力兔(küsel üyijeng joriɣtu)。② 丑气把都儿则为把都儿黄台吉,蒙文名字为海努克把都儿(Qayinuɣ baɣatur)。③ 他们住牧于宁夏境外河西边外"老虎山是营名,离平房边八百余里,住牧夷人俱在平房厂互市,"④ 是"平房厂市夷"。打正台吉与威静着力兔、丑气把都儿为从兄弟的关系。《蒙古族通史》说"鄂巴卓哩克图诺延(即宾兔弟弟着力兔),原驻牧于毗邻陕西花马池(今宁夏盐池)至兴武营(盐池西北)一带的锡巴固沁。后来,他西迁至贺兰山西边的长流水、蒲草泉一带驻牧,其牧地称唐古特",这是不对的。⑤《北虏世系》明确记载着力兔同宾兔一起住牧于"甘州庄浪边外松山"。着力兔后来的住牧地敖忽洞、五座山应是在明朝收复松山后迁徙而至的。至于他是否迁到,又是何时迁到贺兰山以西的长流水、蒲草泉则很难弄清。因为《武备志》成书时,已是天启元年(1621)了。至于脱计阿不害,是丑气把都儿的另一个弟弟,那木按台吉的幼子。汉译名为薛缠公谷儿台吉,蒙文全名为脱济·彻辰·控库儿(Toči sečen gönggör)。⑥

---

① [明]:茅元仪:《武备志》,载《四库禁毁书丛刊》,子部,第 26 册,北京:北京出版社,2000 年,第 293 页。
② [明]:萧大亨:《北虏世系》,载《北京图书馆古籍珍本丛刊》,第 11 册,北京:书目文献出版社,1988 年,第 641 页。乌兰:《〈蒙古源流〉研究》,沈阳:辽宁民族出版社,2001 年,第 363 页。为了阅读更为直观,理解更为方便,省却读者在文中的前后翻检之苦,下文中对于《北虏世系》、《〈蒙古源流〉研究》、《登坛必究》、《武备志》和《辽夷略》等有关蒙古首领世系的很多原始材料将多次重复引用。
③ [明]:萧大亨:《北虏世系》,载《北京图书馆古籍珍本丛书》,第 11 册,北京:书目文献出版社,1988 年,第 641 页。乌兰:《〈蒙古源流〉研究》,沈阳:辽宁民族出版社,2001 年,第 415 页。
④ [明]:茅元仪:《武备志》,载《四库禁毁书丛刊》,子部,第 26 册,北京:北京出版社,2000 年,第 293 页。
⑤ 留金锁主编:《蒙古族通史》中册,北京:民族出版社,2000 年,第 94 页。
⑥ [明]萧大亨:《北虏世系》,载《北京图书馆古籍珍本丛刊》,第 11 册,北京:书目文献出版社,1988 年,第 641 页。乌兰:《〈蒙古源流〉研究》,沈阳:辽宁民族出版社,2001 年,第 363 页。

第四章 《万历武功录》蒙古部分的讹误种类及相关史料考辨（上）

　　《武功录》卷十四《庄秃赖列传》将其称为"红山市夷也"。对于赫赫有名的庄秃赖（Jongtulai），这样的解释实在是太笼统了，庄秃赖实际是吉囊第六子克邓威正台吉的次子。关于克邓威正，又名班札喇卫松（Bajar-a üyijeng），或巴札尔、班札喇，塞瑞斯在《达延汗后裔世系表笺注》中考证颇详。①

　　《武功录·伯言儿列传》所指部落错误。"伯言儿，那孩第二子也……居福余卫最有名"。有人据此判定他是福余卫人是不对的，②瞿九思的记载是错误的，自然依此得出的推断也是错误的。和田清的看法"福余的伯言儿不仅是泰宁的伯言，而且确是著名强酋速把亥之子卜言兔"③同样错误，但将伯言从福余卫中剥离出来，回归到喀尔喀了。实际上伯言是喀尔喀五部中兀班的次子。兀班为虎喇哈赤的儿子，《辽夷略》和《登坛必究》中有记载，兀班的子嗣情况是"兀班故，而生二子，曰莽兔，曰伯言儿"。④《开原图说》：兀班二子形成二营，"一营暖兔，系兀班长男"，"一营宰赛，系兀班次男伯要儿之子"，莽兔即暖兔，伯言儿即伯要儿，是喀尔喀五部翁吉剌特部首领。"翁吉剌特部的伯言儿勇敢多智，驻牧于原福余卫之领地"，"《开原图说》称他们'虽冒名福余，实北虏枝派'"。⑤

　　《奴尔哈赤列传》所指奴儿哈赤的部族也是错误的。"奴儿哈赤，故王台部也"。辽东女真在明初分为三部，海西、建州、野人。海西女真分布在开原以东、以北一带，又分为南、北两关，王台是海西部南关酋长。奴儿哈赤则为建州部首领，"奴之祖曰佟教场，建州卫左都督金事也。生佟他失，有子曰奴儿哈赤、速儿哈赤"。⑥瞿九思

---

　　① [Amer.] Henry Serruys. Genealogical Tables of the Descendants of Dayan-Qan. Copyright 1958 by Mouton & Co., Publishers, The Hague, The Netherlanda. P47.
　　② 《内蒙古史志资料选编》第四辑，《〈万历武功录〉选录》，呼和浩特，1985年，第446页。
　　③ [日]和田清：《明代蒙古史论集》，北京：商务印书馆，1984年，第485页。
　　④ [明]张鼐：《辽夷略》，载《四库禁毁书丛刊》，集部，第105册，北京：北京出版社，2000年，第610页。
　　⑤ 敖登：《蒙古史文集》，呼和浩特：内蒙古教育出版社，1992年，第169、165页。
　　⑥ [明]张鼐：《辽夷略》，载《四库禁毁书丛刊》，集部，第105册，北京：北京出版社，2000年，第612页。

称奴儿哈赤为王台部也，大概是因为王台所部在女真各派系中曾经强盛一时，海西北关和建州都俯首听命于南关。"自开原东北南抵鸭绿江，逶蛇八百里，环东边而居者凡三种，其一，海西女直，则故王台之属。今开原南北两关之夷是也。其一则东方诸夷之为卫所甚众，而建州领之，其名曰建州女直。今奴儿哈赤之属是也。其极东曰野人女直……先是，海西王台强，能得众，称开原南关酋，北收二奴，南制建州，终其身向化而东陲以宁"。① 但王台故去后，南关的辉煌不再，建州女真在奴儿哈赤的领导下很快发展起来，并最终控制东北局势。

二、用情报资料或虚假材料捏合而成的列传

（一）《青把都列传》史料辨析

《武功录·青把都列传》是专门记述哈喇慎部首领青把都事迹的传记，但这是一个存在综合性问题的列传，既有材料不实的问题，又有二人合为一传的问题。从本传中看到的青把都（čing baγatur）是一个阴险、狡猾、没有信用、不守和约、唆使"部夷"犯边挑衅的哈喇慎部首领。实际上他是不是这样的人呢？我们首先将《青把都列传》中他没有遵守约定的事迹集中起来，逐条进行辨析。而对他遵守约定并约束"部夷"的事迹忽略不计。

青把都，始故授我指挥同知也，所居在大沙窝、三间房，旁（傍）近赤城……其九月，游击将军谢惟能告儆（警）于备兵使崔镛、韩宰，言"西虏青把都方祭旗纛，伴以寇辽东为名，而实志在界岭口、义院口之间也"。制置使方逢时闻，大惊，以为"入市曾几何，而卒有此音，殊未可信。第巢穴旁（傍）东虏察罕，而又以女东桂适长昂，或垂涎于青酋得西市利，而故驾（嫁）言西虏，以逞己奸，遂至夺其利而固其党，时或有之乎"。是后，给谏李戴、蔡汝贤后先皆上书，议亦如之。亡何，通事人刘江又言青把

---

① [明]程开祜：《东夷奴儿哈赤考》，载潘喆、孙方明、李鸿彬编：《清入关前史料选辑》，北京：中国人民大学出版社，1984年，第103页。

第四章 《万历武功录》蒙古部分的讹误种类及相关史料考辨(上) | 139

都提兵二万驰土蛮,谋欲寇山海。制置使杨兆亦以状来闻,而会俺答书至,言"青把都业已聚兵旧开平,志在寇上谷塞,殊不可绳以法令也"。制置使以为此亦俺酋故智乎,亟使使者诇之。青台吉、黄台吉等并治兵独石边外,使者因晓譬以祸福。彼乃曰:"何乏若蓟镇抚赏皮及蟒缎也?即予,予朽败。"然则诸酋之内讧抑有由也。边吏何不如约,毋使胡马牧于塞上乎?于是,大司马谭纶、按御史陈文衡奏,谓蓟镇故无此例也,咨所在严为备边。①

此次是因为青把都"祭旗纛"而引起明边防官吏的警戒,游击将军、制置使(总督)、通事人、俺答书信四个方面的信息共同把焦点对准了青把都。其中俺答的书信内容值得分析。郑洛万历初年巡抚山西、大同,他在《抚夷纪略》中提到了这封书信。"六月,顺义差夷使赍书云,我今差人探听,有察哈尔要从先年地方进入,已起马。又报,有我东边达子跟着去,他与察哈尔有亲,可差人从那边打听,急报各部知道启奏,将东边严加防范。不要计较我不管,我是预先报告,免失两家和好之意。是报也,顺义实出忠诚,当是时,察哈犯辽情形已露,在该镇已得真消息矣"。顺义王的信中并没有明确是青把都要犯边,和察哈尔有亲的也并不只是青把都一个(如果所指是姻亲关系,就根本不可能是青把都),明朝官方凭借推测将矛头锁定在青把都身上,本身就是错误的。最后,青把都不过是对双方的贡市提出了一些不满而已,并无犯边行为。而且,总督方逢时从一开始就不相信这些传言,"第巢穴旁(傍)东虏察罕,而又以女东桂适长昂,或垂涎于青酋得西市利,而故驾(嫁)言西虏,以逞己奸,遂至夺其利而固其党,时或有之乎"。这种不满恐怕算不上是犯边。

其明年四月,土蛮大会青把都等二十余万驰大宁旧城。而台御史张学颜乃急辽东上书,请蓟镇入卫兵及火药一千斤、铅弹二千斤。其后,大将军戚继光徐而察之,果属夷

---

① 瞿九思:《万历武功录》卷9《青把都列传》,北京:中华书局影印本,1962年,第849-850页。

长昂假外父行,以便已抢略已耳。制置使吴兑即使使者安天爵等谯让青酋,青酋曰:"吾未尝有犯塞意,今所言皆虚妄。吾第欲抄朱赤诸达子,果有之,然亦未遑举也。既奉汉太师命,敢不退舍,而惟贡事是图,奈何重以烦太师乎。"是后贡市不乏绝。①

这一次在当时就已经发现了事实本身和青把都无关,张居正的话讲出了明方对青把都的无端怀疑及原因,并证明了青把都是受诬陷的。"昨该辽东巡抚张学颜等报称达贼二十余万谋犯辽东,前哨已到大凌……臣等使人于宣府密探西虏青把都动静,则本酋一向在巢住牧,未尝东行。辽东所报皆属夷诳赏之言,绝无影响。数日以来,更不闻消息矣"。② 调查的结果是"属夷长昂假外父行,以便已抢掠已耳",③ 制置使的一番警告使得青把都放弃了原来"抄朱赤诸达子(女真)"的计划,大声叫屈:"吾无犯汉意,我来为欲略朱赤达子。汉使乃告我曰欲绝我贡市,攻我穹庐,奈何谓我为乱于辽阳而贾利于上谷乎?"④ 转而"惟贡事是图"。

其明年十月,打剌明安兔行猎至膳房堡,而纵诸部夷盗边。副总戎贾国忠使使者问诸俺答,答乃让青把都。于是罚治如法,语在《俺答传》。

其明年二月,青把都与属夷讨孙卜赖有隙,欲因缘子婿长昂以报之。遂与母哈屯及其弟莽古大、莽古塞、哈不慎等驰昂营祭神,引常扯劳等三千余骑道斗里库、五兔牛,直捣马、墙子岭。于是,讨孙卜赖降之,而独那莫大受兵甚。

其八月,青把都入贡,请市马视山西、大同数,自言:

---

① 瞿九思:《万历武功录》卷9《青把都列传》,北京:中华书局影印本,1962年,第850页。

② 《明神宗实录》卷38,万历三年五月壬戌条。

③ 瞿九思:《万历武功录》卷9《青把都列传》,北京:中华书局影印本,1962年,第850页。

④ 瞿九思:《万历武功录》卷10《土蛮列传上》,北京:中华书局影印本,1962年,第927页。

第四章 《万历武功录》蒙古部分的讹误种类及相关史料考辨（上） **141**

"吾兄弟五人拥精兵万余，何渠顺义王不若乎？"而制置使兑亦言："青、永入贡，与俺答等。"亦岁以八十八人，奉马二百五十四，得称金吾将军。岂不扬扬威武雄塞上哉！①

这些是青把都罚治"部夷"，并且和其三卫属"夷"有了争端，和明朝一方没有什么关系。

其十二月，青把都复引二万余骑驰长昂营，谋欲寇前屯。而台御史周詠以其状来请，大都青把都入市未几而即驰昂，昂固其主臣，而加以长秃、董狐狸、章兔、鹅毛兔辈为爪牙。以故青酋得以掩饰其奸，而犹要我西陲市赏。及我问其故，则彼乃推委（诿）于不可知，而益以巧言欺嫚（谩）我。不知我大将军睹青酋反状，如见肺肝也……

其（明年）七月，青把都使使者偕长昂款塞，请入贡乞赏。语在《长昂传》。其九月，大会辛爱及三卫诸酋，又声欲寇辽东塞，总戎李成梁因驿骑以闻。②

材料记载中是青把都两次"欲"寇前屯和辽东，实际上是否实施？没有交代，应该是并无真正的行动。否则肯定要记录在案。

其明年八月，遂与土蛮、老思罕合营，大率控弦之士十余万，于是莽古歹等先驰揜喇母林。御史于应昌及给谏王致祥后先请备边至悉。

其明年五月，青把都部夷满秃害等盗我松树堡、君子堡边，略苍头军宗世千等四人而去。而五磕气及尹兔赖又犯我大东沟、独石营，然皆藉口于打牲。已，乃罚治，请除罪。使我塞吏终不得执以为辞，而且贡市不乏绝也。语在《波儿哈都台吉传》。其九月，委正约青把都寇山海迤东。③

---

① 瞿九思：《万历武功录》卷9《青把都列传》，北京：中华书局影印本，1962年，第851页。
② 瞿九思：《万历武功录》卷9《青把都列传》，北京：中华书局影印本，1962年，第851页。
③ 瞿九思：《万历武功录》卷9《青把都列传》，北京：中华书局影印本，1962年，第852页。

这两段材料中的青把都是两个人。其一，是哈喇慎的青把都，是本传的传主。其二，是察哈尔的青把都儿，是察哈尔山前部落挨大笔失之子青把都儿。"直广宁西北而收（牧），离边约七百余里，市赏亦由镇远关者，其酋曰瑷塔必，故，而生十子，长曰脑毛大黄台吉，次曰以儿邓，三曰扯臣台吉，四曰青把都儿"。① 这个青把都儿就活动在潢河以南的辽西一带，经常参加察哈尔部、克什克腾部对明辽东、蓟镇的联合军事行动，而且与哈喇慎的青把都住牧地非常接近，人们不加区分地就把他们两个人混为一体了。以下的记载中，凡是和察哈尔部、克什克腾部、朵颜卫共同行动的大致上首先应该考虑的是这个人。

  居岁余癸未（1583），青把都又大会逞把都儿谋欲杀速把亥（时速把亥已死）。已，复与蟒忽塞从东房把汉、大打来罕等寇宁远。是时，长昂蒙蓟覆载恩久，而哈不慎在上谷塞亦如之，乃东西合党，巧为弥缝。东房则藉资于西，而西房又复附翼于东。已，乃各至我关市下，我亦予之以上赏，亡（无）不人人各极其欢而去，抑何奸也！兵尚书兑甚怒之，令大将军治青把都以故纵罪，甚当。

  其明年正月，制置使张佳胤及台御史李松以潘（沈）阳堡捷闻，盖所杀多青把都掌咧咧酋也。其五月入贡，且赴张家市，皆如初。其九月，长昂罚诸败北者马牛。已，青把都从所居白言举儿克引众驰长昂营，声言祭神，又言欲驼米，号召诸酋以示汉不意。御史萧大亨具如夷人满都不赖言以请。顷之，制置使佳胤辄又言聚兵大宁城老河。于是乎蓟镇义院口告儆（警）矣。是时，部夷小阿卜户不与青把都俱往，乃借兵西房，挟我开墙子岭、曹家寨赏也。时，佳胤习知边事，见此酋牵制我首尾，使我力分备寡，既不得并力于东，又不得忘情于西。乃佯为治曹家路诸将卒罪，因而捕之。小阿卜户觉，乃遁去。

---

① ［明］张蒲：《辽夷略》，载《四库禁毁书丛刊》，集部，第 105 册，北京：北京出版社，2000 年，第 606 页。

其明年四月，为哈不慎请罪。语在《哈不慎传》。是年七月，以哈不慎故，独使使者曲儿会赍贡至，然马少十匹矣。其八月，以猛可真事，佳胤遣裨将李如桢问诸青酋。青酋曰："太师不自治之，乃问我何为者？"于是，佳胤决策欲主剿，塞上烽火候望益精明而严矣。猛可真始惶惧，叩关而请曰："惟太师幸赦我死罪。"其九月，长昂亦至。先是，闭关久，诸穷夷被困，怨甚。至是，青把都始悔过，乃与昂妇东桂促之款塞，得除罪。是月，青酋与顺义王遣使至关中，为卜失兔请增市赏，从卜失兔约也。语在《卜失兔传》。①

这里的青把都还是包含了察哈尔的青把都儿，凡是和察哈尔部酋长合力的是察哈尔青把都儿，和哈喇慎部酋长合力的则是哈喇慎的青把都。记载中的哈喇慎青把都有"欲"寇辽东的倾向，但并无行动。长昂、哈不慎、小阿卜户和猛可真都是青把都部下，他们的犯边统统被记在了青把都的账上，明方一再向他交涉这些和他无关的事情，以至他渐渐变得不耐烦了："太师不自治之，乃问我何为者？"明边吏中似乎也有人明白青把都为人，并为他叫屈。"大司马梁梦龙、给谏张希皋、杨芳议严为禁，因风谕三卫：'毋得藉他夷姓阑入辽，敢议令及不如令者，亟罢贡市'"。② 此外，青把都的祭神再次引起明方的警惕，但制置使张国彦当时就认定是"此必往东塞祭先坟墓，或亡他肠"。③

其明年正月，青把都及满都不赖复有雄心，乃治斗器具，欲竢草青马肥大入辽东塞，以报潘（沈）阳之役。后六月，法当贡。青酋则复委首从诸酋后，牵马至，鱼鳞杂逻。其八月，纵诸部寇我当路塞，非那诡至独石城，则摆

---

① 瞿九思：《万历武功录》卷9《青把都列传》，北京：中华书局影印本，1962年，第853页。
② 瞿九思：《万历武功录》卷13《长昂列传》，北京：中华书局影印本，1962年，第1169页。
③ 瞿九思：《万历武功录》卷13《长昂列传》，北京：中华书局影印本，1962年，第1175页。

言大、卜落赤、攒腊户后先驰张家口也。其明年六月，御史孙愈贤以青、永等市马无定数，请著为令，令：上谷毋得踰二万匹，云中一万匹。制置使洛恐青、永及打刺明安部落至繁衍，不可以仓卒（促）议损，遂寝。是岁也，贡市如初。

其明年春，以罚治段奈功，幸赐金二十两，紵采衣一袭，表里二之，布十匹。

其明年夏，大酋首哈罗气拥万余骑云屯张家口外边，青酋亦从旁坐视之。皆以虏王西牧，亡所约束故也。

其明年，青把都入贡及市张家口，益恭顺，视曩时倍之。是日，闻制置使洛语及西事，即使使者致声虏王，趋东归。居亡何，土蛮及土墨台猪使使者借青把都兵四万，长酋乃帅青酋子扯称阿亥先应之。其先恭顺非青酋意也。

其明年正月，土蛮果引青酋寇海州、甘泉而去。我师击其惰归，斩首捕虏凡九十余级。御史胡克俭及给谏张栋皆以书劾奏副总戎张守廉等始养寇罪。大略以苏家窝零骑不至三十，泥沟堡不至五十。而又会大雨雪，虏大半陷西古城。何至我男妇被围者三百人，不闻一驰救也。始，青酋岁以十月得往东祭先人坟墓，边吏辄私劳以金衣，费凡百余金。骄如是，安在其能制其死命乎。甚至部夷若虎儿合气妻我希含儿，小小四娶我歌儿腮汗妻我顶子，尖胯羊羔子妻我张氏，唱小厮妻我小厮儿，薛目妻我吴氏。且役使我把汉、黄天禄、百户赵思景，为买屋居以居之。名为守贡，而一岁之间仅以半载往胡中，他皆居汉室、妻汉妇，偃（俨）然忘其为胡虏也者。嗟而，土室之人携我塞上歌儿舞女，喋喋而咕咕，陋固何当乎。曩者张断事寿朋论之，始知江充徒戎，原非过计。第以战、守、和三议时出而互用焉，虏在我掌中矣。①

---

① 瞿九思：《万历武功录》卷9《青把都列传》，北京：中华书局影印本，1962年，第855页。

这里引起纠纷的基本上还是上面提到的事件类型。特别引起注意的是土蛮借兵一事，从借兵人数上看似乎应该是哈喇慎的青把都，只有他可能有这样的实力。但扯称阿亥和他并不相符。《北虏世系》成书于万历中期，记青把都有子六：来洪大台吉、歹汗台吉即歹阿儿台吉、来赛台吉、石令台吉、秃赖台吉，缺记一个。但《北虏世代》所记除同《北虏世系》相同的外，又补上了"我角台吉"。①《武备志》成书于明末，记青把都生六子，"长子来赛台吉，存；二子哑拜台吉，存；三子来洪达赖台吉，存；四子摆洪达赖台吉，故；五子，石令台吉，存；六子我着台吉，存"。不论诸书的记载是否能把六子一一对号入座，但都没有扯称阿亥的名字。另外，借兵于青把都，和青把都本人的亲自参与是不一样的。更为重要的是，青把都等哈喇慎部首领实际上是朵颜三卫、蒙古左翼各部在侵边时为虚张声势而被有意识地强行拉进队伍中的最具恐吓力量的人选（详见《哈不慎列传》辨析）。

抛开上述被冤枉的种种，青把都到底是个什么样的人，应该是很清楚的了。他尊奉和约，重视贡市，罚治部属，是坚持与明和平共处的一个首领。俺答封贡不久，他的父亲去世了，他的母亲怀疑是明官吏使用了毒药，拒绝和明方继续来往。但青把都顶住压力，坚持赴贡市，并且将耽搁的前一年贡市补上。当时的"塞吏闻而愉快可知矣"。尽管当时对青把都的怀疑似乎已是通病，但了解他的明方官吏还是有的。"庚寅秋十月，土蛮族弟土墨台猪使夷使藉兵西虏青把都、哈不慎，以为吾已聚兵六万，幸为我更治四万，姑俟长昂、獐兔至，即当大举。时，往来者言，青把都男扯称阿亥及哈不慎、莽兀素、班不来沙已至长昂营矣。制置使张国彦、台御史郝杰以为殊不然。青把都住牧插汉我不根，方互市张家口，夙号忠顺。曩以十月祭先人冢，常东行，奈何助土蛮为乱乎"。②

----

① ［明］佚名：《北虏世代》，载《皇明修文备史》，《北京图书馆古籍珍本丛刊》，第8册，北京：书目文献出版社，1988年，第498页。

② 瞿九思：《万历武功录》卷10《土蛮列传下》，北京：中华书局影印本，1962年，第963页。

《青把都列传》为何把青把都塑造的与现实完全相反呢？其重要原因是瞿氏使用了大量的情报资料，情报只是根据目前现状作出的对未来可能性的一种推断，而不是事实资料。当时明方的情报来源主要是明方间谍、归正人、属夷提供的情报和明方官吏的塘报。这几种情报的可靠性都是要大打折扣的。

间谍情报的情况是"大同之哨探得其情，宣府之哨探得其形，若蓟州则并其形亦不得矣"。①

归正人的言辞也是不可信的。"但归正之人摩肩接踵，几满千人之上，或言欲由永宁入犯京师，或言欲犯山西，或言仍围右卫等处，或言东抢辽东，或言就近揉取田禾，言人人殊……降人所报，俱系捕风捉影之说，不可尽据"。②

属"夷"的情报是另有目的的。"盖三卫夷人……所以报称三路进兵，使我处处皆仰求于彼，以遂其挟赏之心耳。况当入贡之夷在内，恐有别故，不得不虚张声势，以见彼堵截之力，以彰彼效顺之心，以图进贡诸夷完璧而归耳。及查各边传报，亦未见贼由何处聚结，何日起营，何酋督率，径犯何处。虽有走回人口之言，殊不知走回人口，三二年之内，尚不能省夷语，而况以悉虏情，虽十数年者，略知虏情，亦未必尽知部落。其传报之言，多系内地译审者之过求，在彼亦随口以虚应。必须大营已起，中国之人乘虚而逃，各路走回人口数多，处处供报相同，方可为准"。③

明朝边吏的塘报更是明朝吏治弊政的一种重要表现。"惟是地方将领哨探一节，大有关系，而边将积习牢不可破。其意若以为虏马果至，则谓我已哨报，无奈众寡不支；虏若无踪，则谓虏本入犯，因我有备远去。殊不知将官可漫然而传，督抚则未敢恝然不信也。

---

① [明] 胡宗宪：《题为献愚忠以裨国计事疏》，载《明经世文编》，北京：中华书局影印本，1962 年，第 2806 页。

② [明] 杨博：《虏中降人传报夷情疏》，载《明经世文编》，北京：中华书局影印本，1962 年，第 2907 页。

③ [明] 刘焘：《上元老书》，载《明经世文编》，北京：中华书局影印本，1962 年，第 3217 页。

盖闻听一乱，调度必错……种种虚妄，不可尽数"。① 以这样的情报资料为主编排撰写的传记怎么能够客观地反映传主的现实呢！《武功录》中凡使用这类情报资料撰写的部分均应引起注意。当然像《青把都列传》这类的情况毕竟是极个别的现象。

青把都既然是一个守约首领，何以以他为中心的虚假情报很多呢？原因当有如下几点：

第一，青把都个人及其属部的行为为这种情报提供了素材。青把都所属部落中的哈不慎、小阿卜户等多次跟随土蛮犯边，明边吏按中原的传统将责任记在上级首领的头上。这种情况下青把都难脱干系。以青把都等人为首的祭神活动规模一直都很大，祭神的地点就在察哈尔部的南边，这类祭祀活动常常还会有察哈尔部等"东虏"的参加。有人考察，"土蛮、青把都、黑失炭、哈卜慎、莽古大等蒙古左、右翼封建主经常'往长昂营'、'走长昂营'或'驰昂营'聚兵'祭天'或'祭神'"，此祭神的目的"在很大程度上就是朵颜卫及其附近的众多蒙古人每年聚集在位于大宁城的月伦太后斡耳朵前举行的月伦太后斡耳朵祭祀。因为，朵颜卫长昂及其祖先世代守护月伦太后斡耳朵，而从四面八方来到长昂营的蒙古左、右翼封建主营地却未具备这种历史性的、根深蒂固的祭祀条件"。② 一看到蒙古部落大量集结在一起，敏感的明方将领就如惊弓之鸟，惶然失措。

第二，青把都的住牧地和实力使他成为这些虚假情报众矢之的。青把都住牧的地带恰好是东部战争持续地带的边缘，有时战争也会向西发展，直接波及青把都的领地上，青把都自然难逃干系。如果把土蛮与明朝之间持续几十年的战争比作是连续不断的地震的话，地震的余波所及使得周边地区也难以平静，况且这个地震中心时常会转移到本地区上来。蒙古部落中，尤其是朵颜三卫又确实有一些首领在抓势造谣，以壮声威，恐吓明朝。在制造声势时，最具参战

---

① [明] 郑洛：《边将因循积玩疏》，载《明经世文编》，北京：中华书局影印本，1962年，第4376页。
② 胡日查：《有关朵颜卫者勒篾家族史实》，《内蒙古社会科学》，2000年，第1期，第58页。

条件的、实力最强的、也最具威慑力的莫过于青把都了。

第三,机缘巧合,察哈尔部青把都的行动恰好从实际上"证实"了哈喇慎部青把都的犯边。在瞿九思看来,青把都不仅有倾向,还有行动。总之,围绕着青把都的各个方面的条件都提供了共同的倾向,即青把都东边犯边,西边挟赏。据此,将不实的哈喇慎部青把都的情报资料和察哈尔部青把都的实际行动资料捏合在一起,青把都的冤案也就制造成功了。

(二)《中三边·黄台吉列传》史料辨析

《万历武功录·黄台吉列传》专门记述土默特部俺答汗(Altan qaγan)长子黄台吉(qung tayiji)之事迹,是《武功录》中篇幅较长的一个传记。传文开始,作者即开门见山地说,"黄台吉,俺答长子也……胡中名黄台吉为辛爱"。他是继俺答之后,成为蒙古土默特部和右翼各部首领的,汗号为辛克都隆哈(Sengge dügüreng qaγan),① 又名孔昆的禄儿辛爱黄台吉。② 但是,《武功录·黄台吉列传》所记内容并非完全是俺答之子黄台吉的事迹,而是混记了其他部落、名字或称号也叫"黄台吉"的其他首领的事迹。所以,《黄台吉列传》属于一传多人的类型。那么,本列传到底混记了哪几个人呢?本传还有其他讹误吗?

《黄台吉列传》中出现混记情况的史料主要集中在从款贡(1571年)到黄台吉嗣位(1583年)之间的时间段内。此前,在明蒙冲突的大环境下,几乎所有蒙古首领都参加了对明朝的犯边行动,黄台吉的入边掳掠也就无可指责,而且也不必分辨。嗣位后,黄台吉谨遵约束,惩治犯边部属,为维护双边和平作出了贡献。本传的后段就是如此描写并评价他的。不仅本传如此记载和评价,《明神宗实录》的记载也证明了这一点:"礼部题覆总督宣大郑洛题称,顺义王乞庆哈病故,乞俯从优恤。上曰:'乞庆哈嗣封虽未久,恭顺有加,

---

① [明]萧大亨:《北虏世系》,载《北京图书馆古籍珍本丛刊》,第11册,北京:书目文献出版社,1988年,第643页。

② [明]瞿九思:《万历武功录》卷8《黄台吉列传》,北京:中华书局影印本,1962年,第801页。

准照伊父祭葬例，以示优恤'。"①

下面我们重点考察从隆庆五年到万历十一年之间的几条相关史料。

> 隆庆六年（1572②），其九月，黄台吉部夷巴狼、首领哥误、通事人土宽等五人为西番袭杀之海上。宾兔使使者追问，实以误杀，亡（无）他肠。于是罚马以赎死者命。③

"西番"和"海上"两词把事件发生的地点确定在青海地区。此言似乎证明隆庆末黄台吉有兵力或部属在西海活动。实际上是否如此呢？从《阿勒坦汗传》的记载看，黄台吉参加过俺答等人组织的对明边的进攻。

> 右翼三万户聚集于上都之察罕格尔台地方，
> 阿勒坦汗、诺延达喇济农、昆都楞汗三人，
> 使勇士都古楞僧格诺延领兵先行，
> 右翼三万户入希喇塔拉沟向汉国进军。

尽管俺答汗多次西征西海、甘肃边外，《阿勒坦汗传》的记载也十分详备，但黄台吉从未随行过。因此，在嘉靖前期右翼各部出征西海的活动中，黄台吉并未参与。

从《武功录》本传中看，嘉靖中期以来，黄台吉的活动区域都集中在大同府（今山西大同市）以东、上谷（今河北张家口市）、蓟镇（今天津蓟县）地区。"嘉靖中，索马市云中，云中弗许，计穷无所获，乃提精兵走蓟辽，而独石、古北、潮河之间，萧然苦兵矣"。"自是，上谷以东、渔阳以西，胡马充塞道路矣"。④ 隆庆年间，包括俺答汗在内，只有隆庆四年进行了一次尚未到达目的地的

---

① 《明神宗实录》卷172，万历十四年三月乙卯条。
② 凡在《武功录》引文中出现的年号是笔者根据上下文中出现的明确干支纪年的标示，对前后文进行推断而得出的年份，未与其他记载勘对修止，不一定是事实发生的真实时间。
③ 瞿九思：《万历武功录》卷8《黄台吉列传》，北京：中华书局影印本，1962年，第794页。
④ 瞿九思：《万历武功录》卷8《黄台吉列传》，北京：中华书局影印本，1962年，第785页。

西进活动（刚出行一个月，俺答之孙把汗那吉投明事件发生，俺答急忙赶回土默特）。这一次黄台吉不但没有随行，而且还和父亲产生了矛盾。隆庆四年（1570年）八月，"俺答营白海跃旗茔，待东虏黄台吉。台吉往扼上谷，几毙，心惮，内犯不可；请北掠黑达，议又不可……其九月，俺答西辕掠土蕃，留妻一克哈屯、孙把汗那吉守巢"。①"俺答果引其众东行，道逢黄台吉，言欲先蹂践我近边田禾。黄台吉恐兵力不足，言不可。于是俺答怒，东走大白海子，而黄台吉亦北走，各别去"。② 也正是因为黄台吉没有与父亲同时西行，所以，把汗那吉降明事件发生后，他首先带兵赶往大同弘赐堡，向明朝官吏索取降人。"其十月，黄台吉、兀慎、摆腰乘俺答西行，索降人，摆众驰弘赐堡，掘墙而入，直薄镇城"。③ 所以，隆庆年间，黄台吉不可能出兵西海或有属"夷"活动。

那么，本句话中的"黄台吉"是谁呢？土默特万户中没有其他人被称为黄台吉，而在嘉靖中几次随同俺答一同出兵西海、隆庆中单独出征瓦剌的是鄂尔多斯万户的首领们，他们中被称为黄台吉的有四个人：第一个是，那言大儿吉能之长子把都儿黄台吉（baγatur qung tayiji）；第二个是，那木按（Nomoqan）台吉之长子铁盖黄台吉（Degei qung tayiji）；第三个是，那木按之次子把都儿黄台吉；第四个是，切尽黄台吉（sečen qung tayiji）。其中那木按的长子和次子活动地区集中在延绥、宁夏边外，④ 而且此时似乎他们尚未进入历史舞台，都是他们父辈们活跃的时期。几次西进中的主力都是吉能系把

---

① 瞿九思：《武功录》卷7《俺答列传中》，北京：中华书局影印本，1962年，第726页。

② 瞿九思：《武功录》卷8《黄台吉列传》，北京：中华书局影印本，1962年，第788页。

③ 瞿九思：《武功录》卷8《黄台吉列传》，北京：中华书局影印本，1962年，第788页。

④ [明]萧大亨：《北虏世系》：那木按系诸台吉"在榆林边外住牧，东与神木县相邻"。载《北京图书馆古籍珍本丛刊》，第11册，北京：书目文献出版社，1988年，第641页。《武备志》："宁夏镇两河边外住牧夷人……河西边外夷：黄河岸老虎山是营名，离平虏边八百余里，住牧夷人俱在平房厂互市。"载《四库禁毁书丛刊》，子部，第26册，北京：北京出版社，2000年，第293页。

都儿黄台吉、狼台吉系、那木按系和切尽黄台吉兄弟们。尤其是隆庆末鄂尔多斯万户首领单独出征瓦剌之事，在蒙汉文史籍中都有记载。① 在吉能之子把都儿黄台吉和切尽黄台吉两人中，笔者认为这个黄台吉所指应该是切尽黄台吉。"兵部左侍郎石茂华题防秋事宜，言……陕西、延宁、固原三镇，切尽套虏各酋效顺纳款，边境晏然，似无他患。但陕西地方延袤，动辄千里，防范易至疏阔。今酋首吉能物故，其子把都儿黄台吉西掠未回，尚有打儿汉台吉诸酋分据套中，名分未定，统属无人，恐各酋自相雄长，易生反侧，狼奔豕突，贵防未然。甘肃远在河外，三面临边，番虏交杂，所称斗绝孤悬者，虏酋止宾兔等数枝及黄台吉下部落零寇在边外住牧，近因套虏切尽黄台吉西掠，银锭台吉等诸虏俱相继西行，率多经繇内地，环牧于西海及镇番等边外"。② 此时距离事件的发生只有两月时间，西行的是切尽黄台吉。这里还明确指出了，把都儿黄台吉住牧在陕西地方，此时仍"西掠未回"。而甘肃边外住牧的是宾兔和切尽黄台吉部下等，因其诸首领大都跟随切尽黄台吉西行，环牧于西海及镇番等边外。"兵部奏甘肃抚臣廖逢节言：套酋切尽黄台吉等欲从甘州往西海住牧，宾兔、歹成妻男盘据昌宁湖，坚执欲从黄台吉去路行走。总督戴才亦言：套内诸虏陆续俱到镇番、凉、永境外住牧，及抢掠番夷，欲繇内地经行"。③《切尽黄台吉列传》中也指出了切尽本年西去是前往西海，"壬申（1572）春二月，切尽乃踏水临边"，与明朝官吏进行了一次密切接触，"切尽言：'我实往西海。'于是，起营至双井墩，徘徊者久之，则又从团湖儿走昌宁安远墩。已，又至溜沙坡止舍……我谍者侦之，乃曩所称超胡儿、那木歹、滚吉阿卜害及火落赤妻妣吉，欲过边临城而与大酋长会，会往西海也"。直到次年，切尽还在海上。"万历癸酉（1573），宣大制置使王崇古录监市功。上有诏：赐切尽台吉彩段二表里，织金纻丝衣一袭。然而切尽

---

① 《蒙古源流》、《万历武功录》的《切尽黄台吉列传》、《火落赤列传》等记载了切尽系的西征把都儿黄台吉在隆庆末年"西掠未回"。
② 《明神宗实录》卷3，隆庆六年七月乙酉条。
③ 《明神宗实录》卷3，隆庆六年七月戊戌条。

尚在海上，何以叙之"？也就是说，此次切尽去西海活动的时间从隆庆末年直到万历元年。因此，这个部下被杀的"黄台吉"应该是切尽黄台吉。蒙古文史籍中也记载了切尽此次出征的情况，但地点有差异。"[忽图黑台·切尽·黄台吉的] 两个弟弟，[一个是] 生于壬寅年，年已三十一岁的不颜答剌·合落赤·把都儿，[另一个是] 生于乙巳年，年已二十八岁的赛因答喇·青·把都儿，于壬申年出兵托克马克，在失喇木连[河]地方进攻阿哈撒儿合罕，抢掳了他的属众和牲畜，捉住了他的哈屯"。在这次出征中，切尽的两个弟弟合落赤·把都儿和青·把都儿均战死。"癸酉年，切尽·黄台吉三十四岁，从称为'赛因哈屯之四营五腹'的五哨队中精选了七百名士兵出征。来到结仇的哈速鲁黑地方，托克马克的阿哈撒儿合罕率领十万军兵迎战，双方在额失勒·达布地方交战"。① 如何理解蒙汉文史籍记载中的地点差异呢？当时，吉能死，把都儿黄台吉西行未回，而且他后来"为西瓦剌所杀"。② "套房"为向瓦剌复仇，此次在切尽的率领下大规模西行，部众很多，为了方便路途中牲畜生存问题，他们选择从西海绕道前往瓦剌，而不是从河西走廊以北的沙碛地区行走。而且他的兵力不一定马上赶赴托克马克，西行各部是在西海聚集后一同出兵瓦剌的。所以，在西海被杀的当是切尽黄台吉的部下。因此，此段材料混入了切尽黄台吉的事迹。

（万历元年）其三月，我通事人欧阳清驰黄台吉所，黄台吉具为清言："察罕儿、花旦（即花当，朵颜卫首领）计欲寇辽东。"是时，台御史张学颜则又言：黄台吉与察罕儿聚兵。于是，制置使刘应节、御史陈文燧及给谏张书皆以为：此黄台吉言不足凭，大都恐阳为传报，以要私好，而阴实有它肠耳。③

台御史张学颜的报告中只是说，黄台吉与察罕儿合兵，但并没

---

① 乌兰：《〈蒙古源流〉研究》，沈阳：辽宁民族出版社，2001年，第367页。
② [明]萧大亨：《北虏世系》，载《北京图书馆古籍珍本丛刊》，第11册，北京：书目文献出版社，1988年，第256页，第640页。
③ 瞿九思：《万历武功录》卷8《黄台吉列传》，北京：中华书局影印本，1962年，第795页。

有特别的指出是哪一个黄台吉("北虏"中称黄台吉的人很多);而且,俺答之子黄台吉明确指出了此是察罕儿与花旦欲寇辽东,与自己没有关系。

《武功录·土蛮列传》中也记载了此事。"三月,土蛮与西虏黄台吉合兵,声欲略辽东。备御史葛景岳即使通事欧阳清谕黄台吉。黄台吉乃云'察罕儿及花旦都督。'果有之。于是,给谏张书奏虏势,因言,察罕儿即土蛮也"。① 可以看出,本段材料与上段材料是同一史源,"欲略辽东"之事与传主黄台吉没有关系,故而他进行了辩解。两相对比,事件发生的时间先后被颠倒了:《土蛮列传》中"声欲略辽东"在前,明方"谕黄台吉"以及黄台吉为自己辩解在后;《黄台吉列传》所记恰好相反,先谕黄台吉,后出现黄台吉与察罕儿的聚兵。按照常规的事件发生顺序,显然《土蛮列传》的记载是正确的。否则,明方通事何以无缘无故的去"谕黄台吉"呢?!但,著者在撰写《土蛮列传》的过程中想当然的在"黄台吉"前加上了"西虏"一词。这个错误也情有可原。因为,不仅著者是这样认为的,当时很多当事者也都有这种误解。否则就不会派通事欧阳清去"谕"黄台吉了。

尽管明方将史不相信黄台吉的辩解,但向通事人欧阳清通报、透漏消息的"黄台吉"与台御史张学颜所说的"黄台吉"不是一人,此"黄台吉"非彼"黄台吉",这是不可否认的事实。

第一,款贡后,黄台吉没有聚兵犯边行动。但在明人记载中其为人桀骜不驯,与父亲、弟弟们、子侄们及与其他部落之间的关系都十分不睦。大概是因为牧地接近明京城,嘉靖、隆庆中攻略明京畿要地的次数比较多,明人对其恨之入骨。受明代史料记载的影响,和田清也认同了这种观点。能够和黄台吉融洽相处者,当为性情宽厚之人。老把都儿"为人似乎是个宽厚长者……和秉性凶悍而与俺答不和的辛爱黄台吉和故主小王子土蛮汗,也颇融洽相处"。② 款贡

---

① 瞿九思:《万历武功录》卷10《土蛮列传》,北京:中华书局影印本,1962年,第924页。
② [日]和田清:《明代蒙古史论集》,北京:商务印书馆,1984年,第540页。

后,手下部"夷"也曾经多次盗边,互市之初更在三卫"夷"人的挑拨之下,迟迟不赴市场,推迟贡市时间,与明朝争夺三卫等等,有关他与左翼各部合兵、或他投奔左翼各部的谣言也很多;左翼各部也借用他的名声威慑恫吓明朝军队和将领。但与左翼合兵略边之事还是没有过的(误记的除外)。

第二,万历初年,张学颜在辽东巡抚任上,他在奏折中反映的情况所指大部分是辽东之事。"隆庆五年……进右佥都御史,巡抚辽东……万历初……卒筑宽甸,斥地二百余里。于是抚顺以北,清河以南,皆遵约束。明年冬,发兵诛王杲,大破之,追奔至红力寨。张居正第学颜功在总督杨兆上,加兵部侍郎"。[①] 万历初年,张学颜在辽东的宽甸一带与女真打交道比较多。当然,他作为辽东巡抚,不排除他和辽西察哈尔部蒙古交往的可能。但,如果文中指的是俺答汗的儿子黄台吉,张学颜的势力显然已经"扩张"到了大同府了,至少也到了张家口。这是不可能的事。

第三,与察罕儿合兵、真正犯边的是住牧辽东的蒙古左翼首领。这个首领到底是谁?有三个人值得怀疑。其一,《武功录》东三边卷十中有《黄台吉列传》,篇幅较短,传主是土蛮的侄子。"黄台吉,别名小黄台吉,土蛮侄也"。他的传记从"甲戌(1574年)"冬开始记起,传中并无万历元年的相关内容,据此传很难判断是否就是这个人。另,《武功录》内同一传记所记的四人中其他人都是土蛮的儿子,如卜言台周,土蛮长子;宰赛兀儿,土蛮次子也;额参,或云亦土蛮子也。据此,黄台吉极有可能也是土蛮的儿子,而不是他的侄子。但这个黄台吉肯定不是"卜言台周"。其二,土蛮汗的次子"委正黄台吉(üyijeng qung tayiji)。"其酋曰土蛮憨,号老王子。九子,自长男扯臣憨而下,曰委正黄台吉,曰额参台吉,曰……"[②] 土蛮罕的诸子中,委正黄台吉是否也可以被简称为黄台吉?实际上,

---

[①] 张廷玉等撰:《明史》卷222《张学颜传》,北京:中华书局,1974年,第5855页。

[②] [明]张鼐:《辽夷略》,载《四库禁毁书丛刊》,集部,第105册,北京:北京出版社,2000年,第605页。

他以"委正"之名而闻名，这在史籍中已经是个常识。所以，委正黄台吉不大可能是被混记到《黄台吉列传》中。其三，察哈尔部瑗塔必长子脑毛大黄台吉（Namudai qung tayiji），有时也简称黄台吉，是土蛮汗的从弟。① "其酋曰瑗塔必，故，而生十子，长曰脑毛大黄台吉"。② 脑毛大黄台吉，蒙、汉文史籍中一般称其为脑毛大、那木大和奴木大等，③ 但有时也称其为黄台吉。"（杜）松受总督王象乾指，潜捣黄台吉帐，以牵蓟寇。乃从宁远中左所夜驰至哈流兔，掩杀拱兔部落百四十余级"。④ 和田清对其名字有个综合性的论述："奴木大这个名字，除《大明实录》隆庆四年条里载土蛮汗纠集虏酋奴木大而出现外，非常罕见，而脑毛大这个名字，却经常出现在《明史·李成梁传》等里面，是万历年代侵犯辽东的著名强酋。《全边略记》卷一《蓟门略》万历四十七年八月条里以脑毛大黄台吉出现。其强盛情形，从熊廷弼的《计安西虏书》里曾把虎墩兔罕、黄台吉和拱兔称作察哈尔部三大酋，便可了解。"⑤ 这里，脑毛大黄台吉就被简称为黄台吉。所以，黄台吉或是土蛮汗的侄子，或是从弟。不管是哪种可能，"与察罕儿合兵的"黄台吉是左翼察罕儿部的首领，这是可以肯定的。《武功录》中三边的《黄台吉传》混入了东三边中土蛮汗近亲黄台吉的事迹。

其七年九月，青把都大会黄台吉，欲连横三卫，寇辽阳。

这个"黄台吉"肯定是左翼蒙古的首领。在《黄台吉列传》中记载从万历三年到万历八年、九年中，他一直谨慎遵守贡市，并且形成了一定的规律，即每年的五月和八、九月，或先入贡，或先入市，非常遵守双边约定。在这样一个持续发展的阶段，突然出现了

---

① 土蛮汗与那木大黄台吉的曾祖父是同一个人，即达延汗的长子。
② [明] 张萱：《辽夷略》，载《四库禁毁书丛刊》，集部，第105册，北京：北京出版社，2000年，第606页。
③ 《蒙古源流》、《武功录·脑毛大列传》等史籍都称其为脑毛大。
④ 张廷玉等撰：《明史》卷239《杜松传》，北京：中华书局，1974年，第6218页。
⑤ [日] 和田清：《明代蒙古史论集》，北京：商务印书馆，1984年，第449页。

一件反常的事件，令人无法解释。实际上，这里的"青把都"不是右翼哈喇慎的"青把都"，而是蒙古左翼部落察罕儿万户的青把都儿。瞿九思在《青把都列传》中混记了左翼部落的首领。① "黄台吉"也不是右翼土默特部的黄台吉，而是和上文一样，是左翼蒙古察罕儿部的黄台吉，是土蛮汗的子或侄。从上文的判断可以得出类似的结论，从地理方位上也可以得出这个结论。青把都和黄台吉，如果属于右翼部落，可能做到令三卫听命，但绝不可能跨越蒙古左翼多个部落的领地，由两个人率兵去奔袭明朝的辽东重镇——辽阳的。再者，读者必须注意的是，文中提到的是"欲"连横三卫，而不是实际行动。

  为什么会不断地发生这种混淆呢？因为双方牧地上的相邻性、双方属"夷"的交错性等原因导致了混淆错误频繁发生。黄台吉的住牧地是："先在宣府边外旧兴和所小白海马肺山一带住牧，离边三百里。袭封后仍住俺答旧穴"。② 万历元年，俺答在世，黄台吉还没有袭封，故仍住牧旧地——兴和所，今河北省张北县一带。③

  察罕儿土蛮和黄台吉的牧地：史料记载不明，需综合几种文献共同分析得出结论。成书于万历中期的《北虏世系》说，察罕儿土蛮部即蒙古大汗本部驻地在"宣府镇东北住牧，与蓟镇相连，离边约一月程"。没有详细的方位。稍后成书的《辽夷略》专门叙述辽东蒙古各部位置，又得自于"周中丞毓阳《全辽图》底本，中颇详核"，指出了具体方位。"自宁前而东，我边地渐广，则广宁、锦、义诸堡矣。踞塞外者，皆朵颜诸部也。其酋曰土蛮憨，号老王子，九子，自长男扯臣憨而下，曰委正黄台吉、曰额参台吉、曰索迷台吉，曰歹青台吉，曰琵琶台吉，曰莽官儿大台吉，曰卜言太台吉，曰桑阿儿赛台吉。今诸酋皆虎墩兔憨（即林丹汗）约束之。牧地直广宁，去塞十余里，而市赏皆广宁镇远关"。在广宁、锦、义边外，

---

① 见前述关于《青把都列传》的考辨。
② ［明］萧大亨：《北虏世系》，载《北京图书馆古籍珍本丛刊》，第11册，北京：书目文献出版社，1988年，第643页。
③ 谭其骧主编：《中国历史地图集》，第七册，北京：中国地图出版社，1982年，第44－45页。

第四章 《万历武功录》蒙古部分的讹误种类及相关史料考辨(上) | 157

距离广宁塞十余里,是其具体方位。"十余里"肯定是"千余里"的笔误。《顾中丞抚辽疏议》中说:"直义州有黄台吉、以儿邓、委正、青把都儿、那木大等酋约十三四万余骑,在地名黄河迤北一带游牧,离边约四五百里;土蛮、卜言台住、宰桑兀儿、把哈土妹、大委正等酋曰四十万余骑,在地名盐场、金线塔等处游牧,离边约六七百里,岁结聚大举入犯。"① 黄台吉和土蛮的住牧地在黄河迤北,距离义州四五百、六七百里。而且还有另一个坐标可确定其具体位置。"舍喇母沓,即舍喇母林,番云黄河也。在大宁城之北,离蓟边约有一千二三百里。水势不大,其河不宽,东虏聚兵常由于此,以犯辽东、广宁地方"。② 综合以上资料,在"宣府镇东北"、距义州六七百里、距蓟镇一千二三百里、黄河迤北的地方就是察罕儿部土蛮汗的住牧地,黄台吉作为土蛮汗的子侄,住牧地大致上也应该是在这样的方位。达力扎布考证后,认为"对察哈尔部南迁后的住牧地,明朝人一般认为是在潢水之北"。③ 从宣府到潢河以北,相对来讲,是蒙古右翼和左翼部落中住牧地距离比较近的两个地点。而脑毛大黄台吉的住牧地距离土默特部黄台吉的住牧地更近。"直广宁西北而收(牧),离边约七百余里,市赏亦由镇远关者,其酋曰矮塔必,故,而生十子,长曰脑毛大黄台吉"。④ "擦汗儿达子小部落,山前辽东地方宁远、广宁"。⑤ 这个地方距离宣府更近。薄音湖和达力扎布认为应该是在大小凌河流域或在大小凌河流域以北地区。⑥

---

① [明]顾炎武编:《皇明修文备史》、《顾中丞抚辽疏议》,载《北京图书馆古籍珍本丛刊》,第8册,北京:书目文献出版社,1988年,第478页。
② [明]米万春:《蓟门考》,明崇祯刻本,载《四库禁毁书丛刊》,史部,第15册,北京:北京出版社,2000年,第499页。
③ 达力扎布:《明代漠南蒙古历史研究》,海拉尔:内蒙古文化出版社,1997年,第118页。
④ [明]张鼐:《辽夷略》,载《四库禁毁书丛刊》,集部,第105册,北京:北京出版社,2000年,第606页。
⑤ [明]茅元仪:《武备志》,载《四库禁毁书丛刊》,子部,第26册,北京:北京出版社,2000年,第261页。
⑥ 薄音湖:《关于察哈尔史的若干问题》,中国蒙古史学会编:《蒙古史研究》第五辑,呼和浩特:内蒙古大学出版社,1997年,第210页;达力扎布:《明代漠南蒙古历史研究》,海拉尔:内蒙古文化出版社,1997年,第120页。

从黄台吉住牧地的宣府镇到土蛮汗、黄台吉的住牧地黄河（潢河）之间恰好是蒙古兀良哈三卫中朵颜卫的住牧地蓟镇，在蒙古民族游牧生产的流动性、朵颜卫首领在东西蒙古各部的从属关系及他们对东西蒙古的影响等因素作用下，两个"黄台吉"的混淆就容易理解了。蓟镇，"东起山海关，西至大水谷，抵昌镇慕田谷（峪），边长一千余里。镇外系朵颜三卫属夷"。①《武备志》引《兵略》说："蓟镇边外住牧夷人：酋首长昂是朵颜三卫夷人，部落约三万有余，在喜峰口互市。"朵颜卫重要首领长昂等人住牧在蓟镇，处于东西蒙古交往的中间，枢纽作用十分明显。同时，作为明朝属"夷"，他们在喜峰口一直享有明朝给予的贡市之利，这对东西蒙古都具有重大吸引力。他们又紧邻明朝京都，地理位置十分重要。以上种种，使得朵颜卫成为东西蒙古在战争时期争夺的重点。东西蒙古各部从嘉靖二十五年左右开始了对三卫的瓜分，"到庚戌之变（嘉靖二十九年）时，已经完成了对三卫的瓜分"。对于三卫被瓜分的情况，"据《卢龙塞略》卷15《贡酋考下》，朵颜卫花当十一子中，承袭都督职务的嫡系长子革儿孛罗子孙及其部落附属'西虏'，即俺答兄弟子侄；其庶生十子及其子孙、部落俱附'东虏'，即打来孙汗兄弟子侄。在附属'西虏'的部分中，以都督影克为首的嫡系属俺答弟昆都楞汗，影克的兄弟分属俺答及其弟纳林、子辛爱等人"。"总计'西虏'（右翼）六大首领，占有部落23支，7840余人；'东虏'（左翼）七大首领，占有19支，6680人，大体上平分了朵颜卫，右翼略强。这里的人数是指丁数（兵数）"。② 东、西蒙古瓜分的朵颜卫各首领的领地肯定不是整齐划一的，在领地上的交错分布、各支系关系的错综复杂使得在明人眼里朵颜卫的情况更是扑朔迷离。更为复杂的情况是：隆庆、万历以来，朵颜卫首领们并不一定遵守东西蒙古属"夷"划分的习惯，总是根据实际情况的需要，时而附东，时而附西。"自长昂、董狐狸反复以来，大率西就赏而东寇掠，势聚

---

①　[明]茅元仪：《武备志》，载《四库禁毁书丛刊》，子部，第26册，北京：北京出版社，第248页。
②　达力扎布：《明清蒙古史论稿》，北京：民族出版社，2003年，第207–209页。

则大人塞,势孤则假传报以邀赏,要挟无厌,而国门外寇如云矣"。①
"及其末也,泰宁、福余常与东虏合,而朵颜常与西虏合,弱则乞赏,强则要挟,少则鼠窃狗偷,众则称兵入犯。或联姻于西虏而藉其执(势),或向导于东虏而假其声。大抵三卫……顺逆相杂,动息必闻,知我牵制多端,不易远剿,是以作贼未已,而增赏继之,增赏甫尔,而作贼复继之"。② 正是因为三卫"或联姻于西虏而藉其势,或向导于东虏而假其声",使得情况更加复杂,本已对蒙古情况糊涂的明人在得到消息后,对情况的推断更是常常张冠李戴,发生重大错误。比如,蒙古左翼的青把都儿犯边,明方官吏却对哈喇慎部的青把都横加指责。③ 类似的情况还有很多。

所以,在以上错综复杂的情况中,把左翼蒙古的"黄台吉"和右翼蒙古的"黄台吉"混成一人,是十分正常的现象。

《黄台吉列传》中的讹误除混记了其他两位黄台吉的事迹之外,还有一种情况值得注意:材料不实的问题。当时经边的许多臣僚对黄台吉的印象很差,这些印象反应在他们的奏折内,奏折又被瞿九思采用撰写了《武功录》中三边的《黄台吉列传》。此传中很多材料仅仅是推测性材料、不是实际材料或事实材料。故而,注意材料是属于推测性的,还是属于事实描述性的,在使用材料时十分重要。此处仅举两例。

隆庆五年,"其三月,俺答益感得孙之惠,强黄台吉、把都儿委质而臣事汉。御史刘良弼上书,言黄、把二酋只为父兄所强,终非本意。而况往来者,惟侯天禄及二三中国亡命之徒,两相传说,皆一切欺谩语,弗可信"。④ 此条材料来源于御史刘良弼的奏疏,"御

---

① [明]张鼐:《辽夷略》,载《四库禁毁书丛刊》,集部,第105册,北京:北京出版社,2000年,第604页。
② [明]米万春:《蓟门考》,明崇祯刻本,载《四库禁毁书丛刊》,史部,第15册,北京:北京出版社,2000年,第499页。
③ 瞿九思:《万历武功录》卷9《青把都列传》,北京:中华书局影印本,1962年,第848-855页。另见前述关于《青把都列传》的相关考辨。
④ 瞿九思:《万历武功录》卷8《黄台吉列传》,北京:中华书局影印本,1962年,第790页。

史刘良弼以封贡事毕上疏陈六渐……且言：'虏酋黄台吉向化不醇，他日必为边患'。上以其言示总督王崇古，崇古覆言：'……黄酋桀骜，臣亦知之。但彼既出悔过之言，又自与父、叔内，疑势穷乞贡。臣数加诘让，设策牢笼，使其中有所慕而不能舍，外有所畏而不敢肆，然后许之。虽豺狼之性，难保其终，然一时抚驭之术，似无出于此'"。① 黄台吉与父亲有矛盾，但封贡之事出自现实需要，是蒙古方面数十年一直梦寐以求之事，黄台吉也不例外，并非完全出于父亲压力。明官吏在连年战败、连年防御、并已经惊惶失措之余，看不清形势的实质发展，以己度人，推测黄台吉非诚心款贡，他日必为边患，从而加强对黄台吉的防范。当时的兵部左侍郎石茂华在《题防秋事宜》奏疏中说：黄酋"凶狠骄横，终难驯服"。② 不仅如此，明朝边吏还经常以农耕民族的传统道德来衡量揣测游牧民族的文化和心理，对明朝愿意款服、诚心纳贡的俺答进而成了衡量对明顺逆的标杆和尺码，如，黄台吉对父亲"不驯顺"、"不孝"的态度也是明朝衡量黄台吉对款贡一事的标准了，因为俺答同意款贡，黄台吉对父不尊，自然也就是对款贡的不满。这样的推理和推测与现实情况自然大相径庭，其结果搞得明朝的对蒙政策无的放矢，更加患得患失，既害己又害人。

万历元年，"其十一月，御史孙鑨上书，陈八边计，以为黄、把之乍顺乍逆，皆俺酋明委之，以贾我厚利，使我不得于彼而怀戒备，则必厚施于此，以为钁锤地耳"。③ 这里御史孙鑨也以己度人，推测蒙古方面是由黄台吉、把都儿与俺答在搞一打一拉的两方配合行动，其中一方，在贡市中极力制造事端；另一方，极力促成并维护明蒙和议。双方密切配合，一打一拉，翻云覆雨合力对付明朝，以便从明朝那里获得厚利。现实是否如此呢？实际上，从隆庆五年议和达成到万历元年的御史孙鑨上书，贡市只不过进行了两次。两次贡市

---

① 《明穆宗实录》卷64，隆庆五年十二月壬寅条。
② 《明神宗实录》卷3，隆庆六年七月乙酉条。
③ 瞿九思：《万历武功录》卷8《黄台吉列传》，北京：中华书局影印本，1962年，第796页。

中，第一次，蒙古方面许多部落根本不相信明朝的封贡诚意，观望而后市；第二次，蒙古方面内部又发生了一系列事件，老把都儿、吉能先后物故，以北黑"夷"来攻袭，贡市上有些首领致病甚至致死等，导致贡市后延。这在蒙古方面是很正常的事。游牧文化的流动性、不可预计性、粗犷性等使他们没有过多考虑细节的习惯，在地点、时间、规模、程序上并未完全遵守明朝方面的规定，态度上也不是明朝方面希望的那样毕恭毕敬。但这绝非他们不诚心款贡，而是受生活方式、生产方式制约而决定的。明朝方面则从农耕文化的固定性、计划性、细节性等方面出发，力图从多方面、多角度地百般约束、限制蒙古，一有风吹草动，就担心、推测、揣摩蒙古方面的居心，而且总是以最险恶的用心设计对方。这一方面是明朝官吏的阴暗心理作怪，反映了明朝日益的腐朽和没落；另一方面，也是游牧文化、农耕文化互不交流、互相隔离所致。

  这种猜忌、防范心理在当时明朝官吏中普遍存在，其中巡按宣大御史孙鏓的奏折十分具有代表性，特以此作为本段的结束。"黄台吉素强悍，跳梁凌侮诸夷，一旦天夺其魄，被子抢去人马，其势困弱似若可喜。但其穷蹙窘迫无所依归，恐不肯安受其子之侮。况住牧地方与察罕儿相近，幸素相仇隙耳。万一虏情狡猾，穷极生变，不合于此，求合于彼，察罕儿忘其仇隙，藉为虎翼，协心内寇，蓟镇之间多不得宁静"。① 在明朝人眼里，无论黄台吉怎样落魄，都难以消弭黄台吉曾经危害、甚至将来还会危害明朝边境这一事实的存在。被儿子（扯力克）抢掠、穷蹙窘迫、与察罕儿相互仇隙等等都不能改变黄台吉曾经给明朝军队以沉重打击，并因之而已经成为明人一大心病的事实。

  （三）《哈不慎列传》史料辨析

  《哈不慎列传》是记载哈喇慎部老把都儿第三子的传记。"哈不慎义名米二兀儿，昆都力哈第三子也"。该传是个带有综合错误的传记。

  首先，该传记的第一个错误是以部落名代人名。塞瑞斯说："哈

---

① 《明神宗实录》卷3，隆庆六年七月甲午条。

不慎不是他真正的名字。正如我们将从本表其他处所见到的，这是个氏族名称，别的方面我就不知道了。……《武功录》卷9第28－29页上有他的一篇短传，也称他为'哈不慎'，但也记载了他的第二个名字：来三兀儿。这第二个名字为《水晶念珠》（第686页）所证实：Layisangγur（赉桑固尔）……至少在最初，'哈不慎'给中国人造成许多麻烦，他对他的哥哥们是很独立的。"① 塞瑞斯认为"哈不慎"是氏族名称，实际也就是部落名。"哈不慎是明人经常提到的营名，甚至把它做为人名。像这样著名的部落，在蒙文史书中应当有所反映，因此我以为那力不赖之子领有的'哈不慎'就是'好陈'，亦即蒙文史书中阿尔博罗特领有的'浩齐特'。当然，哈不慎与好陈、浩齐特在语音勘同上有很大的困难，但根据史料来看，将它们视为同一个，或者不那么勉强。我甚至觉得'哈不慎'有可能是'哈兀慎'的讹写"。② 本段文字中，哈不慎、浩齐特和好陈之间的关系到底如何，未置可否，但作者确切指出"哈不慎"是部名。而且明代汉籍史料中也很明确地说：那力不赖台吉，"长子失喇台吉，营名哈不慎……次子那出台吉，营名哈不慎。"③ 有时明人用部名代以指称此部的首领名字，这也是事实。如，明朝人用阿尔秃厮来称呼鄂尔多斯部首领。④ 但是，另一方面，即便"在蒙文史书中找不到能与哈不慎完全相应的部名，赛瑞斯和森川哲雄都说不知此部究竟是怎样一个集团"。⑤ 哈不慎到底哪里去了？作为老把都第三子的来三兀儿是不是真的成了那力不赖部落的首领？他又是如何成为那力不赖部落首领的呢？这是个历史谜案。和田清和薄音湖两先生

---

① ［美］塞瑞斯：《达延汗世系表笺注》，《北方民族史与蒙古史译文集》，昆明：云南人民出版社，2003年，第828－829页。
② 薄音湖：《关于察哈尔史的若干问题》，《蒙古史研究》第五辑，呼和浩特：内蒙古大学出版社，1997年，第205页。
③ ［明］萧大亨：《北虏世系》，载《北京图书馆古籍珍本丛刊》，第11册，北京：书目文献出版社，1988年，第653页。
④ 李文君：《明代西海蒙古史研究》，北京：中央民族大学博士学位论文，2004年，第17页。
⑤ 薄音湖：《关于察哈尔史的若干问题》，《蒙古史研究》第五辑，呼和浩特：内蒙古大学出版社，1997年，第205页。

第四章 《万历武功录》蒙古部分的讹误种类及相关史料考辨(上) 163

做了不同的推测,①但尚未形成确切的结论。

其次,这个传记还是个矛盾的传记,应该有混记的可能,或者是使用了虚假情报材料。惟其如此,《哈不慎列传》才会出现过多矛盾,以至于瞿氏难以自圆其说,不得不从中百般解释。那么,到底是哪种情况呢?

在蒙古左翼各部中虽没有哈不慎部,更没有见到哈不慎(qaračin)的名字,但名字叫宰桑兀儿(Jayisangγur)的很多。宰桑兀儿应该是"来三兀儿"的不同译写。土蛮有子叫宰桑兀儿,"土蛮生八子:长卜言台周,次宰桑兀儿,次伯言户儿,次把哈委正,次额参,次先银,次烧花。又言生四子:长卜彦伯吉,次柏太,次卜彦兔"。②紧接着,瞿九思在《宰赛兀儿列传》中指出:"宰赛兀儿,又名柏大。"喀尔喀部也有宰赛台吉,"宰赛,系兀班次男伯要儿之子"。③这个宰赛是速把亥弟弟兀班的孙子,在父亲伯要儿战死后才亲自带兵,故而与哈不慎事迹混记的可能性不大。还有,兀鲁特部五路台吉的第六子也叫宰赛,"五路即狼台吉,故,生七子,长曰扯劳亥,次曰花台吉,三曰逞吉儿,四曰把败,五曰爪儿兔,六曰宰赛,七曰委正"。④瞿九思既然知道哈不慎的蒙古文名字,那么,他把记载来三兀儿(宰桑兀儿)活动的材料都当作是哈不慎的材料,并把它们编写在一起,应该是顺理成章的。所以,《哈不慎列传》应该是混记了蒙古左翼宰赛兀儿台吉事迹在内。但是,我们在《哈不慎列传》中找不到哪怕是一条以来三兀儿(宰桑兀儿)名字参与事件的材料;反之,凡在东三边《土蛮列传》、《卜言台周列传》所记有宰赛兀儿参加的活动,在《哈不慎列传》中却没有相应的记载。所以,第一

---

① [日]和田清:《明代蒙古史论集》,北京:商务印书馆,1984年,第392页;薄音湖:《关于察哈尔史的若干问题》,《蒙古史研究》第五辑,呼和浩特:内蒙古大学出版社,1997年,第205页。

② 瞿九思:《万历武功录》卷10《土蛮列传下》,北京:中华书局影印本,1962年,第964页。

③ [明]冯瑗:《开原图说》下,《玄览堂丛书》本,第27册,第9页。

④ [明]张鼐:《辽夷略》,载《四库禁毁书丛刊》,集部,第105册,北京:北京出版社,2000年,第607页。

种可能不存在了。那么剩下的就是第二种可能了,即使用了虚假材料。下面,我们对相关材料进行一一辨析。

>(哈不慎)入则与青把都市我张家口;出则从土蛮、黑石炭、速把亥、莽骨大、莽骨能等大钞(抄)我东隆。上即位,颇闻在上谷塞,辄以指挥佥事奉约束,斤斤唯谨。独无奈横行乎蓟辽也。①

这是一段一般性的总结文字。引文中与哈不慎合兵作战的都是"东房"中的察罕儿、克石炭、内喀尔喀部的人。土蛮是蒙古整体的大汗,住牧于左翼察哈尔部;黑石炭是克什克腾部首领,属于左翼重要人物;速把亥是内喀尔喀部首领,也是从嘉靖中后期开始直到万历十年期间领导左翼各部,尤其是喀尔喀部侵犯明边的重要人物;莽骨大,或者是土蛮的儿子莽官大台吉,土蛮"九子……曰莽官儿大台吉";② 或者是朵颜卫的首领,影克的弟弟猛古歹。革兰泰"子九曰影克,曰猛可,曰猛古歹,曰斡抹秃……"③ 如果按照这段文字所说,哈不慎经常性的与蒙古左翼土蛮等部联合作战成立的话,他的活动就应该见于《土蛮列传》、《黑石炭列传》和《速把亥列传》的记载(《土蛮列传》见到的最多,《黑石炭列传》次之,《速把亥列传》几乎没有)。但事实上,他的名字见于以上各传记载的时候不多,属于参与左翼犯边作战的情况就更少了。我们选取几例作简单考证。

>"其明年正月,青把都儿、哈卜慎、莽占(古)歹同母哈屯约长昂,大会土蛮,分犯宁前。于是,土蛮驰劈山。李成梁提兵击破之,斩首虏四百三十五级,夺获马、橐驼亡算。祭告郊庙,赐爵赏金币如礼"。④ 此事发生在万历六年,其他文献也有记载。"正月,速把

---

① 瞿九思:《万历武功录》卷8《哈不慎列传》,北京:中华书局影印本,1962年,第855页。
② [明]张鼐:《辽夷略》,载《四库禁毁书丛刊》,集部,第105册,北京:北京出版社,2000年,第605页。
③ [明]郭造卿:《卢龙塞略》,北京:中国审计出版社,2001年,第169页。
④ 瞿九思:《万历武功录》卷10《土蛮列传上》,北京:中华书局影印本,1962年,第929页。

第四章 《万历武功录》蒙古部分的讹误种类及相关史料考辨（上） | 165

亥纠土蛮大入，营劈山（今沈阳正北，铁岭西南，引者注），成梁驰至丁字泊，敌方分骑绕墙入。成梁夜出塞二百里，捣破劈山营，获级四百三十，馘其长五人"。①两相对比，"青把都儿、哈卜慎、莽占（古）歹同母哈屯约长昂"事情应该是有的，但不是为了"大会土蛮，分犯宁前"；土蛮与速把亥在沈阳北向明边进攻，被李成梁击破。这本是两件没有什么联系的事情，被明朝官吏联系起来，看做是东西"虏"纠众犯明边，真可谓是草木皆兵。

次年，"其三月，土蛮益痛怨边吏入骨髓，乃征黑石炭等大率三十余万治兵，期草长而大举。于是青把都及其母哈屯、弟蟒古歹、蟒古塞、哈卜慎，提达子常扯劳等来告。久之，果窥十方寺、上榆林、镇远、镇安、静远、静驭、丁字泊、宋家泊诸堡，射死我军朱阿保等数十余人，卤（掳）马一十三骑而去，去辽河逐水草。汉使夜不收张歹驴哨至长林子，去塞二十余里，见袄鲁、车辆皆东驰。中间一二虏隔河为汉语，语'小人故塞外属夷也，今以辜（古"罪"字）过冒触土蛮，愿渡河而东，得缓须臾母（通毋、勿）死'。分守使翟绣裳以为：'此必诒我，我不可许。'于是，总戎李成梁及副总戎陶承誉决策议剿矣……我兵追至虏营，去边已四十里，虏接战，我兵弓矢、铳（枪）刀、火药并发如雨，大破之，斩阿丑哈、伯革奈、初太扯矢、阿卜塞、障太伯儿、伯户革、失朵卜等凡四百七十六级。"②这段材料中，青把都、哈不慎等是来向明边告密的，他们把土蛮等要进犯沈阳以北、铁岭以西各堡的消息向明朝泄漏，明军队做好了准备，故而明军又取得了一次大捷，杀敌四百七十六级。实际上，本条材料是虚假材料，是明朝边吏为了掩盖自己的杀降行为而编造的。"三月，游击陶成誉击敌长定堡，献馘四百七十有奇……有言所杀乃土蛮部曲，因盗牛羊事觉，惧罪来归，成誉掩杀之。给事中光懋因请治成誉杀降罪，御史勘，如懋言。兵部尚

---

① 张廷玉等撰：《明史》卷238《李成梁传》，北京：中华书局，1974年，第6185页。

② 瞿九思：《万历武功录》卷10《土蛮列传上》，北京：中华书局影印本，1962年，第933页。

书方逢时、督抚梁梦龙、周詠先与成噐同叙功,力为解。卒如御史奏,尽夺诸臣恩命"。① 尽管是编造情报,但能够把哈不慎、青把都等作为告密者编进情报里,证明哈不慎等与明边吏的关系应该是十分密切的,而不是在他们的传记中所说的那样经常性的寇边。

"其明年正月,土蛮、黑石炭以蟒金儿为乡(向)导,与西房哈卜慎、蟒古歹往长昂营祭天,聚兵四万,壁广宁外边。居亡何,虏骑犯锦州,深入松山、杏山、小凌河,杀欧(殴)官军"。② 本材料所说哈不慎是到长昂营祭天,后面的犯锦州活动有无他的参与,并没有明示。其他传记的相关记载也没有提供详细的材料。"明年春,治精兵四万,会哈不慎、莽兀歹往长昂营祭,两酋因而合营,堵不能自立矣。或言入辽,或言入山海,皆以辞骄而退"。③ "其冬,西房哈不慎、蟒古大驰长昂营,椎牛祭天,祝曰:'吾大入辽,天其佑之。'备兵使李松檄称蟒金儿实为耳目。明年(1581)春,蟒古大、丑忽儿、青把都、老娘子果偕昂二万骑寇锦州,河东西苦兵矣"。④ 所以,哈不慎到底犯锦州与否不能确定。与此相同,《哈不慎列传》中的相关记载也可以不予考虑了。"明年(1581)春,土蛮复欲有事于锦义。而哈不慎、莽古歹等乘隙而起,以莽金儿为乡(向)导。时,备宁前兵者副使李松亟请于制置使梁梦龙。顷之,虏骑二万塞道,以惑我无它备。我兵竟分道而驰大青、松山之间,以故虏计得不售。时,给谏王致祥及王三余后先上书,大略恶哈不慎辈受赏于宣大,而入犯于辽阳,大为彼所欺嫚也。请革其抚赏,以创艾之"。⑤ 不仅如此,我们还可以看到,哈不慎冤案的直接起因就是上面提到

---

① 张廷玉等撰:《明史》卷 238《李成梁传》,北京:中华书局,1974 年,第 6185 页。

② 瞿九思:《万历武功录》卷 10《土蛮列传下》,北京:中华书局影印本,1962 年,第 945 页。

③ 瞿九思:《万历武功录》卷 10《堵剌儿列传》,北京:中华书局影印本,1962 年,第 992 页。

④ 瞿九思:《万历武功录》卷 13《长昂列传》,北京:中华书局影印本,1962 年,第 1168 页。

⑤ 瞿九思:《万历武功录》卷 9《哈不慎列传》,北京:中华书局影印本,1962 年,第 856 页。

的王致祥及王三余，在传文开始部分的总结文字大概也来源于此。两人在奏疏中对哈不慎表示了怀疑，瞿九思在撰写《武功录》时把这个怀疑也全盘接收下来了。从上面的考证可以看出，这段总结性文字是不负责任的、不符合事实的。当时有很多人已经注意到对青把都、哈不慎等人的冤枉，而且也知道造成他们冤案的人就是三卫首领，更具体些就是朵颜卫长昂、长秃、兀鲁厮汉等。"当是时，长昂受赏于渔阳，而又从西虏寇宁前；青把都及侄（应为弟）哈不慎受赏于上谷，而又从长昂寇蓟辽。于是，大司马梁梦龙、给谏张希皋、杨芳议，严为禁。因风谕三卫：'毋得藉他夷姓阑入辽，敢议令及不如令者，亟罢贡市。'诏可之"。① 下面一段史料揭示了事件的真相："庚寅（1590）秋十月，土蛮族弟土墨台猪使夷使藉兵西虏青把都、哈不慎，以为吾已聚兵六万，幸为我更治四万，姑俟长昂、獐兔至，即当大举。时，往来者言，青把都男扯称阿亥及哈不慎、莽兀素、班不来沙已至长昂营矣。制置使张国彦、台御史郝杰以为殊不然。青把都住牧插汉我不根，方互市张家口，夙号忠顺。曩以十月祭先人冢，常东行，奈何助土蛮为乱乎"。② 从材料看，土墨台猪并没有真正和青把都、哈不慎等直接交往，而是通过朵颜卫长昂、獐兔等向青把都等发出"治兵四万"的请求，所以，土墨台猪热切盼望等待着长昂、獐兔等的到来，等待着他们带领青把都等右翼军队来到后，就当大举行动。实际上，长昂等恐怕根本不会向青把都等提出要求，即便提出，也不会得到应允。但长昂等还是散布谣言说，青把都、哈不慎等已经到达长昂营里了。明方有的官吏看穿了长昂等人的诡计，给予揭露。长昂的嫁祸行为及其明边吏对长昂等人的防范，在《长昂列传》的交代更为清晰。"庚寅（1590），土墨台猪起，大会西虏青把都、哈不慎。于是青把都及男扯称阿亥驰昂营，昂乃与獐儿（兔）聚兵四万，欲大入宁前、锦、义。市夷弐勒

---

① 瞿九思：《万历武功录》卷13《长昂列传》，北京：中华书局影印本，1962年，第1169页。

② 瞿九思：《万历武功录》卷10《土蛮列传下》，北京：中华书局影印本，1962年，第963页。

扯幸告汉，而制置使张国彦以为：'青把都故在插汉我不根，乃我张家口市夷也。此必往东塞祭先坟墓，或亡（无）他肠。'急使诫谕，令毋佐昂反"。① 但是，青把都和哈不慎等人还是有一些行动授人以口实，以至于被人利用，那就是，哈不慎和青把都一样，因为每年都要率领部众前往长昂营祭天，而且祭天的规模很大，因而被三卫长昂等人利用，用来大造蒙古左翼"犯边"的声势，以壮声威。哈不慎冤案的始作俑者是三卫属"夷"。因为消息来自于三卫，明人信以为真，没有丝毫怀疑，完全记录在案。在骗局中首先上当的就是王致祥和王三余。所以，在明人的奏疏中经常会出现哈不慎犯边的记载，实际上，这些所谓的"犯边"活动都是不存在的。

丙子（1576）冬，沙河东关之役，诸房酋以二万骑乘虚而入，几破城。赖大将军李成梁兵，得亡（无）恙。是月，复连长昂等寇我宁前、锦、义之间，自恃与昂通婚媾，可藉以无恐。而加以阿兄青把都有积怨，深怒于讨孙卜赖也，数引众入塞。②

首先，这段材料中并没有提及哈不慎参与了作战，而且是个小规模的边境冲突。此事还见于其他传记。"其十月，土蛮部夷速把亥、炒花、哈屯、委正、歹青、黄台吉、堵剌儿、莽忽大、董狐狸、长昂、长兔三万余骑从黑林墩入。赖副总戎曹簦等追逐急，去略海西王台。语在《速把亥传》。其十一月，攻我沙河东关驿，斩首三级"。③ 哈不慎是否参与其中？并未记载下来。通过与其他传记对此事记载的对比，发现与前述情况相同，是朵颜卫首领长昂、兀鲁思罕、长兔、兀鲁伯户对他的诬陷和嫁祸。"丙子（1576）冬，（兀鲁思罕）竟与长昂连兵而起，会土蛮、莽忽大、哈卜嗔、莽忽塞、长兔、兀鲁柏户亦首难，皆谋入我锦、义、宁前诸郡。乃先攻中前所，

---

① 瞿九思：《万历武功录》卷13《长昂列传》，北京：中华书局影印本，1962年，第1176页。

② 瞿九思：《万历武功录》卷8《哈不慎列传》，北京：中华书局影印本，1962年，第856页。

③ 瞿九思：《万历武功录》卷10《土蛮列传上》，北京：中华书局影印本，1962年，第929页。

失利，旋出塞。益治钩杆，专欲以攻城为务，因使零骑劫略我过宾，道路不通。而备御史章应选急使谍者从瑞昌堡出蛤蜊河，望胡骑二百余人口，他皆殷殷入林中，不可数计。我游击杨绍勋亦使把总朱延庆伏东关驿，千总于景阳伏沙河驿，绍勋与张箴即拥精兵躬驰蛤蜊河口，麈战房，房以二千骑接战。我兵皆李成梁所养亲兵，李如松、如柏、如梧、成材、成林等，皆百金之士，一可当百。疾力战，破之，扶死舆伤而去，斩首房凡五级，夺获马凡三十四骑。已，复围连山急，赖游击李如谦、孔东儒等兵四面至，斩首二级。房自知兵弗如汉，乃顿足叹曰：'盍去乎？'遂去"。① 凡是长昂等人参与左翼犯边的时候，他们大多将哈不慎等强行"牵扯"进去。另外，这段记载也是有问题的，并不是全面的客观的记载。万历丙子冬，蒙古左翼各部联合"大入全辽"，西起广宁前屯，中经锦、义，东到开原以东的广顺关等地都有蒙古的犯边行动。沙河、东关、连山（今绥中、锦西一带）为西边的战场，但战役的规模很小，不过"斩首三级"。此后，又在海州卫西北、铁岭卫以西地方发起攻击，都以失败而结束。《速把亥列传》的记载相对比较全面，战场情况介绍从东到西，均有涉及，但其中并无哈不慎的踪迹。"其四月，速把亥偕土蛮、打来罕、黑石炭、歹青、拱兔、暖兔、以儿邓欲请比宣大贡市，往广宁款塞……于是，李成梁躬帅亲兵李如松、李永才出边……挑战，斩苦力得等首五级，夺获马三十四头……顷之，房骑二千从公山堡、麻沟台直捣连山驿，成梁亟驰双树铺，房骑方壁灰山，接火台举火，益逼近连山驿。于是，游击孔东儒亦驰皂隶山。房见汉兵疾力，皆遁走，我兵斩首一级，夺获马一骑。是后，太仆张世胤、备兵使李松使使者微行诃青山口、义院口，土蛮方牵马至哈剌母林、老河，欲疆（强）广宁开市如故。已，度不可得，遣长兔、长昂西犯宁前，遣东嗉、歹青、哈屯、速把亥犯沈阳、铁岭……已，复东入连山，西入宁远、南入海垝，杀略人畜无算"。② 所以，哈不慎并

---

① 瞿九思：《万历武功录》卷13《兀鲁思罕列传》，北京：中华书局影印本，1962年，第1157页。
② 瞿九思：《万历武功录》卷12《速把亥列传》，北京：中华书局影印本，1962年，第1068页。

没有参与丙子年的活动。

此后,《哈不慎列传》又记载了庚辰年哈不慎"犯边"之事:

"庚辰(1580)夏,连骑数千围我刘五台圈,杀略人畜,焚毁草屯亡(无)算。会台御史周咏行海州诸营兵驰救之,遂引去。然诸酋甚狙诈,欲击东,则声言于西。塞上未尝须臾妄备也"。①

没有记述其同伴,犯边的地点甚至到了海州(今辽宁海城),显然,即使不是哈不慎蒙冤,肯定也不会是右翼哈喇慎部的。

《哈不慎列传》随后记载了万历十一年九月、十月哈不慎与左翼各部首领、三卫属"夷"的两次"联合"侵犯了山海关、宁前等地的行动,与他合作的是土蛮、大小委正、三卫属"夷"。兹部分节录、引用:

"其九月,哈酋引二万骑大会土蛮及大小委正等,欲钞(抄)我宁远、山海、桃林口。于是,备兵永平副使成逊请于台御史翟绣裳,为山海以外计,计筑垣、掘壕以待之。亡何,哈不慎不至,于是小委正走厂房,大逞克世等走水汲,一克灰正走宿商,期旦日并至山海关。而以四万人入关,二万人阻辽兵至者。而不知我偏将军王守道、杭大才等先已备中前所及前屯卫矣……其十月,哈不慎始道大宁城过塔盘直走敖母林,与大小委正会,具告以故,令亟易马以报前日之役。哈酋因驰罕赤保哈约诸酋复寇前屯、山海。制置使佳胤度虏骑复至也,乃以兵备山海寺儿谷、三道关,而令有警;趋诸军赴一片石、黄土岭以御之。②

在该传中,哈不慎虽然在九月没有出兵,但十月是积极参与的。按照惯例,三卫属"夷"是哈不慎冤案的制造者,此事却并无三卫的参与。那么,这件事的真实性如何呢?此事在《土蛮列传》中也有记载:"其九月,西虏哈不慎聚兵二万余骑,大会土蛮及大小委

---

① 瞿九思:《万历武功录》卷 8《哈不慎列传》,北京:中华书局影印本,1962 年,第 856 页。

② 瞿九思:《万历武功录》卷 8《哈不慎列传》,北京:中华书局影印本,1962 年,第 857、858 页。

正、三卫属夷，声欲略宁远、山海、桃林口。山海关参将王守道请治深沟固垒，以卫关外居民。顷之，小委正师（帅）万余骑驰厂房，走山海关，关上兵出中前所，延绥兵出前屯卫；东房大逞克世等拥三万五千余骑驰老河、水汲，欲略山海关或一片石；而一克灰正驰恶力；委正亦会青把都所，欲略山海关，亦如之。乃决策以三万五千骑入关行劫略，以二万余骑堵口子，阻绝辽阳，弗得通。如入关，亡（无）所利，从此略前屯卫。于是，村落居民尽迁徙入山海关。而大将军杨四畏备台头、石门，东协副将军杨绍勋、中协副将军史宸皆张三军，东移听援。游击将军戴朝弁檄把总李幹兵，预设钢轮火炮备一片石；指挥傅国忠备巷口；令千总张兰出寺儿谷；参将王守道出关外。则西房哈卜慎已至大宁城矣。顷，直往塔盘至敖母林，大会大小委正。先是，虏骑略前屯、山海，亡（无）所获，乃驰罕赤保哈止壁。复从前屯卫、三山营入。"① 两传所记大致相同，都谈到了哈不慎聚兵两万与土蛮等协同作战。但笔者认为，第一，哈不慎没有这样的实力，蒙古方面实际上是在虚声恫吓；第二，这实际上还属于冤案。因为有三卫属"夷"的参加，哈不慎就凭空被拉进犯边的队伍，哈不慎聚兵的数字更加证明了这一点。尽管是一场冤案，但明方官吏并不知情，不但没有为哈不慎洗清冤情，反而因此革了哈不慎的贡赏。"西房哈不慎、北房大委正等纠聚大众入犯前屯至山海关中前所、高岭驿等处，蓟辽二镇官军拒堵退之"。② 很快总督宣大兵部尚书郑洛在奏疏中请求革去哈不慎的贡赏。"治叛夷。近见塘报谓哈不慎率众犯辽，哈不慎者青酋弟也。如果入犯是实，臣行该镇总兵责问青酋，将哈不来年市赏尽行阻绝。俟其查照初盟尽法罚治，誓改前非。然后容其市赏"。③ 所以，本传也记载癸未年（1583），"上谷塞禁哈酋勿入贡，而属青把都罚治如法"。

哈不慎在次年有很多行动被记录下来。"正月，哈酋约复至，日

---

① 瞿九思：《万历武功录》卷10《土蛮列传》，北京：中华书局影印本，1962年，第948页。
② 《明神宗实录》卷142，万历十一年十月乙卯条。
③ 《明神宗实录》卷143，万历十一年十一月甲申条。

夜引领以望之"。随后还有几次"犯边",但都是"欲"、"谋"等,没有真正的行动。而且,其中一次竟然记载"哈酋提兵四万往",更是过高地估计了哈不慎的实力,这仍然是左翼假借右翼名声虚张声势而已。《实录》甚至也未加分辨地记载了此事:"顺天巡抚张国彦报贼夷长昂自犯刘家口之后,又向西虏哈不慎等借兵纠聚达子四万余,欲于九月入犯。"[1] 事实上,哈不慎、青把都等是前往长昂营地祭天,但这种大规模的行动被朵颜卫所利用制造声势,恐吓明朝。"今日宣大督臣郑洛揭称,探得宣府边外青把都及其母老酋妇带领部落往长昂营内祭神,欲行蓟辽。督抚官严加隄备。臣等面问,兵部尚书张学颜揭报相同。该部已经行文申饬外,但近日蓟镇报称长昂于哈不慎处借兵要行入犯,夷情诡诈,不可不防"。[2]

万历十三年(1585)四月,哈不慎献出贡品,请讲市赏,遭到拒绝,并在镇安堡和明军发生了冲突。"东虏哈不慎寇边。初,哈酋以窃犯辽东革抚赏。至是见诸酋领赏艳之。又为其兄青把都所诃,故愤而拥众人,以挟赏为名。按臣徐申以闻"。[3] 哈不慎从四月到十月的半年时间都在为了恢复市赏而百般努力着,并最后取得了成功。

(哈不慎)复欲遣使者往,而度塞吏弗信,往无益也。乃徼惠于白洪大、青把都及七庆把都儿:"幸为我请罪于汉太师,所卤(掳)略塞上人畜今俱在,愿以遣还,唯太师哀怜我,复我市赏,我之愿也。"于是,白洪大遣五磕气、青把都遣小小厮、七庆把都儿遣罕哈把都儿,哈酋亦遣羯羊羔送所卤(掳)略,大率百六十六人与俱。因道:"镇安之役,哈酋实为讲赏来,而以李守备故,激之为乱,然亦徒自乱耳,来尝僇(戮)汉一人,而汉将卒所僇(戮)我,抑何京观。今伤夷者未起,讴吟之声未绝,太师何不除哈酋前过,为汉请复市赏乎?其哀矜惟太师,罚治亦惟太师,幸太师图之。"是时,我师备独石及马营、赤城、青

---

[1] 《明神宗实录》卷153,万历十二年九月乙亥条。
[2] 《明神宗实录》卷153,万历十二年九月丙戌条。
[3] 《明神宗实录》卷160,万历十三年四月丁未条。

第四章 《万历武功录》蒙古部分的讹误种类及相关史料考辨(上) | 173

泉、镇安、龙门益固，而制置使洛迫青、白诸酋之请急，遂以书请。上命大司马行御史大夫，而以其事属御史徐申验问。于是，制置使为檄，遣通事官羊羔儿、小敖八、姚世清、陈禄布告虏中，必罚治哈酋如法，然后可。是日，顺义王并袄儿都司遣夷使海大问诸青把都，青把都即偕永邵卜大成、白洪大、满五索、丙兔、喫慎把都儿、忙五大、摆独赖、班不剌什及哈不慎母一克哈屯、姊太松阿不害合词致书。而属夷使五磕气、我儿故道、银定首领补儿克太倘不浪，请罚治如初。

其六月，青把都躬率哈不慎诣三间房，而复遣夷使五磕气至。已，东房长昂亦遣使者陶拜等至，皆冒雨而来，待命境上，月余，亦不闻出怨詈语，其出自至诚可知矣。制置使洛始托为巡边，乘传行独石，以察虏情。青把都闻之，复约顺义王乞庆哈、永邵卜大成及袄儿都司，亟遣使者诣传舍。洛乃进使者堂下，反复辩折。数日，大都诸夷使感朝廷恩德而数哈酋罪不容口也。每得制置使一言半辞，辄唯唯叩头，以为太师第许哈酋贡市，亦何牛羊之不足赎乎，唯太师怜而诺之。洛既见诸酋祈恳如一口，且悲号愈切，下守巡使者问状。

其七月，青把都携哈酋诣独石大边，因与约，愿罚骆驼十头，马牛羊一千头，且有后言，指天日以为誓，誓"自今毋犯塞，谓予不信，请以番汉文字大书一纸以为质"。洛然后许诺。诸虏酋闻而大喜，趋使者海大、五磕气等叩关称谢。

其十月，哈酋牵骆驼、马牛羊如数诣张家口，然迟至两月者，以畜数多，不能仓卒（促）办，皆借及亲旧故也。于是，制置使洛以其状请。下兵尚书张学颜覆议以奏。上幸许复哈不慎贡市，升赏，赐乞庆哈、青把都、白洪人、一克哈屯、太松阿不害金币有差。①

---

① 瞿九思：《万历武功录》卷8《哈不慎列传》，北京：中华书局影印本，1962年，第862-864页。

从传文中青把都的话中，我们可以看出，万历十三年（1585）四月，哈不慎为了此前一年被停革市赏而来，结果明方官吏认定了他犯辽的罪行，"今所请亦不躬自来，乃率众至边，此不过托名于讲赏而实要挟我，况哈酋犯辽，又罪重也，非牛羊所可赎，洛宁益坚闭不许"。随后，哈不慎带兵到了镇安堡，"我堡将李春提兵发乘矢中房。房大怒，拥众而前"。冲突后哈不慎积极寻找办法，请出了右翼永邵卜部、哈喇慎部诸多首领帮助解决矛盾，最终达成了双方的谅解。在这次冲突解决过程中，哈不慎所请出的"青把都、永邵卜大成、白洪大、满五索、丙兔、吃慎把都儿、忙五大、摆独赖、班不剌什及哈不慎母—克哈屯、姊太松阿不害"等都是右翼的首领。哈不慎付出了全部的努力，换来了和平和贡赏。我们从中也可以看到哈不慎的诚心和努力，尤其是所罚牲畜的准备过程反应了哈不慎的实力，更反衬出以往的所谓的"犯边"的确是冤案。

所以，《哈不慎列传》本意是记载哈喇慎部老把都儿之子哈不慎台吉（蒙古文名字来三兀儿）事迹的传记，但瞿九思在其中大量地使用了由三卫属"夷"故意制造、明边吏信以为真的虚假材料，导致了哈不慎西边受赏，东边入犯，成了一个鼠守两端的小人。错误的形成不可避免，当时明朝边吏的大部分都没有怀疑这些情报的真实性。更何况瞿九思这样一个没有亲历边境事务的、生活在湖广地区的农耕文明下的知识分子。该传所记万历十三（1585）年哈不慎与明军的冲突是他亲身参与制造的，起因是明方误解他"犯边"并革去他的市赏，他主动前往讲赏，反遭到强硬拒绝，明边将又先行挑起武力冲突。但很快，哈不慎请出了诸多右翼首领帮助调节，并愿意承担重罚，作出重大让步后解决了问题，双方恢复了和解。这个传记使用了大量虚假材料，属于史料不实问题的类型。

（四）《满五索列传》、《满五大列传》史料辨析

《满五索列传》传文很短，兹录全文，以供分析：

满五索，又名满兀四，盖昆都力哈第四子也，所居在小白阳堡外边。始辛未（1571），与其弟满五大并授我指挥金事，然以青把都故，数数与东房通，钞（抄）我辽阳，至不恭矣。辛巳（1581）秋，制置使张佳胤薄责青把都，

青把都召而罚之，以为诸酋尝指天日为誓，誓不足凭。乃徵灵于佛，若曰：'天耶佛耶，其鉴之耶。'居二三年，乙酉（1585），哈不慎假青把都诸酋请犯辽罪，于时满五索之使结辙于道，要之贡与市，皆从青把都入也。子，薛的个台吉，亦授正千户。①

传主是哈喇慎部首领，老把都儿的第四子，青把都的弟弟。从全文可以看出，如此之短的传记所反映的传主是个矛盾的人：本为蒙古右翼，但1571年到1581年间却"数数"与左翼相通，犯辽阳；1585年又派使者帮助哈不慎请罪，其进贡和入市都跟随青把都。何以会发生这么大的转折呢？同《哈不慎列传》一样，笔者认为，一可能是混记，二可能是使用虚假材料。

满五索或满兀四之名，来源于他的蒙古文名字"莽固斯（Mangyus）"，满五索或满兀四是汉译过程中的不同译写。"喇锡朋素克的《水晶念珠》（第686页）列出其五子的稍有些不同的名字……莽固斯和莽固岱……被译作'满五索'、'满兀四'等的Mangghus（莽固斯），在《武功录》卷九第39－40页上有一篇很短的传"。② 特别值得注意的是，这个名字在蒙古人名中十分常见，见于记载的满五索还有三个：第一，打剌明安部宿的盖台吉之长子马五素台吉，授指挥同知。③ "马五素多半是满五素（＝Mangghus？）之音讹"。④ 打剌明安部的住牧地与哈喇慎部的住牧地接近，似乎也不大可能与东"虏"合兵的。《武功录·哈喇慎着力兔把都儿台吉列传》虽记载他有犯边行动，但次数较少。第二，察罕儿部土蛮汗（Tümen qaɣan）之孙。"其酋曰土蛮憨，号老王子。九子，自长男扯

---

① 瞿九思：《万历武功录》卷8《满五索列传》，北京：中华书局影印本，1962年，第865页。
② [美]塞瑞斯：《达延汗后裔世系表笺注》，载《北方民族史与蒙古史译文集》，昆明：云南人民出版社，2003年，第826、829页。
③ [明]萧大亨：《北虏世系》，载《北京图书馆古籍珍本丛刊》，第11册，北京：书目文献出版社，1988年，第654页。
④ [美]塞瑞斯：《达延汗后裔世系表笺注》，载《北方民族史与蒙古史译文集》，昆明：云南人民出版社，2003年，第862页。

臣憨……扯臣憨之长男曰莽骨速台吉，即虎墩兔憨之父也"。① 这是蒙古左翼的重要首领，生有一子（有的文献说有二子）。从时间推断，土蛮之孙，扯臣汗之男的年龄并不符合。扯臣憨生于1555年，到1575年恰好20岁。他的儿子不可能大到率兵犯边的程度。第三，内喀尔喀部虎喇哈赤后裔。虎喇哈赤第三子歹青即伯要儿，"伯要儿故，而生五子，长子者伯儿亥也，生八子……七曰莽骨速"。② 这个莽骨速是歹青的孙辈，从年龄上看，也不大可能在万历初期频繁进行犯边行动。从传文所叙的时间看，此传不存在混记的可能。《满五索列传》的撰写肯定使用了虚假材料（详见后）。

《满五大列传》同样不长，我们只抄录其中有争议的部分：

满五大，亦名满兀带，盖昆都力哈第五子也。世与察罕通婚媾，以所居在大沙窝三间房也。始议贡时，满五大岁以马十匹从青把都入。然其后犯辽，辄与满五索俱往。青把都常召至佛前，誓毋犯汉塞。言如是决矣。③

满五大的名字，同样来源于他的蒙古文名字"莽固岱"。这段引文中有两个问题值得商议。

第一，满五大"世与察罕通婚媾"一事明显有误，满五大（Mangγudai）与察罕（即察哈尔部首领）同是达延汗后裔，都是黄金家族，到满五大这一代，他们的血缘关系还没有超出四代，是不可能互相之间"世为婚媾"的。这个"与察罕儿通婚媾"的满五大，肯定是混记了三卫某位首领的事迹。三卫中朵颜卫、泰宁卫有很多人叫莽官大或猛官大。"革兰台子九……曰影克，曰猛可，曰猛古歹"。④ 朵颜卫革兰台次子董狐狸有子也叫莽固大，"（董狐狸）有

---

① [明] 张鼐：《辽夷略》，载《四库禁毁书丛刊》，集部，第105册，北京：北京出版社，2000年，第605页。
② [明] 张鼐：《辽夷略》，载《四库禁毁书丛刊》，集部，第105册，北京：北京出版社，2000年，第610页。
③ 瞿九思：《万历武功录》卷8《满五大列传》，北京：中华书局影印本，1962年，第865页。
④ [明] 郭造卿：《卢龙塞略》，北京：中国审计出版社，2001年，第169页。

九子……四子莽固大"。① "泰宁卫夷酋宗派初代满满……二代次子孛劳兀,生三子……三代三子猛官大(俱顺东房炒花)"。② "朵颜卫夷酋有把伴者……有二男,长花大,次孛儿败,俱死……孛儿败之子三,长莽金儿,次敖毛兔……敖毛兔四子,曰专兔,曰莽官儿大……"③ 朵颜卫与蒙古左右翼通婚比较普遍,所以,这个满五大是前两者的可能性更大。

第二,议贡后,"犯辽,辄与满五索俱往"一事,应属冤案。要对《满五索列传》和《满五大列传》的虚假材料辨析,浏览一下前述对哈不慎相关材料的辨析,就可以发现,凡和哈不慎有关的材料几乎都有莽兀索(满五索、满兀塞等)、满五大(莽古大等)的参与。与哈不慎传的材料相同,与哈不慎的遭遇相同,满五索、满五大也是三卫首领拉拢陷害的对象。故而,《满五索列传》、《满五大列传》都使用了虚假材料。引人注意的是,《满五大列传》尽管传文极短,错误较多,除虚假材料外,还有混记的发生。

(五)《切尽黄台吉列传》史料辨析

《切尽黄台吉列传》描述的切尽是一个矛盾的人。

一方面,切尽黄台吉(sečen qung tayiji)是一个遵从法令,约束部众,严守贡约,敦睦邦邻,富于文采的首领。

隆庆末,俺答封贡后,明蒙之间有了密切的接触,明朝官吏对切尽的印象是"为人明敏而娴于文辞,尤博通内典"。尽管我们不知道这段材料来源是谁的奏疏,但这点是符合事实的。这从下文中鄂尔多斯部和明朝达成和议后由切尽亲为表文这一点上可以得到证明。

隆庆辛未(1571),吉能遣切尽等至俺答所曰:"幸为我告制置使王崇古,请得贡市比宣大。"俺答随令切尽纠合都督同知昆都力哈、黄台吉、指挥使把汉那吉、指挥同知

---

① [明]张雨:《辽夷略》,载《四库禁毁书丛刊》,集部,第105册,北京:北京出版社,2000年,第604页。
② [明]王鸣鹤:《登坛必究》,载《四库焚毁书丛刊》,子部,第35册,第124页。
③ [明]张雨:《辽夷略》,载《四库禁毁书丛刊》,集部,第105册,北京:北京出版社,2000年,第608页。

永邵卜大成台吉、哆罗土蛮把都儿黄台吉、哈喇慎著力兔把都儿台吉、秃（委）兀儿慎著力兔台吉等、指挥佥事摆腰把都儿台吉等、正千户兀慎打儿汉台吉等、副千户阿封台吉等、百户恰台吉等六十五人，贡马五百有九匹。内进上马三十匹、镀银鞦辔马鞍一副，而切尽亲为表文，使夷使扯布哱罗、不散台布、柏儿等六十四人赍奉到关。制置使王崇古阅其表文，大都感上许俺答封王通贡恩，顾辞多参以佛语。乃即封还，而令其表视俺答式以进。切尽谨如约，然后下令，令择五色银合枣骝骗马四十匹，咨送礼部，复选择以进，余悉得畜边营。①

另外，蒙古文史籍中也记载了切尽能力超群。"现存蒙文古籍中有一部《十善法门白史》，前言中说该书是由切尽·黄台吉在元代同名著作的基础上参照他本编写而成的。关于这部书最初的作者和内容，学界尚有争议，但对它的最后成书确与切尽黄台吉有关这一点，似无疑议"。②

传中还交代了一点，即"套虏"无论是西行，还是东返，切尽都能尽全力约束部众，遵守贡约。"吉能死，切尽日夜伤世父，亟还套治丧。所过道上，皆以抢番为戒"。"壬申（1572）春二月，切尽乃踏水临边，关吏亟问：'尔来何为？'切尽对曰：'边外朵颜三卫为达子，乌思藏为回子、为西番，并我等入贡，必不敢往寇。吾来，为瓦剌也。'……且日，切尽乃从毛卜剌、庙儿沟透三条沟分为二枝，切尽走红羊圈，超胡儿从土佛寺过永昌，还走塔儿湾，并至高古城大河口。而会天大雪，昼晦，牛马大伤。聚首寒鸦口三日，复从黑土、洪水寨透水湖塘出境，而入南山。切尽乃以书告抚臣，大略称：'不敢违太师明禁，而走黑山，雨雪连旬，艰苦万状，以致马牛消耗，惟太师哀怜，为我许开市，敢以火落赤为比也？'且有后言，言欲索茶笼贡佛。抚臣即使周芝晓譬：'各房皆受朝廷官爵，而

---

① 瞿九思：《万历武功录》卷14《切尽黄台吉列传》，北京：中华书局影印本，1962年，第1230页。

② 乌兰：《〈蒙古源流〉研究》，沈阳：辽宁民族出版社，2001年，第12页。

抚赏互市，具在延宁，今谁敢私市？且河西不产茶，此切尽所知。尔宜亟去，无贻后悔。'切尽内深次骨，乃益谬为驯谨，诫诸部所过毋抢番、毋犯汉，令下即起营。于是，从乌鸦口往黑城，行未至草古城，遗达马二匹，游击朱勋使使者追而予之。而房部亦焚毁我吴家庄土房椽四间，切尽罚羊四十匹；套旗一杆，罚羊四足。自是，汉房所损遗，罚治率以为常"。① 当切尽西行遇到困难的时候，他主动与巡抚廖逢节协商采取措施，以求解决问题，而不是抢掠。"切尽乃以书告太师：'曩与太师约，约闰二月二十五、六出边，今过期已多，实以马牛与所部诸男妇皆布疮，母（毋）亦诸部不义，天降祸于我躬。我令发心愿忏悔。惟太师宽假之。'于是烹茶礼佛，而请番僧祈禳。抚臣寥（廖）逢节怜切尽好善，乃给番茶七十包，麦面黄米各三石、烧饼四千。切尽叩谢如礼。乃以初六日黎明从新城起营，由加（嘉）峪关北长城出境，透大草滩而往回回墓。是月也，切尽婶母满都虎亦至镇番——满都虎，亲歹成妻也。切尽传檄酋妇，令其边外行。我塞上犒劳米面羊酒如切尽"。②

切尽因为约束部众，遵纪守约，主持贡市有功而屡受明方的奖赏，本传中就记载了三次。"是年，万历癸酉（1573），宣大制置使王崇古录监市功。上有诏：赐切尽台吉等彩段二表里，织金纻丝衣一袭。然而切尽尚在海上，何以叙之？从延宁督臣戴才、抚臣郜光先议也。于是，抚臣张守已以所颁彩币召切尽叩领。明年甲戌（1574），督臣石茂华又奏切尽比年力主贡市功，请于所进上马价，每匹加五金、留边马匹加十金。故事：敕书属太史，币帛出内帑。仍会戎部，遣通事、武职、署丞凡三人，赍赴塞上，而以大官治筵宴，遇之不谓不优渥矣。而抚臣张守已又奏：切尽侵及延安出没之路，何哉？明年乙亥（1575）春二月，清水营法当开市，抚臣朱笏使使者召切尽，切尽令部夷我著太等并指挥佥事戎收气黄台吉赴市，

---

① 瞿九思：《万历武功录》卷14《切尽黄台吉列传》，北京：中华书局影印本，1962年，第1233页。
② 瞿九思：《万历武功录》卷14《切尽黄台吉列传》，北京：中华书局影印本，1962年，第1234页。

而又以马弱延引至六月。自二十九至次月初三，又自七月二十五至次月初三。市毕，秋毫无犯，抚臣罗凤翔因制置使以闻"。① 因为十几年一直约束部下，严守约定，万历十四年切尽去世的时候，明方特别重视，"上从督臣部光先议，悯切尽勤劳，赐以恤典"。此后，他在鄂尔多斯部中威信依旧，鄂尔多斯部一直遵从他订立的法规。"切尽虽物故乎，然胡中事无大小，无不愿以切尽为法"。"巳（己）卯（1579）、庚辰（1580）入贡，俱称'龙虎将军'"。

总之，切尽·黄台吉在约束部众、维护贡市和双边和平方面做出的努力是有目共睹的，以上所举事例时间、地点、人物、过程等诸项内容齐全，完全来自于明方官吏的记载，不是蒙古方面的编造，是可信的。《明神宗实录》也有相同的记录。

但另一方面，本传中描写的他，又是一个狡猾多变、鼠守两端、装腔作势、权谋狡诈的"奸雄"。切尽代吉能求贡前，俺答部与明朝"贡市始成，诸部酋既得汉官，皆相传以为荣。切尽独心怀怏怏"；他在鄂尔多斯部的威望成为明朝对他防范的依据，"切尽与威正恰把都不能雄视一套，投足左右，便有轻重。崇古恐有不测，乃欲以好爵縻之"；他"诫诸部所过毋抢番、毋犯汉"是"内深次骨，乃益谬为驯谨"；他的皈依佛教是"非忠心诚好佛"，而且俺答的西行迎佛也是在切尽的蛊惑之下，并以"西抢"、"饮长生水"为借口，经三番两次诱骗后才动心成行的。其目的是借迎佛的口实，达西行启衅的目的。"好佛不已，必启它日西游之衅"；"见俺答迎佛，正坠其术，仰视天而俯视地，自以为可雪宿耻"。

以上这些反面的看法和意见同样也来自于明朝官吏的奏疏，是奏疏中缺乏事实佐证的部分，而主要是明方官吏对切尽的个人看法，是他们在和切尽打交道的过程中产生的主管臆断、凭空猜测、无端怀疑。下面我们重点分析相关内容。

第一，代吉能请贡。"是时，贡市始成，诸部酋既得汉官，皆相传以为荣。切尽独心怀怏怏，以为'汉将军不当以众人遇我乎'"！

---

① 瞿九思：《万历武功录》卷14《切尽黄台吉列传》，北京：中华书局影印本，1962年，第1235页。

第四章 《万历武功录》蒙古部分的讹误种类及相关史料考辨（上）

不管此条材料来源于何人的奏疏，文中所述切尽的"心怀怏怏"，不过是明朝官吏的以己度人而已，并没有什么证据。因为此后，切尽进行了求贡的艰苦努力，并取得了成功，还得到了王崇古的肯定和明朝的奖励。隆庆辛未（1571），吉能遣切尽等"请贡市比宣、大"，切尽亲为表文。内中"大都感上许俺答封王通贡恩，顾辞多参以佛语"。王崇古"令其表视俺答式以进。切尽谨如约"。于是，王崇古"念切尽迎敕撰表，多积功劳，乃请赏彩段等"，诏报可。于是，召切尽赴清水营颁给，乃望阙叩头谢恩。假如切尽真的心怀怏怏，就不会有随后的努力、成功和奖励。

第二，切尽的实力对明蒙关系到底产生了怎样的影响。无疑，切尽的实力在鄂尔多斯部中的确是首屈一指的，他"雄视一套，投足左右，便有轻重"，深受吉能所倚重，甚至在整个蒙古部落中都有重大影响。土蛮"聚集起六万户人众，制定了大法规，指令左翼万户中察罕儿［万户］的那木大·黄台吉、罕哈［万户］的威正·速不亥、右翼万户中阿儿秃斯［万户］的忽图黑台·切尽、黄台吉、阿速［部］的那木答喇·合落赤那颜、土蛮［万户］的纳木歹·扯力克·黄台吉这几个人执掌法规"。① 但是，切尽的实力是否对明朝、明蒙和平构成威胁了呢？从本传中我们看到，无论是西行，还是东归，切尽都极力采用严格的纪律和手段约束部"夷"。"吉能死，切尽日夜伤世父，亟还套治丧。所过道上，皆以抢番为戒"。"壬申（1572）春二月，切尽乃踏水临边……乃以书告抚臣，大略称：'不敢违太师明禁，而走黑山，雨雪连旬，艰苦万状，以致马牛消耗，惟太师哀怜，为我许开市，敢以火落赤为比也？'……诫诸部所过毋抢番、毋犯汉，令下即起营。于是，从乌鸦口往黑城，行未至草古城，遗达马二匹，游击朱勋使使者追而予之。而虏部亦焚毁我吴家庄土房椽四间，切尽罚羊四十匹；套旗一杆，罚羊四足。自是，汉虏所损遗，罚治率以为常"。并且约束部众，谨遵训诫。"切尽传檄酋妇，令其边外行"。在本传和他传中，我们都没有找到切尽犯边的记载。所谓的切尽将"有不测"的说法，也是王崇古等明朝边将的

―――――
① 乌兰：《〈蒙古源流〉研究》，沈阳：辽宁民族出版社，2001年，第360页。

一种推断而已。他一生遵守约定,是诚心款贡,决不是什么"谬为驯谨"。这十几年的驯谨是装不出来的。

第三,切尽引俺答迎佛的问题。

在传文中交代,还是在壬申年(1572)的时候,切尽西行中就曾经向抚臣廖逢节索取经书和佛珠等物品,说明他在此时已经信奉藏传佛教了。但是,在当时的明官吏看来,切尽"非忠心诚好佛者"。到丁丑年(1577)的时候,切尽诱骗俺答率军西进迎佛,实际上是为了到达肃州、西海一带挑起明蒙间的争端。

那么,事实是否如此呢?

切尽黄台吉是忠实的藏传佛教的信徒。他在16世纪的60年代中期一次率军深入到青海地区作战过程中,接触到了当地三位高僧,并将他们带回鄂尔多斯部。《蒙古源流》中详尽地记载着切尽引进佛教的过程:"丙寅年(1566),[忽图黑台·切尽·黄台吉]二十七岁,出兵吐蕃,在失里木只的三河汇流处扎营,向大卜儿萨喇嘛、禅些喇嘛、打儿汉喇嘛以及兀松答儿·蛇进、安坛·蛇进等人遣使[宣谕]说:'如果你们归降我们,我们愿意奉行佛法;如果不归降,我们就进攻!'[那些人]非常害怕,内部商议起来……来了三位喇嘛,中间[那位]称为打儿汉喇嘛的,在与切尽那颜交谈之间,[被]切尽那颜问道:'您的亲族当中有名叫瓦只剌·土麦的一位贤智的桑哈思巴[喇嘛]吗?'[打儿汉喇嘛]说:'没有那样一个人。'[切尽那颜]说:'现在您回去带属众前来归降,我们不会加害你们。'……由此,[忽图黑台·切尽·黄台吉]收聚起三河[地方]的吐蕃人众,给予安置,将卜勒儿干喇嘛、阿思朵黑·赛罕·班第、阿思朵黑·瓦只剌·土麦·桑哈思巴三人带回蒙古地方,赐给瓦只剌·土麦名叫兀罕出·陈坛的妻子,以及'国王·黄金'的称号,封他为众臣之首。"这次,切尽带回了三个喇嘛,从此皈依佛教,"成为蒙古本部地区与藏传佛教建立联系最早的积极推行者"。①

那么,此前切尽肯定早就接触过佛教,并且有了相当的了解,否则不会到了吐蕃,就首先向吐蕃喇嘛询问智者瓦只剌·土麦·桑哈思

---

① 乌兰:《〈蒙古源流〉研究》,沈阳:辽宁民族出版社,2001年,第8页。

巴的事情。《武功录·切尽黄台吉列传》中的内容也证明切尽信奉佛教之诚。壬申年西征的过程中，在百般艰难的情况下，向明朝官吏请求提供礼佛的物品和其他帮助。"闰二月朔，切尽往马蹄寺礼佛毕，即使夷使向抚臣索车渠数珠、莲花子数珠及西番十王经。先是，延宁抚臣郜光先为切尽请敕赏，幸报可。于是，赍使者段四匹、羊四只、果四盘、酒二罇、米面各一石五斗、番茶三十包。至是，建高台，陈设香筵、仪伏、鼓吹，传檄切尽同伊母并部夷二百人，叩头，受敕赏而去……乃为书谢抚臣曰：'如今活身都是谎，死在阴司是实佛。日夜趾而望车渠、数珠及十王经拜诵，以修再生。唯太师早赐。'抚臣寥（廖）逢节以为切尽好佛，正当顺其性以遏彼好杀之惨，不知切尽非忠心诚好佛者也。于是，遣画匠、余和尚赍《护法坛场经》、《密济坛场经》、《普觉坛场经》三部、数珠十盘与切尽。切尽率诸部并东向叩头，将经顶礼曰：'此持入西方公案矣'"。"丁丑（1577）春，赴西宁请曰：'吾欲往西海迎活佛、饮长生水，庶几得保残躯，可乎'"？"丙戌（1586）……是时，归华寺比丘宛冲习学鞑靼、畏兀、西番番字，向随切尽传经译字，积功劳，宣大督臣郑洛请授宛冲都纲，比万历初喇叭（嘛）沙乞例也"。在他的言行中，充满了对佛教的尊崇和信奉，绝对不是明朝官吏所说的"非忠心诚好佛者"，而是忠心的佛教徒。著名的蒙文史籍《蒙古源流》诞生在切尽的家族（作者为切尽之孙），和切尽引进佛教，家族虔诚信奉佛教关系密切。

切尽引俺答西进的原因和目的——是被动还是主动？是信佛还是侵边？

俺答汗与藏传佛教的渊源关系，从嘉靖年间就建立了联系。见于史料记载的是在嘉靖三十七年（1558）俺答汗出征撒里畏兀儿（黄头回鹘）的时候，① 在西海遇到并俘获了一些藏族商人和1000多名喇嘛，随后将他们释放了。

    后于马年阿勒坦汗经星胡拉越（山）远征，
      在远征中遇见众多图伯特商人，

---

① 俺答汗这次出征西海，在西海停留一年有余。

>　　经与彼等战斗将其征服，
>　　心发慈悲就地饶恕释放喇嘛一千人。
>　　以妙慈之心饶恕千名喇嘛之命，
>　　旋即降服外敌残余畏兀特人，
>　　向锡赉兀尔百姓收取田赋后，
>　　立即还师于马年平安归营。①

实际上此前蒙古右翼各部已经多次出征西海，俺答汗第一次亲自率兵出征西海是在嘉靖十一年（1532）。② 即便以《阿勒坦汗传》为准，嘉靖三十七年以前，俺答汗还有三次出征西海地区，分别是嘉靖十一年、十三年和二十二年，到嘉靖三十七年已经是第四次了。如果说，此前俺答汗出征没有遇到佛教的僧侣和寺庙，恐怕是不现实的，也是绝对不可信的。只不过，这些活动没有见于史籍记载罢了。所以，俺答汗接触佛教应该在嘉靖三十七年之前。

俺答汗详细地了解佛教是在隆庆五年（1571），或者是万历元年（1573）。但俺答汗的信奉佛教并不是切尽蛊惑的结果。《阿勒坦汗传》记载，隆庆五年俺答封贡后，藏传佛教格鲁派高僧阿兴喇嘛来到俺答汗领地，向他传授佛教教义。③《蒙古源流》记载癸酉年（万历元年），"以阿升喇嘛、古密·速噶经师二人为首，带领众多的吐蕃人来归"④。时间相差不大。不管是哪个时间，总之是由阿兴喇嘛对"阿拉坦汗（即阿勒坦汗）和钟金哈屯等封建贵族，进行了系统的喇嘛教教义、教规的宣传，使他们产生了信仰喇嘛教的信念"，⑤"阿兴喇嘛到阿拉坦汗身边后，似乎成了他的'锡特根'（上师）喇嘛，长时间不离左右，讲经传法，对阿拉坦汗的影响极大。由于阿

---

① 珠荣嘎译注：《阿勒坦汗传》，呼和浩特：内蒙古人民出版社，1991年，第57页。
② 薄音湖：《俺答汗征卫郭特和撒拉卫郭尔史实》，《蒙古史论文选集》第二辑，呼和浩特，1983年，第66页。达力扎布认为："这是《阿勒坦汗传》所记俺答汗第一次征西海，实际上并不一定是第一次。"《明代漠南蒙古历史研究》，海拉尔：内蒙古文化出版社，1997年，第61页。
③ 珠荣嘎译注：《阿勒坦汗传》，呼和浩特：内蒙古人民出版社，1991年，第79页。
④ 乌兰：《〈蒙古源流〉研究》，沈阳：辽宁民族出版社，2001年，第364页。
⑤ 德勒格编著：《内蒙古喇嘛教史》，呼和浩特：内蒙古人民出版社，1998年，第89页。

第四章 《万历武功录》蒙古部分的讹误种类及相关史料考辨(上)

兴喇嘛劝导阿拉坦汗信奉藏传佛教，对以后格鲁派藏传佛教在蒙古地区的发展，起到了很大作用。由此，阿拉坦汗和索南嘉措在青海仰华寺会见，相互赠给封号，与此同时'赠阿哩克喇嘛以额齐格（父亲之意）喇嘛之号'"。①

汉文史籍的记载，俺答汗信奉喇嘛教的时间还应该在此之前。隆庆六年（1572），俺答汗就向明廷提出派出喇嘛、赐给经书的要求，明廷给予了极大的支持。

> 先是，俺答请金番经数部及剌麻（喇嘛）番僧一人，事隶祠祭司。于是咨僧录，得金字经三部。行顺天府复造及墨字经，大率十部。遣其剌麻（喇嘛）僧星吉藏卜坚参札巴及其徒领占班麻星吉剉往。以坚参札巴曾使西番，兼通经故也。崇古幸俺答晚喜佛，意欲番僧阐扬慈教，启发善心。乃取抚赏金，造禅衣褊衫，市税金，治米面、茶果、菜蔬及红黄纸劄，贡器具。而以汉僧八人，陈列法器，令番僧至房中诵经。于是，通事人金奉、珊瑚与俱。既至虏营，二僧出地藏十王神像及心经、华严、金刚、观音等诸经。以为此梵王初传妙音，与傍（旁）门邪法不同。佛家为傍门者，七十有二。而传法降魔，皆非正法。因陈说清净贞空，明心见性，令戒杀去暴，全天地好生之德，免十阎罗地狱之苦。崇古又恐番僧多习咒法，有如二僧不知，徒为虏王所嫚易，乃令传告虏王："汉法禁习傍（旁）门，徒知奉西方大乘教法。"已，乃择日治道场，谢三宝圆满功德。如令。俺答既闻僧至，即引众出迎四十余里，膜拜迎入穹庐，与胡中番僧哈望喷儿剌、夷僧公木儿把实、大都把实、黄金把实、恰打儿窖（罕）参伍无异。俺答即率其子若孙及部众万余，日夕丫手而礼佛。崇古复给缯布四十余匹，米面四十余石，以为建醮费。
>
> 其七月，俺答如胡僧俗，授二剌麻（喇嘛）大国师秩。

---

① 德勒格编著：《内蒙古喇嘛教史》，呼和浩特：内蒙古人民出版社，1998年，第91页。

是日，遣夷使公实把实、安克等二十余人，送圣（坚）参札巴等四人还塞，与之马七十余匹，橐驼牛羊百头，禅衣各一套，缯布数十匹。俺答故不识番经及汉经，复请觖靶经，而汉亦张鼓乐，导迎夷使阳和邸，赏银牌、缯布如礼。顷之，黄台吉亦请僧建斋，而房众亦以佛为宗，以僧为师矣。于是，相率念佛传咒，同戒杀生，化凶残，兴慈悲之念，易豺狼受狮象之驯。崇古复称引祖宗朝敕建弘化、阐教诸寺于洮河诸处，写给金字藏经，封以法王佛子，令其分制西域，因俗立教。请下明诏，诏仪部咨内外经厂，给觖靶经。因赐坚参札巴等僧官，官予禅衣、坐具、僧冠。而会经厂久焚，礼尚书议以为番僧只习本教，不达虏字，仍与番经便。至番僧坚参札巴星吉藏卜、哈望喷望剌授觉义：其徒领占班麻星吉坚锉、公木儿把实、公实把实、大都把实、黄金把实、恰打儿汉授都纲，皆西番秩。①

隆庆六年（1572），俺答汗向明廷请喇嘛经、喇嘛，在喇嘛到达之时，引众出迎四十余里、膜拜迎入穹庐、授二喇嘛大国师秩、胡中番僧、"夷僧"的存在等等，都说明俺答汗对佛教的信奉已经达到了很痴迷的程度。因为没有更为详尽的材料，我们仍然无法判定具体的时间。但俺答汗信仰佛教的时间应该还要提前，这是必须给予肯定的。

万历五年（1577），蒙古右翼各部联合西进，与三世达赖喇嘛会面于青海仰华寺，并迎请达赖喇嘛前往蒙古右翼地区传教一事的发生，则是藏传佛教在蒙古各部长期传播，由来已久的结果。《切尽黄台吉传》却说，俺答迎佛是切尽蛊惑的结果。"丁丑（1577）春，赴西宁请曰：'吾欲往西海迎活佛、饮长生水，庶几得保残躯，可乎？'关吏戒严，又弗许。先是，切尽约俺答携众西援，以求得志于番夷。俺答虽口许，而实以春秋逾七十，手足不戁铄，殊不欲往。而督臣方逢时又遣一个之使奉咫尺之书，遮留王幸毋往，俺答退而

---

① 瞿九思：《万历武功录》卷8《俺答列传》下，北京：中华书局影印本，1962年，第 765－766 页。《明神宗实录》卷15，隆庆六年正月丙子条有相同记载。

第四章 《万历武功录》蒙古部分的讹误种类及相关史料考辨(上) 187

唯唯。当是时,俺答方日夜拥美好妾三娘子,坐帐中为快乐,而所畏惧者,独惟有死亡耳。切尽善用奇兵,西抢置勿论,忽从中须臾起,而以迎佛饮长生水耸动之。于是,俺答携三娘子倾部而往西海迎佛,兼请开市鬻茶,语在《俺答传》。是年,按臣邢玠新得俺答书,欲为切尽请给都督金印,则其心喜切尽可知矣。切尽见俺答迎佛,政(正)堕(坠)其术,仰视天而俯视地,自以为可雪宿耻"。实际上,早在万历三年时,驻牧青海的俺答汗之子丙兔就遵照俺答汗旨意,开始在青海湖西北的察卜齐雅勒地方修建佛寺,明廷给予了诸多帮助,并于万历五年四月为寺庙赐名仰华寺。①

所以,万历五年,俺答汗西进是在他很早就虔诚信奉佛教的基础上,为了更深入了解佛教,与佛教建立更深刻广泛联系的目的而联合了蒙古右翼各部一同前往青海、甘肃会晤、迎请达赖喇嘛而出现的主动的宗教行动和行为。绝不是像《切尽黄台吉传》所说,是被切尽诱骗、蛊惑,被动前往西海进行复仇等不怀好意的行动。明方官吏以己度人,将自己想象中的、想当然的一些罪名强硬地安在切尽的头上。这些奏疏又被瞿九思未加选择,以原貌采用而编撰了本传,因而造成了这篇矛盾的传记,也给后人造成了对切尽的误解。这种虚假材料和《青把都列传》、《哈不慎列传》的虚假又有不同,它们是在三卫、蒙古左翼各部散布的虚假情报的基础上造成冤案的,而《切尽黄台吉列传》则是不但没有真实情况,甚至连虚假情报都没有的情况下,编纂了对切尽黄台吉的冤案。其无中生有的程度比前者有过之而无不及。

为什么在根本没有犯边行为的条件下,明方官吏还对切尽有如此深的误解和冤屈呢?我觉得主要是明人原本固有的民族歧视心理,边境又处在蒙古强势军事进攻下数十年,在长期被动防守的过程中

---

① 《明神宗实录》卷60,万历五年三月甲辰条:"俺答欲赴西宁青海寺会番僧设醮,请开大马市、茶市。又求都督金印,以便出入。于是按臣邢玠上疏言茶市不可开,金印不可与……部覆:前岁俺答、丙兔乞建寺西海,朝廷不惜假以美名,助之物料,正思化其悍暴,鼓其恭顺耳。今度其出边设醮,原无他意。如果以建醮求请食物,须随宜给发,以慰其情。"上是部言。万历五年四月癸亥条:"顺义王俺答建寺西海岸以寺额请,赐名仰华。"

形成的不正常心理状态导致的。他们担心、防范蒙古军队的进攻，极力想方设法地预测、预防蒙古军队的南下，对蒙古军队的进攻更产生了惧怕心理。所以，在他们看来，切尽等蒙古首领的言行都是蒙骗、欺诈和不怀好意的行为，因此他们在处理双边关系时也都是以己度人，先入为主，遇事则如惊弓之鸟、草木皆兵，根本不会想到，更不会制定通情达理和双赢的政策和措施。《切尽传》中所采用的材料都来自于明方官吏的奏疏，奏疏中的误解和想象就是明人这种心理的最好的证明。

三、一人两传或数传

（一）《俺坠兔阿不害列传》、《阿只兔列传》一人多传

《俺坠兔阿不害列传》和《阿只兔列传》是一人两传。两传传文都比较短，兹抄录全文如下。首先是《俺坠兔阿不害列传》：

> 俺坠兔阿不害，把都儿次子也。少从父逐水草，牧西海。久之，把都儿物故，复从兄卜失兔居河套。比年贡市，毋敢后。
>
> 万历巳（己）卯（1579）秋，督臣吴兑怜俺酋久劳苦，疏奏："卜失兔既袭都督同知，而所遗正千户秩，请以授俺坠兔。"幸报可。俺酋为人善辞命而阴行险。
>
> 乙酉（1585）冬，卜失兔使俺坠兔及台吉拓不能、哈汉把都儿赴红山市。故事：酋至先关，客岁皇赏金币诸物。已，边吏燕飨如礼，旋请贡马。是年卜失兔讲赏，未及如约。俺酋乃使夷使画匠坚请于市，语在《卜失兔传》。先是，双山哨房逮我逻使五人，旋释其三，余悉银铛戏下。顷之，制置使郜光先薄责卜失兔，令其罚治。卜失兔具言："双山之役，我实嫚姆（侮），非它，实俺坠兔为政。"于是，罚马三九。由此观之，非独乃兄慓悍，而阿弟亦黠虏也。①

---

① 瞿九思：《万历武功录》卷14《俺坠兔列传》，北京：中华书局影印本，1962年，第1215页。

再看《阿只兔列传》：

> 阿只兔，卜失兔之弟也，与其兄相济为奸。
>
> 万历乙酉（1585）秋，卜酋新从海上来，使夷使三尖榜等六十余人请增赏，弗许。先是，哈汉、秃退自红市归，行至中道物故。卜酋阴主谋，乃使所产子圪塔台吉及阿计大谓："我父中塞上药酒死。"来请命，又弗许。语在《卜失兔传》。是时，阿只兔欲从中因以为利，见汉关谢绝甚严，益劝卜酋反。初，卜酋赴市将受宴，闻阿只兔害（言），辄大悔，嚙舌欲自杀，即还走帐中，而以兵马属阿只兔。阿只兔见卜酋不与宴，而又领兵马，大喜过望。于是同炒忽儿、圪塔台吉并聚抬瓮山，顿足起舞，叹曰："朱家庄之役，阿兄中流矢，几不可救药，阿妹生被逮，存亡今不可知，吾与尔杀羊为盟，以报此仇，可乎？"阿只兔自恃鸣镝强，易视我汉兵，乃引众直走榆林、神木之间。望见我塞上旌旗央央，又闻抚臣梅友松下令，令将军击刁斗，权火直通东西塞。愈大惊落魄，亟麾部落返曰："吾马怒身轻，几死于汉将军之手，今且还，不当为阿兄所姗（讪）笑也。"于是归而告满金台吉。①

从传文看，两人事迹差异很多，性格类似，在传文中谈到都是"黠虏"，与兄卜失兔"相济为奸"。实际上，两人是一人，因名字的译音有所区别，被明朝官吏记载成两个人，瞿九思也因此把他分成了两个传记。俺坠兔是把都儿的次子，卜失兔的弟弟。"俺坠兔阿不害，把都儿次子也。少从父逐水草，牧西海。久之，把都儿物故，复从兄卜失兔居河套"、"非独乃兄慓悍，而阿弟亦黠虏也"，从以上两句话看，俺坠兔，是把都儿次子，卜失兔的弟弟，那么卜失兔肯定是把都儿的长子了。阿只兔则很明确地指出了是卜失兔的弟弟。"阿只兔，卜失兔之弟也，与其兄相济为奸"，把都儿有几个儿子？即卜失兔有几个弟弟？《蒙古源流》说：不彦·把都儿·黄台吉有三

---

① 瞿九思：《万历武功录》卷14《阿只兔列传》，北京：中华书局影印本，1962年，第1217页。

个儿子，他们是"卜失兔吉囊、完者秃·宾图·黄台吉、班第·麦力艮·著力兔三人"。①"俺坠兔"、"阿只兔"都是"完者秃"的不同译写，就是把都儿的次子，卜失兔的二弟。所以，两传应该合一。

另外，《阿只兔列传》中还有一处讹误，应是撰写中的错误。"阿只兔见卜酋不与宴，而又领兵马……同炒忽儿、圪塔台吉并聚抬瓮山顿足起舞，叹曰：'宋家庄之役，阿兄中流矢，几不可救药，阿妹生被逮，存亡今不可知'"。阿只兔所言，阿兄中流矢，阿妹被逮，是指卜失兔1587年西行时，在松山永昌附近中明军流矢，女儿被明军俘虏一事。卜失兔是阿只兔的兄长，卜失兔的女儿是阿只兔的侄女，而不是阿妹。

（二）《沙计阿不害列传》、《沙吉台吉列传》和《把秃台吉列传》的考辨

《沙计阿不害列传》、《沙吉台吉列传》所记事迹极为简单：

> 沙计阿不害者，红山市夷也。万历丁亥（1587）冬，与寨汉住、圪塔台吉、把都台吉、阿计大台吉会于大畛畦，谋欲兴报怨之兵。明年戊子（1588），遂引众盗大柏油、柏林边。酋长卜失兔罚沙计四九。沙计大言曰："吾无罪，实炒忽儿、俺坠兔为之。"②

> 沙吉台吉者，亦红山市夷也。长事卜失兔，而与切尽、歹成雁行。

> 万历戊子（1588），由古城东闉（暗）门出边，厥后从卜失兔聚兵大畛畦，莫知所终。③

《把秃台吉列传》：

> 把秃台吉者，哈汉把都儿之次子也。万历丙戌（1586），袭兄圪塔指挥佥事。明年（1587）夏六月，遂与把都儿台吉等聚兵西行，逐水草去嘉峪关六百里而遥。谋

---

① 乌兰：《〈蒙古源流〉研究》，沈阳：辽宁民族出版社，2001年，第368页。
② 瞿九思：《万历武功录》卷14《沙计阿不害列传》，北京：中华书局影印本，1962年，第1217页。
③ 瞿九思：《万历武功录》卷14《沙吉台吉列传》，北京：中华书局影印本，1962年，第1217页。

欲犯瓦剌，栖迟日久。督臣郑洛以其状来请。八月，与阿计大等复移大畛畦，行事与圪塔台吉同。①

以上前两传所记事件是同一件事，聚兵大畛畦；所记沙计阿不害、沙吉应是一个人，都是圪塔台吉的兄长。沙计、沙吉名字是同音异字，阿不害和台吉一致，所指应该是鄂尔多斯部七庆·歹成台吉（Sečen dayičing）的儿子撒只·把都儿·皇台吉。"不儿赛·歹成的儿子是撒台·国师·皇台吉、撒只·把都儿·皇台吉、瓦剌·麦力艮那颜、额歹·银锭·合收赤、察忽·麦力艮·著力兔、薛吟·哈坛·把都儿、巴图特台吉七人"。"关于不儿赛·七庆·歹成（《北虏世系》作'七庆歹成台吉'、《武功录》作'哈汉把都台吉'）诸子，《北虏世系》只说他'子七'，但未记具体名号；《武功录》（卷14）收有其三个儿子的小传，长子作'圪塔台吉，'次子作'把秃台吉'，另一子作'歪利台吉'。这三人，大概分别相当于《源流》所记不儿赛第六子'薛吟·哈坛·把都儿（色凌哈坦巴图尔）'、第七子'把秃台吉（巴图特台吉）'、第三子'瓦剌·麦力艮那颜（卫拉特墨尔根诺延）'。另外，《武功录》卷14还记有'沙计阿不害'一人，与圪塔台吉、把秃台吉等关系密切，或许是《源流》所记不儿赛次子'沙計·把都儿·黄台吉'"。② 乌兰所言极是，《武功录》所记的沙计阿不害确实是不儿赛之次子沙计（撒只）·把都儿·黄台吉（Sajai baγatur qung tayiji），但其中的《把秃台吉列传》所记并不是不儿赛·歹成的第七子巴图特台吉，他仍然是不儿赛之次子沙计（撒只）·把都儿·黄台吉。也就是说，沙吉台吉和把秃台吉实际上是一个人。既可以称之为沙计，即撒只，也可以称之为把都儿，即把秃。除因为《武功录》记载其为"哈汉把都儿之次子"的证据外，分析他们与卜失兔"聚兵大畛畦"的事件之后，也可以得出以上结论。

对此事记载最为详尽的是《卜失兔阿不害列传》：

---

① 瞿九思：《万历武功录》卷14《把秃台吉列传》，北京：中华书局影印本，1962年，第1226页。

② 乌兰：《〈蒙古源流〉研究》，沈阳：辽宁民族出版社，2001年，第369、424页。

于是下令，令以十一月赴红山市。卜失兔乃使其弟俺坠兔及台吉拓不能、哈汉把都儿果以期至……是时，哈汉、秃退等以染痘疹相继死，而哈汉子圪塔台吉、秃退子阿计大台吉妄疑红山市上中药酒，中道仓卒死，切齿腐心……卜失兔为人狡悍，阳顺而阴实佐圪塔、阿计大二酋，以为发难之由。于是移怅（帐）大畛畦。已，又迁牛营滩，乃使夷使三尖榜什及五狼寨等六十余人来请，以为："哈汉等虽川（中）药死，独非以死勤事乎？愿袭圪、阿二酋秩，庶遏衅端。"抚臣以为其词良是，第恐诸酋请以为比。旦日，卜失兔复使夷使愿以身承之，抚臣幸许可。于是，卜失兔徵圪、阿二酋同赛汉住次子寨桑拓不能赴市……卜失兔益鞅鞅不得志，迟令诸酋掉臂西还。而以其弟阿只兔聚众，皆缮兵甲、执楯杆，从柏林号召，声欲入榆林塞……始，双山之攻劫，乃炒忽儿、俺坠兔，卜酋罚其三九；柏林乃阿计大、阿沙计阿不害，罚其四九。常乐、榆林，乃圪塔台吉，罚其四九。①

此外，《圪塔台吉列传》中也有记载：

亡何，圪塔台吉益念其父哈汉把都儿为市而来，染天花客死，痛心疾首，索宴赏、抚赏如阿父，边吏弗许，乃抱（报）怨往常乐、双山堡，与赛汉住、沙吉台吉等大会："吾与尔托为行猎，以报红山之怨，可乎？"是时，把秃台吉、阿（沙）计（吉）台吉，政（正）枕戈以待，乃相与盗边。而卜失兔又从中为主谋，即使夷使三尖榜什等来请："如不倍增厚赏，圪塔等志念不终休也。"而圪塔果使夷使画匠要素（索）如初。边吏拒之甚严。卜失兔稍变其说，以为："圪塔勤国事而死，所遗妻妾及其子男，茕茕无依，今独不可以悬赏乎？"先是，俺答与吉能明著为令，令胡中降者，真夷给予故主；汉夷给予恩养段布。今哈汉既病故，

---

① 瞿九思：《万历武功录》卷14《卜失兔阿不害列传》，北京：中华书局影印本，1962年，第1214页。

而其子圪塔台吉法当袭父指挥佥事。诏报可。①

《明实录》也有简略记载：

套虏卜失兔、圪、阿诸酋在陕西边者市赏已毕，而结聚不解，意图窥伺，挟求无已，为我军截杀数多，擒三人，皆骁悍虏将，获其马四十匹，群虏大创。卜酋乃为谢过，量求加赏。督臣郜光先、抚臣梅友松以闻。②

圪，是圪塔台吉；阿，是阿计大台吉。

从以上记载可以推知事件原貌大致如下：万历十五年（1587）十一月，卜失兔正与明朝讲赏，自己未参与互市，派阿只兔、秃退、哈汉、赛汉住它不囊等共赴红山，进行互市。市毕，返回部落的途中，秃退、哈汉等死去。其子圪塔台吉、把都儿台吉、阿计大台吉等怀疑明朝边将以药酒毒害秃退、哈汉等，故而向明朝边将索取加赏，遭到拒绝。于是，诸首领聚兵于常乐、双山、柏林等堡，向明边进攻。明边将迎战，获胜。卜失兔又派人到牛营滩请增赏，仍未果，随后向明提出：秃退、哈汉等勤国事而死，应以其子袭封官职。得到明将应允。文中记载内容十分混乱，比如，《阿只兔列传》中说：阿只兔同炒忽儿、圪塔台吉并聚抬瓮山；《卜失兔列传》说：双山之攻劫，乃炒忽儿、俺坠兔；《沙计阿不害列传》说：沙计阿不害引众盗大柏油、柏林边。沙计大言曰："吾无罪，实炒忽儿、俺坠兔为之。"俺坠兔、炒忽儿作战地点忽而抬瓮山，忽而双山，忽而大柏油、柏林，让人摸不着头脑。实际上以上诸堡都在榆林以东，相互间距离很近。所以地点记载上的差异可以忽略不计。

明确以上问题，再看沙计台吉和沙计阿不害的相关记载。提及两人的传记除本传外（本传记载两人都是聚兵大畔畦，有把秃），还有《卜失兔列传》："柏林乃阿计大、阿沙计阿不害"；《圪塔台吉列传》："乃抱（报）忿往常乐、双山堡，与赛汉住、沙计（吉）台吉

---

① 瞿九思：《万历武功录》卷14《圪塔台吉列传》，北京：中华书局影印本，1962年，第1226页。

② 《明神宗实录》卷194，万历十六年正月庚戌条。

等大会。是时,把秃台吉、阿(沙)计(吉)台吉,政(正)枕戈以待,乃相与盗边。"实际,圪塔台吉、把秃台吉、沙计(吉)台吉(阿不害)都是哈汉把都儿的儿子,其中后两者是同一人。他们与秃退之子阿计大台吉共同行动,对明朝索取贡赏。《武功录》把沙计台吉、沙计阿不害、把秃台吉当作三个人来记载,是错误的。

(三)《碑马兔阿不害列传》、《白马台吉列传》一人多传

《碑马兔阿不害列传》传文中没有交代是记载鄂尔多斯部哪位台吉事迹的传记,笔者推断其所记是鄂尔多斯部宾兔弟弟昆迭连(也译作昆都楞)之子碑马图(备马图)事迹,其文如下:

> 碑马兔阿不害者,切尽黄台吉部酋也,授我千户。万历甲戌(戍)(1574),同部酋苦得素来互市。自是,岁以为常。久之,与著力兔、打正等欲西抢,而会切尽黄台吉物故,相与议曰:"吾等且治丧事,迟河冻而后行未晚。"是岁,丙戌(1586)八月也。明年(1587)冬,偕切尽黄台吉妻姚吉来清水市。督臣郑洛先奏其条遵汉法,安静无扰,请皇赏奖谕之。庚寅(1590),偕母安哈屯来入市。当是时,或收气黄台吉女撒木袋、丑气把都儿妻把素捨吉、宾兔妹忙速寡妇、切尽黄台吉女阿不害,皆以恭顺,雁行清水营,亦一时之盛也。①

为什么说碑马兔阿不害(Buyimatu abuyai)是昆迭连之子呢?狼台吉四子"昆迭连的儿子是备马图。"② 碑马图是备马图的同名异译。与碑马图活动在一起的首领都是狼台吉系、那木按系、花台吉系的诸台吉们。文中直接点明,碑马图是"切尽黄台吉部酋",表明其常跟随切尽活动,而且在切尽死后,还同切尽妻子一起到清水市互市。著力兔,是碑马图的叔叔,全名奥巴·著力兔(Auba joriγtu)那颜,狼台吉次子。③ 打正,是狼台吉三子,又名宰僧,全名大正·

---

① 瞿九思:《万历武功录》卷14《碑马兔阿不害列传》,北京:中华书局影印本,1962年,第1240页。
② 乌兰:《〈蒙古源流〉研究》,沈阳:辽宁民族出版社,2001年,第369页。
③ 乌兰:《〈蒙古源流〉研究》,沈阳:辽宁民族出版社,2001年,第415页。

第四章 《万历武功录》蒙古部分的讹误种类及相关史料考辨（上） | 195

宰桑那颜。① 或收气（qosiɣuči，即合收气）黄台吉是著力兔长子。②宾兔的妹妹是俾马图的姑姑。他们都属于狼台吉系的首领。丑气把都儿，是那木按（斡亦答儿麻）次子，又名海努克（黑）（qayinuɣ）把都儿。③ 是那木按系的首领。《武备志》所记在宁夏镇活动的"虏酋"都是上述三系的台吉们：宁夏镇两边外住牧"夷人"，河东边外"夷"人首领有切尽系的切尽黄台吉并比妓及其六子、铁雷、火落赤、把秃；狼台吉系的着力兔子婿、打正子婿；河西边外"夷"人有那木按系的丑气把都儿兄弟子侄；狼台吉系着力兔次子、宾兔子婿。④ 所以，从译音、活动同伴、住牧地区等方面判断，俾马图是狼台吉四子昆迭连的儿子。

那么，白马台吉的身份怎么判定呢？

白马台吉，亦清水市夷也。隆庆丁卯（1567），与黄台吉刑马祭天，盗威武边，深入我安定、清涧之间，我师多所斩获。至万历甲戌（戌）（1574），始与切尽黄台吉市清水。自是，岁入贡无乏。白马台吉为人数反复，与之言顺即顺，言叛，辄自寒盟弃去。

辛卯（1591）夏五月，白马台吉引众寇我九坝堡。是时，上命给事李汝华巡边，因以其状奏闻，诏大将军捣巢。白马台吉惧而东旋。于是，卜失兔、宰僧从古城出，大成比妓、沙赤星从永昌出，宰本台吉从宁远出，三娘子、明爱台吉从水泉出。卜失兔、宰僧从镇羌驿出，皆鼓掌大笑曰："汉兵甚神。归休乎，白马！归休乎，白马！吾亦从此

---

① ［明］茅元仪：《武备志》，载《四库禁毁书丛刊》，子部，第26册，北京：北京山版社，2000年，第293页。乌兰：《〈蒙古源流〉研究》，沈阳：辽宁民族出版社，2001年，第368页。

② ［明］茅元仪：《武备志》，载《四库禁毁书丛刊》，子部，第26册，北京：北京出版社，2000年，第293页。

③ 乌兰：《〈蒙古源流〉研究》，沈阳：辽宁民族出版社，2001年，第415页。

④ ［明］茅元仪：《武备志》，载《四库禁毁书丛刊》，子部，第26册，北京：北京出版社，2000年，第293–295页。

逝矣。"①

《白马台吉列传》显示了以下几个特点：

首先，白马台吉也是市于清水的。

其次，他与切尽黄台吉一起活动。

再次，从本传看辛卯年的活动，白马可能与卜失兔、宰僧等同样属于鄂尔多斯部"套虏"，也可能和沙赤星、大成比妓等一样属于土默特部。

最后，确定白马台吉的部籍。辛卯年夏天，白马台吉从肃州卫（今酒泉）以东九坝堡出边的事，《扯力克列传》有更详尽的记载："其七月，切尽比妓部撒户首领及白马台吉、歹成、沙计（吉）台吉过镇羌边，而阿赤兔、卜失兔、宰僧、我尔着亦休舍西古城。"文中提到的诸位首领都是哪一部的？辨析可知，他们都属于鄂尔多斯部。切尽比妓是切尽黄台吉的妻子，歹成应该是狼台吉系著力兔台吉的第四子朵儿只·歹成，②或者是那木按系那木按第三子昆迭连·朝库儿台吉，"炒哭儿，即歹成"。③沙计当是哈汉把都儿之子，前已论述。阿赤兔，是狼台吉系宾兔（埃答必思·答言那颜）长子，全名为阿赤图·答言那颜，④又名那木大，在甘肃镇边外西海住牧。⑤卜失兔，是吉能之子，"套虏"首领。宰僧，是狼台吉系狼台吉第三子，又名打正。前亦述及。我尔着，不知何人，但不影响大局。所以，这个白马同样是属于"套虏"中狼台吉系、那木按系、花台吉系众多首领中的一个。而从《蒙古源流》、《北虏世系》、《武备志》等材料看，以上三系的台吉们中名字叫做白马或译音相近的只有备马图。因此，白马就是备马图（碑马图）。上述两传属于一人多传。

---

① 瞿九思：《万历武功录》卷14《白马台吉列传》，北京：中华书局影印本，1962年，第1243页。

② 乌兰：《〈蒙古源流〉研究》，沈阳：辽宁民族出版社，2001年，第368页。

③ [明] 茅元仪：《武备志》，载《四库禁毁书丛刊》，子部，第26册，北京：北京出版社，2000年，第294页。

④ 乌兰：《〈蒙古源流〉研究》，沈阳：辽宁民族出版社，2001年，第368页。

⑤ [明] 茅元仪：《武备志》，载《四库禁毁书丛刊》，子部，第26册，北京：北京出版社，2000年，第304、294页。

（四）《打喇克汉阿不害列传》、《或收气黄台吉列传》一人多传

《打喇克汉阿不害列传》的内容如下：

> 打喇克汉阿不害者，亦清水市夷也，授我千户。行事与脱计同。丁亥（1587），乞增赏。庚寅（1590），请增市。曩者，切尽黄台吉薄责之，彼乃以切尽为非夫也。①

《或收气黄台吉列传》：

> 或收气黄台吉，清水市夷也，授指挥佥事。每一临市，或以母，或以女，或以母舅速把捡，或以男莽孩捡吉、俺得个捡吉，或以部酋撒木袋反土明提携老小，繦（襁）负而至。万历甲戌（戌）（1574），督臣石茂华疏奏："官民易虏马驼骡牛羊，凡四万二百八十有三头。矜矜兢兢，骍牝如云，极一时之盛也。赏赍有差。"故事：酋长以事出，而代为监市者，法得与赏。以故，妻党忻忻皆因以为利。关吏问或收气黄台吉安在，诸酋对曰："阿长西抢瓦剌，久未旋。"②

两传中几乎没有相同的事情可以联系，也没有多少同伴可以分析，如何看出两传所记是同一人呢？可从世系入手。打剌克汗阿不害，是狼台吉系着力兔之长子。着力兔台吉，《武备志》记载："长子打剌克汗阿不害，即杌大，又改名合收气；二子炒克兔阿不害，即炒兔黄台吉，在河西住牧；三子那木升革；四子多儿计；五子土罢。"③ 在《武备志》的记载中，打剌克汗阿不害有三个名字，另两个是杌大、合收气。《蒙古源流》记："奥巴·着力兔的儿子是阿难

---

① 瞿九思：《万历武功录》卷14《打喇克汉阿不害列传》，北京：中华书局影印本，1962年，第1244页。

② 瞿九思：《万历武功录》卷14《或收气黄台吉列传》，北京：中华书局影印本，1962年，第1257页。

③ ［明］茅元仪：《武备志》，载《四库焚毁书丛刊》，子部，第26册，北京：北京出版社，2000年，第293页。

答·合收赤那颜、晃兔台吉、阿木·辛爱台吉、朵儿只·歹成、图巴·银锭五人。"① 两书所记人数一致，后四人的名字从发音上都很容易对应起来，只有长子的名字有一定差异，其中《武备志》比较全面，"打剌克汗阿不害，改名合收气"。也就是《蒙古源流》所记的阿难答·合收赤（Ananda qosiɣuči）那颜。所以，两传所记实为一人。

---

① 乌兰：《〈蒙古源流〉研究》，沈阳：辽宁民族出版社，2001年，第368页。

第五章 《万历武功录》蒙古部分的讹误种类及相关史料考辨（下）

四、两人或数人一传
（一）《吉能列传》史料辨析
《吉能列传》中所记并不都是吉能的活动。兹抄录如下：

> 吉能者，吉囊之子也。隆庆中，阻黄河西套以为险，蝟结蚁聚，收我马天禄为腹心，大寇张掖、酒泉之间。久之，俺答请入贡。制置使王崇古先下令，令：大会老把都、吉能、永邵卜，若等必结缭而并称臣妾，然后可。于是，能乃使夷使土忽赤等款塞请和。已，又使摆言恰等请贡。抚臣杨锦见番词甚驯谨，乃使使者赍彩币及针鞘诸物往谕能。是时，塞上征虏将军类皆捣巢、赶马以为功，致能有双山堡之寇。崇古复恐诸虏藉以启衅，乃诚诸将卒："违戒者斩。"能等备闻斯言，感戴制置使，皆延颈举踵、叩告边吏曰："双山之役，实土户只家为之，自是不敢以一矢相加遗，以背汉明恩。"能又旋与诸夷约："有如汉人出边樵苏，我虏中执而夺去衣物者，罚马、牛、羊倍是。"盟誓既定，乃出善马奉献。制置使崇古乃以状闻，诏赐金絮彩缯酬劳。
>
> 先是，能大父吉囊逢黄河水解入套，则患在张掖、酒泉，出则患在云中、山（上）谷。顷虏党益盛，套不能容，分据东西庄宁山后，并擅其地，塞上颇心畏之。况能亲俺答长侄，在颜（雁）行中春秋独高。今俺答许封贡而能不与，制置使恐虏性急而耻卑弱，有如一日发愤，聚党横行，如近岁黄甫川、笔架城、镇静堡之攻陷，瓦楂梁之杀戮，然则西塞将奈何？乃请授吉能都督同知，诏报可。赐大红织金膝襴狮子紵丝衣一袭，彩段四表里。是岁，隆庆庚午

(1670）也。

明年（1571），能乃遣切尽黄台吉、威进恰他不浪、莽会台吉请贡。切尽等迎谢悉如礼。汉法：临市，建黄帏，诸夷南向叩头者四。切尽等乃竟执夷礼，卸冠叩谒，志气扬扬，甚自得也。第偏索铁锅弗得，退有后言。夷俗：故用铜锅，昼以炊食，夜以伺警。辽市幸用广锅，盖防藉兵资粮之微意也。于是，抚臣郜光先喜能恭顺，请赐能及切尽等绮币有差。

明年（1572），贡市不及期，顺义王奏："非敢违约，臣侄吉能以三月初三日新物故，方请剌麻僧诵经作佛事，幸加哀怜。"于是，能妻中爱哈屯及小板阿不害、子隐布台吉、女太松阿不害、婿索郎倘不浪使夷使打儿汉小则等二十八人进上马二十骑，余马四骑，赴张家口互市。它夷使五十人进马一百六十六骑，悉分给延宁诸戏下。抚臣戴才请隐布台吉等赏如能。已而议以长子把都儿黄台吉袭能。我国家令申："女直夷人都督等官病故者，赐彩段二表里，降香一炷。"于是属太史为文，赍使者香帛致祭。而会天雷击死夷马。中爱哈屯狡悍，乃妄拟（疑）我塞上有魇蛊之事，鞅鞅不得志，称死且不敢受，独贡市毋敢背初盟。制置使崇古乃请指挥佥事切尽黄台吉、威正恰把不能稍转指挥同知，并授打儿汉等秩百户，诏报可。诸夷喁喁，然益感德慕义，称藩保塞。

万历辛卯（1591），扯力克与火落赤数侵盗西边，而吉能诸部落尤助逆，共成纷梗。我师斩首捕虏动无算。始，能与顺义王、青把都三昆弟联翩而称富强。及后，兵数困，部益贫，此顺与不顺之明效也。①

此传中的"吉能"至少囊括了三个人：吉能、卜失兔、吉囊。吉能、吉囊，都是明代蒙古史上"济农"的不同汉译。济农，是达

---

① 瞿九思：《万历武功录》卷14《吉能列传》，北京：中华书局影印本，1962年，第1200－1202页。

延汗派往右翼的代表，协助其处理政务的助手，相当于驻守右翼诸部的副汗。但是，在明人的称呼中，他们之间是大有区别的。吉囊，是衮必里克吉囊的专称；吉能，是吉囊之子那言大儿的专称，实名为诸延达喇（Noyandara jinong）、那言大儿。他即位于癸卯年（1543年，明嘉靖二十二年），死于壬申年（1572）。① 也就是说，他在位期间明蒙双方实现了封贡，但封贡不久他便去世。所以，在《吉能列传》中1572年以后的事情和吉能无关。所记万历辛卯年（1591）的事件应该是卜失兔吉囊（Bošoγtu jinong）时发生的事。卜失兔吉囊是吉能之孙，"《蒙古源流》)清译本作'博硕克图济农'。《北虏世系》作'卜失兔台吉'，《武功录》作'卜失兔阿不害'，《明实录》作'卜失兔'，并常冠以'套虏'字样，以与俺答汗曾孙（应为五世孙）'卜石兔'相区别……丙子年即1576年即吉囊位，甲子年即1624年去世"。② 因此，1591年出兵为扯力克和火落赤助战的是卜失兔吉囊的部落，而非"吉能部落"。"看得前项所报情状不一，大都在甘镇之报，其称吉囊者，即卜失兔，称其祖名也……卜失兔由贺兰山西行，随带家小牛羊已至甘肃蔡旗等堡边外，虽为趁草驻牧之计，其实蓄谋叵测，内外勾连也……其河州之报，则称火酋见在捏上（工）川捉马要抢者，骄虏盘踞番地，传播虚声，使我提备以牵制我师也。扯酋昏庸，任人播弄，且火落赤敢于犯顺，疑畏独深，故诱哄虏王渡河，导之作逆"。③ 与《吉能列传》中史实恰好相印证。或以为，"吉能部落"所指为"吉能遗部"之意。但作为传记来讲，是以人物的生卒为始终的。况且书中还有《卜失兔列传》来叙述所谓"吉能遗部"之事迹。如果将吉能事迹后延下去，必将与卜失兔的事迹相重复。这恐怕也是撰史者必须明确的事情。而传中最后一句话"始，能与顺义王、青把都三昆弟联翩而称富强"，讹

---

① 乌兰：《〈蒙古源流〉研究》，沈阳：辽宁民族出版社，2001年，第411页注[70]。

② 乌兰：《〈蒙古源流〉研究》，沈阳：辽宁民族出版社，2001年，第422页注[99]。

③ ［明］郑洛：《类报虏情疏》，载《明经世文编》，北京：中华书局影印本，1962年，第4374页。

误两处，吉能之父吉囊（衮必里克墨尔根吉囊 Gün bilig mergen jinong）与俺答、老把都儿都是巴尔速博罗特的儿子，三人为兄弟关系；而文中的"能"和青把都，一为吉囊之子，一为老把都之子，都是俺答的侄子。所以，《吉能列传》是瞿九思将三个人混在一起捏合而成的，人名上以及从属关系上都出现了重大错误。

（二）《克臭列传》史料辨析

《武功录》卷九《克臭列传》所记载的也应该是两个人的事情。这里还是先看原文。

> 克臭，亦哆罗土蛮把都儿黄台吉弟也。始俺答时，臭与宾兔逐牧甘州塞外水草，及款塞，授我指挥佥事。已，辄复去。甲戌（1574）冬，俺答欲为臭等请市甘肃，先期檄臭等毋（勿）乱边。制置使石茂华以为不可，乃议抚赏。而郑洛则以为："哆罗部酋既开市云中，复请我甘肃，胡为者？"于是宾兔好谓克臭曰："若胡诱我，徒自疲耳。"乃大略诸村落，乱甚。先是，阶州木竹坪番贼执我备守使范廷武，后乃赎以马骡牛羊及段布毡条衣服诸什物，得解免。以故番益骄横，弗可制。乃复击我三岔、花嘴，杀略居人崔应新等而去。唯是塞上恐虏与番合，乃薄责顺义王急。是时，虏骑每一至关右，辄谷宣大，且令俺答禁谕之……其明年（1575）三月，克臭乃佐宾兔复请建寺且开市，辞极恭顺。我亦诫勿抢番。臭等唯唯，敬如太师约。于是，制置使郜光先议开市。其十二月，遂开洪水扁都口市。已，又开庄浪岔口堡、铧尖墩小市。①

根据以上记载，似乎多罗土蛮的克臭（kečegüü）早在俺答西征时就留在甘州附近，和宾兔活动在一起了。尤其是郑洛以"多罗部酋既开市云中"相拒绝，似乎此克臭肯定是多罗土蛮的了。实际上，郑洛万历三年（1575）五月始巡抚山西、大同，他的《抚夷纪略》就是记万历三年至十年间（1575－1582）他与俺答汗往来事宜的。

---

① 瞿九思：《万历武功录》卷9《克臭列传》，北京：中华书局影印本，1962年，第889页。

万历三年,他下车伊始,对情况的了解程度是有限的。① 所以,郑洛的言论不一定准确。此克臭是谁? 是多罗土蛮的吗? 他何时进入河西的? 是和宾兔同时吗?

宾兔进入河西的时间很早,是在嘉靖后期。俺答"羡青海富饶,嘉靖三十八年(1559)携子宾兔、丙兔等数万众,袭据其地。卜儿孩窜走,遂纵略诸番。已,乃引去,留宾兔据松山,丙兔据青海,西宁亦被其患"。② 《明史》著作者在此处出现了重大错误,丙兔(Bingtü)为俺答之子,宾兔(Bingtü)是鄂尔多斯部的。"谔巴卓里克图的哥哥第50人宾兔,一定是《明史》第327卷第27页上的宾兔。不过,这一辨认由于《明史》编者在后面的几行中所说的下列事实而稍有点复杂:俺答汗有两个儿子,一个叫宾兔,住在兰州对面的松山附近,另一个叫丙兔,住在河州对面西海附近。在别的著作,例如《武功录》卷八第164页上也可以找到同样的记载。看来有两个相互同名的人:一个为狼台吉之子,住在兰州北面,另一个为俺答汗之子,住在西海地区。《武功录》卷十四第174页称他们为西海丙兔和松山宾兔"。③ 所以宾兔在河西活动从嘉靖后期就开始了。

而上引《武功录·克臭列传》一段短文的粗略介绍给人一种印象:克臭虽然不会像宾兔那么早地活动于甘州附近,但至少在款贡前,他已经在甘州住牧了。有人还据此就认为他很早就进入西海活动了。"歹雅黄台吉的四弟火落赤、三弟着力兔歹成之子阿榜台吉,在歹雅黄台吉之前就以在青海活动了。还有歹雅黄台吉的从子(应为从弟)克臭……万历三年他是与宾兔一起活动的。在《明实录》中还记载着他后来留居青海的情况"。④

---

① [明]郑洛:《抚夷纪略》:"今上改元之明年甲戌(1574)岁,余服阕,随计吏谒铨部,补两浙如河南官。甫陛辞,上俞廷推,擢余巡抚山西。明年乙亥(1575)复改大同,以贡市首事余曾与闻,故以云中抚夷事寄之。五月,既受事……",载蒲音湖、于雄·《明代蒙古汉籍史料汇编》,第二辑,呼和浩特:内蒙古大学出版社,第140页。

② 张廷玉等撰:《明史》卷330《西域传》,北京:中华书局,1974年,第8546页。

③ [Amer.] Henry Serruys. Genealogical Tables of the Descendants of Dayan–Qan. Copyright 1958 by Mouton & Co., Publishers, The Hague, The Netherlanda. P.52.

④ [日]江国真美:《青海蒙古史的一个考察》,载《蒙古学资料与情报》,1986年,第4期。

事实是否如此？随着近年史学研究的深入，达延汗系较早进入西海的部落是永谢布部，① 多罗土蛮部之进入西海的时间被确定在歹雅黄台吉随俺答迎佛之后。"第三批［前去］迎接的，是由阿儿秃斯的切尽·黄台吉、土蛮的达云那颜为首的三千人"。②达云那颜即多罗土蛮部歹雅黄台吉。③ 此后，火落赤和克臭便被留在西海。"俺答汗取得了达赖喇嘛（答应去蒙古）的文书和以襄佐为首的高级侍从的担保，俺答汗与其臣下就大都返回故土去了。临行前，福田施主商议决定，为了发展汉藏金桥关系，将火落赤、青巴图尔及其部众留居青海驻牧"。④ "克臭台吉，多罗土蛮部台吉，达延汗第四子阿尔斯博罗特之曾孙，随族兄火落赤来西海，也与丙兔一起住牧"。⑤ 多罗土蛮部火落赤"就是此时随其兄长一同跟随俺答进入西海，并被俺答留在西海住牧的。""隆庆末年就出现在甘肃边外"的"火落赤并不是多罗土蛮部的火落赤，而是鄂尔多斯部切尽黄台吉之弟布延达赖古拉齐巴图尔（汉译合罗赤）"。⑥ 同理，1577 年之前多罗土蛮部克臭也不可能进入西海，和宾兔一起活动于甘州的克臭不是多罗土蛮的克臭。

这个克臭是谁呢？笔者认为他是来自于鄂尔多斯部的台吉。通过一系列材料可以证明的是隆庆年间及万历初年活动于镇番、永昌、甘州一带的一般都是出征瓦剌的"套虏"鄂尔多斯部，他们的西行路线恰好经过以上地区。

有关吉囊长子系各台吉的活动如下："把都儿黄台吉，隆庆初，逐红山寺水草。已，又迁徙大红柳、青石、岩丹、乱井诸所。是年秋八月，与白马台吉等刑马祭天，欲阑入安定、清涧之间。明年春，依

---

① 李文君：《明代西海蒙古史研究》："永谢布部进入西海在丙兔及多罗土蛮火落赤之前"。北京：中央民族大学博士学位论文，2004 年，第 45 页。
② 乌兰：《〈蒙古源流〉研究》，沈阳：辽宁民族出版社，2001 年，第 427 页。
③ 乌兰：《〈蒙古源流〉研究》，沈阳：辽宁民族出版社，2001 年，第 426 页。
④ 阿旺罗桑嘉措著，陈庆英译：《三世达赖喇嘛传》，全国图书馆文献缩微复制中心，1992 年。
⑤ 达力扎布：《明代漠南蒙古历史研究》，海拉尔：内蒙古文化出版社，1997 年，第 71 页。
⑥ 李文君：《明代西海蒙古史研究》，北京：中央民族大学博士学位论文，2004 年，第 34 页。

大、小松山，与宾兔谋复劫掠我兰、靖、庄、红、西宁、巴暖三川。已，又与其弟海牛害等三人谋寇甘州。而会吉能新物故，打儿汗诸酋互相雄长，致沮贡议。于是抚臣郜光先令威正恰把不能赴西海，征把都儿还。袭都督同知秩。是岁，隆庆壬申（1572）也。"①

其他汉文史籍也证实此时把都儿黄台吉确实是出征在外。"吉能既故，其长子虽西掠未回，然把都儿黄台吉之禁令未必能行于部。银锭台吉等移住镇番近境，盖外假通贡互市，内或欲掩我不虞"。②到万历二年十二月，把都儿黄台吉还未归巢承袭封号。③ 所寇之"甘州"地近永昌，其北面的昌宁湖是丢儿盖朝库儿的住牧地。《北虏世系》中说：吉能二子"丢儿盖朝库儿台吉，见在。子一。在甘肃永昌边外昌宁湖一带住牧。圪赤圪台吉，故，子二，同上住牧。"昌宁湖，东近镇番，南临永昌，西去甘州稍远。是"东房"进入西海的交通要道之一。和把都儿黄台吉一起谋寇甘州的三人，其一为其弟"海牛害"，另一个是谁？瞿氏没有说明。是否是同样住牧于此地的另一个弟弟圪赤圪台吉（蒙古文名字为诺木图都古楞，Nomtu dügüreng）？在《克臭台吉列传》开始时提到的克臭既然不是多罗土蛮部的，是否是这个圪赤圪台吉？

吉囊第二子狼台吉系各台吉的活动。狼台吉的长子宾兔，自嘉靖三十八年被留居松山，住牧地为河西大、小松山地区。"宾兔台吉……在甘州庄浪边外松山住牧"。④ 吉能之子丢儿盖朝库儿台吉、圪赤圪台吉的住牧地在"甘肃永昌边外昌宁湖一带住牧"。⑤ 再向西发展，是银锭和歹成的住牧地。

《陕西四镇图说》详载甘州11卫，4户所，108城堡之

---

① 瞿九思：《万历武功录》卷14《把都儿黄台吉列传》，北京：中华书局影印本，1962年，第1203页。
② 《明神宗实录》卷2，隆庆六年六月庚午条。
③ 《明神宗实录》卷33，万历二年闰十二月辛卯条。
④ [明]萧大亨：《北虏世系》，载《北京图书馆古籍珍本丛刊》，第11册，北京：书目文献出版社，1988年，第641页。
⑤ [明]萧大亨：《北虏世系》，载《北京图书馆古籍珍本丛刊》，第11册，北京：书目文献出版社，1988年，第640页。

外，属银定与歹成（即青把都）二部之住牧地，计78处……诸处距边近者一二百里，远者六七百里乃至八九百里，其中地名，今可指实者，自庄浪（今甘肃永登县）边外大小松山、镇番（今民勤县）边外独青山（即青山儿）、永昌卫（今永昌县）东北昌宁湖、嘉峪关外赤斤湖，以至离边极远之亦集乃湖（今额济纳旗居延海）等等，不一而足。青苔泉、苃苃滩、乱井、半截墩、沙嘴泉五处，又为银定、歹成与宾妻牧地交错地带。①

其中，"银锭"为吉囊末子哈麻艾旦台吉，蒙古文名字鄂克拉罕伊勒登（Onglaqan yeldeng tayiji），② 不是打剌明安部的银定把都儿台吉；"歹成"是吉囊第五子歹成都剌儿台吉（Buyangγulai dural dayičing），③ 不是贾敬颜所说的青把都。④

以上可以推断，鄂尔多斯部吉囊九子中有四个儿子的住牧地都是在河西走廊以北的区域内。此外还有吉囊第四子花台吉（即耨台吉）部落在此活动频繁。

> 甘肃远在河外，三面临边，番虏交杂，所称斗绝孤悬者。虏酋止宾兔等数枝及黄台吉下部落零寇在边外住牧，近因套虏切尽黄台吉西掠，银锭台吉等诸虏俱相继西行，率多经由内地，环牧于西海及镇番等边外，又甘州南山西番少罕一枝最称强众，倘番虏合谋，一时窃发，本地方既已不支，各处援兵复难猝至。⑤

---

① 贾敬颜：《〈陕西四镇图说〉所记之甘青蒙古部落》，载《西北史地》，1989年，第2期，第3页。
② [Amer.] Henry Serruys. Genealogical Tables of the Descendants of Dayan–Qan. Copyright 1958 by Mouton & Co., Publishers, The Hague, The Netherlanda. P43, 49. [美]亨利·塞瑞斯：《达延汗后裔世系表笺注》，载《北方民族史与蒙古史译文集》，昆明：云南人民出版社，2003年，第754、761页。
③ [明]萧大亨：《北虏世系》，载《北京图书馆古籍珍本丛刊》，第11册，第642页。
④ 贾敬颜先生在同文中谈到："银定，又称银定台吉或银定把都儿台吉，属打剌明安部长莫蓝台吉第四子。青把都又曰青把都儿，即昆都仑歹成，即老把都儿台吉即昆都仑哈之次子，而昆都力哈则俺答弟也。"均误。载《西北史地》，1989年，第2期，第2页。
⑤ 《明神宗实录》卷3，隆庆六年七月乙酉条。

切尽黄台吉是吉囊第四子花台吉的长子，① 属于鄂尔多斯部落，其西行时由镇番进入河西走廊，经甘州南山等地。切尽之弟鄂尔多斯之火落赤（合罗赤）在这个地区也十分活跃。《武功录·火落赤列传》所"记载的是鄂尔多斯合罗赤西征瓦剌前在甘肃边外的一些活动情况"。② 西行路线是"驰山丹大泉"，"一道走凉州，一道走永昌"，"从红山观音中渠、小沙渠湖驰西店子"，"驰红泉"，走"板桥堡、野猪湾湖止壁。居一、二日，始透高台、镇夷、水塘湖……由三间海子、盐池、双井、临水中渠走肃州以北谭家堡，然后过暖泉堡、清水河、马营沟、冉冉驰仓儿沟、新城，透嘉峪关。已，乃从水关出塞，透大草滩"。基本上是永昌、凉州、肃州、嘉峪关一带。《武功录·切尽黄台吉列传》记火落赤的活动路线及对"套房"的影响颇详，与此线路基本相同。

> 明年壬申（1572）春二月，切尽乃踏水临边，关吏亟问："尔来何为？"切尽对曰："边外朵颜三卫为达子，乌思藏为回子、为西番，并我等入贡，必不敢往寇。吾来，为瓦剌也。"先是，火落赤由凉、永、山丹，还绕甘州，以畜产羸弱告，与之交易。抚臣廖（廖）逢节恐切尽复率由故道，先期使裨将引兵守宁远诸堡，而又恐"切尽或无它肠，而我实先示以弱，不若以礼遇之可乎？"于是属偏将军怀周芝往镇番，而以羊八角、酒一筵、米面各五斗犒劳之。切尽既至，乃迎芝入伊母帐中，楫让登上坐，俨如汉宾，母乃椎羊煮酒，相得甚欢毋餍。已，乃援笔为书"幸为我多谢抚臣"，且妄请，请加封侯伯，而又为其弟那木歹台吉、超胡儿台吉、妹夵吉阿不亥索官爵。皆番汉文字，书多不载。芝还，具以实告。抚臣廖（廖）逢节复使芝往言："尔那木歹、超胡儿在西塞多行不义，弗可与。今与尔约：尔

---

① ［明］萧大亨：《北虏世系》，载《北京图书馆古籍珍本丛刊》，第11册，北京：书目文献出版社，1988年，第641页。
② 李文君：《明代西海蒙古研究》，北京：中央民族大学博士学位论文，2004年，第35页。

始言往瓦剌，则边外川底至嘉峪关外，乃走瓦剌道也。及临席，则又言往西海，西海则从永昌、三条沟入寒鸦口，直走南山。著为令，敢不如令，而以匹马半策蹂践我汉地，汉以大兵捣尔巢，不尔容也。"切尽言："我实往西海。"于是，起营至双井墩，徘徊者久之，则又从团湖儿走昌宁安远墩。已，又至溜沙坡止舍。抚臣曰："何物么么，乃聚党为奸如此？"我谍者侦之，乃囊所称超胡儿、那木歹、滚吉阿卜害及火落赤妻妣吉，欲过边临城而与大酋长会，会往西海也。于是，抚臣复使使者宣谕朝廷恩威及右（顺）义王俺答、都督吉能禁令。旦日，切尽乃从毛卜剌、庙儿沟透三条沟分为二支，尽走红羊圈。超胡儿从土佛寺过永昌，还走塔儿湾，并至高古城大河口。而会天大雪，昼晦，牛马大伤。聚首寒鸦口三日，复从黑土洪水寨透水湖塘出境而入南山……于是，从乌鸦口往黑城，行未至草古城，遗达马二匹，游击朱勋使使者追而予之。而房部亦焚毁我吴家庄土房椽四间，切尽罚羊四十匹、套旗一杆、罚羊四足。自是，汉房所损遗，罚治率以为常。明日，为闰二月朔，切尽往马蹄寺礼佛毕……于是，从水塘至盐池湖、三尖海，一宿而至上双井、黑骨堆。是时，切尽诸部马牛羊实冻馁，未易动履，一日而至草滩边，又一日而至中渠河湾，又一日而至潭家庄，又一日而至太泉湖，时已三月初吉矣……乃以初六日黎明从新城起营，由嘉峪关北长城出境，透大草滩而往回回墓。①

据此可知，隆庆、万历初年"套虏"西行出兵瓦剌、入西海的最好路线是由永昌入边，经河西走廊再到肃州附近出边。在这个线路附近从嘉靖中期就开始活动的部落大部分是属于鄂尔多斯部的各鄂托克。《北虏世系》、《陕西四镇图说》和《武功录》都是很晚才成书的，其中所记之鄂尔多斯部在河西走廊北境的住牧地和活动从

---

① 瞿九思：《万历武功录》卷14《切尽黄台吉列传》，北京：中华书局影印本，1962年，第1234页。

何时成为事实的？万历初年宾兔求贡时鄂尔多斯本部是否已经在以上地区住牧了呢？上述材料中有两段材料是隆庆末、万历初的。而且以下几段材料所反映的不仅是这个时间段内的事件，而且还是"套虏"各部的联合行动。

> 兵部奏，甘肃抚臣廖逢节言，套酋切尽黄台吉等欲从甘州往西海住牧，宾兔、歹成妻男盘据昌宁湖，坚执欲从黄台吉去路行走。总督戴才亦言套内诸虏陆续俱到镇番、凉、永境外住牧及抢掠番夷，欲由内地经行……西行往来俱由边外川底及嘉峪关外行走。若果去海上止由镇羌、永昌三条沟过路，不得经由黑松、凉、永、甘、山等处内地。①

此段材料可以和切尽黄台吉的上引材料相印证。

> 陕西督抚石茂华、侯东莱言，河西一线，北有边墙，宜设墩台哨望。然北边乃甘镇之背，原为套虏与松山虏而设也。今套虏多取径镇永腹里横渡，入洪水扁都口，通西海。②

甘镇之北部边墙原是专门为"套虏"、"松山虏"而设的。款贡后，边墙失去了作用，"套虏"西行瓦剌和进入西海，都由内地经行了。"套虏"在这一地区活动的开始时间应该是在吉囊时代。在俺答和吉囊西征的间隙即嘉靖十四年（1535）到二十一年中间，③ 甘肃一些地区仍有"虏患"，④ 这时的"虏患"就是"套虏"造成的。他们在跟随俺答进行西征、南征的同时，常常单独在河西行动，给明朝边境制造恐慌。对此，蒙汉文史籍都有记载：

> 总制陕西三边尚书唐龙言，先年虏酋吉囊等拥众十万

---

① 《明神宗实录》卷3，隆庆六年七月戊戌条。
② 《明神宗实录》卷49，万历四年四月戊子条。
③ 曹永年：《蒙古民族通史》，呼和浩特：内蒙古大学出版社，1991年，第253-254页：嘉靖十一年袭破亦卜剌，卜儿孩脱走，十三年，吉囊和俺答出兵畏兀特，嘉靖二十二年收服卜儿孩。
④ [明] 张雨：从嘉靖十四年到二十一年间，屡有"虏"犯甘州、凉州、庄浪、兰州等地的记载。载《国立北平图书馆善本丛书》，第一集，《边政考》卷5《三夷纪事》，上海：商务印书馆，1937年，第56-57页。

突犯榆林，臣调兵分部御之。虏屡遭挫衄，度不能入，乃别遣五万骑由野马川渡河，径入西海，袭破亦不剌营，收其部落大半。惟卜儿孩所领余众脱走，此以夷攻夷，诚中国之利也。故经今岁余虏警稍息。边人云"虏举余众西掠四川松、潘等处"，窃恐得利而归，势将复炽。况属番帖木哥革课等或为其积威所劫，与之连合勾引套虏驻牧，则酒泉、张掖之间未可安枕。①

嘉靖二十三年二月，套虏夜袭高台、八坝，都指挥柳祯等御之，败绩，百户陆昶战死。十一月，虏由西海归套，犯凉、永……二十四年八月，寇镇番……二十五年正月，虏复收海贼……二十六年正月，套虏耨台吉领众犯凉州。②

> 刚毅的墨尔根济农于白牛年（1541），
> 往掳异邦囊家特之浪州城而还，
> 岁次黑虎年（1542）三十七岁时，
> 缘上天之命转世而亡之情如此这般。③

"吉囊死，诸子狼台吉等散河西，势既分，俺答独盛。"④ "虏三万骑犯永昌、凉州等处，围甘州十四日始遁。"⑤ 反之，"俺答汗征西海几乎每次都是由明宁夏卫北面镇远关（今石嘴山北）一带西渡黄河，向西南越贺兰山，经明朝甘肃庄浪卫或凉州卫境进入青海。"⑥

在俺答汗历次西征活动中，只有嘉靖二十二年（1543）的一次是"返回时由嘉峪关外折出明边，而没有走穿越庄浪、凉州或永昌

---

① 《明世宗实录》卷183，嘉靖十五年正月丙子条。

② ［明］张雨：《边政考》卷5《三夷纪事》，载《国立北平图书馆善本丛书》，第一集，上海：商务印书馆，1937年，第58－59页。

③ 珠荣嘎译注：《阿勒坦汗传》，呼和浩特：内蒙古人民出版社，1990年，第60节，第42页。

④ 张廷玉等撰：《明史》卷327《鞑靼传》，北京：中华书局，1974年，第8489页。

⑤ 《明世宗实录》卷463，嘉靖三十七年八月己未条。当时，俺答还在套内，次年正月才到达宁夏贺兰山后。达力扎布："此次西征时间当在嘉靖三十八、九年间。据《实录》记载，俺答军队三十八年正月已至宁夏山后，可知其招集各部军队出发的时间应在三十七年底。"《明代漠南蒙古历史研究》，海拉尔：内蒙古文化出版社，1997年，第65页。

⑥ 达力扎布：《明代漠南蒙古历史研究》，海拉尔：内蒙古文化出版社，1997年，第65页。

第五章 《万历武功录》蒙古部分的讹误种类及相关史料考辨(下) 211

的捷径，同时出征的鄂尔多斯部台吉们则仍顺原路返回。"① 所以，镇番、永昌、甘州等地不是俺答部落的活动范围，只是在土默特万户后来的西行时可能会经过此地，而万历初年并没有"流庞"的经行。所以《武功录·克臭列传》的前半段所记万历二 (1574)、三年克臭事迹应是鄂尔多斯部某个台吉的事迹。那么，鄂尔多斯部诸台吉中谁的名字发音与克臭相近呢？

前述曾提到吉能之子、把都儿黄台吉的弟弟圪赤圪台吉或许就是万历初活动于河西走廊以北之克臭的推测。圪赤圪台吉，是吉能第三子，蒙古文名字为那木图·都隆那颜。② 可能是吉能之长子按传统袭位，次子和三子驻守河西新发展的领地，兄弟二人同驻昌宁湖。圪赤圪台吉所驻扎的甘肃昌宁湖一带与宾兔驻地松山相邻近，具备和宾兔一起参加求贡活动的条件。而其他鄂尔多斯部台吉们的住牧地与宾兔的驻地相距较远，不可能一起活动（和宾兔一起求贡，应该是经常地驻牧，而不是西行过程中偶尔经过）。同时，名字发音上也相差更远。由于没有更进一步的证据，此处仍然存疑。

既然本传前段所记可能是鄂尔多斯的圪赤圪台吉，而多罗土蛮部进入西海的时间又被确定在歹雅黄台吉随俺答迎佛之后，即万历六年 (1578) 以后。那么多罗土蛮的克臭在甘青一带的活动就应该是从万历六年才开始的。事实上，多罗土蛮部留居西海的主要是火落赤和克臭。这在前文已经述及。

多罗土蛮部火落赤和克臭的住牧地在何处？克臭的住牧地不见记载，但萧大亨《北虏世系》中记载了克臭堂兄火落赤的牧地："火落赤台吉，在陕西河州边外莽捏川住牧，离边约有半月之程，在扁渡口互市。"其中莽捏川是莽拉川和捏工川的合称，具体地理位置是今甘肃省临夏以西，青海省海南藏族自治州境内。③ 另外，《北虏世系》中记克臭亲兄不禄慎台吉的住牧地是和火落赤在一起的："不禄

---

① 达力扎布：《明代漠南蒙古历史研究》，海拉尔：内蒙古文化出版社，1997年，第63页。
② 乌兰：《〈蒙古源流〉研究》，沈阳：辽宁民族出版社，2001年，第414页。
③ 谭其骧主编：《中国历史地图集》，第七册，北京：中国地图出版社，1982年，第61页。

慎台吉，住牧与火落赤同。"按照蒙古人牧地分封的习惯，克臭的牧地应该也是和火落赤相同的，是在西海范围内，而不是在河西走廊北界。确定了克臭的住牧地之后，我们来分析《武功录·克臭列传》后半段内容。其文如下：

> 是后，克臭子我僧大盗边，与我师角，中流矢死。顷，克臭以互市至，大与我边吏论，论欲赎死者命，语在《扯力克传》。是年，按臣董子行念克臭、丙兔居莽剌川久，而又加以抄胡儿、火落赤等视为奇货，当复起，乃上书请分固镇兵以备边，与御史屠叔方意大略同。①

此段文字是符合事实的。有关克臭子我僧大犯边被杀一事不仅见于《扯力克传》，而且见于《哆罗土蛮把都儿黄台吉列传》、《火落赤列传》等处，克臭之子参与了多罗土蛮部的联合行动，并在行动中丧命，各传记载并无矛盾之处。而且《哆罗土蛮把都儿黄台吉列传》中还记载了克臭为了我僧大死之事与边臣交涉的内容，"顷之，歹言黄台吉遣夷使乞答害恰、巴答，而克臭男抄胡儿遣二舍金等赴甘州，讲我僧大人命"。《北虏世系》记："克臭，子七"，但见于记载的只有"朝库儿台吉"。按臣董子行所说居地亦符合现实状况。

> 丁亥正月，克臭以互市还，畏生番，乃遣哈达子请西宁兵送之。

> 其明年四月，克臭引火落赤逐牧河以南宽漫水草。光先复令顺义王谕以东还，不然亦当归西海。书去久不报。

> 居岁余庚寅秋，克臭大会火落赤、揣库儿、宛著台吉、大黄台吉及吉囊、宰僧、惟正他卜囊、明暗台吉、阿赤兔、真相、阿邦、失加、阿邦宾等数万骑，讬言建寺，乃拥众大钞（抄）我洪水、石硖、水泉、大黄山之间，而时或出没归德、捏工川、沙沟及武胜、马营、水柞，与夫老虎沟、水磨沟脑松林、李家庄，杀略通事人火力赤、杨真、土人李松、周思等马牛羊亡算。于是河、洮之间纷纷又见告矣。

---

① 瞿九思：《万历武功录》卷9《克臭列传》，北京：中华书局影印本，1962年，第889页。

御史张天德以状闻,语在《火落赤传》。

是年七月,偕扯力克寇我洮河,语在《扯力克传》。

其明年二月,克臭复引火落赤、可卜列潜居莽剌川西山,我总戎尤继先提兵击破之,斩首捕虏一百五十余级,夺获马牛羊亡算。臭乃引众逃。先是,臭等吞食西番,西番有积怨于臭,以故哈六束、哈六部等出番兵一百人,韩六、韩完等出番兵五十人,誓灭此而后朝食,识者已知鼓番为破虏奇策矣。是岁,克臭复连火酋驰加(嘉)峪关,欲出我关吏所不意,仓卒(促)寇甘州,计未售。大都克臭碌碌,不过依丙兔而起,顷与火酋、扯酋乱,始益强悍。然假诸番而强也。曩者抄胡儿常遣切尽、安兔等请死罪,我塞上陈兵甚都,然后延使者入。会克臭以市事至,傍(旁)观见兵威,大自惶惧,至变色易容。乃信克臭盖因人成事者也。①

以上事实中凡是与火落赤、揣库儿(即克臭子朝库儿)、真相(丙兔子)、阿邦(多罗土蛮歹言黄台吉之子威正雅拜台吉)、失加(歹言黄台吉之侄失甲班台吉)、阿邦宾(失甲班之弟哑班台吉)一起活动于归德、捏工川、莽剌川等地,使得"河、洮之间纷纷又见告"的克臭肯定是多罗土蛮部的克臭,同时"请西宁兵送之"、"引火落赤逐牧河以南(黄河小套)宽漫水草"、"吞食西番"的克臭也完全可以断定是多罗土蛮部克臭。因为他们大部分是多罗土蛮部首领。

所以,《武功录·克臭传》所记事迹分属于两个人,其一可能是鄂尔多斯部吉能第三子圪赤圪台吉,住牧河西走廊以北昌宁湖一带;其二是多罗土蛮部克臭台吉,逐牧西海莽剌川和捏工川一带。

(三)《永邵卜大成台吉列传》史料辨析

《永邵卜大成台吉列传》是专门记载永邵卜部大成台吉事迹的传记。大成台吉,达延汗的曾孙。其父我托汉卜只剌(Odqan bojira)

---

① 瞿九思:《万历武功录》卷9《克臭列传》,北京:中华书局影印本,1962年,第891页。

台吉是赛那刺吉囊的第六子，俺答、老把都是其兄长。"我托汉卜只刺台吉，营名永邵卜，在宣府张家口边外正北，离边约二十日程。张家口互市。子恩克跌儿歹成（Engkeder dayičing）台吉，即永邵卜大成台吉。授龙虎将军。故"。①《北虏世系》刊印的时候（万历二十二年）大成台吉已经故去。但瞿九思在《武功录》的《永邵卜大成台吉列传》中，却将其事迹一直记述到了万历二十四年。是《北虏世系》所记错误？还是《武功录》记载失误？经史料辨析后发现，《永邵卜大成台吉列传》的内容至少是由三个人的事迹捏合而成。

  永邵卜大成所牧在大青山后。庄皇帝时，制置使王崇古请外臣俺答封，先使使安克谕答："必大会诸部然后可。"以答常钞（抄）我石州故也。是年冬，大雪深二尺，而以月正元日，接见汉使，欢甚，自言深感释那吉恩，雅欲与大王父入贡，少称塞万一如大王父言。克等恐永邵卜所言诈，微以一言相诘问，永邵卜乃指天日以为誓："不如约者有如此日！"于是，出太师所予汉布帛诸物，殊鲜丽，夺虏酋目。永邵卜益大喜，因设帷焚香，南乡（向）叩头者三，称谢不容口。是日，属笔写契侯天禄以番札复太师："敢不唯太师命是从。"始定封事，授永邵卜为指挥同知，它皆有差。是岁辛未（1571），永邵卜大成等从俺答从结缔并称外臣，请入贡。巳（已），乃赴张家口市，唯是不腆驽马，冀欲以充塞下一日之选。虏酋俱受恩赐，幸可知矣。是月，续至得胜堡外边，我塞吏亦燕劳如礼。

  其明年，以老把都有狗马病，病死，而又有黑夷之祸，未久宁，独贡市后，以九月至也。制置使崇古请迁永邵卜都督同知。上可之……又授奶公大威静为百户。然永邵卜殊不知受汉恩深也。

  其明年，老酋妇以把都死，疑我用鸩，永酋遂从而和之，而又会一二小夷适偶死关市下，愈自坚其说。御史孙

---

① [明]萧大亨：《北虏世系》，载《北京图书馆古籍珍本丛刊》，第11册，北京：书目文献出版社，1988年，第650页。

第五章 《万历武功录》蒙古部分的讹误种类及相关史料考辨(下)

鯮议欲严武备，而陈文燧则以永、黄二酋构难，自治不皇，皇它务哉。是时，上新即位，永酋等贡不敢后，然黄台吉已改市新平堡，授部夷小威静、唐户敖儿六为百户。

其明年，贡市告竣，复得与其弟合罗气受上赏。于是，授部夷恰倘不浪等一十人为百户。

其明年六月，永邵卜以足疾，而其母台户哈屯又病，并伏在床褥，乃遣其子隐克台吉至。

其明年，打刺明安诸部夷盗边，黄台吉偕永邵卜罚治如法，语在《俺答传》。是岁，制置使方逢时念永酋贡市毋乏绝，请迁部夷补儿赛榜实等九人为百户。

是后，永邵卜亦进阶为龙虎将军，志寖骄矣。而自以为："阿部不在顺义王下，请得市马如其数。"关吏以青、永二枝较之，固已相等，何渠顺义王不若乎？以是问诸永酋，永酋无辞于关吏，乃岁比贡市如初。我亦以汉秩畜永酋诸部夷甚备，乃于辛巳（1581）授黄鹅儿，癸未（1583）授俺的盖，乙酉（1585）授顶革，皆后先为百户，从制置使郑洛请也。①

以上肯定是传主永邵卜大成台吉的事迹。传文中凡是发生在万历十四年（1586，考证见后）以前、以"永邵卜"或"大成台吉"名字记载的、在宣大一带发生的事迹都属于永邵卜大成台吉本人，即传主。这在全文中很容易区分。

居岁余丁亥（1587），宾兔抢西宁……我师生获倘不浪二人，及后讯之，乃永邵卜部夷也，哀恳再三得解免。时，颇闻瓦剌［它］卜囊强盛，而岂知瓦剌它卜囊即永邵卜乎。

其明年四月，瓦剌它卜囊及酋长著力兔提兵往海脑钞（抄）黄毛，胁我镇羌暗门过边。

其明年九月，海虏率五千余骑从南川入境，声欲钞（抄）摆羊。已，乃钞（抄）南山生熟番，然后驰观音堂，

---

① 瞿九思：《万历武功录》卷9《永邵卜大成台吉列传》，北京：中华书局影印本，1962年，第867–869页。

大率略汉人二口，牛羊二百头。时，备兵西宁者万世德即遣裨将钟一清等谯让他卜囊，他卜囊曰："我始固不知其为汉人也，有死罪，唯将军所罚。"于是，一清大索胡中，得汉人及牛畜，多以还塞上。而副总戎李魁以为："不独是，虏得我汉人三百，马牛羊数千，今安在？"他卜囊对曰："无之，我众方欲行汉地，何敢欺嫚将军，将军幸遍观之。"于是，虏众传发，竟驰高墙堡，而我师亦捕伏西沟沙塘川，以备诸虏骑出口，虏竟还走落麻也。魁乃穷追，而与虏兵并驱，我兵独夺其大道迫虏骑，虏骑惧而散走，以致诸牵马羊者，多倾跌坠崖死。虏益鞅鞅，谋欲报之，乃拥众走。及至南川，魁乃挑虏战，虏不答，直骑马上山，夺其山顶，得据高以为险。魁亦随上山，诸虏酋麾魁马，魁急麾后军鸣炮。虏闻炮声大惊，皆出营与我师角。我师仓皇（惶），甲不及披，弓不及彀，自相蹂践，坠崖谷。虏遂乘胜杀魁及指挥阿承印、李世显、刘诏与把总李崇谦、千户陈治纲，皆死之，而军士死者亦一百余人。至若虏坠崖死者，乃不过二三骑耳。先是，生番盗虏马，而他卜囊及魁捕获白和尚，迫还其马。已，又得马五匹。白和尚大怨望魁，乃微告虏酋把尔台吉，谓李将军匿其肥大马。于是，与瓦剌他卜囊合兵问魁，以故魁亦大怨艾虏，两欲相攻杀，计颇坚，是固祸所从来矣。两台郜光先、曹子登乃以其状请。居亡何，御史徐大化及给谏张希皋皆以书请革瓦酋市赏，岁不下千余金，而属兵尚书王一鹗覆奏。上有诏，免万世德官，乃调分巡使李丁以代之，许瓦酋得叩关献逆以除罪。自是之后，瓦剌它卜囊乃许出酋长四人，及器械马匹，而又假火落赤来请罪。会制置使光先物故，遂中止。然此特延引岁月，冀缓我天诛耳。况火酋讨手信，希爵赏，则又挟而要我，然瓦酋奸益露。①

---

① 瞿九思：《万历武功录》卷9《永邵卜大成台吉列传》，北京：中华书局影印本，1962年，第869-871页。

在此传中有一些十分容易分辨的材料，明确标明是瓦剌它不囊（Oyirad tabunang）的事迹，故，瓦剌它不囊就是本传所记的第二人。因为瞿九思受御史崔景荣奏疏的影响，把瓦剌它不囊与永邵卜大成台吉合成为一个人了。瞿氏在《永邵卜大成台吉列传》中首先叙述了永邵卜大成台吉遵守贡约的事迹，之后在叙述万历十五年以后瓦剌它不囊在西海犯边的事情，永邵卜对明蒙关系的态度突然发生了一个大的转折。如何解释大成台吉态度上的变化？大成台吉如何到西海去的？瞿氏这样评价大成台吉："永邵卜为人反覆，僄悍儿狙诈，自知宣大遇我厚，未可以兵戈扰也。顺义王迎佛，永酋遂拥众与俱，遂主仰华寺刹，意在托火、真诸酋而起。久之，复变易名姓，庶宣大毋藉口以仇我，可谓奸矣……时，颇闻瓦剌（它）卜囊强盛，而岂知瓦剌它卜囊即永邵卜乎……御史崔景荣于是发永酋奸，而谓瓦剌他卜囊乃永邵卜别名。"正是在这样的前提下，瞿九思同意崔景荣的看法——瓦剌他卜囊是永邵卜（大成）之别名，所以，他把瓦剌他卜囊的事迹和永邵卜大成台吉的事迹混记在一起形成一传，为后来学界制造了诸多无法解开的谜团。塞瑞斯在《达延汗世系表笺注》中的言论可以作为代表。他说："明代史料上以'永邵卜大成'（或简称永邵卜）著称的恩克跌儿歹成，在《武功录》卷九第42-50页上有传。按照该传，他住在大青山北面，这大青山当然指的是内蒙古的阴山。1571年，他当上了指挥同知，1572年担任都督同知。1576年他被封为龙虎将军。1580年后，他周游青海地区和甘肃西部嘉峪关附近一带，但他在那里用了另一个名字即'瓦剌它不囊'。但这个名字是否意味着他的妻子是一位瓦剌王公的女儿呢……本表上所列永邵卜大成已死，由于本表所载最晚的年代为1592年，因此他死于1592年之前。《三云筹俎考》卷二第35页b记载他死于'万历十四年'（1586年）。但是有一个与这个年份严重不相符的情况：虽然《武功录》上他的传记里没有叙及永邵卜大成的死，但该传一直叙述到1596年，并且看来至少意味着在这一年之前他还没有死。一个可能的解释是：编制表的中国官员不知道活动于西面的瓦剌它不囊与过去在张家口附近那么有名的永邵卜大成就是同一个人。由于永邵卜大成曾从那里消失，地方上的中国官员就可以臆断他已经死了。另一方面，《三云筹俎考》上的万历十四年（1586年）可能为二十四年（1596年）之刊误。"① 看来，无论永邵卜大成是否是瓦剌它不囊，都和现实中的许多记载产生了矛盾。那么，永邵卜大成到底是不是瓦剌它不囊呢？

和田清、江国真美、薄音湖、达力扎布等进行过大量考证，最后证明"永邵卜和瓦剌他卜囊也不是同一个人"，②瓦剌他卜囊是大成台吉的女婿。据此，《永邵卜大成台吉列传》中明显混记了瓦剌它不囊的事迹。凡是在本传中以"瓦剌它不囊"或"它不囊"的名字记载、发生在西海的事迹肯定属于大成台吉的女婿——瓦剌它不囊，而不是永邵卜大成自己。万历十六年（1588）在西海杀死明将李魁者就是瓦剌它不囊，实录也有明确记载。"甘肃海虏瓦剌他不囊拥众自南川入，杀副将李魁及中军阿承印等"。③ 所以，下文中以瓦剌它不囊名字记载的材料主人无误，但不应该放在这个传里。

除确切标明是瓦剌它不囊事迹的材料外，还有一些是在西海发生、但是人物名字不是瓦剌它不囊的活动是不是大成台吉呢？我们有必要介绍一下永邵卜在西海住牧地及其统属情况。关于万历十四年以前，永邵卜西海领地的得来和统领状况，李文君认为："吉囊和俺答几次进兵西海，收服了卜儿孩与撒里畏兀儿部落，但并没有立即留下部众在此驻牧。最早留在西海的部落，应是永邵卜大成台吉。《阿勒坦汗传》说：'其兄墨尔根济农已归天，无所依赖的阿勒坦汗坚强地经过星胡拉越山远征，降服仇敌博喇海太师（卜儿孩）于合鲁勒哈雅之林，将其赐予侄儿岱青诺延之情如此这般。'歹青诺延即永邵卜大成诺颜，因亦不剌、卜儿孩原为永谢布部首领，跟随他们西迁的部众多为永谢布属民，所以俺答将征服后的卜儿孩部众'赏赐'给了现在的永谢布部首领永邵卜大成台吉。是想'物归原主'还是因大成台吉的永谢布部在这次战争中立了大功，才促使俺答做

---

① ［美］塞瑞斯：《达延汗后裔世系表笺注》，《北方民族史与蒙古史译文集》，昆明：云南人民出版社，2003年，第838页。
② 达力扎布：《明代漠南蒙古历史研究》，海拉尔：内蒙古文化出版社，1997年，第70页。
③ 《明神宗实录》卷205，万历十六年十一月庚申条。

出这样的决定，就不得而知了。据薄音湖先生考证，这次西征的时间在嘉靖廿二年至廿三年（1543－1544年）之间，那么永邵卜大成台吉当在此时进入西海。但史籍中并没有发现大成台吉此时在西海活动，俺答封贡时他还在宣大以北的永谢布原牧地驻牧，直到俺答迎佛时才进入西海。很可能是永邵卜大成台吉本人此时并没有亲自进入西海统领被征服的部众，而是派了永谢布的其他人代为统治。"①以上所言，大部正确。但关于大成台吉在俺答迎佛时进入西海一说，笔者另有看法。很多蒙汉文材料都显示（包括《蒙古源流》、《阿勒坦汗传》等），万历初年，大成台吉并没有随俺答西去迎佛，而是仍在张家口互市。② 万历五年（1577）十二月，俺答西行，"引把汗那吉及摆腰、扯力艮赴西海仰华寺建醮，因遣夷使土骨赤索贡赏……先是，答往西海迎佛，而以贡故，晋兀慎台吉、恰台吉等经纪其事。于是（万历六年五月），边史使使者谕黄台吉、青把都、永邵卜大成及河西卜失兔阿不害等遵约束入贡。居亡何，酋长恰台吉、五路台吉、阿拜台吉、打儿汉倘不浪、计龙、土骨赤等，果送奉俺答马九匹及弓矢至边……是后，哈剌慎青把都、永邵卜大成、打剌明安银锭、打儿大台吉市张家口"。③ 次年五月仍是如此。至万历七年（1579）十二月，俺答回到宣大、山西，"制置使吴兑、台御史贾应元使参将张元宝代进，因赏赐俺答及西行者、北留者大成台吉以下皆有差"。④ 这个大成台吉指的是永邵卜大成，而不是把汗那吉大成台吉，他是西去者，不是北留者。《蒙古源流》和《阿勒坦汗传》中记载，前往西海迎接达赖喇嘛的永邵卜代表是把儿勿（Barghu

---

① 李文君：《明代西海蒙古史研究》，北京：中央民族大学博士学位论文，2004年，第34页。

② 张廷玉等撰：《明史》卷239《达云传》："（永邵卜者）乃随俺答西迎活佛，留据青海，与瓦剌它不囊为西宁患。尝诱杀副将李魁。"北京：中华书局，第6223页。此言错。

③ 瞿九思：《万历武功录》卷8《俺答列传下》，北京：中华书局影印本，1962年，第778－780页。

④ 瞿九思：《万历武功录》卷8《俺答列传下》，北京：中华书局影印本，1962年，第782页。

[d]）·歹成台吉。① 江国真美考证结论也是如此。"永邵卜大成台吉未曾参与俺答汗与索南嘉错的会见，而是留守故地的"。② 因此，万历十四年以前在西海的事迹不是大成台吉的，而是瓦剌它不囊以永邵卜的部名进行活动的结果。

永邵卜在西海的领地分为两个部分，《陕西四镇图说》记载了晚明时代永邵卜在西海的领地："下永邵卜巴尔古台吉在海西揣旦住牧，离边约行半月路程。上永邵卜并男婿歪剌它不囊等在海西雪山红盐池一带住牧，离边约行二十日路程。"③《图说》按当地藏族人的习惯，将永邵卜在西海的领地分为上下两部，上即西，下即东，两部分别由永邵卜的把儿胡（户）台吉和永邵卜大成台吉掌管。把儿胡（户）台吉是下部的正式首领，所以，他的活动就以他自己的名字为旗号（有时也可以使用部名）；上部由永邵卜大成台吉掌管，但他一直留在宣大一带，负责从父亲那里继承的永邵卜万户的主体部分——永邵卜，④ 没有西去亲自掌管西海领地，而是委托了他的女婿瓦剌它不囊来代管。瓦剌它不囊既是一个代理的身份，按照蒙古人的习惯，其活动就以部名——永邵卜为旗号，而明人在熟悉情况后就以其名字来称呼。这样出现了两种称呼，以至于不悉边情的崔景荣得出了"瓦剌它不囊即永邵卜的别名"的结论。

其他汉文材料也证明，万历十五年以前，活动在西海的永邵卜首领没有大成台吉。"甘肃巡抚曹子登细陈诸虏情形：……三酋（指多罗土蛮部歹言黄台吉、火落赤、麦力艮台吉）与市虏丙兔、阿拜台吉、把都儿台吉、把尔谷台吉、且旦台吉、瓦剌他卜囊、撒温等

---

① 乌兰：《〈蒙古源流〉研究》，沈阳：辽宁民族出版社，2001年，第371页；珠荣嘎译注：《阿勒坦汗传》，呼和浩特：内蒙古人民出版社，1990年，第109页。

② ［日］江国真美：《青海蒙古史的一个考察》，载《蒙古学资料与情报》，1986年，第4期，第4页。

③ 贾敬颜：《〈陕西四镇图说〉所记之甘青蒙古部落》，载《西北史地》，1989年，第2期，第3页。

④ ［美］塞瑞斯：《达延汗后裔世系笺注》，载《北方民族史与蒙古史译文集》，昆明：云南人民出版社，2003年，第838页："他们（大成台吉和亚速火落赤把都儿）的父亲继承了永邵卜和阿苏特两部。在他们的父亲死后，长子恩克跌儿一定继承了永邵卜，而幼子火落赤则继承了阿苏特。"

联络西海，此房在海上也"。① 文中开列的都是当时在西海活动的土默特万户威武慎部、多罗土蛮部、永邵卜（永谢布）部的首领。"三酋"是多罗土蛮部的台吉，万历十四（1586）年八月后西行与瓦剌仇杀，活动在甘肃嘉峪关外，与明朝边吏也发生了冲突。"市房"所指的是：丙兔，俺答汗第四子，"授指挥同知。营名威武慎，在陕西河州西海住牧。甘肃扁渡口互市"。② 撒温，应是丙兔之子"三温台吉，即宰生，又名真相"。且且台吉，应为且且台吉，丙兔之侄，"把林台吉之子姐姐台吉，即且且台吉"。把都儿台吉，推断应是且且台吉的弟弟着力兔把都儿台吉。"他们兄弟七人俱随其四伯父丙兔驻牧于海上"。③ 阿拜台吉，应是多罗土蛮部歹言黄台吉之子威静雅拜，他在万历十四年以前就到了嘉峪关外活动。把尔谷台吉，即永邵卜把儿户台吉；瓦剌它不囊，就是永邵卜部的瓦剌它不囊。以上提及的首领已经十分全面，永邵卜大成若在其中活动，无论从哪一个方面考虑，都会提及他的。因为无论是从辈分，还是从资历上他都是首屈一指的。故而，本传中直接记载万历十五年瓦剌它不囊事迹时，仅仅作出了一种推断："丁亥（1587），宾兔抢西宁，而子婿瓦剌它不囊率精兵千余骑往岔口堡。已，乃从宽沟透泗水堡暗门。我师生获倘不浪二人，及后讯之，乃永邵卜部夷，哀恳再三得解免。时，颇闻瓦剌它不囊强盛，而岂知瓦剌它不囊即永邵卜乎？"下文使用的名字还是瓦剌它不囊，而不是永邵卜。这说明瞿九思是比较注重材料原貌的。

那么，是否该传文仅仅混记了瓦剌它不囊一个人的事迹呢？换而言之，将瓦剌它不囊的事迹剥离出来后，是否永邵卜大成台吉的事迹就完整而单一了呢？本传中还有一些内容是以永邵卜名字记载、发生在西海、又是万历十五年以后的事迹，如何确定其主人？

其明年（1591）秋，永邵卜偕火落赤驰嘉峪关，声欲

---

① 《明神宗实录》卷187，万历十五年六月丁卯条。
② [明]萧大亨：《北虏世系》，载《北京图书馆古籍珍本丛刊》，第11册，北京：书目文献出版社，1988年，第646页。
③ 李文君：《明代西海蒙古史研究》，北京：中央民族大学博士学位论文，2004年，第27页。

寇甘州。其冬，永酋拥酋长阿相等度（渡）河驰莽剌川迤南木甲竹舍、龙尾八禾，白昼焚草，延烧八十余里。是时，我通事人捕伏交子冈，而番僧龙力剌麻（喇嘛）又自房营归，得其状来告。于是，制置使魏学曾上书，恐河冻又复东牧，其为说大都言"河洮或可无虑，河州景古城有一二天险，假令我偏裨诸将军提逻卒数百骑，划地而守，彼岂能飞度（渡）哉。政恐洮州平漫，无险可阻，而独幸彼所逐牧木甲竹舍、龙尾八禾，相踵千余里，今已烧荒，胡马必不能绝饲而驰，然边备不可不早自图之。"……

自是之后，永邵卜益深怨于我塞上诸将吏，而又会火落赤败于河州，及以明年六月相率攻我蔡旗堡。是时，永酋欲我西宁，火酋欲报我河州。卒之，两无所报，相继败北，我师斩首虏凡一十八级。①

这一段中混记了本传的第三人——永邵卜大成台吉继任者的事迹。万历十七年（1589）十一月在随同扯力克西行的队伍中，有永邵卜首领随行。扯力克西行前曾致书明朝官吏："先有永舍布矮力汉倘不浪（应即瓦剌它不囊）生事于西宁，又有袄儿都司威静招秃赖台吉作难于甘肃，我心不安。自先祖款贡，竭尽心力，不想败于今日。今我星驰调永舍布、黑剌慎两家头目随我前往，定此二事。"②大成台吉本传中也有相应记载：次年"八月，永邵卜拥众从扯力克大抄我洮河，语在《扯力克传》。御史崔景荣于是发永酋奸，而谓瓦剌他卜囊乃永邵卜别名，自西宁犯我偏将，乃捧头鼠窜，在海上几岁，我边吏未皇（遑）问也，则复移捏工川，而与火落赤同巢，遂翼火酋，而佐扯力克以乱，意在要复市赏。"这个被星夜调派的"永邵卜"头目是谁？他肯定不是永邵卜大成台吉。《三云筹俎考》记载永邵卜大成死于"万历十四年（1586）。"《北虏世系》成书的1592年，上面也记载了永邵卜大成已故。特别需要指出的是，大成台吉

---

① 瞿九思：《万历武功录》卷9《永邵卜大成台吉列传》，北京：中华书局影印本，1962年，第872、874页。

② 《明神宗实录》卷210，万历十七年五月己巳条。

第五章 《万历武功录》蒙古部分的讹误种类及相关史料考辨(下) **223**

绝对不是死在随行扯力克西进的过程中。否则，明朝的文献肯定要大书特书。对比之下，《三云筹俎考》的记载应该是可信的。《武功录·黄台吉列传》中记载，万历十年（1582）十二月，"阿尔都斯吉能、永邵卜大成、哈喇慎昆都伦罕、歹言黄台吉等七十九人，遣夷使宰牙气等赍番文，请以都龙铁木儿黄台吉嗣"。但万历十三年（1585）底，永邵卜大成台吉就未出席明蒙双边的重要活动。"北虏顺义王乞庆哈及西番答赖等表文、鞍马、弓矢、方物至自边。顺义并妻一枝百一十六人，兀慎一枝一十七人，摆腰一枝一十六人，扯力克一枝六十四人，青把都一枝百一十六人，永邵卜合罗气兄弟一枝五十六人"。① 万历十五年（1587）三月，扯力克嗣封的时候，永邵卜大成台吉已不见于请封的行列中。"北虏袄儿都司吉能哈等二百八十余人（保结头目袄儿都司吉能哈、黑剌慎白洪大哈、永邵卜合罗气把都儿台吉……）并以其状请"。② 这里，永邵卜代表已经更换为合罗气把都儿台吉。但是，合罗气把都儿台吉不是永邵卜的首领，而只是代表。③ 因为，在《北虏世系》中他被写作哑速火落赤（Asud qulači）把都儿，是哑速部首领。"在《水晶念珠》（第686页）中，他的名字写作诺们达喇呼拉齐……正如其兄之名为永邵卜大成即永邵卜之大成，火落赤之名也冠以氏族名。'哑速'不能不是'阿苏特（Asud）'。的确，正如注113所已表明的，他们的父亲继承了永邵卜和阿苏特两部。在他们的父亲死后，长子恩克跌儿一定继承了永邵卜，而幼子火落赤则继承了阿苏特"。④ 所以，《永邵卜

---

① 《明神宗实录》卷168，万历十三年十一月丙寅条。
② 瞿九思：《万历武功录》卷8《扯力克列传》，北京：中华书局影印本，1962年，第808－810页。
③ 关于这个火落赤，《蒙古源流》记载，他曾经是土蛮汗时期的五大执政之一，是右翼中强有力的人物。"（土蛮）指令左翼万户中察罕儿［万户］的那木大·黄台吉、罕哈［万户］的威正·速不亥，右翼万户中阿儿秃斯［万户］的忽图黑台、切尽·黄台吉、阿速［部］的那木答喇·合落赤那颜、土蛮［万户］的纳木歹·扯力克·黄台吉这几个人执掌法规"。载乌兰《〈蒙古源流〉研究》，第360页。但显然，这五个人并不是同时被任命为执政的，"威正·速不亥"早在万历十年就战死，扯力克是万历十五年才袭封顺义王的，所以，火落赤的强大和任命都应在大成台吉去世之后。
④ ［美］塞瑞斯：《达延汗后裔世系表笺注》，载《北方民族史与蒙古史译文集》，昆明：云南人民出版社，2003年，第838页。

大成台吉列传》所记，万历十四年（1586）以后的事迹都是他人的事迹。事实上，最晚从万历十四年开始，永邵卜实际上就已经更换了首领。这个首领是谁？按惯例，台吉去世，其位应该由其长子继承。大成台吉的长子为"恩克七庆台吉，见在，即隐克台吉。授正千户"。① 他的正千户职衔还是款贡时被封的，《武功录》卷八《俺答列传》中记载了款贡时的谢表，内有除授官职的蒙古首领名单。"正千户则……隐克台吉（即安克阿不害）、挨肆台吉（即挨肆阿不害）、挨着兔台吉（皆永邵卜大成台吉子）。"现有材料中没有见到他此后受封的记录。隐克台吉，父亲在世时就已经崭露头角了，万历五年六月，"永邵卜以足疾，而其母台户哈屯又病，并伏在床褥，乃遣其子隐克台吉至"。② "其六月……白洪大、青把都并永邵卜大成及其子隐克等，后先市张家口"。③ 这样一个长子嗣封应该是十分正常的事情。所以，随行扯力克到西海的永邵卜首领应该是大成台吉的长子隐克台吉。"西海离边三五百里不等，盘住夷人：酋首永邵卜乞庆黄台吉等，部落二万有余，住牧甘镇边外，在于宣府张家口互市领赏"。④ 其中的乞庆黄台吉就是大成台吉的长子恩克台吉，全名恩克七庆台吉（Engke sečen）。这说的情况完全符合永邵卜部的情况。⑤ 和田清认为："乞庆黄台吉就是七庆把都儿……直到清初青海惟一的大酋仍是永邵卜的七庆把都儿。"⑥

这个在西海一直活动到万历二十四年的"永邵卜"，就是大成台吉之后的永邵卜首领隐克台吉（恩克乞庆台吉）。他和扯力克西行

---

① ［明］萧大亨：《北虏世系》，载《北京图书馆古籍珍本丛刊》，第 11 册，北京：书目文献出版社，1988 年，第 650 页。

② 瞿九思：《万历武功录》卷 9《永邵卜大成台吉列传》，北京：中华书局影印本，1962 年，第 868 页。

③ 瞿九思：《万历武功录》卷 8《俺答列传下》，北京：中华书局影印本，1962 年，第 775 页。

④ ［明］茅元仪：《武备志》，载《四库禁毁书丛刊》，子部，第 26 册，北京：北京出版社，2000 年，第 303 页。

⑤ ［明］萧大亨：《北虏世系》，载《北京图书馆古籍珍本丛刊》，北京：书目文献出版社，1988 年，第 11 册，第 650 页。

⑥ ［日］和田清：《明代蒙古史论集》，北京：商务印书馆，1984 年，第 535 页。

第五章 《万历武功录》蒙古部分的讹误种类及相关史料考辨（下）　　225

后，并没有随同扯力克回归故地，而是留在西海，和瓦剌它不囊一起活动的。关于扯力克等人归套，实录有一些记载，可以大致上形成一个连锁线。万历十九年八月，"阅视宁夏司丞周弘禴题：……若扯酋前约由扁都口归，五月约从嘉峪关归，今已六月无归志。宜迟市赏而系未动之酋"。① 不久，郑洛推测，"扯酋"会引领卜失兔和永邵卜等东还，"经略尚书郑洛题，据镇道各处塘报：夷酋撒户、阿赤兔等至镇羌出境，并无停留骚扰。此酋既为前导，则扯酋与卜、永诸酋亦相继东还。宜严行该镇道文武将吏将镇羌堡一带弹压制驭"。② 可是，这仅仅是一种推测，中经兵部、经略郑洛等几次督促，扯力克才率部于九月踏上归途。"经略尚书郑洛奏：……今惟趣此扯酋归巢，则套虏卜酋、松虏宰酋皆可次第解散。彼虏王称归不归，套虏言去不去，皆由火、真等挽留，虏王迟发。故今日请扁都，明日由川底，诡词深藏，何怪乎徐琰之纷纷也。今松套二虏部由镇羌出，虏王令部由白石崖出。虽为便其归路，实已杀其势矣"。③ 《武功录·扯力克列传》记其回归的次序是："其七月，切尽妣吉部撒户首领及白马台吉、歹成、沙计台吉过镇羌边，而阿赤兔、卜失兔、宰僧、我尔着亦休舍西古城，皆言'吾侯扯酋至，出边，它亡意。疆吏勿深疑也'……其八月，罕木台吉从宁远堡出边。已，大成比妓及酋长蟒兀舍倘不浪、也辛倘不浪、沙赤星等从永昌水泉儿、毛卜剌出边。已顺义王、三娘子、不他失礼、明艾台吉、根兔台吉、黄大台吉、脱赖榜什折（打）儿汉等驱马牛从塔儿湾、姚家寨走压腰山，复分为两道。一道走红山嘴，一道走月牙湖、水泉儿并至毛卜剌。其九月，扯力克引众从镇羌驿出口。"④ 文中所提到的套"虏"首领和东"虏"首领十分详细，但无永邵卜首领。十月，回归的各部都已就位。"兵部覆奏：扯酋归巢一事，在陕西总督魏学曾则称，扯酋部落虽归，阴留精兵二万于嘉峪关，欲助火、真入寇"。⑤

---

① 《明神宗实录》卷239，万历十九年八月甲午条。
② 《明神宗实录》卷239，万历十九年八月甲辰条。
③ 《明神宗实录》卷240，万历十九年九月戊辰条。
④ 瞿九思：《万历武功录》卷8《扯力克列传》，北京：中华书局影印本，1962年，第829页。
⑤ 《明神宗实录》卷241，万历十九年十月甲午条。

此后，文献资料在记载西海蒙古永邵卜部活动时都是"永瓦"联系在一起的。三年后，永邵卜在西海重新请款。"西海住牧虏酋永邵卜并瓦剌他不囊乞款……甘肃巡抚田乐与三边总督叶梦熊酌议，""令其馘火酋以自效"。① 次年，再与火落赤联合，"总督陕西叶梦熊题：西宁地方密迩川、海，各虏时日垂涎。先是永瓦诸酋希觊市赏，未通火落赤等酋；近永瓦诸酋因乞款未遂，先既联火酋以近河，今又勾歹成等于海上纠众合谋，其情叵测"。② 这说明，瓦剌它不囊虽然仍比较活跃，但永邵卜的真正代理人已经留在这里活动。

所以，《永邵卜大成台吉列传》记载了三个人的事迹，其一是永邵卜大成台吉本人的事迹；其二，是大成台吉的女婿瓦剌它不囊的事迹；其三，是继大成台吉之后出任永邵卜首领职位的大成台吉后裔——长子隐克台吉的事迹。

（四）《火落赤列传》史料辨析

《万历武功录·火落赤列传》是为多罗土蛮部火落赤（qulači）台吉而立的专传，专门记述多罗土蛮部首领火落赤事迹的。"火落赤，亦哆罗土蛮把都儿黄台吉弟也"。但其所记载的事迹是属于多人的。在这个传记中，瞿九思混入了哪几个人？属于哪个部落？以下依次进行辨析。

> 辛未（1571）春，火落赤乃闻俺答称臣奉贡，弗思约束，以徼惠于汉官，而顾偕把都儿、着力兔及绰罗哥黑探把都儿、我绰兔阿卜害等二千余骑，驰山丹、大泉止壁，使古寨、阿剌帐等十二人分道走。一道走凉州，谒台御史杨锦；一道走永昌，谒御史刘尧卿，皆称引把力台吉、绰力兔台吉、大宾兔、小宾兔欲入贡。两台许从吉能入。不然，如必强我，独欲从甘肃入，则恐虏酋不能为表，而况道远，行且疲于马也。夷使皆叩头，称那颜所言为是。我乃犒使布匹及酒食，因遣通事人郭文礼、杨忠与俱。是时，火酋志在出嘉峪关抢哈密，款塞终非实意，识者已知此酋

---

① 《明神宗实录》卷276，万历二十二年八月丁巳条。
② 《明神宗实录》卷281，万历二十三年正月癸巳条。

第五章 《万历武功录》蒙古部分的讹误种类及相关史料考辨(下) **227**

异日必为西陲患矣。乃先遣五百骑从黄草沟迤南走，以观我师进退。我师果出郊，接虏战。火落赤躬帅百余骑，前曰："吾无犯塞意也，塞上奈何不予重赏，而又禁我毋（勿）西略，则岂欲我等饥饿死乎？"乃拥二千骑从红山观音中渠、小沙渠湖驰西店子，略西番剌尔即等族。已，略日羔剌、真贴木儿诸族马牛羊。真贴木儿疾力战，斩虏首二级，虏即返黄草坝休舍。旦日，虏皆驰红泉，我师尾虏至东乐堡迤西山羊铺。而火落赤把都儿则帅二百骑从壕头过边，接我通事人王名：幸为我告太师，亟予我酒食，我乃去。先是，明诏，诏各边共结和好，以全大信。以故都护竟下令执牛酒以犒火酋。火酋乃走板桥堡、野猪湾湖止壁。居一二日，始透高台、镇夷、水塘湖。而会我师先已烧荒，乏草，弗可居，亟由三尖海子、盐池、双井儿、临水中渠走肃州迤北谭家堡，然后过煖泉堡、清水河、马营沟、冉冉驰仓儿湖、新城，透加（嘉）峪关。已，乃从水关出塞，透大草滩。然火酋虽倔强乎，犹奉我将军令，汉使亦日夜趋虏行，虏驰无敢后也。其明年（1572）二月，火落赤复从凉、永、山丹直走肃州。我塞上恐虏走故道，乃东备宁远，西备山丹、洪水诸当路塞。是时，切尽黄台吉亦假道西抢，语在《切尽黄台吉传》。①

上段材料记载的是鄂尔多斯部切尽黄台吉之弟布延达赖·古拉齐·巴图尔（Buyandara qulači baɣatur，汉译合罗赤）。这是被混记的第一人。同时，这是经人研究得出的正确结论。"瞿九思的《万历武功录·火落赤列传》有一段多罗土蛮火落赤早期西征卫拉特的记载，似乎他本人早在隆庆末年（1571、1572）就出现在甘肃边外，事实上这个'火落赤'并不是多罗土蛮部的火落赤，而是鄂尔多斯部切尽黄台吉之弟布延达赖古拉齐巴图尔（汉译合罗赤）。瞿九思把鄂尔多斯部合罗赤西征卫拉特的事迹记在了多罗土蛮火落赤的传记里，

---

① 瞿九思：《万历武功录》卷9《火落赤列传》，北京：中华书局影印本，1962年，第893页。

让后人对多罗土蛮火落赤其人产生了误会"。① 李文君经过蒙汉文史籍的对比，指出："（上引）《武功录》中的火落赤（合罗赤）就是《源流》中的不颜答剌·合落赤·把都儿；把都儿即切尽三弟赛因答喇·青·把都儿；着力兔即宾兔之弟鄂克卓里克图诺颜；绰罗哥黑探把都儿即吉囊第五子布扬古赉都喇勒岱青之子不儿赛·七庆·歹成，是切尽的堂弟；我绰兔阿卜害即切尽长子完者·允都赤；下文把力台吉，可能是把都台吉之误；绰力兔即着力兔；大宾兔、小宾兔应是松山宾兔及其子阿赤兔（又称那木大）。这次西征是以鄂尔多斯部切尽黄台吉家族为主力的，不可能有多罗土蛮火落赤参加。"② 所以，瞿九思在《火落赤传》中首先混记的第一个人是鄂尔多斯部切尽黄台吉之弟布延达赖·古拉齐巴图尔。

> 久之，阿赤兔又引切尽黄台吉、火落赤等八千余骑驰武胜堡，堡吏李崇勋阻之。阿赤兔好谓勋曰："将军亦尝闻抢番者乎？今西番从黑松来，抢我胡中马牛及汉所予金帛殆尽，我安能须臾自缓？"亟夺关而去，直捣西山外边。诸番亦先据险，以奇兵伏林中。虏骑至，伏兵从林中起，发弓矢，虏人马不及避，半中流失；疾驰，而虏又弗得地势，无可遮避，乃返马营沟，虏已饿三日余矣。阿赤兔疑通事人泄之，令番得以早备，怨甚，乃告塞吏亟欲索牛酒。御史韩应庚见番虏皆由内地相仇杀，为必报之仇，我弗可以威阻，虏又弗能解甲还，势且久牧扰我塞上，数数然矣。乃上书请备边益严，时万历癸未（1583）也。而给谏萧彦、御史屠叔方皆后先行边，所上边计多弗载。是岁，火酋请得凉州卖马，至百余匹。③

文中提到的"火落赤"是和切尽黄台吉一起，在阿赤兔的引领

---

① 李文君：《明代西海蒙古史研究》，北京：中央民族大学博士学位论文，2004年，第34页。
② 李文君：《明代西海蒙古史研究》，北京：中央民族大学博士学位论文，2004年，第36页。
③ 瞿九思：《万历武功录》卷9《火落赤列传》，北京：中华书局影印本，1962年，第894页。

第五章 《万历武功录》蒙古部分的讹误种类及相关史料考辨(下) | 229

之下活动于明朝庄浪卫、凉州卫一带进行抢番的蒙古首领,从内容上可以看出切尽黄台吉和他的关系应该比他和阿赤兔的关系更为亲密。切尽支系各首领中名字叫火落赤的,除了他的弟弟外,还有他的两个侄子。一为前述战死于中亚的合罗赤之子火落赤把都儿台吉,蒙古文全名是"莽古思·额儿迭尼·合落赤"。另一个是切尽弟弟那木大台吉①之子,蒙古文名字是图垒·青·呼拉齐（Türüi čing qulači）,②《蒙古源流》做土雷·青·合落赤,③ 这个跟随切尽黄台吉一起活动的火落赤到底是其中的哪一个,因为相应的蒙汉文材料缺乏,无法分辨出来。不过,汉文史籍中似乎习惯把土雷·合落赤称呼为铁雷或贴赖。④ 这里是被混记的第二、三人莽古思·额儿迭尼·合落赤、图垒·青·呼拉齐。其中,混记莽古思·额儿迭尼·合落赤的可能性比较大。

　　明年四月,哱拜发难,火酋乃闻着力兔方在金贵堡,而剪哑气、张盖等又佐兵,遂偕铁雷、庄秃赖、捨达大等计欲驰宁夏,乃分道走旧安边砖井堡,先钞（抄）黄妇,然后与哱酋合兵。御夫孙鏳按备兵使杨时宁檄以奏。⑤

此处所言也是切尽系的,可以明确地指出,他是合罗赤之子火落赤把都儿台吉,蒙古文全名"莽古思·额儿迭尼·合落赤"。《哱拜、哱承恩列传》中提到,万历二十年四月"东旸诇得延绥、榆林

---

① [美]塞瑞斯:《达延汗后裔世系表笺注》:"(《北虏世系》)合落赤的另两个儿子青把都儿和那木大一定是误置的……按照萨刚彻辰,花台吉的儿子不是两个而是四个,即:1.呼图克台彻辰鸿台吉;2.布延达喇呼拉齐巴图尔;3.赛音达喇青巴图尔;4.阿穆达尔墨尔根台吉。因为另一方面,按照萨刚彻辰,布延达喇呼拉齐只有一个儿子,所以很清楚,本表(《北虏世系》)将青把都儿和那木大放错了位置,他们不是合罗赤之子,而都是他的弟弟。"载《北方民族史及蒙古史译文集》,昆明:云南人民出版社,2003年,第770页。
② [美]塞瑞斯:《达延汗后裔世系表笺注》,载《北方民族史及蒙古史译文集》,昆明:云南人民出版社,2003年,第770页。
③ 乌兰:《〈蒙古源流〉研究》,沈阳:辽宁民族出版社,2001年,第369页。
④ [明]茅元仪:《武备志》:"贴赖即铁雷,系黄妇侄男。"黄妇即切尽黄台吉的妻子。载《四库禁毁书丛刊》,子部,第26册,北京:北京出版社,2000年,第292页。
⑤ 瞿九思:《万历武功录》卷9《火落赤列传》,北京:中华书局影印本,1962年,第913页。

兵西征,迺微告黄台吉妇,即纵男舍达大及侄火落赤、铁雷以穹庐屯旧安边砖井堡,杀略人畜亡算"。这里地点与上文相同,首领都是切尽系,黄台吉妇是切尽之妻;舍达大是切尽次子石答答台吉,蒙古文名字锡塔台彻辰楚库克尔;① 火落赤就是合落赤之子;铁雷是那木大之子。由此可以看出,明朝官吏习惯上称那木大之子火落赤为铁雷。所以,汉文中凡记载1572年以后鄂尔多斯部切尽系的火落赤的,大都指合罗赤之子火落赤。

辨析了切尽系莽古思·火落赤的情况后,此处插叙对《满克素阿不害列传》的辨析,其传全文如下:"满克素阿不害者,切尽黄台吉之侄也,授我千户。万历四年(1576)以来,靡岁不入贡。抚臣梁问孟嘉其忠勤,请赐敕书一道,彩段表里、织金纻丝衣一袭。自是著为令,令岁为类奏,庶房酋知恭顺者受赏。"这个满克素阿不害就是合罗赤之子火落赤台吉,也就是《火落赤列传》中混记的第二人,满克素是莽固斯的不同音译。"满克素阿不害,即火落赤,系黄妇侄男,部落约二千有余,生四子,长子补打太,二子补打奈,三子卜言阿不害,四子卜思合儿"。②《北虏世系》以火落赤把都儿的名字记录了他,并记其1592年时"已故",实际上他到《武备志》成书的1621年时仍然健在。不仅如此,我们看到《火落赤列传》中所记载的火落赤其人与此传中的满克素阿卜害虽为同一个人,但为人行事差异十分明显。笔者认为,满克素阿卜害是火落赤年轻、尚未掌管部落时期的名字,他在那时的行事方式在明朝官吏那里留下了很好的印象。"兵部题宁夏巡抚梁问孟条陈,应覆者四事……一议叙效劳酋夷酋首。千户满克素阿卜害系切尽黄台吉亲侄,频年入市,钤束有功。万历四五两年,原有赏赉六年以后减削,而其数亦止表里彩缎数件。今切首已报物故,本酋尤当牢笼"。③ 此后,他掌管了部落,并且一度势力十分壮大,是仅次于切尽势力的一支力量,并

---

① 乌兰:《〈蒙古源流〉研究》,沈阳:辽宁民族出版社,2001年,第369、423页。
② [明]茅元仪:《武备志》,载《四库禁毁书丛刊》,子部,第26册,北京:北京出版社,2000年,第292页。
③ 《明神宗实录》卷180,万历十四年十一月戊戌条。

且联合切尽、切尽比妓等进行了一些抢番、扩展势力的活动，和明朝也产生了一些矛盾和冲突。另外，最重要的原因是，满克索以火落赤名字活动的事迹都被明边吏看做是多罗土蛮部火落赤的事迹。也就是说，凡遵守约定、在双边关系中比较顺从的事迹记在满克索的名下，反之，都记在多罗土蛮部火落赤的名下了。故此，瞿九思的《火落赤列传》混记了他的情况。

> 其六月，火酋、土昧、铁雷帅二千骑从定边深入岩子柳门儿、羊圈儿，我师鏖战于沙湃，虏骑遂往南驰，语在《哱拜传》。①

这个"火酋"应该是麦力艮吉囊的第六、八子的后代们。在《哱拜传》记载："后顷，东房庄秃赖、明爱、阿克亦与卜失兔合营，部落至三万，果先使土昧、合乐赤、铁雷等犯定边。已，犯岩子、柳门、羊圈儿诸山。已，犯张春井、小盐池。制置使急使参将来保、王国柱往，既行至兴武，则虏已驰沙湃矣。于是游龚子敬提苗兵一千余人，追亡逐北至沙湃。顷，虏一入自沙湃，一入自沙梁，渐增至五万人，声欲夺我清平、庆阳。"文中提到的庄秃赖是吉囊第六子克邓威正的第二子威正庄秃赖，②明爱应该是庄秃赖之侄、多尔济达尔罕歹青之子明爱台吉，因为另一个明爱——吉囊第八子把都儿台吉的儿子前一年在榆林边外与明军的交战中被杀。"（十九年）冬，别部明安、土昧分犯榆林边，总兵杜桐御之，斩获五百人，杀明安"。③阿克是庄秃赖的弟弟恩克台吉，蒙古文名字恩克·合收赤那颜，④土昧是前被杀的明安的兄长，是阿木答喇的长子，⑤铁雷，不是前述切尽之侄，而应该是土昧的儿子土雷台吉，"土麦·打儿汉·

---

① 瞿九思：《万历武功录》卷9《火落赤列传》，北京：中华书局影印本，1962年，第913页。
② [明]萧大亨：《北虏世系》，载《北京图书馆古籍珍本丛刊》，第11册，北京：书目文献出版社，1988年，第642页。
③ 张廷玉等撰：《明史》卷327《鞑靼传》，北京：中华书局，1974年，第8489页。
④ 乌兰：《〈蒙古源流〉研究》，沈阳：辽宁民族出版社，2001年，第364页。
⑤ 乌兰：《〈蒙古源流〉研究》，沈阳：辽宁民族出版社，2001年，第364页。

歹成的儿子是奔拜·歹成那颜、奔巴失哩台吉、赤亦拜台吉、捏该台吉、撒斤台吉、额楞该台吉、奔不台吉、土雷台吉八人"。① 两传中提到的人物都是克邓威正系和把都儿台吉系的首领，那么，这个"合乐赤"也应该是克邓威正系和把都儿台吉系的。在这两系的首领中，恩克父子的名字中都有合收赤，"恩克·合收赤的儿子是萨只·合收赤"，② 所以，文中的"合乐赤"即《火落赤列传》中的"火酋"应该就是父子中的一个。这个是《火落赤列传》中混记的第三个人。

其明年四月，火酋……大会诸房报之。乃分置家室，而抄胡儿、青把都儿、把汉喇叭置居山甘，歹牙赤置居加（嘉）峪关，皆外边。而火酋以参将马应时故，自边内尖海子请置水塘，曰："愿那颜为我间视之，且吾所徼顺义、吉囊及恭谷儿台吉、把都儿台吉、青把都儿、苦赛兵已旦莫（暮）发矣，今吾先遣矮卜哥恰提兵二千人出肃州卜隆吉河视水草，行有日。"顷之，抄、把六酋亦先以精兵三百骑至，及从风营大泉中分营，而以一营驰山前，一营驰山后，与火酋合兵，并至关西，使巡边夷俄再赖来告，我乃犒劳酒食而去。先是，应时以夷僧为译者，伪造台臣符篆鬻胡中，有死罪，而以教酋妇习番字功，微遣人求救于顺义王。顺义王致书台臣，得因火落赤请救，遂挟去。自是之后，应时出入虏帐，渐至今官。以故火酋恃以为恩，后迫使命，稍移临边新城，乃谓时曰："我有德于若，若奈何忘我乎。"春，退而治赛，亲诣新城边下，于是请增抚赏，费凡七十金，而又以赏物不洁，榜掠千户周继祖及执事者，皆数十，然后命苍头军走马相戏，以为虏欢。虏果欢，复请市。而会回夷莫明等三十人至，春令与火酋市，市马百匹，牛羊千头。已，宾兔妻及其子额成格、子婿他卜囊、首领打赖恰、着力兔、歹牙赤、使者必邪气、威正邦什又至。已，

---

① 乌兰：《〈蒙古源流〉研究》，沈阳：辽宁民族出版社，2001年，第369页。
② 乌兰：《〈蒙古源流〉研究》，沈阳：辽宁民族出版社，2001年，第369页。

第五章 《万历武功录》蒙古部分的讹误种类及相关史料考辨(下) | 233

火落赤、阿榜台吉、使者拜要台吉又至,皆索我赏费。威正邦什曰:"吾欲从镇羌暗门驰海脑。"拜要曰:"吾欲从山后驰红崖。"声欲抢黄毛,黄毛兵在颈矣。而御史徐大化劾奏马应时,大都以回虏不可合,使火酋得执为故事,且瓦剌在回夷哈密之北,进则虑回之觇知,退则惧回之袭其后,以故虏不敢入瓦剌,我其以渔人收蚌鹬乎。乃其机则系于回,回籍中国以自庇。今迟回虏互市,虏将视回为外府,稍不如意,势且伐之。回计亡(无)聊,必折而臣于虏。回虏既合,则虏无藩篱之阻,可以高居哈密,直捣瓦剌。毋(无)论能收瓦剌与否,虏即与瓦剌解构,将奈肃州何哉。①

混记的第四人,鄂尔多斯部那木按台吉一系首领,那木按台吉次子把都儿黄台吉之子库哲格齐·呼拉齐(güjiegeči qulači)。关于那木按诸子,需要详细介绍一些相关情况。"斡亦答儿麻(明朝文献记其名字为那木按台吉)诸子人数,《阿萨剌黑齐史》、《北虏世系》也都记为六人。《源流》所记为铁盖·合收赤·黄台吉、海努黑·把都儿那颜、纳乞牙·昆迭连·歹成、朝儿克·青·把都儿、脱赤·薛缠·公谷儿、哭线·威正·著力兔,分别相当于《北虏世系》的铁盖黄台吉、把都儿黄台吉、朝库儿台吉、朝儿克台吉、薛缠公谷儿台吉,哭线台吉"。② 其第二子海努黑·把都儿那颜(把都儿黄台吉)有五个儿子,次子为古哲额赤·合落赤(güjiegeči qulači)。③ 上文所记载的诸多首领都是那木按系的台吉们。抄胡儿,是那木按第三子朝库儿台吉(čükegü tayiji);青把都儿,是那木按第四子朝儿克·青·把都儿(čürüğě čing bayatur);把汉喇叭,是那木按长子铁盖·合收赤的次子剌麻·瓦只剌·银锭(Lam-a wčir yeldeng);歹牙赤,是朝库儿台吉的另一种称呼,蒙古文名字为纳乞牙·昆迭连·

---
① 瞿九思:《万历武功录》卷9《火落赤列传》,北京:中华书局影印本,1962年,第898–900页。
② 乌兰:《〈蒙古源流〉研究》,沈阳:辽宁民族出版社,2001年,第415页。
③ 乌兰:《〈蒙古源流〉研究》,沈阳:辽宁民族出版社,2001年,第368页。

歹成；恭谷儿台吉，是那木按末子脱赤·薛缠·公谷儿（Toči sečen gönggör）台吉；把都儿台吉，应该就是把都儿黄台吉，蒙古文名字为海努黑·把都儿那颜；苦赛，是哭线台吉，蒙古文名字苦素阿不害，或哭线·委正（Küsel üyijeng）·着力兔。这些都是那木按系的首领，故而火落赤应该也属于这一系，是把都儿黄台吉的次子古哲额赤·合落赤。汉文记载也证明了这一点："兵部题覆甘肃总督郜光先、巡抚曹子登劾参将马应时驱回互市回夷，增赏媚虏，已经处分，并议虏酋尔失革之马，委宜明载市册，以杜隐漏。"① 马应时处理回虏间互市一事见于上文，此处提到的尔失革，也是那木按系的首领。"脱赤·薛缠·公谷儿的儿子是斡讷衮·黄台吉、额失干台吉、失班答喇台吉、额思客勒台吉四人"。其中的额失干台吉就是尔失革。"屋逆贵，系丑气侄男，部落约一千有余，弟兄五人，二弟额什革，三弟实班打儿，四弟聂答大，五弟矮僧"。② 兄弟几个的名字中，前三个是完全对应的。

丙申（1596）其八月，火酋竟从乞台走故道，而谍者则又以牛心山、麻古滩、乱石滩、金峡口诸零骑纷纷见告矣。给谏徐成楚上书部使任万化疏，顺义王复欲寇我洮河，今其首领阿赖等十余骑在着力兔营，九（纠）合大娘子及阿赤兔、尔成革、麻吉等也。③

本段材料中将火落赤与宾兔妻、着力兔、阿赤兔、尔成革、麻吉等放在一段材料中，给人一种错觉似乎他是和上述首领共同行动的。但，仔细阅读，发现实际上他们并没有合兵。而且"乞台"等地应该属于捏工川附近，这个火酋就是本传的传主，不大可能是鄂尔多斯部诸火落赤中的某一个。

除此之外，本传有一半以上的内容介绍了多罗土蛮部火落赤台吉（本传传主）的事迹，他和他的宗亲兄弟子侄们如多罗土蛮把都

---

① 《明神宗实录》卷202，万历十六年八月甲辰条。
② [明]茅元仪：《武备志》，载《四库禁毁书丛刊》，子部，第26册，北京：北京出版社，2000年，第294页。
③ 瞿九思：《万历武功录》卷9《火落赤列传》，北京：中华书局影印本，1962年，第914页。

儿黄台吉（歹言黄台吉）、麦力艮台吉、着力兔歹成台吉、威正雅拜台吉、克臭台吉、炒忽儿台吉、阿班台吉、阿班失加台吉等一起活动于西海莽喇川、捏工川一带。有时，他还会和土默特万户的丙兔台吉、真相台吉、且且台吉等采取联合行动。和田清认为在西海捏工川活动的火落赤是永邵卜大成台吉的弟弟亚速火落赤，① 这是错误的。永邵卜虽有牧地在西海，但不是在捏工川，而且哑速火落赤台吉没有到青海，他一直在哈喇慎大营中领有阿速部。

李文君曾就汉文史籍记载中的火落赤进行了简单的分别："汉文史书中的'火落赤'，不仅指歹雅黄台吉之弟、多罗土蛮部的火落赤，有时也指鄂尔多斯部切尽黄台吉之侄、前述战死于中亚的合罗赤之子鄂尔多斯火落赤把都儿台吉……事实上，多罗土蛮部火落赤主要活动在西海、捏工川一带；而鄂尔多斯火落赤把都儿主要活动在河套西部、贺兰山后宁夏边外一带；多罗土蛮部火落赤主要和真相、把尔户、瓦剌他卜囊等一起活动，而鄂尔多斯火落赤把都儿多和切尽黄台吉之妻、铁雷、摆言太、沙计等人一起游牧。"虽然这样的分类原则同样适合于《武功录》的《火落赤列传》，但很明显，《火落赤列传》里的区分标准还需要更细致一些。

较为有趣的是，关于青海的火落赤，日本学者多人进行了考证，推断出多种可能，提出他的来源应该有永邵卜系、鄂尔多斯系、多罗土蛮系等，最后，经江国真美考察，排除了其他说法，确定在青海的火落赤就是《武功录·火落赤列传》的传主——多罗土蛮部火落赤。② 这是一个针对一个人由多种可能到一种可能的发展过程。而笔者关于《武功录·火落赤列传》的考察却将视线扩展开来，从活动同伴上确定火落赤的来源，从而针对一传中的火落赤由"一人"扩大到多人。我们进行了一个互为相反方向的论证，但论证的着眼点不同，一个是针对一个特定地区的一人，一个是针对一个特定名字的一传。

---

① ［日］和田清：《明代蒙古史论集》，北京：商务印书馆，1984年，第534页。
② ［日］江国真美：《青海蒙古史的一个考察》，载《蒙古学资料与情报》，1986年，第4期，第6页。

综上所述,《火落赤列传》不仅记述了多罗土蛮部火落赤台吉的事迹,其中还混杂了另外四个同名的火落赤台吉的活动,而且他们都属于鄂尔多斯部,其中仅切尽黄台吉一系中就有三个火落赤。他们的住牧地在一起,凡犯边或西侵,也都是部落整体的联合行动。所以,有时很难区分他们活动的细节。这样计算的结果就是,《火落赤传》记述了五个火落赤台吉的事迹,是五人一传。

所以,《火落赤列传》是一传多人的类型,《火落赤列传》又与《满克素阿不害列传》形成一人两传的讹误类型。

(五)《明爱台吉列传》一传三人

从传文看,《明爱台吉列传》原意是想记述《北虏世系》中的鄂尔多斯部克邓威正台吉之孙、打儿汉歹成台吉之子明暗台吉事迹的。克邓威正台吉,经过塞瑞斯考证,他的名字《蒙古源流》中作"巴札喇·威正,"① 打儿汉歹成台吉,《蒙古源流》作朵儿计·打儿汉·岱青(歹成、宰桑),其子为明爱·青·歹成。②

> 明爱台吉者,朵儿计之子也,计授我指挥佥事。万历癸未(1583年),计死,而请以明爱台吉嗣。明爱为人慓悍而内深,居恒,颛与卜失兔、庄秃赖为党。虽受延绥抚赏,而张掖、酒泉之间,乱无宁日。居岁余,乙酉(1585年),明爱乃与庄秃赖约曰:"吾与尔诣汉关,大索宴赏,为之醉饱而去。不则,尔起自神木堡,我起自黄甫川,彼乌敢当我乎?"于是,分道而驰,我关吏备守甚严,弗可入,战败而遁。语在《庄秃赖传》。……与威尽从水泉暗门阑入我内边。我师生获忽烂、杀大[有的传记作教巴]二人,夺马五十骑。于是,抚臣梅友松及按臣连格传檄虏王,大略言:"明、庄二酋聚党以仇瓦剌,乘机而掠河西。托贡市之虚名,恣桀骜之故态,此汉法所不贳者。尔令其悔祸,

---

① 乌兰:《〈蒙古源流〉研究》,沈阳:辽宁民族出版社,2001年,第363页;塞瑞斯:《达延汗后裔世系表笺注》,载《北方民族史与蒙古史译文集》,昆明:云南人民出版社,2003年,第758页。

② 乌兰:《〈蒙古源流〉研究》,沈阳:辽宁民族出版社,2001年,第364、369页。

第五章 《万历武功录》蒙古部分的讹误种类及相关史料考辨(下) | 237

早自东旋，不则，我以大兵捣巢，吾不尔容也。"虏王随布告期语。明爱乃佯对使者曰："敬闻命矣。"①

文中的"朵儿计"是多尔济的同音异译，明爱为朵儿计之子，从蒙汉文资料上都得到证实是正确的。庄秃赖，是多尔济（朵儿计）的弟弟，克邓威正台吉的次子，与明爱台吉共同行动，也是符合常理的。延绥、神木堡、黄甫川等地名，都在延绥榆林东北一带。②"延绥榆林镇边外住牧夷人……以东神木、孤山、黄甫川、建安一带，边外桦子山、脱儿川、镇川住牧酋首威正等部落，约六千有余，离边三百余里。酋首：威正，即庄兔赖台吉，故"。③庄秃赖与明爱确实联合西进，在甘肃河西一带与明军发生过冲突。"总督三边兵部左侍郎梅友松等言：'庄秃赖、明爱台吉原系榆林市虏，盘住河西，曾一挫于甘镇，再挫于肃州，二酋挟忿图报，行过肃州，剽掠生事，本当革赏。但主酋吉囊追还人畜，听从罚服'"。④梁本《神宗实录》中记载："八月戊戌，虏犯甘肃地方，杀伤军夜，掠去人畜，我兵奋敌，擒斩达贼七名级，获马十匹。随宣谕吉囊帐内，追取原抢人畜，吉酋听命送还，仍罚献头匹毡皮，求易前擒忽烂、敖巴二酋。"⑤"兵部覆，巡按陕西御史崔景荣奏言：明爱、威正二酋款贡有年，今乃肆行侵掠，残害地方，渐不可长。先应革其市赏，俟其悔罪乞哀，方为奏请开复。"⑥诸种文献记载的与其共同行动的人物、地点等十分相合，此明爱是多尔济之子。

先是，阿计大败于镇羌堡，被围，诸部夷多中鸣镝死，我师夺获橐它（驼）、驴、马六十有骑。阿计大求援于明

---

① 瞿九思：《万历武功录》卷14《明爱台吉列传》，北京：中华书局影印本，1962年，第1245页。
② 谭其骧：《中国历史地图集》，第七册，北京：中国地图出版社，1982年，第46页。
③ [明] 茅元仪：《武备志》，载《四库禁毁书丛刊》，子部，第26册，北京：北京出版社，2000年，第287页。
④ 《明神宗实录》卷214，万历十七年八月丁亥条。
⑤ 梁本《明神宗实录》卷17，万历十七年八月戊戌条。转引自 [日] 田村实造等编《明代满蒙史料》（《明实录抄蒙古篇》），京都大学文学部，1954－1959年。
⑥ 《明神宗实录》卷222，万历十八年四月丙子条。

爱，明爱曰："我趋告汉将军，请还尔马牛，可乎？"于是，使夷使敖八等来告，关吏好谓夷使曰："谁夺尔马牛？曩是我所杀获，今已死矣。所不死者，杀骑具在，阿酋能改辙，当以退还。"明爱闻而愉快可知矣。乃率众还巢如约，然而语言实不逊。①

此段行文中的明爱是鄂尔多斯部把都儿台吉之子明爱台吉，②把都儿台吉为吉囊第八子，蒙古文名字为阿木答剌·打儿汉（Amudara darqan）台吉，他的次子为明爱台吉。③阿计大事件发生于万历十六年（1588年）正月，到万历十七年六月阿计大承袭父职。在此期间，帮助阿计大请罪乞赏的是阿木答剌之子明爱，明爱在万历十九年冬在榆林因犯边被杀。因为，自万历十四年开始，克邓威正系的庄秃赖、明爱台吉西行出讨瓦剌，主要是活动在河西、肃州、西宁一带。尤其是上述时间段内，《明实录》对庄秃赖的行踪记载颇多，他的主要活动地肃州、水塘、西宁。

这是个很有趣的话题。以上两个"明爱"都是鄂尔多斯万户的，一为吉囊之孙，其父亲在《北虏世系》中称为把都儿台吉，《蒙古源流》称为阿木答喇，④曾有过达儿汗的封号。⑤一为吉囊之曾孙。其祖父为吉囊第七子克邓威正台吉（蒙古文名字为巴札喇·威正），父亲是达儿汗歹成台吉（Darqan dayičing tayiji），也有达儿汗的封号。⑥

---

① 瞿九思：《万历武功录》卷14《明爱台吉列传》，北京：中华书局影印本，1962年，第1246页。

② ［明］萧大亨：《北虏世系》，载《北京图书馆古籍珍本丛刊》，第11册，北京：书目文献出版社，1988年，第643页。

③ 乌兰：《〈蒙古源流〉研究》，沈阳：辽宁民族出版社，2001年，第364页。

④ 乌兰：《〈蒙古源流〉研究》卷6："阿木答喇的儿子是土麦·达儿汗·歹成、明爱·额耶赤那颜、比八失台吉三人。"沈阳：辽宁民族出版社，2001年，第364页。与《北虏世系》基本上是对应的。

⑤ [Amer.] Henry Serruys. Genealogical Tables of the Descendants of Dayan – Qan. Copyright 1958 by Mouton & Co., Publishers, The Hague, The Netherlanda. P47.
The names of the two sons mentioned in Genealogical Tables make the identification of Batur tayiji with Amudara – darqan noyan quite certain（Schmidt, pp. 206 – 207）.

⑥ ［明］萧大亨：《北虏世系》，载《北京图书馆古籍珍本丛刊》，第11册，北京：书目文献出版社，1988年，第642页。

而且"蒙古人往往以他们的衔号著称，比他们的名字更为著称"。①"按照萨冈彻臣（施密特书第208-209页），克邓威正或班扎喇卫征诺延有三子：多尔济达尔罕岱青（表达儿汗歹成）"。② 两个人不但自己的名字相同，父亲的因素中也出现了雷同，不必说今人，当时人们就已经难以分清了。连出生于蒙古黄金家族的萨冈彻臣也难以分辨，更何况是瞿九思呢！"萨刚彻臣和本表看来将明爱和另一个同名的人混淆起来了。这个混淆很容易产生，因为不仅所述的两个人名字相同，而且他们的父亲也有同样的达尔罕衔号。看来他们的衔号倒比他们的本名更为著名"。

（万历十八年）其九月，从扯力克攻我和政驿，语在《扯力克传》。③

随从扯力克到西海，并进攻和政驿的明爱是土默特部的台吉，扯力克之子明暗台吉。④ 从《庄秃赖列传》中看，庄秃赖并未到河、洮一带参与行动。而《扯力克列传》中提及参与和政驿之战的各首领中，也未提到庄秃赖。所以，一向和庄秃赖联合行动的明爱不可能参与和政驿战斗。而且，扯力克和"套虏"回归故地之时，鄂尔多斯部和土默特部的部众是分开行动的，各有自己路线。"其八月，顺义王、三娘子、不他失礼、明爱台吉、根兔台吉、大黄台吉、脱赖榜什打儿汉等驱马牛从塔儿湾、姚家寨走压腰山，复分为两道。一道走红山嘴，一道走月牙湖、水泉儿并至毛卜剌"。和扯力克、三娘子随行的都是土默特万户的首领们。所以，此"明爱"不是鄂尔多斯部。

其十月，革明爱市赏，必献所卤略人畜，然后予开。

---

① [Amer.] Henry Serruys. Genealogical Tables of the Descendants of Dayan Qan. Copyright 1958 by Mouton & Co., Publishers, The Hague, The Netherlanda. P25.

② [Amer.] Henry Serruys. Genealogical Tables of the Descendants of Dayan-Qan. Copyright 1958 by Mouton & Co., Publishers, The Hague, The Netherlanda. P58.

③ 瞿九思：《万历武功录》卷14《明爱台吉列传》，北京：中华书局影印本，1962年，第1246页。

④ 萧大亨：《北虏世系》，载《北京图书馆古籍珍本丛刊》，第11册，北京：书目文献出版社，1988年，第643页。"扯力克三子明暗台吉"。

明爱具言：曩时甘州之役，"夫岂无故？彼乃杀我酋长，略我马牛，我不过轻重报之。且塞上业已罚治我九九，今又革我市赏，何为者？"于是，退而欲寇钞（抄）我神、孤二堡。谍者以其状来告，督臣乃下令戒兵捣巢。明爱惧而献所卤男妇二十二人，橐佗（驼）、马牛羊四十四只，并罚治马牛羊八十有一，曰："谍者言非是。"于是督臣给曩所略部夷五人，令开市赏，曰："所不如令者，吾以颈血湔尔王矣。"是年，明爱有弟曰秃阌台吉，亦以监市授我百户秩。后求转迁，久不报。顷之，督臣梅友松又以景古城之儆（警），告称明爱聚兵在东堡。异哉！倏往倏来，恐不能保首领以归。厥后，抚臣贾仁元使使者侦之，乃信明爱方在套。倘亦名所同乎？不然，明爱且兵在其颈矣。①

这里应该是三个明爱：

其一是多尔济台吉之子，万历十九年（1591）再次出套，"总督魏学曾奏：庀庄秃赖、明爱因索讨额外赏聚兵入犯，各官军堵截出边。总兵杜桐开报始行，贼已出境，更属玩忽，巡按御史李本固亦请勘功罪，宜责杜桐戴罪杀贼。庄秃赖、明爱等额赏停革。报可"。②这个明爱是独子，没有弟弟。

其二，瞿氏在文中将鄂尔多斯部的另一个明爱也混记进来，有弟"秃阌台吉"的就是把都儿台吉之子。"秃阌"大概是"秃闷"的误写，而且，按汉文史籍，土麦是明爱的弟弟，按蒙古文史籍，土麦是明爱的兄长。

其三是扯力克之子。景古城之警，实即和政驿之战。此明爱就是扯力克之子。本段材料显示，不只是瞿九思一人无法分清鄂尔多斯的两个明爱，故在《明爱台吉列传》中存疑。当时的督抚官员也产生了疑惑。故而，督臣发出警示，抚臣赶紧行动查看明爱的去留，结果竟然也无法解释明爱在两地活动的现象。更何况事实上是三个

---

① 瞿九思：《万历武功录》卷14《明爱台吉列传》，北京：中华书局影印本，1962年，第1246页。

② 《明神宗实录》卷241，万历十九年十月戊午条。

明爱呢！

故《明爱台吉列传》记载了三个人，两个是鄂尔多斯部的，一个是土默特部的。

（六）《炒忽儿列传》一传多人

《炒忽儿列传》是记载西三边鄂尔多斯部各鄂托克中一位名为炒忽儿之首领事迹的传记，共记载三件事。但，鄂尔多斯万户的炒忽儿有几个，具体到底是记载哪位首领，不详。所以，我们首先需要确定他的族系。传中指明，这个炒忽儿是在清水营互市的。我们先列出鄂尔多斯部首领中名字带有炒忽儿的人员名单。他们是：

第一、那言大儿吉能的儿子丢儿盖朝库儿台吉，在甘肃永昌边外昌宁湖一带住牧。① 蒙文名字莽骨斯·朝库儿。②《武备志》记载他和吉能一起在榆林红山互市。笔者认为是错误的。他应该与宾兔等在扁都口互市。驻牧于甘肃昌宁湖一带，再回到陕西榆林洪山互市，显然是不现实的。他的住牧地与松山宾兔的住牧地比较接近，应该和宾兔一起互市于扁都口。或者是后来回到红山互市的。

第二、第三，那木按之子朝库儿台吉，蒙古文名字纳乞牙·昆都连·朝库儿。他还有一个儿子为散斋·朝库儿（Sanjai cükegür noyan）那颜。在宁夏平房互市。

第四，切尽黄台吉的次子为石达达·扯臣·朝库儿。在宁夏清水营互市。

第五、第六，委正庄秃赖的第三子翁归·朝库儿（Ongyui cükegür），以及庄秃赖的弟弟恩克台吉次子为失答丹·朝库儿（Šidadan cükegür）。庄秃赖及其弟弟的互市地点在延绥红山。

那么，本传到底记载的是哪个炒忽儿呢？按照瞿九思在传文开始的交代："炒忽儿，吉能之部酋也，授我指挥佥事秩，与切尽黄台吉同市清水营"，从互市地点清水和官职（官职较高）推断，本传的传主，或者说瞿氏意图中的传主应该是切尽黄台吉的次子石达达·

---

① 萧大亨：《北虏世系》，载《北京图书馆古籍珍本丛刊》，第11册，北京：书目文献出版社，1988年，第640页。

② 乌兰：《〈蒙古源流〉研究》，沈阳：辽宁民族出版社，2001年，第368页。

扯臣·朝库儿。但是，传中所记都是此人吗？

万历丙戌（1586），督臣郜光先疏奏炒忽儿诫诸部毋扰。①

因为记载过于简略，我们无法推断这个人到底是以上诸多朝库儿中的哪一个。从发生的时间按图索骥，我们看到《明神宗实录》中有一条相应的记载："兵部题覆陕西总督郜光先申严长策，略谓：'套虏仇杀瓦剌，蓄谋已久。然瓦剌极称骁悍，势力尚不相当。如往岁虏王西行，观望数月竟未得志。而抄胡诸酋大遭挫衄，几至覆没。全军则不敢为报复之举也，明矣。一旦拥众西行，结聚甘凉边外，不为劫掠熟番，必图侵扰内地，在甘肃固当戒备，而洮河一带尤当一体严防'。"② 据此仍然无法推断朝库儿是谁，因为在兵部给郜光先的题覆上也看不到和朝库儿一起行动的其他首领。另外一条记载透漏了这方面的情况："八月壬申，议陕西虏防，时御史杨有仁题称，虏贼抄胡儿、把汉喇叭二酋率众入境，官军拒敌，擒夺生虏二十，驼马二百，随已认罪罚服。但入犯之时，抄酋先登，而青把都来继，火落赤为援，恋住昌宁，则有阿榜台吉移牧水□□，有威正歹牙即今拒堵，虽幸保全，群聚连络，难保无事。所应严加哨备，相机剿抚。部覆，上允奏议行。"③ 万历十四年，蒙古多罗土蛮部和鄂尔多斯部联合行动对瓦剌复仇，最后因没有统一的领导和指挥而失败。当时与朝库儿共同行动的几个首领分别是：把汉喇叭，"汉译'小喇嘛'，疑即多罗土蛮部麦力艮台吉第五子把汉剌叭台吉"。④ 但笔者认为应该是炒忽儿之侄、铁盖黄台吉的儿子喇叭，"即银定弟土门大儿，系歹成侄子，是叛夷"。"炒哭儿即歹成"。⑤ 青把都，应该是炒忽儿之弟、把汉剌叭的叔父楚鲁克青把都儿。李文君也持此意

---

① 瞿九思：《万历武功录》卷14《炒忽儿列传》，北京：中华书局影印本，1962年，第1255页。

② 《明神宗实录》卷178，万历十四年九月甲午条。

③ 梁本《明神宗实录》卷14，万历十四年八月壬申条。转引自［日］田村实造等编《明代满蒙史料》，京都大学文学部，1954–1959年。

④ 李文君：《明代西海蒙古研究》，北京：中央民族大学博士学位论文，2004年，第27页。

⑤ ［明］蔡元仪：《武备志》，《四库禁毁书丛刊》，子部，第26册，北京：北京出版社，2000年，第295、294页。

第五章 《万历武功录》蒙古部分的讹误种类及相关史料考辨(下) 243

见。其余的几位火落赤、阿榜台吉等是多罗土蛮部的首领。因此，这个炒忽儿是记载了那木按系的首领，是纳乞牙·昆都连·朝库儿。《武功录·多罗土蛮把都儿黄台吉列传》中有更为详细的记载："于是，歹言黄台吉从月牙湖、王秀铺透草古城，而与火落赤相接见。是日，两酋从大黄山透迤南羊户口，而哆罗土蛮子哈喇狗及酋长兀浪他卜能、我令他卜能、命都六他卜能、脱卜他卜能、僧个他卜能、汪脱他卜能、阿脱汉把都儿亦引精兵二千皆从宁远走水泉，而以革勒根台吉、捨剌乞炭、苦思赖千余骑尾其后。已，忙快把都儿、绰赛他卜浪、孛拜他卜浪、麦力艮台吉、土国赤台吉至。已，阿木大打儿汉、袄儿谷道至，并皆入水泉暗门透大营堡。而抄胡儿、青把都儿、把汉喇叭引千余骑中分军，一军透新河，一军透西花寨。"① 其中，"革勒格台吉、舍剌乞炭、苦思赖"也都属于炒忽儿的直系亲属。

  明年丁亥（1587），督臣石茂华又请敕书奖谕。②

  同样因为记载过于简略，我们仍然无法推断这个人到底是以上诸多朝库儿中的哪一个。从发生的时间按图索骥，可惜《明神宗实录》并无相关记载。再从"督臣石茂华"这一线索去查相关材料，发现这条材料应该是有误的。石茂华从万历元年到万历五年的确曾经出任过总督陕西三边军务一职，此后万历十一年曾经再任故职，但当年就因为"劳瘁卒"。十一月郜光先出任总督陕西三边，"十二年五月己亥，石茂华赠太子少保，谥恭襄。"③ 早已去世的石茂华决定了这一材料再也没有进一步查询的线索了。

  炒忽儿为人慓悍，阳顺而阴叛，岁时所与游者，左卜失兔而右明爱，绝不闻忠顺之驯。是年，卜失兔临市，横索不遂，弃我筵宴而去，而以部兵属其弟阿只兔，偕炒忽儿聚牧抬瓮山。当是时，小酋黄花成、三路台吉拓不能与喇麻（嘛）僧及阿计大、反（歹）言赤，皆以增赏请。炒

---

 ① 瞿九思：《万历武功录》卷9《哆罗土蛮把都儿黄台吉列传》，北京：中华书局影印本，1962年，第879页。
 ② 瞿九思：《万历武功录》卷14《炒忽儿列传》，北京：中华书局影印本，1962年，第1255页。
 ③ 吴廷燮撰：《明督抚年表》（上），北京：中华书局1982年，第221页。

忽儿遂烹羊煮酒，大会五部兵马，而申之以后言曰："汉不我增，我与汝其起榆林、神木乎？"语在《卜失兔传》。明年戊子（1588）秋，卜失兔款塞待罪，而炒忽儿亦以吉能法令，令至榆林叩关曰"阿计大之役，吾罪诚当诛。幸为我告太师，我以牛羊赎，可乎？宽假我三月，牵马而至。"居有顷，诸酋聚于红山请罚，罚炒忽儿三九，从夷法也。于是，炒忽儿归怨于圪塔台吉："今吾食尽，马羸人伤，而汉不加哀怜，我等安能鬱鬱久居此乎？"圪塔台吉曰："尔无我怨，我与汝不妨再举。"是时，师婆喇麻为诸酋所敬信，谓："今岁不利于出兵，尔等当自爱，慎勿复蹈故辙。"炒忽儿始乃悔祸，以为不若具以实往告太师，祇索重赏而去。先是，切尽黄台吉忠实而能文，宣、大、甘、宁诸虏每一发难，辄请论如法，胡中至今思之不衰。抚臣梅友松引以晓譬："尔能动[效]法切尽，汉亦以切尽遇之。"炒忽儿叩首谢曰："敬闻命矣"。缮甲聚兵，要求无已，此乃向者切尽所羞也。①

从文中所述地点看，这个炒忽儿应该是住牧在榆林、神木一带，属于红山市"夷"。根据上面提到的几个朝库儿，符合这一条件的就是庄秃赖子翁归·朝库儿及庄秃赖弟弟恩克台吉次子失答丹·朝库儿。再根据父辈的条件，庄秃赖无疑是鄂尔多斯部中的一个强势力量，因此，如此活跃的应该是他的儿子炒忽儿。

所以，《炒忽儿列传》本意是想记载切尽黄台吉次子石达达·扯臣·朝库儿（Šidadan sečen cükegür）的事迹，结果在传中只是提及了他的部落及市赏，却没有他的事迹，反而是记载了另外至少两个朝库儿，一个炒忽儿是那木按系的首领，是那木按儿子——纳乞牙·昆都连·朝库儿；另一个是庄秃赖子翁归·朝库儿。《炒忽儿列传》属于一传三人。

与此相关的还有《卜打失台吉列传》附在《炒忽儿列传》后，

---

① 瞿九思：《万历武功录》卷14《炒忽儿列传》，北京：中华书局影印本，1962年，第1256页。

并且确切地说，在瞿氏的安排中，卜打失台吉是被当作炒忽儿之子来看待的："卜打失台吉者，炒忽儿之子也，与孟格台吉（庄秃赖之子）雁行。"按照上文的考证去寻找抄忽儿的儿子卜打失台吉的名字，无论是纳乞牙·昆都连·朝库儿，还是庄秃赖子翁归·朝库儿，还是石达达·扯臣·朝库儿，三人的后裔中都找不到卜打失台吉。但鄂尔多斯部另有一对父子满足这个条件，即那言大儿吉能的第五子莽骨斯·朝库儿，他的第二子是不答失哩·允都赤。① 必须予以明确的是，《炒忽儿列传》中的三个炒忽儿并没有卜打失台吉的父亲，卜打失台吉也并非《炒忽儿列传》某位传主的儿子。

（七）《卜言把都儿列传》一传三人

《卜言把都儿列传》是专门记载速把亥次子卜言把都儿事迹的传记。"卜言把都儿，速把亥仲子也，又名把兔儿。"因为把都儿的名字在蒙古人名中过于常见，蒙古左翼各部中有多个把都儿。故而这个传记也存在混记的嫌疑，有必要进行辨析。

蒙古左翼各部中的把都儿有以下几个：

第一，本传传主，速把亥次子。

第二，土蛮第八子卜言太的三子，上述《辽夷略》的内容已经多次被引用："土蛮憨，号老王子，九子，自长男扯臣憨而下，曰委正黄台吉，曰额参台吉，曰锁迷台吉，曰歹青台吉，曰琵琶台吉，曰莽官儿大台吉，曰卜言太台吉，曰桑阿儿赛台吉。"其中，"卜言太存，有三子，长色令，次拱赤，三把兔儿，而兵数亦与琵琶同（约千余骑）。"

第三、第四，属于瑷塔必系："瑷塔必故，而生十子，长曰脑毛大黄台吉，次曰以儿邓，三曰扯臣台吉，四曰青把都儿，五曰速克赤把兔儿，六曰卜言兔思扑赤台吉，七曰额儿得，八曰你丑库儿，九曰阿民台吉，其第十子曰拱兔者……速克赤把兔〔儿〕故，而三子，长曰把兔儿阿败"。②

---

① 乌兰：《〈蒙古源流〉研究》，沈阳：辽宁民族出版社，2001年，第368页。
② ［明］张鼐：《辽夷略》，载《四库禁毁书丛刊》，集部，第105册，北京：北京出版社，2000年，第606页。

第五，鬼麻之孙、额参委正（乃蛮）之长子专难，即把兔儿。①
那么，《卜言把都儿列传》是否出现了混记现象？混记了哪几个人？

> 隆庆初（1567）……是时，卜言兀亦欲报宿怨，于是大会卜言把都儿及黄台吉、抄户儿、都刺儿、那木大、阿信等三万余骑，谋入□锦、义。②

尽管瞿氏在这里明确标示是卜言把都儿参与了隆庆初在"锦、义"的行动，但是，这个把都儿实际上不是本传传主，在《速把亥列传》有不同的记载，"是时，卜言歹欲报锦州之败，乃引黄台吉、把兔儿、抄户儿、都刺儿、那木大、阿信等二三万骑，聚义州凌河，欲大举"。在这段文字中的诸位台吉都是瑷塔必系、卑麻系的首领们，黄台吉、那木大应该就是脑毛大黄台吉，炒忽儿是额儿得你丑库儿，都刺儿应该就是小歹青，阿信不知是谁，也应属于这两系无疑。按照这样的范围衡量，把都儿应该是瑷塔必系的台吉——速克赤把兔儿。另外，下文提到万历十年速把亥阵亡，"子少"，如此，卜言把都儿更不可能早在隆庆初年就单独代表喀尔喀部与察哈尔部联合犯边。

> 久之，速把亥常椎牛，遣卜言把都儿往清细河，而会速把亥伏诛，卜言把兔儿即推择酋长二十人，驰塔毋户渡视父冢。诸酋乃东西山瞭汉兵，卜言把都儿好谓曰："有如不可知，我即举烟火，若蚤自来也。"是时，往来者言，胡中皆以速把亥既圽，子少，诸酋皆欲从爪儿兔夺开原，而不知卜言把都儿已能枕戈泣血矣。③

这个卜言把都儿的确是速把亥之子，就是本传的传主。在《速把亥列传》中记载的情形与此相符："速把亥弟炒花及侄老撒、卜儿爱皆去帽顶冠孝，老小尽儿啼，谋欲藉兵于土蛮以报怨。而其妻哈

---

① ［明］张䑓：《辽夷略》，载《四库禁毁书丛刊》，集部，第105册，北京：北京出版社，2000年，第607页。

② 瞿九思：《万历武功录》卷12《卜言把都儿列传》，北京：中华书局影印本，1962年，第1080页。

③ 瞿九思：《万历武功录》卷12《卜言把都儿列传》，北京：中华书局影印本，1962年，第1080页。

屯、妹夫花大即裹尸到营，以布殓，葬塔母户渡下。因治房子，率其酋长九家，家一人守冢。顷之，把兔儿至，诸酋东西瞭山，把兔儿乃告曰：'我即有如有不可知，即举烟，若即蚤自来也。'是岁，万历壬午（1582）也。"两传对比，所记事情相同，亦符合常理。

于是，把都儿即引莽官大、莽骨塞从专难营藉助兵。时，癸未（1583）正月也。①

这个把都儿应该是土蛮后裔或者是卑麻系首领。土蛮的儿子有莽官大儿台吉，额参委正（乃蛮）之长子专难，即把兔儿。②

五月十二日，复引五万余骑突攻镇静堡。于是，分巡使任天祚请于台御史李松，因与总戎李成梁议，议于大小黑山大出兵佯为北伐，微使百金之士捕伏以挠东顾。是夜，遣裨将李得全等驰镇静堡以为内应。旦日，台御史及总戎亲临兵，游击李宁以刀击花大，伤左脸，复贯弓射，流矢中膊胫。花大，亲卜言把都儿私也。虏营皆大哭失声，尽捧头鼠窜而去。于是，制置使周泳奏闻，后以阿台捷并行赏，语在《阿台传》……其后年正月，把兔儿并花大、抄花、老撒、卜儿亥止壁辽河。已，大会养善木，谋欲略辽、沈、海州。其六月，引著影兔（卓里克图）等犯清细河。是时，把兔儿往往群辈逐水草兴中。兴中，去大宁为近，比肩锦、义，南可跨宁前，西可薄古北，东可距旧辽阳也。其明年二月，速兔儿引爪儿兔、乂哈儿、老思、卜儿亥、脱退、脱卜户驰十方寺。顷之，复结连西房以儿邓万余骑，直抵蒲、沈，击城堡，杀略军民，游击周思孝追逐出塞。于是，逐水草辽河。……自是之后，把兔儿常声欲犯广宁。福余人炒赖胡芦常从暖兔、伯言所，得其情来告。③

---

① 瞿九思：《万历武功录》卷12《卜言把都儿列传》，北京：中华书局影印本，1962年，第1081页。

② ［明］张瀚：《辽夷略》，载《四库禁毁书丛刊》，集部，第105册，北京：北京出版社，2000年，第605、607页。

③ 瞿九思：《万历武功录》卷12《卜言把都儿列传》，北京：中华书局影印本，1962年，第1082、1083、1084页。

这里的把都儿都是喀尔喀部速把亥之子卜言把都儿。因为其活动同伴都是喀尔喀部的首领爪儿兔、父哈儿兔、老思（撒）、卜儿亥、脱退、脱卜户、花大、抄花。凡是和喀尔喀部首领等共同行动的肯定是喀尔喀部速把亥子把都儿。

> 其五月，把兔儿聚兵养善木，声欲犯广宁，语在《伯彦务传》。顷之，同西虏以儿邓、扯臣台吉等犯十方寺，不克；去犯长胜堡，又不克；去犯静远堡，又不克；去犯榆林堡。汉兵斩首捕虏凡七级。其闰九月，复与西虏以儿邓、黄台吉、委正、以克歹青、额参委正、拱兔台吉、阿民台吉、暖兔、小歹青并五路男哥儿驰呵呵莫林，声欲犯三岔河西、沙岭迤南吴家坟，有如泥澜，即入锦、义、清细河。①

这里的把都儿应该是察哈尔部的首领，因为与他同时参加这次行动的都是察哈尔万户的。凡是与察哈尔部首领以儿邓、黄台吉、委正、以克歹青、额参委正、拱兔台吉、阿民台吉、暖兔、小歹青等人一同活动的肯定是察哈尔部的把都儿，但他是哪一个把都儿，很难确定。

> 其九月，虏骑从石河口台入，汉兵追逐，斩首五级，夺获马五头。顷之，把兔儿偕土蛮男卜彦大会一克委正及其叔父烧海召力兔三万余骑，声欲略广宁迤西，以雪速把亥之怨……居五六年，癸巳（1593）冬，把兔儿、花大、抄花约西虏小歹青及五路哥儿欲略清细河。②

这里是东西合兵行动，但这个把都儿也很明确，是喀尔喀部速把亥之子。因为"把兔儿偕土蛮男卜彦，大会一克委正，及其叔父烧海召力兔"，卜彦是土蛮之子卜言台周，一克委正是察哈尔部大委正，其叔父烧海召力兔是速把亥弟弟炒花，卜言把都儿的叔叔，蒙

---

① 瞿九思：《万历武功录》卷12《卜言把都儿列传》，北京：中华书局影印本，1962年，第1087页。
② 瞿九思：《万历武功录》卷12《卜言把都儿列传》，北京：中华书局影印本，1962年，第1091、1093页。

古文名字卓里克图，"《水晶念珠》中的舒哈克卓力克图就是上述汉籍中的炒花无疑。《开原图说》谓'炒花，又名爪儿兔'，当即卓里克图"。①

其九月，伯彦引一揹委正、把汉委正、银灯、脑毛大等十万余骑声欲犯广宁。是时，孙鑛为置（制）置使，李化龙为台御史，董一元为总戎，皆大议，以为土蛮久物故，而其子卜言台周嗣，其种类虽多而强乎，然大举有时，而独患苦把兔［儿］与炒花耳。且所居在旧辽阳以北，适两河之中，东可犯辽、沈，西可犯广宁，南可犯海、盖。以故把兔儿春夏则拥众以抄略，秋冬则导北虏阑入汉关，常自大言曰："我先剜尔眼耳，然后剖尔心肠。"眼目者，华言"墩台"也；心肠者，华言"城堡"也。其芥视全辽类如此。于是，度把兔儿不过万余骑，以为诚破东虏，则西虏当不战而走也……其十月，虏乃从小周台深入吴家坟。是时，西虏已近边，有言宜击东虏者，大将军董一元……以兵匿镇武堡，空其营盘。亡何，虏果驰营盘，营盘空无人，虏皆鼓掌笑，以为"汉兵诚畏我远匿"，乃率诸虏深入。过者未大半，我师仓卒（促）从中起，循墙而进，虏皆大惊，慑魄，疆（强）扶持手足，搏战。我师自午至酉不倦……斩首捕虏凡四百一十六级，橐驼马牛羊以千数。是时，酋首伯言儿中流矢死，把兔儿亦被伤，虏以故愈急……明日，西虏果至右屯，深入吴家坟。见墩军，问把兔儿安在，墩军具以实告。于是，驱橐驼走广宁、平虏，遂奔团营。由此攻右屯，五日不下而去。先是，伯言儿在胡中最僄（慓）悍，常（尝）逮庆云守备使王凤翔出边，罢市赏。今一旦物故，胡中如失左右手。于是，把兔儿及卜言台周、爪兔儿、歹青、义哈儿复聚兵，期止月略辽、沈东西。董一元乃先伐其谋，将兵至栓道，去边四百余里。把兔儿则以镇武堡伤重，竟物

---

① 敖登:《喀尔喀五部考述》，载《蒙古史文集》，呼和浩特：内蒙古人民出版社，1992年，第160页。

故矣。我师斩卜勒亥、汪那呵等首凡一百一十级,获生口一十人,语在《卜言台周传》。①

此为东西"虏"合兵作战,但在镇武堡战役被董一元杀死的伯言儿是喀尔喀部兀班之次子伯言儿,与他联兵并受伤的把都儿自然是喀尔喀部的首领。镇武堡战役后,蒙古左翼东西各部准备联合出兵以图报复,但把都儿因箭伤不治身亡,余者在作战中再一次败给董一元。对于这两次作战的部署,《明史·董一元传》记载颇详:

> 泰宁(应为喀尔喀部)速把亥为官军所杀,其次子把兔儿常欲复仇。从父炒花及姑婿花大助之,势益强。西部卜言台周,故插汉土蛮子也,部众十余万,与把兔儿东西相倚,数侵边。至是卜言合一克灰正、脑毛大诸部,声犯广宁。而把兔儿以炒花、花大、暖兔、伯言儿之众营旧辽阳,将入掠镇武、锦、义。一元与巡抚李化龙策曰:'卜言虽众,然去边远,我特患把兔儿及炒花耳。今其众不过万骑,破之则西部将不战走。'乃遣副将孙守廉驰右屯御西部,而亲将大军匿镇武外,为空营待之。寇骑驰入营,大笑,以为怯,乃深入。官军忽从中起,奋呼陷阵,自午至酉。寇大奔,逐北七十余里,至白沙窝。俘斩五百四十有奇,获马驮二千计。伯言儿中矢死,把兔儿亦伤,余众终夜驰,天明驻马环哭。其明日,卜言台周入右屯,攻五日夜。守廉等固守,乃引去。时二十二年十月也。②

两相对比,发现"引一克委正、把汉委正、银灯、脑毛大等十万余骑声欲犯广宁"的"伯彦"是卜言台周,下文的"把兔儿"是"卜言把兔儿"。

综上所述,《卜言把都儿列传》至少记载了三个把兔儿,他们分别属于喀尔喀部、察哈尔部。

---

① 瞿九思:《万历武功录》卷12《卜言把都儿列传》,北京:中华书局影印本,1962年,第1093-1095页。

② 张廷玉等撰:《明史》卷239《董一元传》,北京:中华书局,1974年,第6213页。

（八）《老撒列传》一传多人

《老撒列传》是专门记述速把亥之侄、答补之子事迹的传记。答补，虎喇哈赤之子，与速把亥是兄弟行。答补，又名歹青、索宁歹青，所部为巴岳特，《辽夷略》中注明"歹青，即伯要儿"，实际上就是以部名误为人名。①《登坛必究》和《辽夷略》都记载他有五个儿子：老思（撒）、卜儿艾（卜儿孩）、尔只革（耳只革）、卜儿汉（卜儿罕）和额森得儿（额森大）。

蒙古左翼各部和三卫中有三个老撒（Laγusa）。第一，朵颜卫革兰泰的孙子、抹可赤之次子老撒。"抹可赤……子五……曰兀鲁伯忽，都指挥，曰老撒……"② 第二，喀尔喀部伯要儿（歹青，答补）"五子……三子者老思也"。③ 第三，喀尔喀部委正的儿子，"委正四男小老思者，亦约兵四百余"。④ 那么，《老撒列传》到底记载了几个人？

> 癸未（1583）春，长昂发难，计将入关，假兵于兀鲁思罕、老撒，撒等众心不从。已，长昂叩关请罪，老酋北面于塞上晏如矣。⑤

这个老撒是朵颜卫首领，长昂是革兰泰长子影克之子，是老撒的从兄，兀鲁厮罕是革兰泰的第六子，是老撒的叔叔。

> 至己卯（1579），与卜儿艾引兵从速把亥——速把亥，亲叔父行也。于是乎有辽河之役，大将军李成梁鏖战于圜山，大破之，斩首虏八百七十有九级，夺获马凡一千二百四十八匹，佗驼凡十六头，语在《速把亥传》。⑥

---

① 敖登：《喀尔喀五部考述》，载《蒙古史文集》，呼和浩特：内蒙古人民出版社，1992年，第160页。
② [明] 郭造卿：《卢龙塞略》，北京：中国审计出版社，2001年，第169页。
③ [明] 张鼐：《辽夷略》，载《四库禁毁书丛刊》，集部，第105册，北京：北京出版社，2000年，第610页。
④ [明] 张鼐：《辽夷略》，载《四库禁毁书丛刊》，集部，第105册，北京：北京出版社，2000年，第610页。
⑤ 瞿九思：《万历武功录》卷12《老撒列传》，北京：中华书局影印本，1962年，第1110页。
⑥ 瞿九思：《万历武功录》卷12《老撒列传》，北京：中华书局影印本，1962年，第1110页。

这个老撒是喀尔喀部的，卜儿艾是他的弟弟，他们同是歹青之子，速把亥应该是他们的伯父。《老撒列传》中剩余内容都是记载老撒和喀尔喀部首领共同行动之事迹的。

（九）《委正列传》一传多人

对《委正列传》的史料进行辨析，首先遇到的一个难题，即《委正列传》到底是记载哪一个部落首领事迹的传记？"委正，打来孙第二子也，为泰宁酋长"。通过前面的论述，我们发现，打来孙第二子是庄兔，没有委正的封号；威正打儿汉有委正的封号，但他的"小打儿汉"的封号更为著名，而且他也不可能是泰宁酋长。那么，打来孙诸子之外的蒙古左翼部落首领中充当了泰宁酋长的会是谁呢？

关于蒙古左翼各部南下后侵占三卫领地、并冒充三卫首领名义入贡一事，在《长秃列传》的辨析将会谈及（详见后）。明朝人总结说："泰宁、福余常与东房合，而朵颜常与西房合。"① 实际上，朵颜卫中也有很大一部分常与"东房"合作，具体的"东西房"瓜分三卫的情况，《登坛必究》和《卢龙塞略》记述最为详尽。泰宁卫的具体情况，泰宁卫三支中分别归顺了喀尔喀部兀班和炒花，其中归顺炒花的人中比较多。② 实际上，内喀尔喀部的其他首领也常常被称作是泰宁卫酋长。如《明史·李成梁传》说："插汉部长土蛮……势方强，泰宁部长速把亥、炒花，朵颜部长董狐狸、长昂佐之。"赵时春《北房纪略》中说："东则泰宁、福余地，直辽左矣。房之特起新酋曰虎喇哈赤，众不满千。"虎喇哈赤，速把亥的父亲。泰宁、福余都被内喀尔喀部所控制。还有朵颜卫的很多人众也归顺了内喀尔喀部。③《辽夷略》说："泰宁卫之夷酋曰虎喇哈赤，故矣。而生五子，曰速把亥、曰炒花、曰歹青即伯要儿、曰委正、曰兀班。"反之，没有其他部落首领被称作是泰宁酋长的情况。所以，

---

① [明]米万春：《蓟门考》，明崇祯刻本，载《四库焚毁书丛刊》，史部，第15册，北京：北京出版社，2000年，第498页。

② [明]王鸣鹤：《登坛必究》，载《四库焚毁书丛刊》，子部，第35册，北京：北京出版社，2000年，第124页。

③ [明]王鸣鹤：《登坛必究》，载《四库焚毁书丛刊》，子部，第35册，北京：北京出版社，2000年，第124－125页。

《委正列传》所记载的这个"泰宁酋长"一定是内喀尔喀部首领，那他自然就是虎喇哈赤第四子委正，而不是打来孙的第二子。也就是说，《委正列传》实际上是记述内喀尔喀部首领委正（全名兀把赛委正）事迹的传记。那么，这个传记所记全部都是内喀尔喀部委正之事迹吗？

> 自恃去开原七百里而远，因又与王台通婚媾，颇有桀心。①

这个委正是内喀尔喀之委正。其他传记的记载和住牧地都符合喀尔喀部委正的条件。"明年（1573）上改元矣。前是王台入贡，多盗北虏马。已，委正幸与通婚媾，自是弗复再盗也"。②王台与委正通婚媾一事属实，而且王台入贡，会就近偷盗"北虏"的马，这个委正既然是距离开原七百里、王台北面的"北虏"，应该就在开原北面。"直沈阳、铁岭六百余里而牧，市赏仍入开原新安关者，炒花（虎喇哈赤）第四男委正诸子也"。③

> 嘉靖中，常与土蛮、黑石炭、塔他昌吉、长秃、王文纳木那林并起，寇我界岭、桃林、冷口，由此藉藉日有名。④

这个委正的传记中是混入了察哈尔或是克什克腾部首领委正的事迹，他可能是察哈尔部的威正打儿汉台吉，或者可能是克什克腾部的威敬台吉。因为参与寇边的首领都是察哈尔部和克什克腾部首领。长秃就是土蛮弟弟昆都力庄兔台吉，王文纳木那林似乎应该是打来孙弟弟、土蛮叔父汪兀都剌儿台吉。总之，这个委正资历是察哈尔部中年龄比较老的、辈分比较高的一个首领。

> 隆庆以来，黑孛罗欲寇我河东，弗可入，于是纠委正

---

① 瞿九思：《万历武功录》卷13《委正列传》，北京：中华书局影印本，1962年，第1136页。

② 瞿九思：《万历武功录》卷11《王台列传》，北京：中华书局影印本，1962年，第998页。

③ ［明］张鼐：《辽夷略》，载《四库禁毁书丛刊》，集部，第105册，北京：北京出版社，2000年，第609页。

④ 瞿九思：《万历武功录》卷13《委正列传》，北京：中华书局影印本，1962年，第1136页。

及炒花、速把亥万余骑从长勇堡大入塞。不至五十里，游击将军杜锃带甲数百击走之。自是之后，黑孛罗西连炒蛮、把都儿，东引委正、者儿得益屯聚抢剌塔剌，固已五万众矣。中间委正最习兵，于是引兵至白云山及羊山止壁……久之，委正乘土蛮与好儿趁有隙，遂大会速把亥、炒花、歹青、哈屯、者儿得聚兵羊肠河，佯言"吾来为欲攻土蛮"，以示汉不意，然后从中起，寇河东、辽阳。①

这一段的委正是传主本人，和他一起行动的速把亥、炒花、歹青、哈屯是内喀尔喀部首领。《土蛮列传》中有正面记载："其明年（1570）冬……速把亥、委正、抄花、好儿趁、者儿得聚羊场河，与土蛮未合，相攻杀。顷之，好儿趁与土蛮讲和，并皆索者儿忒及逞加奴、养家奴，以为有如者儿忒亦讲和，则请以大举入汉塞。"不单纯是土蛮与好儿趁的矛盾，喀尔喀部也参与其中。

其九月，果与黑石炭、以儿邓、黄台吉、炒户儿、卜言兀、矮山堵儿、四兔、暖儿（兔）刑白马……其明年春，大会卜言台周、打来汉、黑石炭、黄台吉、土买罕、长兔、暖兔、拱兔、抄忽儿、堵刺儿、以儿邓、扯劳亥聚兵插汉脑儿，谋欲寇广宁。广宁如河尚冻，即勒兵走河东。②

这里的委正应该还是察哈尔部或克什克腾部的。"卜言台周、长兔、拱兔、抄忽儿、堵刺儿、以儿邓、扯劳亥"等属于察哈尔，"打来汉、黑石炭、黄台吉、土买罕"属于克什克腾部。

其秋，复乘胜与黄台吉、以克歹青、额参委正、拱兔台吉、阿民台吉、暖兔、小歹青及五路男哥儿驰呵呵母林，从东虏炒花、把兔儿、卜言顾、花大、老撒、卜儿艾约，期九月寇山岔河西、沙岭迤南吴家坟，语在《灰正传》。③

---

① 瞿九思：《万历武功录》卷13《委正列传》，北京：中华书局影印本，1962年，第1136－1137页。

② 瞿九思：《万历武功录》卷13《委正列传》，北京：中华书局影印本，1962年，第1138页。

③ 瞿九思：《万历武功录》卷13《委正列传》，北京：中华书局影印本，1962年，第1141页。

这个委正是察哈尔部的。我们看一下其他传记相关内容中委正名字所排列的位置。"是时，艮灯亦欲为速把亥报怨，乃大会一克大逞、把汉大逞、哈剌哈、更根及东房炒花、把兔儿、卜言顾、花大、老撒、卜儿艾，西房以儿邓、黄台吉、委正、以克歹青、额素委正、拱兔台吉、阿民台吉、暖兔、小歹青、五路男哥儿并聚兵呵呵莫林，灰正因与之俱，遂决策欲钞（抄）三岔河西、沙岭迤南吴家坟"。① 委正的排列顺序是在"西房"察罕儿部首领的名单中的，他应该属于察哈尔部。"其闰九月，复与西房以儿邓、黄台吉、委正、以克歹青、额参委正、拱兔台吉、阿民台吉、暖兔、小歹青并五路男哥儿驰呵呵莫林，声欲犯三岔河西、沙岭迤南吴家坟，有如泥澜，即入锦、义、清细河"。② 这里专门提到的是"西房"，内中仍有委正。

所以，《委正传》是记载内喀尔喀部委正台吉事迹的传记，但其中除了记述喀尔喀部委正事迹之外，还混入了另外三个委正中的两个人——察哈尔部威正打儿汉台吉、察哈尔部土蛮之子委正黄台吉和黑石炭部威敬台吉的事迹。因为材料的缺乏，目前笔者只能从中识别出喀尔喀部委正台吉的部分事迹，其他两人的事迹则无法剥离。

（十）《额参列传》史料辨析

瞿九思在《额参列传》的撰写中并不确定到底是给谁作传，所以，他模棱两可地说："额参，或亦云土蛮子也。"正是因为作者本人的不确定，再加以蒙古左翼名字为额参（Esen）的人很多，故而，这个传记肯定是有问题的。

蒙古左翼中名字叫额参的有以下几个：第一个，土蛮之子额参，"土蛮生八子：长卜言台周，次宰桑兀儿，次伯言户儿，次把哈委正，次额参，次先银，次烧花"。③ 第二个，卑麻次子额参委正，

---

① 瞿九思：《万历武功录》卷10《灰正列传》，北京：中华书局影印本，1962年，第985页。

② 瞿九思：《万历武功录》卷12《卜言把都儿列传》，北京：中华书局影印本，1962年，第1087页。

③ 瞿九思：《万历武功录》卷10《土蛮传下》，北京：中华书局影印本，1962年，第964页。《辽夷略》和《武备志》中土蛮诸子中都有额参的名字，《武备志》作"矮参"，载《四库禁毁书丛刊》，子部，第26册，北京：北京出版社，2000年，第261页。

"直义州西北边五百里而牧,从镇远入市赏者,次男额参委正也。额参即乃蛮"。① 第三个,喀尔喀部速把亥之孙、卜言顾的长子额参台吉,"卜言顾三子,曰都令,即额参台吉"。② 第四个,喀尔喀部炒花之子,"炒花生九子,长袄八歹青,次曰把败,三曰额参……"③ 第五个,喀尔喀部歹青即伯要儿之子额参大,"伯要儿故,而生五子……五子者额参大也"。④《开原图说》作"额孙大儿"。第六个,兀鲁台周的后裔若参得儿,"五路即郎台吉,故,生七子……三曰逞吉儿……逞吉儿之子六,曰苦赛,二曰土妹,三曰若参得儿"。⑤ 尽管有这么多的额参(或额参大、额孙大、若参得儿等),但《额参列传》记载的时间范畴是从万历五年到万历十三年,参考其他传记的内容,从时间上、父亲的活跃程度上等考虑,似乎喀尔喀部、兀鲁特部的额参们参与活动的可能性不大。故而他们可以不予考虑。

丁丑(1577)夏,与土蛮及委正黄台吉、那言秃(兔)、扯起台吉、拱兔、以儿邓、五路等拥五万余骑驰紧水河,声欲寇东西塞。时,土蛮为主,而额参益强。⑥

这里的"额参"是和土蛮系、瑷塔必系和五路系首领一起行动,故而他应该是土蛮之子。也就是瞿九思作传的初衷。此事在其他传中也有记载。"其明年,委正、黄台吉、那言秃、扯起台吉、拱兔台吉、以儿邓、额参、五路聚兵紧水河,欲略广宁塞"。⑦

---

① [明]张鼐:《辽夷略》,载《四库禁毁书丛刊》,集部,第105册,北京:北京出版社,2000年,第607页。

② [明]张鼐:《辽夷略》,载《四库禁毁书丛刊》,集部,第105册,北京:北京出版社,2000年,第608页。

③ [明]张鼐:《辽夷略》,载《四库禁毁书丛刊》,集部,第105册,北京:北京出版社,2000年,第609页。

④ [明]张鼐:《辽夷略》,载《四库禁毁书丛刊》,集部,第105册,北京:北京出版社,2000年,第610页。

⑤ [明]张鼐:《辽夷略》,《四库禁毁书丛刊》,集部,第105册,北京:北京出版社,2000年,第607页。

⑥ 瞿九思:《万历武功录》卷10《额参列传》,北京:中华书局影印本,1962年,第976页。

⑦ 瞿九思:《万历武功录》卷13《委正列传》,北京:中华书局影印本,1962年,第1139页。

第五章 《万历武功录》蒙古部分的讹误种类及相关史料考辨(下) 257

甲申（1584）夏，参以堵剌儿起，复引千骑应堵酋之召。于是，锦、义告儆（警）。①

这个"参"应该是卑麻系的额参委正，因为"堵剌儿"属于卑麻长子，那么这个和堵剌儿协同作战的应该是卑麻的次子。《小歹青列传》有对应的记载："明年夏，歹青会额参委正引千余骑寇镇靖关。"

明年（1585）夏，又偕柏彦务、勺里兔谋，欲寇我广宁当路塞。其秋，参又结连以儿邓、黄台吉、委正、以克歹青、拱兔、阿民台吉、暖兔、哥儿大钞（抄）我沙岭。我师多所斩获。自后，脑毛大及一克委正、把汉委正复发难，参皆与俱。李罗胡吉儿为左右，我神将李平胡往击之，斩首虏凡二百四十有七级，夺获马三百匹，语在《灰正》及《滚兔传》。李罗胡吉儿去边可三百余里，一战而走，由备之严也。②

这个额参也是卑麻次子额参委正。在其他传记中明确记载着"额素委正"的名字。额素委正当是额参委正的异译。"是时，艮灯亦欲为速把亥报怨，乃大会一克大逞、把汉大逞、哈剌哈、更根及东房炒花、把兔儿、卜言顾、花大、老撒、卜儿艾、西虏以儿邓、黄台吉、委正、以克歹青、额素委正、拱兔台吉、阿民台吉、暖兔、小歹青、五路男哥儿并聚兵呵呵莫林，灰正因与之俱，遂决策欲钞（抄）三岔河西、沙岭迤南吴家坟"。③

从现有的考证辨析看，《额参列传》记载了两个额参，一是土蛮之子，一是卑麻之子。《额参列传》属于一传多人类型。

五、一人数传与一传数人两种讹误的综合

（一）《滚兔列传》和《拱兔列传》的史料辨析

---

① 瞿九思：《万历武功录》卷10《额参列传》，北京：中华书局影印本，1962年，第976页。

② 瞿九思：《万历武功录》卷10《额参列传》，北京：中华书局影印本，1962年，第977页。

③ 瞿九思：《万历武功录》卷10《灰正列传》，北京：中华书局影印本，1962年，第985页。

首先,《滚兔列传》所记应该是两个人的事迹。

蒙古左翼各部和三卫中有三个滚兔:其一,是博迪(即下文的不地)汗之子,属于察哈尔部。《北虏世系》载:"不地台吉,子五,打来素台吉,可可出大台吉,汪兀堵剌儿台吉,公兔台吉,那眉兔台吉。"除此之外,《北虏世系》、《登坛必究》、《辽夷略》和《武备志》中没有土蛮支系他人以公兔为名字的记载,所以,此"滚兔(Güngtü)"应该指的是"公兔",是土蛮汗的叔父。《滚兔列传》也说:"滚兔,土蛮部夷也。"其二,是瑷塔必之末子拱兔。"瑷塔必,故,而生十子……其第十子曰拱兔者"。① 其三,三卫中也有一个拱兔,是朵颜卫"大一千夷酋"宗派中花当的五世孙。花当次子把儿孙,把儿孙次子字来,字来"次子莽惠,生三子,五代长子拱兔,五代次子壮兔,五代三子伯桑兀"。② 与郭造卿在《卢龙塞略》中前面的世系记载完全一致,但没有直接记载第五代拱兔等。花二把儿孙,"次子字来,二妻,子五……妾字灯,子三,曰莽灰……附属东虏土蛮"。这个"莽灰"即"莽惠",是拱兔的父亲。两相对照,《登坛必究》的记载应该是可信的。而且,三卫中的这一个"拱兔"是附属于察哈尔部的。

那么,《武功录·滚兔列传》到底记载了哪个滚兔(Güngtü)呢?还是三个都记载了呢?笔者认为是记载了两个滚兔,是后两个。因为《滚兔列传》所记内容从隆庆末开始,到万历中期结束。而第一个滚兔是博迪汗之子,打来孙汗的弟弟,土蛮的叔父,不可能到隆庆、万历年间还活跃在历史舞台上。他的兄长们打来孙汗、汪兀都剌儿等都活动在嘉靖中期。③ 所以,《滚兔列传》中不可能记载着"公兔"台吉的事情。有必要指出的是,塞瑞斯把第一、二个滚兔误认成一个人,这是错误的。"《万历武功录》卷十三第 23 – 33 页还有

---

① [明]张䗯:《辽夷略》,载《四库禁毁书丛刊》,集部,第 105 册,北京:北京出版社,2000 年,第 606 页。
② [明]王鸣鹤:《登坛必究》,载《四库焚毁书丛刊》,子部,第 35 册,北京:北京出版社,2000 年,第 125 页。
③ 瞿九思:《万历武功录》卷 10《土蛮列传上》、卷 13《黑石炭列传》,北京:中华书局影印本,1962 年,第 919 页、第 1113 页。

阿牙台皮（即瑷塔必－引者加）的两个儿子暖兔和公兔的两篇简传。在同书（卷十三 27 页）上，我们见到名叫那木赛的另一个儿子，他只能是'那木大黄台吉'（表第 25 人）。在《明史》238 卷第 1 页 b 上把暖兔和公兔称作土蛮汗的从弟。他们可能就是注中公兔和那宾兔"。① 最明显的失误在于前者是土蛮的从弟，而后者是土蛮的叔父，辈份上就出现了讹误。

如何区分《滚兔列传》中察哈尔部"拱兔"和朵颜卫之"拱兔"两人的事迹呢？笔者认为凡是和察哈尔部其他台吉连同作战、没有朵颜卫首领参加的战事中的"拱兔"肯定是瑷塔必之子，尤其是有瑷塔必长子暖兔（或脑毛大台吉、那木大台吉）参加的战事，其中的"拱兔"肯定就是察哈尔部的"拱兔"。因为张鼐在《辽夷略》中曾谈到："盖瑷塔必十枝，凡三十二派，而脑毛大、拱兔为强。"而且两人一直联合作战，以至于直到万历后期，那木大黄台吉、拱兔仍被看做是与虎墩兔罕（林丹汗）并驾齐驱的察哈尔部三大酋。② 而如果只有朵颜卫诸首领如董狐狸、长昂等参与的战事，其中的"拱兔"肯定是朵颜卫"拱兔"，而不可能是察哈尔部首领；但如果是左翼各部与朵颜卫共同参与的活动，其中的滚兔就很难断定他是属于察哈尔还是属于朵颜卫。不过，据笔者推断，也应该是察哈尔部的拱兔，无论从实力还是从影响方面看，察哈尔部拱兔（Güngtü）的影响要远远大于朵颜卫拱兔。另外，还有一种情况，《滚兔列传》中很多内容是单独记载滚兔一个人事迹的，这个滚兔肯定是察哈尔部的。因为朵颜卫的首领拱兔首先是明朝的"市夷"，而且他自己没有那么大的实力，单独向明朝边境进攻。下面仅从《滚兔列传》中选取几段史料作为例证：

隆庆末（1572），常与脑毛大、董狐狸治兵钞（抄）宁前……其后甲申（1584），滚兔与一克大逞、把汉大逞复

---

① ［美］塞瑞斯：《达延汗后裔世系表笺注》，载《北方民族史及蒙古史译文集》，昆明：云南人民出版社，2003 年，第 746 页。
② ［明］熊廷弼：《与徐耀玉职方》，载《明经世文编》，北京：中华书局影印本，1962 年，第 5288 页。

聚五千余骑屯兀鲁班苏剌哈，欲寇钞（抄）辽左……聚十万骑自捨剌母林分略广宁、锦、义，语在《卜言台周传》。后辛卯（1591），速把亥复使滚兔、脑毛大、一克委正、把汉委正等聚兵捏留屯。而东虏额参委正、以克歹青、耿革儿台吉、小歹青、拱兔台吉亦并欲略广宁、锦、义，谍者亟以状请。①

这里的滚兔肯定是察哈尔部的。和他一起活动的脑毛大、一克委正、把汉委正、小歹青等都是察哈尔部的首领。

自是之后，滚兔与长昂归正合营，仓促寇中前所，见汉兵乘边守塞，甚精明，遂解去。是岁万历壬午（1582）也。②

这个滚兔是朵颜卫的首领，其中长昂也是花当的五世孙，属朵颜卫。

（滚兔）与董狐狸、卜言兀、灰正、把都儿、都剌儿、黑石炭侵苦我守障吏……自是之后，数窘辱部夷讨孙不赖，讨孙不赖因牵马牛羊亡抵于青把都。是时，那莫大亦被困，欲亡去。滚兔乃大会把都儿即引万余骑追至五兔牛……其明年（1573）春正月，滚兔竟引兵从大定堡西北走。汉使裨将胡栾备大康兵。虏因走中寺儿台，遂入塞……明年（1585）三月，与脑毛大钞（抄）宁远。其明年（1586）冬，滚兔复欲寇广宁迤东西。……滚兔畏汉兵盛，力弗当，引众出塞。③

这里与察哈尔部、朵颜卫首领联合作战的，或者单独对抗明朝的滚兔都是察哈尔部的。

其次是《拱兔列传》的问题。本传中的传主就是《滚兔列传》

---

① 瞿九思：《万历武功录》卷10《滚兔列传》，北京：中华书局影印本，1962年，第980、981、982页。

② 瞿九思：《万历武功录》卷10《滚兔列传》，北京：中华书局影印本，1962年，第981页。

③ 瞿九思：《万历武功录》卷10《滚兔列传》，北京：中华书局影印本，1962年，第980、981、982页。

第五章 《万历武功录》蒙古部分的讹误种类及相关史料考辨(下) | 261

中的第二人——察哈尔部瑷塔必之子、脑毛大的弟弟。

《拱兔列传》称:"阿牙台皮二子也。"阿牙台皮,又译作瑷塔必。《辽夷略》记载:"直广宁西北而牧,离边约七百余里,市赏亦由镇远关者,其酋曰瑷塔必,故,而生十子,长曰脑毛大黄台吉,次曰以儿邓……其第十子曰拱兔者,对锦州西北边五百里而牧,其市赏在锦州大福堡焉。""独拱兔(Güngdü)一枝近锦州边者,五子,长以儿度赤,次刺八四气,三色令,四果木,五刺麻(喇嘛),而约兵五千也。盖瑷塔必十枝,凡三十二派,而脑毛大、拱兔为强"。① 《明史》卷238《李成梁传》中称:"土蛮与从父黑石炭、弟委正、大委正,从弟暖兔、拱兔,子卜言台周,从子黄台吉势方强。"其中的脑毛大就是暖兔,和拱兔一样都是瑷塔必的儿子。②

《拱兔列传》所记都是瑷塔必第十子的事迹。因为传中所记与拱兔一起行动的蒙古各部首领都是察哈尔部,甚至还有喀尔喀部的、克什克腾部的。比如:

> 乙亥(1575)春,卜言台周之寇我广宁也,拱兔辄以兵从,我师旋击破之,识者已知二兔至亡赖矣。是年冬,复偕黄台吉、速把亥寇我辽、沈、海、盖诸郡,语在《卜言台周》及《炒花传》。居有顷,黑石炭、委正、土买罕、长秃、炒忽、堵剌儿并起自哈喇母林,而拱兔敢诱以广宁塞及山海迤东西……其后癸巳(1593),十(卜)言台周与其妻走汤池,以所部精兵属拱兔、小歹青,合力以图锦、义。亡何,虏骑从于果营直捣义州塞,游击将军宿振文提兵四面至,击破之。③

但是,还是有两段材料颇多疑点。"其明年(1576)冬,始与暖兔从忙革把都合长昂、董狐狸等兵驰前屯。已,驰广宁"。这段材料,有朵颜卫首领参与活动的记载,是不是朵颜卫的拱兔呢?《武功

---

① [明]张鼐:《辽夷略》,载《四库禁毁书丛刊》,集部,第105册,北京:北京出版社,2000年,第606页。
② 参见本章下文有关《暖兔传》和《脑毛大传》的考证。
③ 瞿九思:《万历武功录》卷13《滚兔列传》,北京:中华书局影印本,1962年,第1133、1135页。

录·董狐狸列传》也有关于同一件事的记载："顷,把都儿忙革、兀鲁速大会黑石炭、暖兔、拱兔、长昂及狐狸三万骑,忽寇我前屯。"《武功录·黑石炭列传》:"顷之,把都儿及兀鲁速起,于是大会黑石炭、暖兔、拱兔、长昂、董狐狸寇前屯,乘冰冻,汉兵皆东防故也。"这两传都明确指出,参与作战的是暖兔和拱兔,据此,这个拱兔也应该是察哈尔部的。

其夏,与大委正、大成移帐东敖母林。顷之,拥众从大红罗、小红罗寇我辽远迤东西诸塞。①

关于此事,在《武功录》其他传中还有记载:"五月,东房大委正、拱兔、大成帅三千余骑逐水草至东敖母林,还走大红罗、小红罗,欲入宁远。而一克大逞、把汉大逞、滚兔亦帅五千余骑驰兀鲁班苏剌哈,欲入辽东塞。"② 在《大委正列传》中也有简略记载。尽管这里拱兔和滚兔是分别记述的,但无论是"滚兔"还是"拱兔",和他们一起侵边的都是察哈尔部的首领,而不是朵颜卫人。

最后,关于《武功录》中的《滚兔列传》和《拱兔列传》的关系问题。

滚兔和拱兔无疑发音十分接近,明人当时的记载中就已经将两个名字混淆了。拱兔、滚兔是可以互换的,"拱兔这个名字,在《明史·李成梁传》里也写作滚兔,作为土蛮之弟一再出现"。③ 从以上分析可以看出,《武功录》中的滚兔和拱兔实际上应该是一个人。也就是说,《滚兔列传》和《拱兔列传》属于一人两传的讹误类型。但有些材料尚存怀疑,滚兔第一,即公兔真的没有见于两传中的记载吗?

两人列传中有的内容是相互重复、冲突的。《滚兔列传》中所称:"后辛卯(1591),速把亥(误,速把亥之后,明人将其部落的继任者也称作速把亥)复使滚兔、脑毛大、一克委正、把汉委正等

---

① 瞿九思:《万历武功录》卷13《滚兔列传》,北京:中华书局影印本,1962年,第1134页。
② 瞿九思:《万历武功录》卷13《董狐狸列传》,北京:中华书局影印本,1962年,第1151页。
③ [日]和田清:《明代蒙古史论集》,北京:商务印书馆,1984年,第449页

第五章 《万历武功录》蒙古部分的讹误种类及相关史料考辨(下) **263**

聚兵捏留屯,而东虏额参委正、以克歹青、耿革儿台吉、小歹青、拱兔台吉亦并欲略广宁、锦、义,谍者亟以状请。闰三月,会胡马方赢馁,制置使塞达欲先发以制之。使偏裨李平胡、李宁等拥精兵数千人,从镇房台出塞,越二日,至李罗胡吉儿,道逢虏,去边已三百余矣。与虏接战……我师大捷,斩首虏凡二百四十二级,夺获汉人一口。"①《拱兔列传》中记:"辛卯,又从脑毛大等治兵捏留兔(屯),欲侯马壮,乘我所不意寇广宁、锦、义迤东西塞。裨将李平胡、李宁等先期从镇边堡出塞,击破之,斩首虏凡二百四十七级,夺获马二百。"② 前者说聚兵捏留兔(屯)的是滚兔,③ 后者说聚兵捏留兔的是拱兔。而且《滚兔列传》中也记载了这唯一的一次两者共同参加的行动,是"滚兔"聚兵捏留屯,"拱兔"略广宁、锦、义。《拱兔列传》中并没有相应的"略广宁、锦、义"的记载。从这个意义上说,聚兵捏留屯的"滚兔"就是"拱兔",他们是一个人,是在捏留屯聚兵后组织的"略广宁"等地的行动。瞿九思在撰写本传记时,采用了两段材料,他不知道滚兔和拱兔的关系,因而,将他们写成了两个人。

另外,还有一段其他来源的材料。万历三十六年(1608)冬十二月,"(杜)松受总督王象乾指,潜捣黄台吉帐,以牵蓟寇。乃从宁远中左所,夜驰至哈流兔,掩杀拱兔部落百四十余级……拱兔果以无罪见剿怒,小歹青又数激之,乃以五千骑攻陷大胜堡"。④ 这个拱兔是和黄台吉(即那木大黄台吉相邻住牧的),应该是煖塔必之子。但是,"锦、义诸夷,惟小歹青最狡最强,屡欲向宁前插赏一分,而马道拒之。欲抢宁前,而拱兔又沮之,不得如意久矣。自杀

---

① 瞿九思:《万历武功录》卷10《滚兔列传》,北京:中华书局影印本,1962年,第982页。
② 瞿九思:《万历武功录》卷13《滚兔列传》,北京:中华书局影印本,1962年,第1134页。
③ 瞿九思:《万历武功录》卷10《脑毛大列传》中也记载是滚兔参加了聚兵捏留兔(屯)的行动:"脑毛大与……滚兔并聚兵捏留兔(屯),寇广宁及锦、义"。北京:中华书局影印本,1962年,第990页。
④ 张廷玉等撰:《明史》卷239《杜松传》,北京:中华书局,1974年,第6218页。

降事出,歹酋因而激怒拱酋曰:'叔屡沮我抢,今偏杀叔夷,愿以兵助叔必报。若款不若死'。"① 按,拱兔是小歹青的叔叔,小歹青是卑麻之子,此"拱兔"应是卑麻的从兄弟公兔,或滚兔,而不是矮大笔失的第十个儿子拱兔(矮大笔失之子拱兔与小歹青是从兄弟关系)。不过考虑一下时间问题,此时已是万历三十六年,土蛮叔父公兔无论如何都不可能活到这个时候。所以,熊廷弼的奏折内容是有误的,拱兔并不是小歹青的叔父,只能是他的从兄。博迪汗之子、打来孙汗的弟弟公兔的事迹不见于史籍记载。因此,《滚兔列传》和《拱兔列传》是一人两传。

综合考量,《滚兔列传》是记载了同名两个人的事迹,属于一传多人的类型;而《滚兔列传》中的主要人物和《拱兔列传》中所记的又都是同一个人,是因为蒙汉文译音的不同而被瞿九思分记为两传,不是一人异名而导致的误写。

(二)《脑毛大列传》和《暖兔列传》的史料辨析

关于《暖兔列传》一传多人的辨析。

暖兔,史籍记载中此名十分普遍。明代中后期,见于史籍记载的蒙古左翼首领中,称为"暖兔"的大概有四个。

第一个,博地汗之子。《北虏世系》中记博迪汗有子曰那眉兔台吉,是打来孙汗的弟弟。亨利·塞瑞斯疑此即《武功录》上所记之暖兔。"在其他著作中我找不到与公兔或那赛(眉)兔相当者,但我怀疑我们可认为他们即是注10之公兔和暖兔"。在注10中,塞瑞斯说:"《万历武功录》卷13有阿牙台皮的两个儿子暖兔和公兔的两篇简传。在同书我们见到名叫那木赛的另一个儿子,他只能是'那木大黄台吉'。在《明史》卷238上把暖兔和公兔称作土蛮汗的从弟。他们可能就是注中的公兔和那宾(眉)兔。"② 实际上,塞瑞斯的怀疑是错误的。他简单地将矮塔必之子公兔、暖兔和博迪汗之子公兔、

---

① [明]熊廷弼:《与徐耀玉职方》,载《明经世文编》,北京:中华书局影印本,1962年,第5288页。

② [Amer.] Henry Serruys. *Genealogical Tables of the Descendants of Dayan - Qan*. Copyright 1958 by Mouton & Co., Publishers, The Hague, The Netherlanda. P29.

那眉兔相对应,仅仅因为瑷塔必之子"拱兔"和博迪汗之子"公兔"发音接近,便生硬地将另外两个与此关联的其他人联系并对等起来,是难以令人信服的。蒙、汉文史籍中均不见"博迪汗有子暖兔"的对应记载。

第二个,打来孙汗之子。这是暖兔二,打来孙汗之子。《登坛必究》中记打来孙汗有子曰暖兔,是土蛮汗的弟弟。① 这个暖兔确实是存在的。《登坛必究》中言:达来孙汗有四子,一为土蛮,二为委正,三为暖兔,四为壮兔。《北虏世系》记达来孙汗的四子为土蛮、昆都力庄兔台吉、歹成台吉和威正打儿汗台吉。对比之后,只有三子歹成与暖兔相对应。《登坛必究》所记多为名字,《北虏世系》所记比较全面,是名字和封号的综合。所以,笔者推测,可能暖兔是名字,歹成是封号。这个暖兔与土蛮汗生活时代相同,大致是在明朝嘉靖后期和隆庆、万历前期。但是对其活动的时间和地点都已经无法考证。根据蒙古人通常以封号代替人名的习惯做法,这个暖兔应该以封号"歹成"而著名,他很可能就是《武功录》中经常出现的"把汉大成"、"亦可大成"中的某一个,而其暖兔的名字可能很少有人知道。如果情况确实如此的话,那么,这个暖兔应该不在《暖兔传》的记载之中。我们也的确很少见到土蛮有弟弟暖兔的记载。

第三个,土蛮汗之子。《武备志》中记土蛮汗有子曰暖兔,是其长子,又称黄台吉。② 和田清模棱两可地解释说,"可能是由于大娘子(土蛮汗的大夫人)这一支的世系自立一个系统,或者长子黄台吉即暖兔台吉,也就是后来的布延彻辰汗吧"。③ 实际土蛮汗没有哪个儿子叫暖兔,《武备志》的记载"土蛮汗长子黄台吉即暖兔"是错误的。详见后文。

第四个,矮大笔失(阿牙台皮、瑷塔必)之长子。《武功录》说暖兔是阿牙台皮长子也。阿牙台皮即博迪汗之侄挨大笔失台吉,

---

① [明]王鸣鹤:《登坛必究》,载《四库禁毁书丛刊》,子部,第35册,北京:北京出版社,2000年,第126页。
② [明]茅元仪:《武备志》,载《四库禁毁书丛刊》,子部,第26册,北京:北京出版社,2000年,第261页。
③ [日]和田清:《明代蒙古史论集》,北京:商务印书馆,1984年,第447页。

汉译有时也作瑗塔必,与打来孙为兄弟行。① 阿牙台皮子嗣的情况还见于《辽夷略》、《武备志》和《登坛必究》,三书所记其长子均为那木大黄台吉。和田清说:"挨大笔失的长子是那木大黄台吉,这可能是暖兔的异译。"② 那木大黄台吉(即脑毛大),又叫暖兔,是万历年间蒙古著名首领。

以上四个暖兔,可以肯定的是察哈尔万户首领、博迪汗弟弟也密力支系的,是瑗塔必的长子。这是和田清的比对结论。

此外,蒙古左翼喀尔喀万户中虎喇哈赤儿子兀班之长子也叫暖兔(又称莽兔),属于内喀尔喀五部系统。③

这么多的暖兔,《武功录·暖兔列传》所记到底是谁?笔者认为,《暖兔列传》本意是在记载阿牙台皮之子,所以,他在传文的开始就交代:"暖兔,阿牙台皮长子也。"但由于族情隔阂,瞿九思根本不曾想到左翼蒙古各部中会有多个暖兔,在撰述中把两个暖兔的事迹完全捏合在一起,形成了一个人的传记。其一是察哈尔万户阿牙台皮之子暖兔,其二是喀尔喀万户的暖兔。也由于同样的原因,对暖兔在合作同伴或同伙方面的变化(由察哈尔首领转变为喀尔喀首领),瞿氏无法找到合理解释,故而他在文中含混地解释说暖兔(察哈尔万户)投靠了速把亥(喀尔喀万户),并且还主观臆断地说暖兔是为了借用速巴亥的强大势力对明朝复仇。实际上,此暖兔属于喀尔喀万户,本来就由速把亥统领。"(大约万历五年)其十二月,暖兔遂从事速把亥矣。而以为所与土蛮、董狐狸皆已败北,而假速把亥之强,或可以报乎?乃撒(与)老撒、卜儿亥、恍忽太等十万骑驰辽河……"④ 与其同驰辽河的都是喀尔喀部、科尔沁部首领。

---

① [明]萧大亨:《北虏世系》,载《北京图书馆古籍珍本丛刊》,第11册,北京:书目文献出版社,1988年,第640页。

② [日]和田清:《明代蒙古史论集》,北京:商务印书馆,1984年,第444页。

③ [明]张𪚳:《辽夷略》,载《四库禁毁书丛刊》,集部,第105册,北京:北京出版社,2000年,第610页。[明]冯瑷:《开原图说》(下),《玄览堂丛书》影印明刻本,第27册,第9页。

④ 瞿九思:《万历武功录》卷13《暖兔列传》,北京:中华书局影印本,1962年,第1129页。

第五章 《万历武功录》蒙古部分的讹误种类及相关史料考辨(下) 267

尽管如此,文中记载喀尔喀之暖兔的史料中,有一部分尚能分辨出。

癸巳(1593)夏,暖兔及伯言儿入关要挟我市赏,庆云堡守备王凤翱遂逮伯言儿,而凤翱反被诱出塞,旋物故。于是,奉诏罢暖兔、伯言儿市赏,令献凤翱得除罪。

此事还见于李化龙奏疏,叙述事件的过程和地点等都更为详细。

万历二十一年(1593)四月二十三日,有西夷暖兔带领本营达子桶花太等五千余名前来开原庆云堡马市买卖讨赏。比因委官前往临清易买抚夷锅布缎袄等物未到,各夷求讨两年大赏,有前守堡百户王凤翱回说,货物未到,须等后月到时,方纔赏你。暖兔疑为不肯赏他,遂怀怨出关。于本月二十八日从清阳堡进入,犯抢人畜出境⋯⋯至本月二十九日又有脱退营通事长伯户等五十余名到堡买卖。王凤翱存留三夷,令长伯户、桶事革等出关查探,前犯抢清阳堡是何酋首达子。至五月初十日有长伯户、桶事革带领伯言儿、暖兔营夷人胡芦、阿卜阵、王小厮等一十二名到堡回报,是暖兔不得市赏的达子。王凤翱思得暖兔是伯言儿的哥哥,怒将长伯户、桶事革、于度骨、阿卜阵、胡芦、王小厮六名锁拿在堡。于度骨妻送衣服来看,也拿住。本月十三日,伯言儿亲带本营达子四千余骑到堡讲话。有原任开原备御皮承德到堡公同原任庆云堡备御刘世杰并王凤翱等宣谕,令传暖兔各要作速送还人畜。伯言儿恼,说:"我的达子不作歹,替你查探,不赏也罢,又拿不放。我守关十数日又不得市赏,是疑我了。"随牵白马宰杀发誓。王凤翱只放出胡芦、王小厮二名,于度骨等四名仍不放。伯言儿气恼无奈。比王凤翱不知戒谕,视为寻常。且恃和好。不疑十五日黎明时分止带本堡牢丁工栋、张九思、工白有、李有时、臧金、孙住户、袁善友等出堡以防。堡中住户赴河取水。比伯言儿因伊中军阿剌寨向认王凤翱做爹,使彼不疑。令阿剌寨带领各夷定计前来。先在隔河站立,牵羊来请,渡河讲话,索取部夷于度骨等。原无杀害之心,王凤翱行数步，各夷过河与王凤翱磕头叩见，阿剌寨仍向王凤翱交颈抱搂以示亲爱，强逼同行。王凤翱以力拒挣，跟随军丁王栋等一齐向前救护，各拿棍乱打。打伤阿剌寨胳膊、脑袋等处，伤重倒地。王凤翱脱身奔跑，傍有昧与先存今监故夷人铲汉把都儿等即来救护。比昧不合与铲汉把都儿将王凤翱连射，中二箭，倒地。又被不记名各夷射死军丁王栋、张九思、王自有、李有时、臧金、孙住户、袁善友共六（七）名。昧又不合与众夷就将王凤翱一拥扶抱出关。因被昧等箭射，伤重身死。昧亲口并通夷老伯颜等供证。其伯言儿诱拿王凤翱时暖兔原未与伯言儿同营，彼时备御刘世杰未知王凤翱出境伤死。①

这里所提的庆云堡是在开原西北对"北虏"设立的市赏关口，关名为新安关。当时在开原进行市赏的蒙古首领有福余卫和内喀尔喀部首领。"西北制福余卫、东虏宰赛、暖兔、卜儿亥、耳只革、卜儿罕谷、额孙大、卜答赤、歹安儿、伯要儿、脱卜户、脱退、小老厮、舍喇把拜、哈喇把拜、桩南、庄兔、小耳只革、果丙兔、火把台州、把秃儿、奴台哈屯、朱身二十二营"。② 上文所列在开原一带的市夷都是喀尔喀各个鄂托克的。其中宰赛是伯言儿之子，伯言儿和暖兔是速把亥弟弟兀班之子。

所以通过与其他史籍对比甄别可以辨认出，《暖兔列传》内容中的确包含有喀尔喀之暖兔的事迹。

可以进一步断定的是，在《暖兔列传》中凡是和速把亥、抄花（爪儿兔）、花大、伯言、恍忽太等一起行动的就是喀尔喀五鄂托克的暖兔，和察哈尔万户一起行动的肯定是察哈尔部阿牙台皮之子。但若是辽东几部共同行动中的暖兔，他是察哈尔还是喀尔喀的，就难以分清了。

关于《脑毛大列传》的辨析：

---

① ［明］李化龙：《抚辽疏稿》，载《四库禁毁书丛刊》，史部，第69册，北京：北京出版社，2000年，第94页；北京图书馆善本阅览室缩微胶片。
② ［明］冯瑗：《开原图说》（上），《玄览堂丛书》影印明刻本，第26册，第5页。

脑毛大，又做那木大、奴木大、恼毛大、那莫大等，是蒙古人名中的一种。明代蒙古左翼各部中脑毛大的名字很少见，经核实发现只有一个那木大，那就是瑷塔必（即阿牙台皮）之长子。

"直广宁西北而牧，离边约七百余里，市赏亦由镇远关者，其酋曰瑷塔必，故，而生十子，长曰脑毛大黄台吉，次曰以儿邓，三曰扯臣台吉，四曰青把都儿，五曰速克赤把兔儿，六曰卜言兔思扯赤台吉，七曰额儿得，八曰你丑库儿，九曰阿民台吉，其第十子曰拱兔者，对锦州西北边五百里而牧，其市赏在锦州大福堡焉……盖瑷塔必十枝，凡三十二派，而脑毛大、拱兔为强"。① 茅元仪的《武备志》中有大致相同的记载："擦汗儿（察哈尔）达子小部落，山前辽东地方宁远、广宁边外青山住牧，离边一百余里。长子奴木大黄台吉，存，部落七千有余；二子银定台吉，存，部落七千有余；三子苏克气台吉，存，部落三千有余……"这几个人分别与上述的瑷塔心长子、二子和五子相对应。《登坛必究》中也记载了同样的世系："初代瑷塔心（必），生三子：二代长子那木大，二代次子抄忽儿，二代三子额参。"② 总之，这是脑毛大之一，瑷塔必长子。

《万历武功录》专门有一个《脑毛大列传》，其他传记中也有一些关于脑毛大的资料。可将其综合做一个全面考察。

首先是《脑毛大列传》：

> 脑毛大，亦土蛮部夷也，居部中久，亡所知名。
>
> 壬申（1572年）夏，始与炒蛮、滚兔、董狐狸从小河口围我东关驿。参将杨腾、游击傅廷勋击之，势如席卷，尽弃铁木钩杆走。我兵追至碾盘山出塞。顷，复聚兵东行，谋欲寇宁前。其秋，聚黑石炭、伯颜兀、把都儿聚兵掊刺母林。诸酋趋治装行。脑毛大曰："吾必待月老然后传发，将入义院、界岭之间。"市夷以其状来告。制置使刘应节、

---

① [明] 张鼐：《辽夷略》，载《四库禁毁书丛刊》，集部，第105册，北京：北京出版社，2000年，第606页。

② [明] 王鸣鹤：《登坛必究》，载《四库焚毁书丛刊》，子部，第35册，北京：北京出版社，2000年，第126页。

台御史杨兆遣游击将军马承胤备建燕,大将军戚继光备燕河、石门、台头、山海。有顷,胡骑竟入黑庄窠、仙岭寺。是年,庄皇帝晏驾,窀穸事有日矣。给谏蔡汝贤奏免两台护驾,庶得备边。其冬,脑毛大、董狐狸益从诸部旁塞行猎,微使五百骑捕伏杏树沟中以诱汉,汉兵果至,虏仓促中起,持满拒汉,我百户储朝先及军士多中流矢死。会汉兵驰救,引去。

后丙子(1576),脑毛大从速巴亥寇河东;已,寇广宁、锦、义。

自后,卜言台周及黄台吉、克石炭、大小委正、以儿邓、暖兔、拱兔、抄户儿大会女只骂火屯,亦欲寇广宁,本脑毛大谋也。

后癸未(1583)冬,聚兵万余骑驰广宁关下,请市。

其乙酉(1585)春,与土蛮六万骑寇钞(抄)三岔河东、辽阳以西及金、复、海、盖诸郡。顷之,从滚兔五百余骑小入宁远东西。已,从委正、长昂谋入寇,已,从一揩委正、把汉委正合三万余骑,驮负盔甲糇粮,间易汉服,视道路。语在《委正传》。

明年(1586)四月,复牵牛羊至广宁,请马市,辞至桀骜亡道。久之,脑毛大治兵七万骑止壁旧辽阳。副总姚大节备虎皮驿,孙守廉备辽阳。虏果以万骑分驰,分二千骑从小团山黎园走,二千骑从塞尖山、歪头山走,三千骑从大定堡五能营走,三千骑从大胜堡、大尖山走,皆外边。制置使张国彦邮置以闻。

后,脑毛大与一克、把汉更根儿、大成、滚兔并聚兵捏留兔(屯),寇广宁及锦、义。语在《滚兔传》。脑毛大,始亦蓟门抚夷也。以寇辽故,自婴大罪,不可赦。每至广宁关下,自张家口市夷竟无复与请者。①

---

① 瞿九思:《万历武功录》卷10《脑毛大列传》,北京:中华书局影印本,1926年,第990页。

第五章 《万历武功录》蒙古部分的讹误种类及相关史料考辨(下) 271

　　本传中的脑毛大绝大多数都是和土蛮汗等察哈尔部首领和三卫首领活动在广宁、锦、义、宁前一带，对明朝山海关东西造成威胁；另有一些活动是在辽阳、沈阳以西，对明朝广宁、辽阳造成威胁的。可以肯定，这些活动的主人公是察哈尔部瑷塔必长子那木大黄台吉。因为这些是在他住牧地及其周围地区内。其他传记中有关脑毛大的记载也很多，有许多是对《脑毛大列传》所记事情的更细的过程描述，所记仍然是瑷塔必系脑毛大。

　　暖兔之一和脑毛大实际上是同一个人吗？

　　按照《武功录》的《暖兔列传》和《脑毛大列传》所记，暖兔和脑毛大是毫无关联的两个人。经以上分析，我们发现《暖兔列传》中记载了察哈尔部的暖兔和喀儿喀部的暖兔；《脑毛大列传》中所记是察哈尔部脑毛大事迹。有没有这种可能：即察哈尔部暖兔实际上就是察哈尔的脑毛大呢？和田清在《明代蒙古史论集》中指出："暖兔这个名字很多，和恼毛大的字音相差很远，而 Nomtai 和 Nuantu 却不过是同音一转。《武功录》卷十有《脑毛大传》，卷十三有《暖兔、拱兔传》，完全作两个人处理，当然是错误的。"① 但是和田清在稍前的一段论述中曾指出"或者（土蛮）长子黄台吉即暖兔台吉，也就是后来的布延彻辰汗吧"！② 无疑，前者和田清十分肯定，而后者，他是模棱两可的。那么，是不是土蛮长子黄台吉及布延彻辰汗都是暖兔呢？脑毛大（那木大）就是暖兔的结论又有哪些证据呢？

　　我们首先解决第一个问题。土蛮汗长子黄台吉确实就是布延彻辰汗，但他不是暖兔台吉。也就是说，土蛮没有名字叫暖兔的儿子。关于布延彻辰汗的记载很多，只有茅元仪的《武备志》把他称作暖兔。"擦汗儿达子大部落，山后地名阿力素等处住牧。系辽东辽阳边外，离边三百里，近奴儿哈赤。老王子土蛮哈故。生七庆哈，故……大娘子一克台户生五子：长子黄台吉即暖兔台吉，存。部落二

————————
　　① 和田清：《明代蒙古史论集》（下），北京：商务印书馆，1984年，第448页，注释2；薄音湖先生亦有相同看法，载《蒙古史研究》第五辑，呼和浩特：内蒙古大学出版社，1997年，第210页。
　　② 和田清：《明代蒙古史论集》（下），北京：商务印书馆，1984年，第447页注①。

万有余"。和田清正是依据这一矛盾的材料给出了一个模糊的结论："或者（土蛮）长子黄台吉即暖兔台吉，也就是后来的布延彻辰汗吧！"实际上，布延彻辰汗不叫暖兔，茅元仪《武备志》的记载是错误的。证据如下：

首先，茅元仪《武备志》所记是矛盾而孤立的。前面说土蛮汗"生七庆哈，故"，后面又说"大娘子一克台户生长子黄台吉即暖兔台吉，存。部落二万有余"。也就是说，土蛮汗长子既是七庆哈（彻辰汗），又是黄台吉，即暖兔；既"故"，又"存"。矛盾之处显而易见。而且只有《武备志》说长子黄台吉（即布延彻辰汗）即暖兔，孤例不足为凭。

其次，卜言台周是土蛮汗的长子，在《武功录》中有传。其中所记，凡卜言台周和暖兔共同参加的战事，两人都是列名其中。两人不是同人异名。尤其是察哈尔部的集体行动，卜言台周和暖兔都是分列的，而且每次的行动几乎都是暖兔和拱兔共同参与的，符合瞿九思及其大多数明代汉文史籍所记暖兔和拱兔同属一系、与卜言台周非一系的史实。这些清楚说明卜言台周和暖兔不是一个人，而是两个不同的人。

第二个问题：和田清的另一个结论"脑毛大是暖兔"的正确与否。笔者经过详细辨析，发现这个结论是正确的。前述《北虏世系》、《登坛必究》、《辽夷略》和《武备志》中都有相同记载，可以肯定爱塔必长子确实是那木大黄台吉。而《武功录·暖兔列传》中直接指出，"暖兔，阿牙台皮（即爱塔必）长子也"。所以从世系记载上可以得出两者为一人的结论。但是，瞿氏的记载是不是错误的？依照惯例，这是很值得怀疑的。

首先，《武功录》中两人列传内容从活动时间上恰好可以互补。《脑毛大列传》所记事件不多，而从《暖兔列传》中将属于察哈尔部暖兔的活动剔除出来后，事迹也不是很多，两者在时间上没有重复，恰好可以互补。这说明，脑毛大（即暖兔）参加的侵边活动很多，但是在明朝边将的记载中，有时把他称作脑毛大，有时又称作是暖兔，因而两者之间没有重叠记载。其中暖兔作为爱塔必长子，侵边活动次数较多，对明朝的打击较大，为明人所熟悉，故瞿九思在《武功录》中为他创作了一篇较长的传记，并十分明确地指出："暖兔，阿牙台皮长子。"此结论应该是可信的。而脑毛大的名字和暖兔的名字相比在使用效率上低一些，明人不太了解他，瞿九思仅为其立一小传，并称他为"土蛮部夷也，居部中久，亡所知名"。这与脑毛大的实际情况是有出入的。实际上脑毛大在蒙古左翼各部、甚至包括在蒙古右翼各部中影响都很大。

其次，《武功录·暖兔列传》中察哈尔部暖兔的活动同伴大多是爱塔必系诸台吉，如拱兔、银定、阿民台吉、丑库儿、卜言兔，还有三卫首领董狐狸、炒蛮、长昂等，这证明暖兔肯定属于爱塔必系后裔。而史籍记载爱塔必系诸台吉时，或者拱兔和暖兔并提，如《武功录》直接将两人传记合而为一，还有很多传记都记载了暖兔、拱兔共同作战，给明朝将领极大威胁的事实；这说明，暖兔应该属于爱塔必系诸台吉的两强之一。或者拱兔和脑毛大并提，如《辽夷略》说这个部落"十枝、三十二派"中强大的只有两派："盖爱塔必十枝，凡三十二派，而脑毛大、拱兔为强。"两种说法中拱兔为强者之一，这无可争辩；另外的两个人暖兔和脑毛大则完全可以合在一起，否则就无法解释了。

最后，《武功录·暖兔列传》所记暖兔的活动地点集中在宁前、宁远、广宁、锦、义等地，都是在爱塔必所属营地附近活动的。爱塔必所属部落为阿喇克绰特部。"我想挨大笔失台吉及其子孙就应当是阿喇克绰特的统治者。挨大笔失又作阿牙台皮、爱塔必"，《登坛必究》和《北虏纪略》作哈喇处或阿剌处台吉。"明代蒙古经常以部落名称作为人名，所以挨大笔失又称阿喇处这一现象，表明挨大笔失统领的是阿喇处部——阿喇克绰忒部"。[①] 具体的阿喇克绰忒部营地在什么位置？拱兔和那木人的营地是从父亲那里继承而来的，营地方位很清楚，也很接近。朵颜卫赖晕歹者，"结黄台吉谋犯喜峰

[①] 薄音湖：《关于察哈尔史的若干问题》，载《蒙古史研究》第五辑，呼和浩特：内蒙古人民出版社，1997年，第210页。

口。松（指明将杜松）受总督王象乾指，潜捣黄台吉帐，以牵蓟寇。乃从宁远（今辽宁兴城市）中左所夜驰至哈流兔（屯），掩杀拱兔部落百四十余级"。① 这个黄台吉指的是那木大黄台吉。"杜松想捣黄台吉帐，反而掩杀了拱兔部落，可见奴木大黄台吉的住地是和拱兔一样，是在大小凌河流域"。② "拱兔的游牧地在最南（阿喇克绰特部的最南），大约在原朵颜卫之东大凌河北面一带"。脑毛大的游牧地就在拱兔游牧地的附近。③ 无独有偶，暖兔的营地和拱兔的营地也是相邻的，《武功录·暖兔列传》所记："是时，宁前方有事于修边，顾旁近暖兔、拱兔诸房营，未遑举也。"旁近宁前、与拱兔相邻是暖兔营地地理方位的特点。比对地图，可以发现所指就在大小凌河及其以北地区。因此，暖兔和脑毛大的活动区域都在拱兔的营地附近，是完全重合的。而同一地区是不可能分属于两人的。

所以，这个脑毛大就是《武功录》所记之脑毛大，但其所记，"脑毛大，亦土蛮部夷也，居部中久，亡所知名"是不对的。他是明代中后期蒙古左翼首领中的重要人物。对其事迹，汉文史籍做了很多描述，蒙古文史籍也有更确切的证明。"（土蛮汗）聚集起六万户人众，制定了大法规，指令左翼万户中众察罕儿〔万户〕的那木大·黄台吉、罕哈〔万户〕的威正·速不亥、右翼万户中阿儿秃斯〔万户〕的忽图黑台·切尽·黄台吉、阿速〔部〕的那木答喇·合落赤那颜、土蛮〔万户〕的纳木歹·扯力克·皇台吉这几个人执掌法规"。④《蒙古源流》还记载了他介入蒙古部众对喇嘛教信仰的重大活动。不仅如此，脑毛大还经常受布延彻辰汗、甚至是受他人的传调协同别部对明作战，显示了他在蒙古社会中的实力和地位。"其后癸巳（1593）十二月，（卜言台周）传调一克灰正、艮灯（即银锭）、奴木大等三万余骑，期上元，佯言略广宁，遂入辽阳"。"其明

---

① 张廷玉等撰：《明史》卷239《杜松传》，北京：中华书局，1974年，第6218页。
② 和田清：《明代蒙古史论集》，北京：商务印书馆，1984年，第449页。
③ 达力扎布：《明代漠南蒙古历史研究》，海拉尔：内蒙古文化出版社，1997年，第120页。
④ 乌兰：《〈蒙古源流〉研究》，沈阳：辽宁民族出版社，2001年，第360页。

年（1594）十月，伯言复调一肯委正、把汉委正、艮灯、恼毛大十余万骑，竟寇抄广宁东西"。《明史》亦有相同记载。①

总之，《武功录·暖兔列传》记载了至少两个暖兔，可以确定的是其一是察哈尔部瑷塔必的长子暖兔，另一个是喀儿喀部的暖兔。《脑毛大列传》记载了察哈尔部脑毛大。所以，第一个传记都是一传多人的。更为复杂的是：两传中所记的察哈尔部之暖兔与脑毛大竟然是同一个人，是瑷塔必长子，这又是一人多传的类型。如此复杂的情况使人们对《武功录》的使用必须更为小心。

（三）《大委正列传》、《壮兔列传》和《长秃列传》的辨析

《武功录》卷十三《大委正列传》、《壮兔列传》所记是一个人的事，属一人二传。《大委正列传》一开始就说："大委正，又名庄秃，打来孙四子也。"《壮兔列传》谈到"壮兔，不知谁之子也，常与大委正聚兵养善木，颇有强名"。实际上壮兔（jongtu）是庄秃的不同译写而已。大委正在打来孙诸子中的排序亦有不少颇费踌躇之处。"据《万历武功录》，大委正又名壮兔，打来孙第四子。《登坛必究》云大委正是打来孙第二子，壮兔是第四子。而《北虏世系》则说昆都力庄兔是打来孙第二子，威正打儿汉台吉才是其第四子，记载各异。蒙古文史籍《金轮千辐》、《水晶珠》等书都记忠图图喇勒，即昆都力庄兔是打来孙的第二子。今暂从《北虏世系》和蒙古文史籍的记载"。②"《武功录》卷十三《委正传》说：'委正，打来孙第二子也。为泰宁酋长，而恃去开原七百里而远，而又与王杲通婚媾，颇有桀心。'又《大委正列传》说：'大委正，又名庄秃，打来孙第四子也。'可见打来孙次子叫委正，四子叫壮兔（庄秃）。叔叔叫大委正（一克委正），因而侄儿就叫小委正（把哈委正）……壮兔既叫大委正，应该是兄长，单叫委正的应该是弟弟。或者就是小委止"。③总之，学者们的研究结论倾向于认定大委正是打来孙第

---

① 张廷玉等撰：《明史》卷239《董一元传》："西部卜言台周，故插汉土蛮子也，部众十余万，与把兔儿东西相倚，数侵边。至是卜言合一克灰正、脑毛大诸部，声犯广宁"。北京：中华书局，1974年，第6213页。

② 达力扎布：《明清蒙古史论稿》，北京：民族出版社，2003年，第162页。

③ [日] 和田清：《明代蒙古史论集》，北京：商务印书馆，1984年，第442页。

二子，而不是《武功录》所说的第四子。

《长秃列传》是记载朵颜卫首领长秃事迹的传记。长秃，又作章兔、①獐兔②等，是朵颜卫革兰泰第七子、影克弟弟长秃名字的不同译写。但有时，察哈尔部昆都力庄兔也被写作长秃；③ 另，朵颜卫还有其他几个首领也叫长秃。革兰泰弟弟革字来之孙长秃、革兰泰弟弟脱力之孙长秃。④ 据此，在蒙古左翼察哈尔部和朵颜卫中共有四个长秃。那么，《长秃列传》中记载了几个长秃呢？

> 嘉靖中，影克常恶其盗边，秃诇知己为速［巴］亥也，竟欲捕之以实己不为此。已，乃笑曰："吾岂不能连兵入塞，而为此鼠窃事乎？"久之，遂与土蛮、黑石炭、委正、塔他昌吉、王文纳木那林诸酋长并皆聚兵炒秃，欲寇我界岭、桃林、冷口。于是，市夷讨阿急使微告汉，汉遣谍者察之，黑石炭及满会伯户等方椎牛长秃营，微灵于神，果志在界岭、义院。而长秃乃告我塞吏曰："土蛮、黑石炭今决策欲从辽东花儿营进攻山海关、一片石。"果若长秃言，宜远徙，不与谋。⑤

这一段记述中的长秃实际上是两个人——察哈尔庄兔和朵颜卫长秃。嘉靖中与土蛮、黑石炭、委正、塔他昌吉、王文那木那林等聚兵一起行动的是察哈尔庄兔。文中所列的都是察哈尔万户首领，相同内容记载在《土蛮列传》和《黑石炭列传》中。为影克所厌恶（实际情况并不一定如此，应该也是明方边吏的推断而已），又在土

---

① ［明］王鸣鹤：《登坛必究》，载《四库焚毁书丛刊》，子部，第35册，北京：北京出版社，2000年，第125页。［明］米万春：《蓟门考》，明崇祯刻本，载《四库禁毁书丛刊》，史部，第15册，第499页。

② ［明］张鼐：《辽夷略》，载《四库禁毁书丛刊》，集部，第105册，北京：北京出版社，2000年，第603页。

③ 瞿九思：《万历武功录》卷10《土蛮列传》、卷13《黑石炭列传》和《委正列传》，北京：中华书局影印本，1962年，第919页，第1113页，第1136页。郭造卿《卢龙塞略》有"附属东房长秃"等语，长秃即庄兔。

④ ［明］郭造卿：《卢龙塞略》，北京：中国审计出版社，2001年，第170、171页。

⑤ 瞿九思：《万历武功录》卷13《长秃列传》，北京：中华书局影印本，1962年，第1157页。

蛮等发兵进攻明边境时，向明方告密的长秃是朵颜卫的长秃。在讲清长秃向明边告密一事之前，我们先看看三卫在明蒙关系中所占的地位。朵颜卫、泰宁卫和福余卫本是明朝属"夷"，是受明朝贡赏的。明朝设置朵颜三卫目的是为了在明蒙双方关系中设立一个中间地带，三卫的地理位置恰好能够为明朝抵挡蒙古的进攻。"明朝通过给予三卫以一定的经济利益使其成为耳目和藩篱。由于'北虏'也从三卫贡市中享受到部分利益，三卫作为北元和明朝之间的缓冲地带和经济交流的中介者幸免于被'北虏'吞并，始终保持着其相对的独立性"①。这样的均衡形势到明世宗时期开始打破。明世宗的闭关拒贡政策造成了南北农耕与游牧两种经济间交流的中断，蒙古得不到农耕经济的补充，经济生活受到较大限制。故而从嘉靖二十七年（1548）以后大规模南迁，"'北虏'南下求贡和抢掠，并开始瓜分三卫，分享其经济利益"。"'北虏'南下后，花当子孙和部落被瓜分，成为东西各大首领们直属的阿勒巴图。除把都儿、俺答、打来孙等人外，左翼南下的其他首领，如虎喇哈赤、魁猛克及其子孙也各自占有了一部分三卫之人作为自己的属民，并以泰宁、福余等卫的名义进入明朝广宁、开原等关互市"②。但是在表面上，三卫仍然是明朝的属"夷"。正是在这样的背景下，庄兔作为左翼首领和土蛮等人共同犯边，而长秃作为三卫首领，有时联合左翼犯边，为他们充当向导；有时又向明朝泄漏得到的蒙古左翼的消息，以求更多的奖赏。所以，后面告密的长秃是朵颜卫首领，影克是他的长兄。

> 后丁卯（1567），长秃复与土蛮谋寇我黄土岭，而黑石炭、王文亦欲寇界岭、青山、桃林、冷口。不期而会以克马剌，去边轻骑一日可至矣。于是，猛古歹使部夷嗒剌赤以其状来告。其明年（1568年）秋，土蛮微长秃到营，托以粟马，诚勿骑乘，事秘不可闻。是日，长秃乘夜往大关

---

① 达力扎布：《明代漠南蒙古历史研究》，海拉尔：内蒙古文化出版社，1997年，第112页。

② 达力扎布：《明代漠南蒙古历史研究》，海拉尔：内蒙古文化出版社，1997年，第112、115页。

索赏，令夷营毋容汉谍宿居。居二三年乙亥（1575），卜言台周起，而长秃与打来汉、速把亥、黑石炭、黄台吉、歹青、委正、土买罕、暖兔、拱兔、抄忽儿、堵剌儿辄以兵从，并聚插汉脑儿，间至哈喇母林，谋欲大入广宁塞，语在《卜言台周传》。①

这几段中的长秃都是庄兔。

是时，长昂逼秃盗我董家口塞，大将军戚继光、都护朱珏提南北军追逐至聂门北安驼石，去边一百五十里，生获长秃。秃，乃长昂世父也。先，长昂借兵长秃及兀鲁思罕、董忽力、阿只孛来、伯先忽失儿、阿老撒同寇我关塞，皆不许。长秃无计，阴入昂营。会长昂三季未入贡，汉使使驰谕告昂，令其趋补贡，还我所卤略尖夜，因食土钻刀，誓不复犯我塞，得除罪释秃。不然者，闭关绝昂，以秃首悬喜峰塞矣。给谏蔡汝贤所奏亦同此议。时参将李世臣方犒劳，夷妇伯彦主刺而为世臣言："秃有子曰打伯，数使阿只孛来、哈喇至我营，问阿父安在？我答秃系狱。"又属谍者刘堂视秃，秃乃带三木，银铛铁锁，狱吏方治箯舆传长安，惴惴兵在颈矣。世臣因使谍者刘堂、土罕同阿只孛来驰豹河，约打伯并往昂营，趋昂叩关如汉约，得释秃。三月朔日，长昂自知罪不可赦，乃从丘（其）嫂伯彦主喇议，躬帅董狐狸、兀鲁思罕、速累、斡毛兔妻、阿只孛赖、伯先忽、脱孙孛来、板不来、罕麻忽、哥乃、那彦孛来、暖兔、那木赛、打巴、打赖、董灰、失喇大、兀鲁伯忽、伯彦主喇、那彦帖忽思、伯彦孛来、孩子、老撒、扎赤力孛罗、满都孛来、革干主喇、杜冷、卜忽力、瞒者秃、伯彦孛来、哈喇脱孙、孛□□木宅、脱只散银、帖忽思、猛古哥鲁哥、卜吉花孛来，并具□文诉词一通，叩关请死罪。……是时，汉关列置香帷，兵卫甚都，诸酋皆免冠叩头。

---

① 瞿九思：《万历武功录》卷13《长秃列传》，北京：中华书局影印本，1962年，第1159页。

长昂帅酋长鑽刀大为誓,誓不犯塞。遂释长秃,以秃在义
院告我虏儆(警)多实者。①

这里提到的首领都是朵颜卫首领。其中,长昂乃影克之子,是
长秃的侄子。而且,明方之所以释放长秃,是"以秃在义院告我虏
儆(警)多实者",正好对应了上文中的长秃告密。

秋,速把亥发难,欲寇开原、辽、沈,长秃与黑石炭、
坤肚儿哈、卜言台周、委正、黄台吉、以儿邓、暖兔、扯
劳亥辄执戈以从,旋盟而旋背之,其不可信类如此。明年
十月,复与董狐狸、长昂、莽忽大、堵剌儿、炒花、哈屯、
歹青二三万骑,从速把亥寇全辽,语在《速把亥传》。初,
喜峰口之盟,席藁而请者,狐狸实居其先,今如何哉?于
是,台御史张学颜书言:"长昂、长秃数入我宁前者,以土
蛮、速把亥羡我宣、大市,求而未得,使两酋益踩塞上以
要挟我。"后,土蛮及长兔、拱兔、银灯、堵喇儿又寇我辽
塞。台御史因下令,土蛮必欲请比俺答得开市,当献速把
亥、黑石炭、歹青、炒花、暖兔、长秃,然后可许。土蛮
竟乳牛马羊逐水草捨剌母林、老河,逐广宁开马市,以为:
"汉不从我,我从此大入塞矣。"于是,长昂益依土蛮以为
重,纠合长秃、董狐狸、莽忽大、哈卜慎、莽忽塞、兀鲁
思罕、兀鲁柏户声欲犯我锦、义,语在《兀鲁思罕传》。自
后,长秃、长昂、董狐狸不时窃发。"②

本段材料中与土蛮、黑石炭和速把亥一起犯边的长秃是庄兔,
而张学颜所说的长秃、长昂纠集起来和董狐狸、兀鲁斯汉等"不时
窃发"的长秃都是朵颜卫首领。其余材料依此类推。

综上所述,《大委正列传》和《壮兔列传》所记是一个人的事,
属□人二传。《长秃列传》本来是专门记载朵颜卫首领长秃事迹的传

---

① 瞿九思:《万历武功录》卷13《长秃列传》,北京:中华书局影印本,1962年,第1161页。
② 瞿九思:《万历武功录》卷13《长秃列传》,北京:中华书局影印本,1962年,第1162页。

记，但其中记载了两个长秃，其一是朵颜卫首领，其二是察哈尔部庄兔，即《大委正列传》和《壮兔列传》中所记的庄兔，是一传多人的错误类型。而《长秃列传》中的庄兔与《大委正列传》、《壮兔列传》又构成一人多传，总之三传形成了错综复杂的关系。

(四)《隐布台吉列传》和《卑不利阿不害列传》史料辨析

《万历武功录》西三边《隐布台吉列传》和《卑不利阿不害列传》各有一些小错误，互相之间又有一定关联，故而将其放在一起进行辨析。两传的传文都不长。

> 隐布台吉，吉能之四子也，或名安克阿不害。

> 万历初 (1573)，授指挥佥事……隐布台吉为人驯谨而有体。丙戌(戍)(1586)，卜失兔携隐布西钞(抄)瓦剌，隐布竟不忍背榆林市，延颈举踵而奔还也。明年丁亥(1587)，卜失兔以督臣命罚治西流诸房，动称"俺兄隐布台吉劝之"。先是，吉能感朝廷恩厚，以所逮汉将军时銮来献，而会能病且死，属其子把都儿，西行未皇(还)，卒之。隐布送奉(时)銮至塞上谢罪，其识大体类如此。久之，中路酋长听布与其弟北把什争分畜产，内乱，攻杀隐布。布，亲北都(把)什兄也。汉法：杀人者死，十(卜)失兔等方议公罚。胡俗第罚马而已。马其可以赎此良房乎？①

隐布台吉，的确是吉能之子，属于鄂尔多斯部，《蒙古源流》将其排为第三子，蒙古文全名是隐布·答来那颜，《北虏世系》列为第四子，名字为碗布台吉，"估计《源流》是按嫡出、庶出的关系排列的，《北虏世系》是以长幼的顺序排列的"。② 但是，不论蒙古文史籍，还是汉文史籍，都没有记载隐布台吉（碗布台吉）的另一个名字——安克阿不害。在《武功录·俺答传下》中列了隆庆封贡时的一个封授表，被封授正千户的有"隐克台吉（即安克阿不害）、挨肆

---

① 瞿九思：《万历武功录》卷14《隐布台吉列传》，北京：中华书局影印本，1962年，第1204页。
② 乌兰：《〈蒙古源流〉研究》，沈阳：辽宁民族出版社，2001年，第415页。

台吉（即挨肆阿不害）、挨着兔台吉（皆永邵卜大成台吉子）"。瞿九思或者从这点信息中推断出"隐布台吉，即隐克台吉，又名安克阿不害"的结论，把两个人的人名捏合到了一起。从内容上看，本传所记都是隐布台吉的事迹，并未发生混记现象。隐布被授予指挥佥事官衔，后为兄长所杀等情况和《北虏世系》所记都是吻合的。还需指出的是卜失兔动称"俺兄隐布台吉劝之"之言是错误的，因为隐布台吉是把都儿黄台吉的弟弟，是卜失兔的叔父，称其为兄长是不对的。

　　卑不利阿不害者，亦吉能之部酋也，授我指挥佥事。隆庆中，总戎时銮备定边营，一日饮酒，忽大醉，吉能窥隙大入边，执銮，系胡中。卑不利阿不害以为："吾等受汉德久，不宜为之。"居恒，数以此言告吉能，吉能唯唯否否。亡何，吉能病且死，执卑不利阿不害之手，泣曰："吾悔不用尔言，早送奉汉将军还塞，今何及乎？吾儿把都儿黄台吉在西海，不得受我遗命，儿还，幸以吾言速之。"居有顷，把都儿黄台吉来请袭，卑不利阿不害先执时銮献塞下，曰："此定边营故将军也。"然，吉能亦可瞑目矣。①

　　从献边将时銮，而文献并没有将两人一同提起的事情看，隐布台吉和卑不利阿不害应该是一个人。但从吉能临终遗言的语气上看，卑不利阿不害肯定参与了送时銮之事，却不应该是吉能的儿子。送回边将时銮一事，《明实录》也有记载，可惜也过于简略，无法为我们提供更多的证据。"以套酋台吉献还边将时銮，首倡忠顺，加赏……其余酋使照贡马例"。②从"台吉"二字，可以推断，肯定有隐布台吉的参与，《武功录·隐布台吉列传》所记无误。《武功录·把都儿黄台吉列传》中也曾提到："把都儿、指挥佥事隐布台吉等执时銮以献"。那么，这个卑不利阿不害是谁呢？遍查鄂尔多斯部的首领，只有吉囊末子、吉能弟弟哈麻艾旦台吉（翁剌罕）有子曰备巴

---

① 瞿九思：《万历武功录》卷14《卑不利阿不害列传》，北京：中华书局影印本，1962年，第1219页。
② 《明神宗实录》卷5，隆庆六年九月丙午条。

哩（有的写作贝不哩）那颜。① 哈麻艾旦台吉，是《北虏世系》的称呼，《蒙古源流》做翁刺罕，"翁刺罕生于癸巳年（1533），驻领右翼的三鄂托克阿麻海坛［部］"。② 翁刺罕生于1533年，到1572年他已经近四十岁了，他的儿子二十多岁，还称为阿不害，是符合常理的。由此，我推测，这个卑不利阿不害应该是贝不哩那颜，是翁刺罕的次子。但是，贝不哩在隆庆封贡的时候，职衔尚低，不可能被授予指挥佥事官职的，估计是瞿九思在记述的时候把隐布台吉的官职按在了贝不哩的头上，错位嫁接的结果。

（五）《西三边·银定台吉列传》和《中三边·银定把都儿台吉列传》史料辨析

《银定台吉列传》主体记鄂尔多斯部银定（Yelding）台吉的事迹，但中间混记了哈喇慎银锭把都儿台吉的事迹，属于一传多人的类型。传文如下：

> 银定台吉，吉能之弟也，授指挥同知。隆庆末（1572），银定从切尽黄台吉西行，常以七百骑随水草至永昌、昌宁湖。已，又从真景站往南山，声为略番，而实欲窥我西鄙，征蛮将军度银定困于饥塞（寒），志在西番。西番畜之所多也，彼乌敢与西鄙抗衡为敌国乎？亡何，银锭果从天池管（营）略黑沟番，裨将谢朝恩引兵转战，银锭叩首前曰："我实无犯塞意，愿假道西行。"抚臣廖逢节许从嘉峪关走三条沟，著为令。时戊辰（1568）五月也。居月余，银锭诸部落皆私县官赍物，请多市以私其利，裨将不许。请赏，又不许。诸部落益怏怏不得志，即遣夷使白吉能，意欲大举，而银锭竟坚执以为不可。乃请于太师："吾不敢蹂践汉禾稼，第请假道还套。"于是，制置使杨锦传檄，命总戎郑印、裨将李昆、杨继芳伏山涧，俟虏骑过道上，我兵出不意，忽从中起，四面如雨，令虏接应不暇。是时，塞上纷纷藉藉，奔合警备。或言虏走周家湾，或言

---

① 乌兰：《〈蒙古源流〉研究》，沈阳：辽宁民族出版社，2001年，第364页。
② 乌兰：《〈蒙古源流〉研究》，沈阳：辽宁民族出版社，2001年，第363页。

第五章 《万历武功录》蒙古部分的讹误种类及相关史料考辨(下) 283

虏走姚家塞,或言虏走西古城,或言虏走寒鸦沟,或言虏
从石板沟,奔孤头咀而去。军书辐辏,虏竟抢小都麻口,
穷匪剌匪尔加细诸族。总戎汪廷佐躬帅裨将张勋、刘世忠、
陈达道等鏖银锭,银锭煦煦为谩词如初。于是,引众驱橐
驼、驴、马,往马蹄寺观音洞止壁。给谏章甫端上疏,谓
宜薄责顺义王俺答及都督吉能,今日之事,在未受封市之
先,置勿论;既盟之后,敢议令及不如令者,请论如法。
于是,银锭以俺答命,奉约束唯谨。

甲戌(戍)(1574),赴红山市。

丙子(1576),同俺答罚治打剌明安诸部夷如法。

乙亥(1575),旋物故。始,银锭西行时,逮穷匪诸番
族,汉将军索之甚急,银锭乃曰:"此顺义王之子宾兔所
略,今具(俱)在"。余微闻其事,此语殆不然。逮诸番
者,乃切尽黄台吉之部落也。①

这个传记中的时间错误是十分明显的。前者言"隆庆末"发生
了某事,最后落款竟然是"时戊辰五月也"。时间竟然倒流了六年。
随后"居月余"发生的事情,和文中的议论也出现了时间误差。既
然是"戊辰五月"后的"居月余",就是在款贡前发生的事。然而,
后面的议论竟是:"给谏章甫端上疏,谓宜薄责顺义王俺答及都督吉
能,今日之事,在未受封市之先,置勿论;既盟之后,敢议令及不
如令者,请论如法。"确切指出了时间是在"既盟之后"。既然是
"戊辰"年,就不在"既盟之后";若在"既盟之后",则不会发生
在"戊辰"年。时间前后矛盾。后面的时间误差更是闹出了天大的
笑话。银定既在"乙亥"年物故了,但此后的"丙子"年竟然又
"同俺答罚治打剌明安诸部夷如法",滑稽至极。

银定台吉,是鄂尔多斯部吉能的弟弟哈麻艾曰台吉。哈麻艾曰
台吉是《北虏世系》的称呼,《蒙古源流》做翁剌罕,②"翁剌罕生

---

① 瞿九思:《万历武功录》卷14《银定台吉列传》,北京:中华书局影印本,1962年,第1206页。
② 乌兰:《〈蒙古源流〉研究》,沈阳:辽宁民族出版社,2001年,第364页。

于癸巳年（1533），驻领右翼的三鄂托克阿麻海坛［部］"。所以，哈麻艾旦，其写法应该是艾麻哈旦，是翁刺罕统辖部落阿麻海坛的名称。蒙古人习惯以部名代替首领的人名。翁刺罕的蒙古文全名是"鄂克拉罕伊勒登诺延……（他的名字的）第一部分作鄂克拉罕……第二部分可能就是《万历武功录》中的银锭"。① 文中所记与切尽假道西行、抢番、请求增市的都是这个人。但"丙子（1576），同俺答罚治打刺明安诸部夷如法"所记是哈喇慎部银定把都儿台吉的事迹。此人在《武功录》中也有一个小传，所记恰好就是以上内容。

中三边《银定把都儿台吉列传》：

> 银定把都儿台吉，始授我正千户，控弦之士近千余人，然贡马与昆都并矣，并皆市张家口。丙子（1576）冬，部夷行猎膳房边也，道逢把总张维屏等十余人樵苏，屏等炮鸣不及终，尽为房所捕，捕往兴和城。已，乃还我六人，曰："吾还若，若为我告塞上，亦还我降夷可乎？"然诸酋微意意在购重赏也。于是，制置使方逢时使赵国勋、欧［阳］清问顺义王。王罚治如法，令还我将卒，得除罪，语在《俺答传》。是时，九塞独上谷称强，以青把都、永邵卜及打剌明安三部部落众也，颇闻市马至三万有奇。孙御史愈贤请损之，不可得。然岂一朝一夕之故哉，所由来者渐矣。②

此银定把都儿台吉，营名为打剌明安部。"在宣府张家口以东至独石边外住牧。张家口互市。"③ 传文中所记地点都是在张家口附近，膳房边，即膳房堡，是边防线上的一个据点，在今河北省万全稍北的地方，野狐岭附近；兴和城，即今天河北省张北市。④ 正是银定把

---

① 塞瑞斯：《达延汗后裔世系表笺注》，载《北方民族史及蒙古史译文集》，昆明：云南人民出版社，2003 年，第 761 页。
② 瞿九思：《万历武功录》卷 9《银定把都儿台吉列传》，北京：中华书局影印本，1962 年，第 877 页。
③ 萧大亨：《北虏世系》，载《北京图书馆古籍珍本丛刊》，第 11 册，北京：书目文献出版社，1988 年，第 653、654 页。
④ 谭其骧：《中国历史地图集》，第七册，北京：中国地图出版社，1982 年，第 46 页。

都儿等首领的住牧地一带。文中所记事件在《武功录》中见于多处。

《俺答列传》："其十月，贡夷打剌明安及録（银）定部夷旁（傍）膳房堡行猎，会把总张维屏等十余人亦往边外樵苏，见房众，鸣炮迎战，战不敌，遂略人营，携往兴和城。顷之，还我六人，声言'汉无故纳我降人，背初约，不信'，实欲索我重赏也。于是，制置使方逢时禁边吏毋得以一布一肉往讨，第使通事人杨亮、赵国勋、欧阳清谯让顺义王与青把都急也。居月余，俺答大会黄台吉及永邵卜、青把都、切尽黄台吉，皆为汉恩覆载，不可背，亟使夷使宰牙赤偕包素恰倘不浪、捨的库按银锭、打剌明安罪，酋长人罚橐驼二头，部夷马一头（匹），大都如所往而止。先是，汉与房约，背盟者罚羊一千、马二百七匹、橐驼三头，后竟如汉约也。俺答、黄台吉乃请留羊一千，橐驼一，它悉以送奉塞下。已，银锭、打剌明安亦款塞，请除罪，复市贡如初。"① 相同记载还见于《青把都列传》中。《明实录》也记载了此事："先是打剌明安一枝银定台吉部夷房（掳）去膳房采柴官军十余名，索赏。抚臣以闻。上令责俺答，绝其贡。俺酋初不知也。抚镇以上诏诏之，酋惧，擒前夷，治以夷法。罚羊一千头、马二百七匹、驼三个进边，伏关请罪，送还被房人。督抚请复其市。"②

因此，《银定台吉列传》记载了两个银定，一为鄂尔多斯部银定台吉，住牧"在榆林孤山边外"，常随切尽黄台吉西行，活动在河西一带；一为打剌明安部银定把都儿台吉，住牧在张家口以北地区。

---

① 瞿九思：《万历武功录》卷8《俺答列传下》，北京：中华书局影印本，1962年，第776页。

② 《明神宗实录》卷57，万历四年十二月癸未条。

第六章 《万历武功录》蒙古部分的史料价值

《万历武功录》的蒙古部分是记载明朝嘉靖、隆庆、万历时期蒙古各部的发展以及各部间关系、明蒙关系的重要史著。如前所述，尽管它存在着不少的缺点和错误，但它在蒙古史研究中的重要作用是其他汉文史书无法替代的。尤其是与其他蒙汉文史著相比，它的优点更为突出。笔者拟用比较方法概述《武功录》的优点，指出它的史料价值。

第一节 蒙汉文史籍的大致分类及优缺点

一、蒙古文史著的特点和重点

记载明代蒙古史的蒙古文史著主要有以下几部：《蒙古黄金史纲》、《黄金史》、《蒙古诸汗源流大黄册》、《蒙古源流》、《阿撒拉格齐史》和《阿勒坦汗传》（也称《俺答汗传》），[①] 其中《蒙古黄金史纲》、《蒙古源流》是比较有代表性的蒙古文史著，与《蒙古秘史》合称为蒙古文三大历史文献。

《蒙古黄金史纲》原书名为《诸汗源流黄金史纲》，无名氏作，成书约在1604—1627年间。作者从宗教的立场出发，荒诞地将蒙古族源同印度、吐蕃联结起来，盖自帕思巴《彰所知论》以降，蒙古

---

① 内蒙古社科院历史所《蒙古族通史》编写组：《蒙古族通史》。"《阿勒坦汗传》、《蒙古黄金史纲》、《黄金史》、《蒙古诸汗源流大黄册》、《蒙古源流》、《阿撒拉格齐史》等史书……是依据现在已经失传了的史料写成的，为我们提供了研究蒙古史尤其是明代蒙古史的珍贵史料"。北京：民族出版社，2000年，第6页。

编年史书中主张蒙古源出印藏之说,乃以本书为始。全书内容可略分为两大部分,第一部分,为印藏王统,第二部分为蒙古王统,其中又分为两段,前段从孛儿帖赤那叙述至元顺帝妥欢帖木儿,后段从必里克图汗叙述至林丹汗……本书对明代蒙古鞑靼、瓦剌两部的历史叙述颇详,较为系统地勾画了当时蒙古的社会政治面貌。①《黄金史》、《蒙古诸汗源流大黄册》(即《黄史》)、《蒙古源流》内容上与《蒙古黄金史纲》大致相同。罗卜桑丹津的"《黄金史》一书,是以《蒙古秘史》为记述成吉思可汗时代的蓝本,以《成吉思汗传》为记述成吉思可汗以后之时代的基干"。②其中的《成吉思汗传》所指的就是佚名《黄金史纲》。"对妥欢帖睦尔至林丹汗的蒙古汗统史,《黄金史纲》、罗桑丹津《黄金史》、《黄史》、《(蒙古)源流》等四种书的记载大同小异,不过还是《黄金史纲》和罗桑丹津《黄金史》互相更为接近,《黄史》和《源流》互相更为接近"。③

《蒙古源流》中有关明代蒙古的大量记述,是研究明代蒙古史的重要史料,内容包括元惠宗退回蒙古草原至林丹汗败亡的汗统史、答言汗(即达延汗)诸子的分封、巴儿速孛罗一系(自1532年衮·必里克即吉囊位至1634年额林臣重即济农位止。它侧重于阿儿秃斯万户和土蛮万户)④的历史。

《阿勒坦汗传》中有关明代蒙古史的内容有:达延汗略传、阿勒坦汗的世俗和宗教活动、阿勒坦汗之子——僧格都古楞汗及其迎请三世达赖喇嘛来蒙古、阿勒坦汗之孙那木岱彻辰汗的治世。⑤

以上蒙古文文献的特点是:

其一,编年体为主要体例。以上四书均属于编年体,以记载蒙古王公世系为重点,为了便于口耳相传,文字十分简略。"产生于十

---

① 朱风、贾敬颜译:《汉译蒙古黄金史纲》,呼和浩特:内蒙古人民出版社,1985年,引言第1页。
② 札奇斯钦:《蒙古黄金史译注》,台北:联经出版事业公司,1979年,第129页。
③ 乌兰:《〈蒙古源流〉研究》,沈阳:辽宁民族出版社,2001年,导论第31页。
④ 乌兰:《〈蒙古源流〉研究》,沈阳:辽宁民族出版社,2001年,导论第20页。
⑤ 珠荣嘎译:《阿勒坦汗传》,呼和浩特:内蒙古人民出版社,1990年,前言第4页。

三世纪的蒙古史学史,在数百年中保存并发展了它固有的独具一格的文字传统和口头传统,而这一传统之渊源就是《纽察·脱卜察安》"。"十七世纪史著的作者们即广泛利用了蒙古第一部历史著作中保存下来的口头资料,也利用了它保存下来的文字资料"。[①] 以此为基础创作的史书也就形成了简略的风格。

其二,汗统史、世系史和佛教发展史为主要题材。十五世纪至十六世纪的某些汉文史籍和波斯文史籍还谈到,这一时期蒙古人的史学史活动的基本形式是编修台吉—诸王、成吉思汗家族的家谱。从十六世纪下半叶起,史学史活动明显地活跃起来,结果,一种新的封建佛教史学史的基础于十六世纪末和十七世纪初最终形成,并于十八世纪和十九世纪得到了广泛发展。"在佛教传统与原本蒙古传统出现融合的基础上,蒙古史学史中新的观点形成了,一般历史以及蒙古历史的分期问题开始着手进行,蒙古人关于大汗和大汗政权的古老传统,另一方面是佛教关于'法规'的学说。这反映了'王位'与'教坛'结成亲密联盟的倾向"。[②]

其三,文学色彩比较浓厚。如《蒙古源流》糅合了几个民族的神话传说,综合而成为蒙古民族远古的历史;再如,《蒙古黄金史纲》也记载着多则民间口头传说;《阿勒坦汗传》则用诗歌的形式传承自己民族的历史,歌颂自己氏族部落的英雄和首领,因全书完全用韵文写成,曾一度被视为文学作品,后来才引起史学界的注意。

其四,偏重于蒙古各部对西部的扩张活动。大概是因为蒙古西进为传统方向(西进时他们大多两大万户或数个万户联合作战),或者是因为蒙古对汉地的活动过于复杂,过于分散,或者是其他的什么原因,总之蒙古文史籍中对蒙古的西进活动记载清晰,但对他们多次的、连续的进军汉地的记载疏忽简略,只有《阿勒坦汗传》中有一定的记载。

---

① [蒙古]沙·比拉著、陈弘法译:《蒙古史学史》,呼和浩特:内蒙古教育出版社,1988年,第199页。
② [蒙古]沙·比拉著、陈弘法译:《蒙古史学史》,呼和浩特:内蒙古教育出版社,引言第7-9页。

由于以上原因，单纯地依靠蒙古文文献研究蒙古史是难以真正全面地了解明代蒙古社会发展的概貌的，所得出的结论是片面的、不科学的。

二、汉文其他史著的分类和特点

在蒙古文史籍严重缺乏、内容简略的情况下，汉籍史料对研究明代蒙古史的特殊重要性便显现出来。有明一代，记载蒙古史的汉文史籍著作很多，官方、私人文献中有大量和蒙古有关的内容保存下来，"有明一代，东起辽东，西迄甘肃的九边一线，活跃着蒙古后裔的鞑靼、瓦剌、兀良哈三卫和察合台后人统治的哈密、吐鲁番等部落。他们长期与明王朝交往密切，时战时和，互相依存，其活动直接影响到明朝的政治、经济、军事、文化各个领域。因此，朝廷既以极大精力去处理北方事务，各类典籍中就多有述及蒙古者。不仅中央与北边各镇所留下的记录是这样，就是南方官宦、云游学子，以至一些山林隐逸的诗文书牍中，也有很多记载关于北方蒙古情况的文字。粗检《明史》，史部收书一千三百一十六部，其中记有蒙古史料者近十之三；另外子部、集部中含有蒙古史料之书尚多。而这些，又不过是明代蒙古史史料的一部分而已"。[①] 薄音湖、王雄曾对明代蒙古汉籍资料进行过总结和分类，本书将按他们的分类法（稍有变动）对蒙古史汉籍史料的内容和特点进行概述。

第一，实录等编年体类。其中以《明实录》最丰富、最有代表性，记有明一代史实，其中有不少关于蒙古事项的记载，保存了蒙古民族14世纪到17世纪的活动情况的大量史料。特别是在实录所本诸司奏牍今已亡佚的情况下，实录可谓最系统、最完备的根本史料。还有一些私史撰者撰述的编年体史书，对蒙古族的活动的记载大致与实录相同，或详或略，各有侧重。但若从蒙古史的角度衡量这些史籍，无疑材料过于分散，不能形成自己的独立系统。

[①] 王雄、薄音湖：《明代蒙古汉籍史料述略》，呼和浩特：呼和浩特市蒙古语文历史学会编印《蒙古史论文选集》，第四辑，呼和浩特，1983年，第382-400页。下文对蒙古史汉籍史料的分类基本上按此文的分类方法。

第二，政书类。《大明会典》和《续文献通考》中有关于明朝北方兵备、粮饷、战役等项的专门记载，也记有关于蒙古的具体情况，反映了明代官方对北方事项的了解和认知水平。政书类侧重于制度沿革的介绍，对具体情况的介绍不多，更谈不上系统化。

第三，纪传体类。《明史》、《明史稿》、《明书》和查继佐的《罪惟录》等除在纪、传、志中载入了大量的蒙古史材料外，还专门为鞑靼、瓦剌、朵颜三卫、西域立了传。这些专传字数都不多，难以反映全面的蒙古历史发展的史实。如《明史》的《鞑靼列传》、《瓦剌列传》和《朵颜三卫列传》加在一起不过 2 万多字，查继佐的《罪惟录》中的《河套满都鲁列传》、《遗元鞑靼列传》、《扩阔帖木儿列传》、《瓦剌也先列传》和《赤斤蒙古列传》合在一起不满万言，[①] 与《武功录》的蒙古部分洋洋洒洒 30 万言相比，无疑是小巫见大巫了。

第四，当事者的纪实之作。这类著作极多，薄音湖、王雄所编辑的《明代蒙古汉籍史料汇编》三册基本上都属于这种类型。这部分著作内容集中，材料真实，十分宝贵，但因多为个人所作，使用须加谨慎。

第五，方志和边疆图籍类。明朝的边防以九边为重，而记载九边沿线蒙古的情况和对付蒙古的策略，以及边防设施、与蒙古的互市情况，成为明代边防图籍的特色……这些方志图籍的材料来源，既有历代史传、公文档册，又有不少当时的实际调查材料，是十分宝贵的。且因其为一方之专著，范围小，问题集中，记述也比较具体详明。同样，这类著作的范围也是狭窄的，内容是零散的。

汉文史籍内容的分类和特点说明，全面利用汉文史籍，从多种视角研究蒙古史是应该的，而且是必要和必须的。但汉文的蒙古史资料并不是现成的、随手便可利用的。汉文蒙古史籍的最大特点是：

其一，分散性。明代蒙古汉籍史料是和整个明王朝的文献史料融合在一起，是明代史籍的重要组成部分。"除了《北征录》、《北虏考》之类的集中记述蒙古史事的基本史料外，更多的史料散见于

---

① [清] 查继佐：《罪惟录》，杭州：浙江古籍出版社，1986 年。

各种丛书、类编、汇编、诗文集、笔记、方志等著作中。往往是一大部书中或有一门一类，或有一章一节，甚至是一页一段，检索起来甚为困难"。

其二，内容认知大多是比较偏颇的。明代有关蒙古族历史的汉文史料极为丰富，其内容也比较全面。这些史书都是站在汉人的立场上，从明蒙关系发展的角度撰写的史著。由于语言、时代、时事及认识等多种原因的局限，能够全面的、真实的、准确的记载蒙古历史的史著不多，令人满意的著作更是寥寥无几。"大多是关于明朝与北方蒙古的关系，如军事冲突，以及封贡、互市等活动。对于蒙古内部的详情，如汗系王统、汗王更迭、内部战乱、各部落变迁等则缺乏充分、确切的反映"。①

其三，汉文史料的因袭重复性。很多汉文史著或抄于实录，或录自野史，自己的经历或个人见解较少。"就集中涉及蒙古的一些著作来看，往往互相抄袭，有的在沿用前人著述时略加自己的见闻，有的甚至完全雷同……这就需要我们在使用时进行一番追本溯源、去粗取精的考订工夫，通过分析比较，既见其同，又见其异，才能获得真正有价值的东西"。②

汉文史籍的诸多缺陷使使用者不得不小心翼翼。在现有条件下比较集中的、客观的、全面的反映蒙古内部历史发展面貌的汉文著作受到人们的广泛重视。《万历武功录》就是这样一部史著。

除蒙汉文史籍外，在一些藏文史籍、外文史籍中也有很多珍贵的记载，也应该进一步挖掘利用。

第二节 《万历武功录》史料方面的优点

《武功录》是第一部为嘉靖、隆庆、万历时期蒙古各部众多首领

---

① 乌兰：《关于整理蒙文史籍的意见》，载《蒙古学资料与情报》，1984年，第3期，第60页。
② 王雄、薄音湖：《明代蒙古汉籍史料述略》，载《蒙古史论文选集》第四辑，呼和浩特市蒙古语文历史学会编印，呼和浩特，1983年，第399页。

集中立传的史著，其内容丰富、范围广泛、人物众多，全面地反映了此段时间内蒙古众多首领的活动情况及民族关系的发展情况。它具有三大特点，这三大特点也正是《武功录》史料价值的体现。

一、《万历武功录》的史料集中性

（一）《万历武功录》在时间上的集中性

《武功录》选取了明蒙关系发展史上最富色彩的一个历史阶段，即对嘉靖、隆庆到万历中期的历史加以记述，全面反映了这一阶段明蒙关系从严重激化到和平，再到和平后双方之间点滴冲突、局部冲突的历史发展脉络，并从侧面反映蒙古内部情况，而不是对整个明蒙关系的平淡无味的叙述。

明蒙关系不仅是蒙古史的重要内容，也是明朝历史的重要内容。有明一代，蒙古问题与明王朝相伴始终，影响的不仅仅是明王朝军事和外交，同时也影响了明朝的政治、经济、文化思想等诸多方面。自明太祖立国以后，一方面派兵北征，另一方面又接连发布诏令，承认元朝的正统地位，以及蒙古作为元遗裔的特殊地位，给予优厚待遇，极力进行拉拢。明成祖五出三犁，对蒙古进行重点打击的同时，也实行经济笼络和政治分化的政策。因此明朝建立初期的半个世纪，在蒙古与明朝的对抗中，蒙古的实力相对弱一些。随后的半个世纪，明蒙之间一直处于时断时续的和平友好、通使往来或者是和平与战争并行的状态中。但总体上，分裂状态中的蒙古实力还是弱于明朝，而明朝方面则也无力发动攻势。1449年，"土木之变"后明朝完全转入防御态势，加紧了"九边"、长城的建设。在达延汗即位并逐渐在统一战争中取得胜利后，蒙古方面实力增长，明蒙关系渐趋紧张。弘治十一年（1498）蒙古方面因"赏薄生怨"，连年向明朝边境发动或大或小的袭击。嘉靖初年俺答汗登上历史舞台后，袭击变得更加频繁和激烈。但发动了几次攻势后，吉囊于嘉靖十一年（1532）向明廷提出通贡互市的要求，嘉靖二十年（1541）俺答汗向明廷提出求贡。此后便开始了明蒙之间漫长的求贡不成战争、战争不利又求贡的历史。其中，"庚戌之变"使明蒙间的矛盾极端激化起来。在蒙古兵临城下的背景下，明廷被迫答应开市，次年又自毁约定，坚决闭市，战争再起并一直持续到隆庆四年（1570）双方实现议和。此后，明蒙间虽局部冲突屡屡发生，辽东战火一直未熄，但总体倾向是和平友好的。

《武功录》一书通过记述嘉靖、隆庆到万历期间蒙古数十首领的事迹，综合反映了蒙古各部的发展变化情况，尤其是明蒙关系发展的状况。比如，《俺答列传》、《黄台吉列传》、《土蛮列传》和《速巴亥列传》等从嘉靖年间叙起，直至万历中期；更多人物的列传《扯力克列传》、《火落赤列传》、《青把都列传》、《土墨台周列传》等是记载了"隆庆议和"后蒙古各部的活动情况及因此引起明蒙间关系变化的复杂情况。如果我们把明蒙关系比作是一台冗长的悲喜混合戏剧，那么，从嘉靖到隆庆，再到万历时期就是这台戏剧由悲剧向喜剧转化的展示平台，而"庚戌之变"和"隆庆议和"则分别是激情平台上的悲剧和喜剧高峰。《武功录》着眼于本段时间内的历史变化，完整地展现了这幕戏剧的剧情转化，并以"隆庆议和"为侧重点，再现了明蒙间民族交流、议和的历史主题。

（二）《万历武功录》在内容上的集中性

《武功录》把东起辽东、西到青海西部这样广大范围内的多个部落的数十首领事迹集中到一部书中，通过每个部落记几个重要人物，以人物代群体，从中体现部落内的血缘关系、权力的更替、实力的大小等等，也表现了众多部落自身的历史以及部落间、明蒙间的各种联系、交往和合作，全面记述了东到辽东、西到青海这样广大范围内众多蒙古部落的发展情况及明蒙间的冲突纷争，而不是简单记述某一部落或某一地区几个部落的历史。《武功录》蒙古史事部分总计为43个列传，记110位主要人物，所记人物涉及的蒙古部落有兀良哈三卫、土默特部、喀喇慎部、察哈尔部、喀尔喀部、鄂尔多斯部等。《武功录》全书共1259页（以中华书局1962年影印本为准），其中蒙古部分为567页，在全书中所占比重达45%，并因此被人视作是蒙古史的专著。"特别值得一提的是还有不少关于蒙古史的专门著作。万历中，瞿九思潜居京西，'间入京师访求六科记事、实录邸报及官吏馈送书帕中之羌房蛮名籍事状'，撰成《万历武功录》十四卷，中有七（实为八卷）卷记活跃在中三边（宣府、山西、大同）、东三边（蓟镇、开原、辽东）、西三边（延绥、甘肃、宁夏）的鞑靼、兀良哈自嘉靖至万历间的事迹，多为他书所不载"。①

对以《武功录》为代表的记述蒙古史著作在选材、内容上的集中性，早已引起学者们的注意："明代为蒙古撰史盛于嘉、隆、万三朝。明宣德之后，藩篱破败，边守日蹙，蒙古问题日益成为朝野关注的突出问题。因此，如果说嘉靖以前汉籍史料对蒙古的记载只是关于一时一事的原始记录的话，那么，自郑晓《皇明北虏考》、魏焕《九边考》之后，专述蒙古史的著作才多起来了。王世贞著《北虏始末志》，瞿九思著《万历武功录》中三边、西三边、东三边，冯时可著《俺答前志》、《俺答后志》，叶向高著《四夷考·北虏》，严从简著《殊域周咨录·蒙古》，方孔炤《全边略记》等，这些都是嘉隆之后对蒙古史的研究总结，可以说是当时的'蒙古学'。这些著作的存在，表明明代蒙古汉籍史料不仅有它的可靠性，而且有它的系统性、完整性。"② 其中，《武功录》的系统性、完整性表现得更为突出。

二、《万历武功录》的史料客观性

（一）《万历武功录》的资料翔实

其一，从字数上与蒙汉文文献对比。

文字是信息的载体。同等条件下，文字数量的多寡在一定程度上决定着信息数量的大小。蒙古史史籍也同样如此。如前所述，《明史》中的《鞑靼列传》、《瓦剌列传》和《朵颜三卫列传》三传加在一起不过2万多字；查继佐《罪惟录》中的《河套满都鲁列传》、《遗元鞑靼列传》、《扩阔帖木儿列传》、《瓦剌也先列传》和《赤斤蒙古列传》合在一起不足万言。另据不完全统计，记述整个明代蒙古部分的文字，《蒙古源流》约5万字，《黄金史纲》为2万字，而

---

① 王雄、薄音湖：《明代蒙古汉籍史料述略》，载《蒙古史论文选集》第四辑，呼和浩特市蒙古语文历史学会编印，呼和浩特，1983年，第388页。

② 王雄、薄音湖：《明代蒙古汉籍史料述略》，《蒙古史论文选集》第四辑，呼和浩特市蒙古语文历史学会编印，呼和浩特，1983年，第398页。

《武功录》的蒙古、女真部分总字数则达到了 30 余万字。再以《武功录·俺答列传》和《阿勒坦汗传》相比，《武功录·俺答列传》的上、中、下三部分总字数大约为 6.8 万字，而《阿勒坦汗传》全书总字数不过 2 万字而已。所以，从字数上看，《武功录》是蒙汉文史籍中字数最多的史著，它所包含的有关蒙古史的信息也是最丰富的。

其二，从对某个事件的记述上，与他书对比。

有一些具体的历史事件，《武功录》和其他史籍都有记载，相比较之下，就会发现《武功录》在资料方面是最翔实的。如：辛爱黄台吉的有关记载。蒙汉文史著对辛爱黄台吉事迹都有记载，其中蒙古文记载十分简略，汉文史著主要记载了他在"俺答封贡"前夕的活动，对他的其他活动的记载则主要散见于嘉靖朝实录、万历朝的边臣奏章中。瞿九思将这些材料汇总在一起，编撰成了近 8000 字的《黄台吉列传》。兹抄录有关内容作直接的对比。

《蒙古源流》：

[俺答合罕]的长子辛爱·都龙·铁木儿·黄台吉生于戊戌年，于甲申年继合罕位，时年四十七岁。

《蒙古黄金史纲》：

当彻辰可汗时，格根俺答可汗有子僧格特穆尔都古楞可汗。其子苏密尔墨尔根台吉处诞生了索德那木札木苏达赖喇嘛的化身。

《阿勒坦汗传》：

（295）梵天大力转轮阿勒坦汗升天后，
其贵长子都古楞僧格鸿台吉，
受大号于圣主白室前，
继自在阿勒坦汗父之位于黑马年。
（296）其后都古楞汗、钟根哈敦，
为迎请等识一切达赖喇嘛，
遣敖齐赛古英、敖尔呼台岱青、额尔德尼玛尼等，
携带所给布施自彼地前往（西方）。
（306）闻达赖喇嘛驾临而来时，

都古楞汗、钟根哈敦为首,
立即率领十二土默特之大小诺颜,
渡过哈敦木沦往迎于鸡年。
(309) 古塔尔可汗、哈敦为首所有人众,
与三万户诸汗孛儿只斤黄金家族商定,
依遵普国之主格根汗之命,
迎请呼图克图达赖喇嘛驾临呼和浩特城。
(310) 于哈喇兀纳山阳庄严之地,
君汗所建呼和浩特城南,
树立所有各种旗帜伞幡等,
请(达赖喇嘛)驾临妙召释迦牟尼庙。
(318) 依遵领国之君格根汗父之大法,
敬奉宗教执政理事之间,
于青鸡年秋末月二十九日,
都古楞汗六十五岁时因患重病而升天。

其他汉文资料记载分散,恕不抄录。《武功录·黄台吉列传》也因为字数的限制,不能抄录其全文,仅取其梗概以示内容的丰富程度。

第一,嘉靖中黄台吉与三卫间错综复杂的关系及对明朝边境的侵扰。

第二,蒙古左翼、右翼的蓟镇、辽西的联合尝试。

第三,黄台吉女儿与汉人黄勇的关系。

第四,隆庆间黄台吉、把都儿和土蛮的联合对明及他与俺答的矛盾。

第五,隆庆四年,把汉那吉降明后,黄台吉的军事行动。

第六,议和后,黄台吉对贡市的将信将疑的态度。

第七,王崇古与黄台吉在三卫问题上的交锋。

第八,黄台吉部夷盗边、王崇古设立守口夷。

第九,黄台吉结怨于父亲、叔父、儿子及其他部落,王崇古为之劝和。

第十,黄台吉万历前十年的守约贡市。

第十一，黄台吉袭封顺义王，罚治违规部夷，信奉宗教。

第十二，黄台吉去世。

相比较之下，《武功录》史料的丰富程度可见一斑。

其三，从各传所记人物的数量与他书对比。

如前所述，《武功录》蒙古部分总计为43个列传，记110位主要人物，涉及的蒙古部落有兀良哈三卫、土默特部、喀喇慎部、察哈尔部、喀尔喀部、鄂尔多斯部等。许多人物在蒙古文史籍中仅仅是列名而已，如《武功录·西三边》的隐布台吉、秃退台吉等，在以记述鄂尔多斯部落为主的《蒙古源流》中也没有什么事迹记述下来。另还有许多人物是不见于其他蒙汉文史书的。《武功录·东三边》中的人物在许多蒙文史籍中就根本不曾提及（《蒙古源流》中曾提到过土蛮汗、脑毛大等人，但都相对简略），《武功录》中却为他们立有或长或短的专传。当然，如果仅仅是简单地列出名字，《蒙古源流》所列蒙古首领的名字肯定是超过《武功录》的。

其四，从体例上与蒙汉文史书对比。

蒙古文史书大多以编年体形式编写，对每个人物的记载寥寥数语，不能形成对个人的详细了解，也就不能使人形成鲜明的印象。《阿勒坦汗传》虽以传记体形式出现，但因着重于佛教宣传，对细节描述不够，同样难以达到以上的目标。其他汉文史籍因材料比较零星，也各有各的缺陷。《武功录》则以纪传体的形式，将所有有关材料收集在一起，使得人物事迹更全面而具体，人物形象更鲜明生动，跃然纸上。

如俺答在嘉靖中期庚戌之变后的互市不能满足其要求时，对明朝边臣的态度也变得十分的强横："（嘉靖三十年）十一月，虏酋以不得菽粟，三入塞，卤（掳）各畜产甚多。边吏让俺答，答谩应曰：'有之，诸虏以贫故，饥饿无从得食，往往严禁弗能止，譬如，中国法虽严，民间岂无寇窃邪？我能自不入犯，不能禁部下之不盗也'。"[①] 再如，把汉那吉降明后，俺答与明朝边吏谈判时的桀黠：

---

① 瞿九思：《万历武功录》卷7《俺答列传》中，北京：中华书局影印本，1962年，第699页。

"（方逢时）乃遣使金国，赍传贴往，杀之。已，遣侯金往，又杀之。已，遣鲍崇德往，崇德故役胡中，与虏狎，遂让俺答：'而（尔）欲得把汉急，胡乱乎？'俺答曰：'以太师之灵，我何敢凭陵，不胜舐犊爱耳，愿移珍赎焉。'崇德曰：'中国重译纳赆方输，错出谁利？是吾为若谋，可不费一缗。'俺答曰：'唯使者命！'曰：'而（尔）不欲得把汉则已，必欲得把汉，非以赵全、李自馨等生献见，莫可者。'先是，使者言把汉已部送长安，俺答故惶惧，计划无所复之。今闻崇德言，欢甚。即引兵却出塞，而遣使持番文，诣崇古请称臣奉职贡，祈那吉还。崇古要以执诸逃人为主划、为羽翼、爪牙者以来，庶得遣。大略如所划策。是时，相国［谓］俺答子辛爱颇怨答溺少妻幼子，欲谋答，汉可因以为间。崇古复遣崇德往，俺答曰：'吾欲以牲赎那吉。'崇德因言：'中国牛羊被野、财物腐朽，王府金币珠玉委积，无所用之，安用汝牛羊马？吾来，欲为若谋得孙耳！若不可不遣赵全等，亟诣幕府请那吉。不然，旦夕断那吉首矣。'于是，俺答悔用赵全谋，仰天叹曰：'始吾欲降旗奔天朝请封，赵全等谓我有天分，数道（导）我兴兵，南北疲于战哄。今父子妻孥且不保，皆诸酋罪也，吾奈何爱诸酋头，而不以易一孙乎。若为我请太师，幸怜我北番爨无釜、衣无帛。既款之后，请得岁给我金绘及釜爨以为生，我当以旧釜还汉。且微独是，我胡中人至亡赖，诚非假汉爵，必不奉约束。以太师之重，请皇帝陛下有如授我王封，剖符通使，得乐太平，圣制足矣。愿太师勿过疑。'于是别崇德，因使其部夷火力赤上书，请约麾骑避一舍"。[①] 当明方官吏将注意力完全放在赵全等人身上时，俺答机智地将过去纷争的责任一股脑地转嫁到赵全等人的头上，并借机提出了和解的经济条件。

（二）《万历武功录》的资料可靠

从本书第三章"《万历武功录》蒙古史事部分史源文献的种类"的内容中可以发现除少量的前人著述外，《武功录》的史源文献主要是当时与蒙古部落首领亲自打过各种交道的明朝边吏在事情发生过

---

① 瞿九思：《万历武功录》卷8《俺答列传下》，北京：中华书局影印本，1962年，第730页。

第六章 《万历武功录》蒙古部分的史料价值　　299

程中及事后的奏疏、塘报、邸抄、书牍、公文、口碑等，这些在当时都是尚未经过改动的第一手材料，是完全真实可靠的。瞿九思正是使用了这些第一手资料编撰了《武功录》，这是《武功录》受到人们普遍重视的原因。"1件文献里就比50部历史书都还有着更多的生命（撇开少数最优秀的历史书不提）；单单是由于这一事实，即它包含有确实是属于过去时代的东西，它便具有活生生得出奇的死去的生命，当某种声音或气味唤醒它的时候，它就像是属于我们自己的过去那样"。①"瞿九思《万历武功录》中有关俺答王的章节，是用中文写的作品中对中蒙关系所作的最公正的记述"。②

　　单就一条史料的价值来讲，第一手资料的价值高于著述史料，因为著述史料在撰述过程中已经经过修改、改动，离事实原貌已经出现差距了。比如，达力扎布曾就嘉靖十二年的大同兵变对比了各个时期的史籍记载，包括有苏祐的《云中事记》、孙允中的《云中纪变》、翁万达的《盘获奸细疏》、高岱的《鸿猷录》、尹耕的《大同平叛志》、《明实录》、严从简的《殊域周咨录》、王士琦的《三云筹俎考》、冯时可的《俺答前志》、叶向高的《四夷考》和《武功录》，其结论是"对大同叛兵勾'虏'事，嘉靖初年参与平叛诸人的记载与晚出史籍有很大差异。前者所记叛兵诱来的'大虏'或'北虏'在后来演变成了'小王子'，叛卒欲以代王府谢的'虏酋长十数人'，变为'王子'，又变成'小王子'。显然在辗转抄录中不断润饰，越传离事实越远"。③

　　但是第一手资料的价值是无法自动地显现出来的。因为通常所说的原始史料或带有原始性较多的史料，尽管其史料价值较高，但多是零散的、片面的、不完全的。一旦它们进入历史编纂过程，经过了人们有意识的分类和综合后，也会获得生命力，并在史学研究中发挥更大的作用。司马迁写的《史记》，把反映从远古直到汉武帝

---

① ［英］罗素著，何兆武、肖巍、张文杰译：《论历史》，桂林：广西师范大学出版社，2001年，第2页。
② ［美］牟复礼、［英］崔瑞德编：《剑桥中国明代史》，北京：中国社会科学出版社，1992年，第852页。
③ 达力扎布：《明清蒙古史论稿》，北京：民族出版社，2003年，第180页。

时数千年间历史的史料熔于一炉，编纂为一部大型纪传体史书，其整体价值已远非散存的史料可比。司马光所著《资治通鉴》，其所用史料有不少原书已经散佚，其保存之功历来受到学者的重视。另外还有不少尽管仍保存在历代正史中，但因经过作者详尽的归纳条理，更能帮助读者了解史实的真相，所以现在也经常被当作史料来引用。《武功录》无疑就属于这一种。尽管它与《史记》和《资治通鉴》等历史名著的地位无法等同，但属于同一类型，具备同样的性质，它是蒙古史研究的重要史料。

三、《万历武功录》部分内容的独有性

《武功录》中关于万历年间的事迹大部分来源于奏疏、公文、书牍、塘报、邸抄、口碑等，如今这些东西大多已经不存在了，还有少量散见于《明实录》中。因此《武功录》的史料价值越来越受到重视。"《万历武功录》是瞿九思流寓京师时杂录邸抄塘报而成，所记嘉靖至万历间北方诸事，多为他书不载，与蒙文史料，尤其与《俺答汗传》（即《阿勒坦汗传》）相对照，亦多相符，因此确具很高的史料价值"。[①] 尤为重要的是：《武功录》中的许多内容为其所独有，其他史籍没有同类的记载。

（一）《万历武功录·中三边》内容的独有性

《万历武功录·中三边》中很多内容是独有的。这表现在三点：

其一，《中三边》中很多列传所记人物在其他蒙汉文史著中都是记载阙如。如《不他失礼列传》、《沙赤星列传》、《波儿哈都列传》、《把汉那吉列传》等等。《青把都列传》等哈喇慎部诸台吉列传是十分难得的记载哈喇慎部活动的材料，在蒙汉文史籍中都是不可多得的史料。而《永邵卜大成台吉列传》、《多罗土蛮把都儿黄台吉、麦力哥、克臭列传》和《火落赤列传》等记载了蒙古右翼部落众多封建主到达西海的活动及部落间的关系，史料价值也非常之高。

其二，《中三边》许多人物虽然也见于其他蒙汉文史籍记载，但

[①] 薄音湖：《俺答汗征兀良哈史实》，载《蒙古史论文选集》第二辑，呼和浩特市蒙古语文历史学会编印，呼和浩特，1983年，第59页。

不完善、不系统。如前述《黄台吉列传》、《三娘子列传》等。

其三,《中三边》各传中记录了俺答、扯力克先后为顺义王时率领多个部落联合西行的路线、过程、明朝的对策以及蒙古部落留居西海的人物及其活动等情况,还有大量今天已经难以见到的蒙古各部发展情况和俺答封贡后明蒙间冲突的相关史料,这些都是它的史料价值所在。如《扯力克列传》不仅将扯力克的西行路线、过程、在甘青地区的活动、明方边吏的对策等交代清楚,而且将俺答时期的路线、活动及政策也作了追叙,以与扯力克的西行相对比。这是《武功录》中价值较高的部分,兹抄录其中一部分如下:

其明年五月,扯力克旧妻满官正娘子及把林、安兔、毛明暗、段奈、把都儿倘不浪、老落赖恰、五兰比妓以马贡。其八月,扯力克与三娘子、一克黄台吉(即不他失礼)至宁夏外边。始,俺答东还,至贺兰山然后走赤木口,请市马,然一市不再市矣。我乃犒从者,费凡九千四百有五两。顷,扯力克以先年归路为来路,即拥众至平房打磴口,赍夷使计龙、武天祥等一十五人书及马一,诣备守使沙旸所,请"假道于宁夏庄浪,吾等去巢之日久,从行台吉、比妓、打儿汉等至一千五百人,而抚赏散夷犹不与焉。诚囊空,请易马至三千匹"。已,送致(至)马一骑。制置使梅友松请亦如之。属按察使戴光启问状。于是,大将军下羽檄,令北备平房,南防玉泉,西守广武,而以备守使土文秀军居中,以扼赤木之口。是时,给谏胡汝宁上书奏边计,计至多弗载。而光启及总戎张维忠亦皆言:"虏王夫岂不知俺答故未尝曾假我宁夏道,而又岂不知我关吏之坚弗内也。特度我汉人必畏虏骑蹂践我内地,即弗予我道,则必予我重赂。我可坐而购大利也。此为计甚狡,何不召二三夷使问之。我故知计龙、大祥先皆为石州茂才,博通义艺,习往事,第证以伊大父西走故道,及抚赏事,纵不自爱,奈成法何。"是日,系牛酒大犒使者而退。

其七月杪,顺义王乞庆哈传发自长滩,至销金水,乞庆哈即扯力克也。

其八月，自山后行至把力大休舍。去边二百五十余里矣。曩者俺答道由川底，去我平虏边千余里而远。今扯力克达我近边，此左右必有以诱之者，以为己索赏地。于是，台御史姚继可果遣备守使沙旸，召计龙面折之，因许暂市马三十匹，他悉俟还日议。计龙具以备守言告虏王，虏王曰："吾来必欲多市马，然后济吾事。今且行猎贺兰山，若毋（勿）妄言也。"是日，虏王宿蒲草泉，去贺兰山百五十余里，渐近矣。已，移帐黄硤口，而以一克黄台吉至乱井所掘井汲水。乃发羸马弱卒诣镇番。于是，躬帅控弦之士待边，日讲市，市必欲比先王父法。先是，俺答东还，得市马至五百八十四。今迫虏王请，使者讲求五十有六匹，台臣始许如故事。已，申之以新约，约虏王指天日以为誓，誓东还之日，走川底，不得复假宁夏道，而以索赏故扰边。此必王手自大书，而以王印印书封付我关吏，为王请市期。约如是，虏王犹未厌也。乃从蒲草泉道赤木口，休舍长湖，复使武天祥求市中卫，愿得市马九百四十匹。已，使夷使视河南道，会中流水深，弗可渡，告罢。于是，台臣亦复使使者让顺义王：必如夷使言，横欲增市，则岂惟市不可得，且请以大兵问王，王奈何。虏王于是惧而听命，始唯唯请罪，惟太师所约。

其九月，讲抚赏，自初九至十六始定。于是开厂中卫，而以副总戎哱拜为一军，军厂东；游击石松为一军，军厂西；副总戎解一清及参将赵宠、备守土文秀一军，军大边，以备东西声援。是时，东虏明暗台吉犹住牧平虏迤北，乃遣备守朱绶为一军，军石空寺；游击熊国臣为一军，军枣园堡、玉泉营；备守刘弘业为一军，军大坝堡。而以十九日入中卫市，市马凡五百五十匹及镇城马三十，果如俺答数。已，送我塞吏马九四。已，求铸佛，市马凡五匹。我市本借清水、中卫、平虏备市河套山后诸酋金费。亡虑八千一百八十金有奇。已，请开民市，市米谷，为道里费。不至一日，市马驴牛羊凡五百八十二头，税凡二十五两四钱有奇，我仅抚赏者三，费凡六百三十余金。视曩时俺答费自大损，损千余金。顾弗遵汉约束，甚至大言欲钞（抄）我近郊，危我将吏，以疑惧我塞吏。我塞吏一折于平房，再折于赤木口，三折于中卫，谁谓而（尔）土室之人疆（强）者？而往来者直乃言曰："前哨之在甘州，犹劫掠我居民，挟犒劳，以致城门徼（警）戒，道路不通。虏王至，又当如何哉？"其二十八日，虏王出宁夏外边，自营盘水传发，旦日休舍松山醻。于是，御史崔景荣言："虏虽声为报仇，然志在抢番。况鞍马射猎习以为性。泉甘草美，所至为家，有如贪西海久不还，则东套诸酋，旦莫（暮）托名，'我为视王子来'，由此胡马结辙于道，边吏何以待之？"乃筹边事至悉，语在邸状。

其明年（1590）正月，扯力克至甘州，纵诸部公行黑松、古浪间，挟平西事为奇货，阳以泰山自视，而阴济其贪暴，不自知彼于我汉，汉亡当也……其四月，天鼓鸣。是月，扯力克逢邮使转马价金十万，夺之而去。其五月，扯力克拥众屯河西，不出口。台御史赵可怀以状闻。是月，顺义王益留意松潘多茂竹，遣夷使七人渡黄河以卜居。已，遣大城湾卜窝驰八什，言欲索西番，而付以篆体图书。于是，狌儿蟬以礼遇之而去。

其六月，顺义王携家室驰沙果川，休舍仰华寺。已，请火落赤计事，是时，扯力克益荒淫于酒色毋（无）厌，乃简控弦之士三千人治皮袋（筏），从绰逊口渡河，而会仰华族思落龙剌麻（喇嘛）力阻之，弗可。又调番水夫五十人皆携皮袋（筏）渡兵马而南，大言欲南略洮、岷、松、茂，东略保安、撒剌、河州、马家滩，此实双蓬台失为之引导也。而给谏张贞观、张应登及台御史岑栻、御史岑本固皆后先上边事，备陇蜀，书多不载。

其七月，扯力克在甘肃，使真相、火落赤、卜失兔等公行劫略，大肆杀戮。曩所称送佛及仇瓦剌、平西宁，皆嫚言以欺人耳。主计者议欲绝市赏。是时，火落赤日往来扯酋帐中。已，大寇我洮河，盖志在建寺捏工川，以内固其窟穴，而藉扯力克聚西川，以外树其党与（羽）。于是，扯力克亦至小盐池，乃先遣三骑诣火落赤，御史崔景荣以为扯力克主谋良是，而给谏薛三才亦请致书虏王，令瓦、火二酋献逆，得除罪。居亡何，火落赤以轻骑渡河迎扯酋。扯酋欲莽剌川，乃为火落赤所左，竟引扯酋之众万余，并驰捏工川，以搜诸番族。于是，制置使梅友松大会台御史赵可怀，急使使者李文学奉书让虏王。虏王亦报以书，书词多支蔓，大不敬。

其八月，制置使萧大亨会台御史王基，召虏王诸酋长，声其背德之罪，欲停市赏。而御史黄卷请兵之。居有顷，顺义王使夷使赍令箭诣关吏，"吾欲略回子，不可得，去略番子，又不可得。皆阕匿不知何所也。今吾兵马十万窘困甚。幸多予我蟒段金银，然后请罢兵。不然者，我直从临洮、巩昌钞（抄）至洮州始出边。"自是之后，火落赤果九（纠）合真相台吉、克臭，永邵卜，声称顺义王引所部红台吉、黄台吉、白寡妇、昆都力歹成、拜言、着力兔、正哈、明爱台吉万余骑驰大山口。我总巡王好武提兵备宁哈喇耳记山。虏果冲锋至，我师生获卜咂一人，夲胡马一十二匹，夷器二驼。虏乃直捣老雅、船板、槐树诸关，公行劫略，略至西尔乔家岔、沙麻关。千户王官鏖战，中流失死。是时，总戎刘承嗣居景古城，佥事郭宗贤居临洮，闻徼（警），即日驰河州。会莫（暮），宿和政驿。而游击孟孝臣兵亦至。虏乃抢至陡石关、巴思关，而以五百余骑冲和政驿南门，承嗣帅众发火炮，斩获首级及夷马二匹。亡何，游击李芳、副总戎原进学兵适至，皆止壁安阳山，接战，破之，斩首虏八级……已，虏复大围我景古城，城中十余日不得水，窘困甚。虏乃微使诸零骑黑夜渡洮河，以出汉不意，汉惟知虏老营，方接战，颇无疑意。以故诸零虏得脱身走临洮。临洮守岳惟华政乘城坚壁以自固。虏始走狄道及临洮卫、渭源县……其九月，给谏张栋、御史周孔教乃劾奏其事。大都言：洮岷之间，为虏所卤（掳）杀者众也。台御史李廷仪于是深辩其事，书多皆不载。是月，扯力克遣狰儿蝉虏达钞（抄）我阿坝寨，遣二百余人驰杀路塘、趁鹿䴉路。而西番急使三人骑马走凤凰咀，召还园坝、藩哑、商巴、石咀诸土达。然临河去松、潘，草茂道平，盖轻骑可八日至也。松、潘自嘉靖十一年北虏入寇以来，幸无虏患。于是，蜀台御史李尚思请备虏。顷，给谏张应登、御史牛应元亦以书至，事皆下戎部，大都以蜀登胪腊之山，而莽、捏在望。虏聚莽捏之地，而蜀番震惊，势不得不备松、潘急也。

其十月，扯力克还海上，与三娘子并致书制置使郑洛所，益凛凛于上威武，兼以洛奉新命，提大兵至塞以亟，故欲东归以缓须臾毋（勿）诛。洛乃具以实奏。上诏之曰："朝廷既假卿便宜，一切制虏方略，务要随机措置，以保万全。"而给谏徐桓书则主于战，书略言："东还，未可尽信。以曩时边吏所上出边，不过引其众渡河已耳。今经略悉以属洛，洛昔为扯酋请封，今肯革其封而讨之乎？昔为扯酋假道，今肯追其往而逐之乎？命下之日，廷议窃必其主抚也。臣以为虏诚一日斩二酋头，传塞下请死罪，即抚之何不可者？顾恐如西宁故事，阳责其叛盟，而阴厚其抚赏，而徒执一二小丑，饰降表以愚我，此臣之所大惧也。臣之愚计，独以为莫若革其封、离其党、孤其势，而益其敌。何（可）也。三娘子方使使者趣扯酋东归，扯酋不从，心颇怏怏怨望。我边吏能从中阴款之，亟使使者立其爱子不他失礼，而诸部诸酋长一日悉分封，如汉立五单于故事，且使自相仇并，我可得高拱而视孰成败，以收渔人之利。此一策也。且闻虏每入，必先传箭约期。今诚募敢死士入虏营，密为侦探，先期收保，不得恣为卤（掳）略。俟虏围自解，我然后出精锐之师邀其惰归而击之，此又一策也。"书奏，下戎部。先是俺答来也，由凉州之宁远、永昌而西，及其还归，则由庄浪之镇羌而东。今扯酋则烧黄羊川边柞,一克黄台吉则折泗水堡水洞,拥众而入,非复在宁夏时声言走镇羌道故约也。御史崔景荣请欲虏从川底以还。而郑洛亦严为令,令虏毋(勿)得假内道。当是时,庄浪则备镇羌堡,黑松则备铁柜儿,凉州则备泗水堡,永昌则备水泉,及宁远、甘州则备石峡口。此数道,曩套虏得假之,以伧倅(仓促)而来,惧我伏兵起,不得久居中。已,俺答复假之。于是往来诸虏酋称引以为例,而不知彼皆奉我关吏约束,即抢掠未必无,然有则辄罚,罚则辄止。岂必如今日之甚者。于是诸关吏益坚闭以自固。

其十一月,火落赤恐扯酋果东归,势孤,乃数入帐中,百计留扯酋。声欲复犯洮河,因寇松茂,以坚扯酋毋(勿)东还。顷之,卜失兔亦惧而请死罪。

其十一月,副总戎原进学遣撒拉[剌]族番官韩恩及其孙韩亦速微出塞,诇虏,行至乌常沟逢虏,击破之。扯力克之部死者董剌上(土)巴恰、泥巴失、牙什恺、牙囊必台失、土巴恰凡五人,他皆火落赤子婿。语在《火落赤传》。

其十二月,宰僧驰他家沟迫亡虏,游击原进学误以为扯力克、永邵卜驰摆羊戎,吉囊驰杏儿脑,为欲复钞(抄)我河州而来也。洛以书劾奏之。

其明年(1591)正月,扯力克悔为火落赤所诳,乃杀曩时引导者,遂遣夷使武天祥等送致我河州诸备(被)虏(掳)者马崇、安满业等凡三百余人,马凡一百四十六匹,盔甲及衣物亦各如数,曰:"此故火落赤所卤(掳)者,惟太师幸才察。"要亦惑于我欲易王之说也。给谏张应登书以为,宜防其狡诈。是月,扯力克令大成妣吉先出口。又三月,扯力克及三娘子、不他失礼,把汉妣吉等请汉官护行。洛乃给以白旗,期初九日鸡鸣而驾,而以念日从扁都出边。于是汉亦遣通官韩大友、张安等与俱。已,扯力克复遣葛赖首领等十余人持番文,请从肃州外边道川底而归。顾许我得市马千余匹,以为治装费,幸甚。而不他失礼、卜失兔书亦如之。是时,分守使张思忠、分巡使朱正色、赞画使万世德验问使者，实以马牛羊羸弱，畏甚，且恐内关关吏不容缓行。愿优游塞外，俟草长马肥得还故巢便。洛乃许诺。虏酋故多疑且诈，始请镇羌，我固已许之矣，而又以道狭请扁都，我又许之。洛唯唯恐后。然虏王诚畏我议其后，逗遛弗前。而况虏王始来时，自铁柜山假道走黄草滩，低徊者半载，乃至扁都。于是，居民之受祸者十家而七。以故洛忻然从虏请，其为远谋如此。自是之后，御史张应扬上书，大都虑"虏王东归，必有以复市赏请者。臣愚以为，纵不能得火、真来献，亦必献我计龙、武天祥，如俺答献赵全、李自馨故事。我乃因而开关以予市，然后可"。事下兵尚书石星议，以为"先世之约，迎佛假道，抢番启衅，皆有明禁。今李联芳之死岂非计龙、武天祥为祸首与？有如二逆不擒，终闭关谢绝，幸勿予，此为上策。非然，则宽其能悔罪，弗佐逆党。且新从海上来，姑与开市如故约，约市额新增者，皆一切报罢。因著为令，令永无请增。此为中策。至若执彼小丑以塞边吏之请，及横肆虎狼而故干我边吏，阳为安边，而实以媚虏，此为下策。然此则非臣所敢与知也。惟陛下才察"。

其四月，御史李本固言虏王殊无意东归，今非托以马瘦，则言道险，此皆故以此缓我师。俟秋高马肥，尚为我塞上患苦也。于是，叶梦熊劾奏洛，不当用王志宝、计龙策，数与虏约。臣以为宜主战，大略欲斩虏王首，与给谏王德完同。语在奏疏。是月，扯力克约诸部由东还，而会火落赤留之坚，以为"王纵不为我少留，独不能遗（遗）我诸部落乎。"而扯力克终不能忘情于市赏。况切尽妣吉则又约虏王还套，虏王势且不能不还矣。于是，许留诸部落以佐火茵，遂决策东归。台御史叶梦熊以书闻。然扯力克亦既已移狼湾（原注：即野牛河）矣。狼湾，故甘肃绝塞，乃走川底道也，去仰华寺可五百余里。是时，狼湾犹地寒，草极迟，虏马半倒死，殊自窘困。虏王意欲假请镇羌，自知背初约，畏，弗敢言，乃使三娘子告急于制置使郑洛，弗许。

其五月,袄儿都司吉囊(卜失兔)至扯力克帐中,欲及草青以图瓦剌,不然者,吾等且引众以还。扯力克竟以大札,故马死,益恐为天所杀僇(戮),乃与诸酋誓,自谓"吾复不抢瓦剌也,惟归故套便。"按归道走川底者,过肃州镇夷堡,其间三十里无边垣,我边吏备边难,独为嘉峪关关外道可无问;走扁都口者则过甘州,行内地三百余里,甚为我耕牧害;走镇羌者此固经内道,然界在庄浪,边隘不至一里许,虏旋至即出蒲口,幸无恙,顾沙碛,我内地,鲜耕牧,易为备。而虏则苦山险,且水(冰)滑。始,乃佯使虏使请此道,已,变而请扁都口,又变而请川底,此皆为计甚狡,而实则扁都口也。扁都地宽平,虏逐牧便,以故洛坚意不许虏走扁都也。

其六月,御史王有功上书,略言:"西海之虏自宣、大、延、宁来,而甘、洮之害亦自宣、大、延、宁贻也。今当借力于延宁,借财于宣大。今一岁所停,市本不下二十万,敢请以佐甘肃。"于是,兵尚书石星覆其奏,上从之。诏曰:"扯酋西牧,致逆虏扰边,朝廷念其罪恶未著,姑停市赏,责令回巢。如何展转迁延,久恋西塞!显是变诈,难以姑息。着经略宣谕本酋,勒限驱逐。如过期不遵,便绝贡革封。行令大同、山西各将吏出捣剿,不许再行支调。"于是,云中台御史邢玠推择宣大山西勇敢士以佐战陈(阵)。而洛亦使使者趋虏酋以六月之八日大出边。虏帐传以汉太师幸许我过镇羌,皆为感德语,歃血出誓言,大略为:"吾等不久必拔帐而东。顾红帽儿失马凡六百匹,而扯力克方且追搜马驼出。今即不得奉汉太师约,王至当即旋,岂敢背大德。幸为我宽假其期。"

其七月,切尽姚吉部撒户首领及白马台吉、歹成、沙计台吉过镇羌边,而阿赤兔、卜失兔、宰僧、我尔着亦休舍西古城,皆言"吾候扯酋至,出边,它亡意。疆吏勿深疑也。"先是,俺答东归,县道传次与市赏及筵宴以劳之。以答故未尝犯我边吏旗鼓也。洛惟恐扯力克不念彼洮河之役，有死罪，而概请以为比。亟下令，令延宁诸边禁勿予。

其八月，罕木台吉从宁远堡出边。已，大成比妓及酋长蟒兀舍倘不浪、也辛倘不浪、沙赤星等从永昌水泉儿、毛卜剌出边。已，顺义王、三娘子、不他失礼、明艾台吉、根兔台吉、黄大（大黄）台吉、脱赖榜什折（打）儿汉等驱马牛从塔儿湾、姚家寨走压腰山，复分为两道。一道走红山嘴，一道走月牙湖、水泉儿并至毛卜剌。

其九月，扯力克引众从镇羌驿出口。于是，邢玠以其状请。始，上从制置使魏学曾议，诏陕西四镇修守事务不必会议。而又言，北虏款贡多年，顺逆不等，未可一概尽绝。以故玠复以书请，命臣洛赴宣大，议虏款也。是时，给谏李汝华以巡边至，上疏言边情。大都见顺义王居黄草滩凡八月，炒、把居大黄山则以岁计。追其所由来，始不过请市牛羊而已。后至马市，至抚赏扁都、庄浪之所，山丹、甘峻之间岁费巨万，而夷使季（计）龙、武天祥辈甚且乘传而驰，止舍邮亭，此皆有伤国体。而况虏王虽归，遗孽犹存，诚不可不为之图也。已，又上疏劾边吏以蟒段贿宾兔妻，且言顺义王出塞时，我堡皆予虏酒食及驼牛膻锅，虏乃杀我永昌军沈刚等十一人，略我居民十干等三人、镇番军文贵等四人，诸不法状，事下大司马。

其九月，制置使魏学曾尤恐扯酋姑以老小诸牛畜东归，而阴或引精兵从川底走嘉峪关而西，大会火酋；或犯我甘肃，皆不可知。于是渡河，移靖虏、兰州。而给谏张栋亦上书，言官洛、乌藏诸番兵以万数，故杨、咎二族所服属，我乃筑堡以居之。而又月廪食金五钱，今皆不足以备缓急，乃劲奏洛及阅视司丞周弘钥、都御史梁问孟、钟化民。上有诏调钟化民。居有顷，吉囊（卜失兔）移帐孤头嘴、里马圈，而以水泉儿失牛羊故，益归怨于关吏。乃欲寇钞（抄）我镇岔、武胜、庄浪、红城子。于是，宾兔妻微遣使者以生（告）。①

（二）《万历武功录·西三边》内容的独有性

《万历武功录·西三边》所记的人物都属于鄂尔多斯万户，其中许多材料是独有的，唯一的，因此十分珍贵。记载蒙古右翼鄂尔多斯万户首领事迹的材料以《蒙古源流》的内容最为丰富，其他如《阿勒坦汗传》有一些间接的记载。《武功录》的这部分内容与萨囊彻辰所著的《蒙古源流》中的一部分在时间上有一段重合，内容上也有相同的部分，因此两书的这部分内容可以做一个简单的对比。乌兰在《〈蒙古源流〉研究》中总结说："《源流》的史学价值就在于它提供了有关明代蒙古史、尤其是蒙古内部情况的宝贵资料，可补汉籍和其他文种史籍的缺欠，并与之互证。"在这部分中，有一些属于鄂尔多斯万户的史料，"萨冈在《源流》中真实、生动地描述了阿儿秃斯万户的历史……主要提供了阿儿秃斯万户衮·必里克吉囊诸子（九人）世系（至作者自己的年代）及其属部的名称；着重介绍了忽图黑台的业绩；提供了自巴儿速孛罗至尔邻勤共六代吉囊的传续情况，其中着重介绍了卜失兔吉囊的业绩；介绍了忽图黑台长子一系（下限为作者本人）的主要业绩"。从乌兰的介绍可以看出，《蒙古源流》是侧重于卜失兔吉囊和忽图黑台（即切尽黄台吉）两个人物世系的传承记载，是对两个人物及其后裔的重点叙述。对鄂尔多斯万户其余首领只是提及名字，并没有更多的事迹。而《万历武功录·西三边》中记载的鄂尔多斯万户的人物很多，总计48人，其中37人是各部的黄金家族成员，另11人是他们的妻子、女婿和外甥。因此，可以说，除切尽·黄台吉及其后裔之外的吉囊八子诸系的记载，《武功录》远较《蒙古源流》丰富。这些传记虽短，讹误也不少，但仍然是十分宝贵的。从人物所属部落讲，衮·必里克吉囊九子及其后裔计三代人都或多或少有所涉及，所记范围之广，人物众多，内容详细，为《蒙古源流》所不及。从字数上看，《蒙古源流》中记载鄂尔多斯万户诸首领事迹的文字计6000多字，而《武

---

① 瞿九思：《万历武功录》卷8《扯力克列传》，北京：中华书局影印本，1962年，第814－820、822－830页。

功录》西三边的总字数为 2.6 万字。诸台吉外另 11 人的传记的史料价值更高，如《威正恰把不能列传》、《把都儿拓不能列传》、《阿拜户拓不能列传》、《耽戴舍吉①列传》等，甚至其中还包括了一些女性的列传，如《切尽妣吉列传》、《滚吉阿不害列传》、《切尽罕同列传》、《成把都儿列传》等，在蒙古文史书中是绝对少有的。

（三）《万历武功录·东三边》内容的独有性

《万历武功录·东三边》的资料更是珍贵，是《武功录》一书中最重要的、最可宝贵的部分。它保存了辽东地区明代中期以来蒙古左翼察哈尔万户、内喀尔喀五部、克什克腾部、女真族在奴儿哈赤兴起前发展的历史，包括蒙古左翼各部首领、喀尔喀部首领、朵颜卫首领、泰宁卫首领、女真族首领的活动，其中涉及蒙古左翼内部的关系、左翼与右翼的关系、左翼各部与明朝之间、与三卫之间、与女真之间关系发展状况的史料。其中，《土蛮列传》有 2.16 万字，《速把亥列传》1.3 万字，《黑石炭列传》近 5000 字，朵颜卫 10 位首领的传记共 2.5 万字，都是蒙文史书中少见的史料。其中也记载了两位女性首领猛可真、大嬖只的事迹。尤为重要的是，瞿九思撰写蒙古部分时所采用的前人著述基本已经失传，万历年间的相关史料现存也已经不多，并且是散见于《明实录》中。而现存的蒙古文史书对蒙古左翼记载极度缺乏，"《蒙古源流》里也几乎没有记载关于布延汗的事迹。但《万历武功录》（卷十）里却立有卜言台周即布延台吉的列传"。②《蒙古黄金史纲》的记载仅 2000 余字，《蒙古源流》的记载大致也是如此，而《武功录》的有关内容则达到了 10 万字。可以说，《武功录·东三边》的许多内容是独一无二的。

---

① 舍吉，即蛇进，是俏不浪儿男。见王士琦《三云筹俎考》卷 2《封贡考》，载《国立北平图书馆善本丛书》，第一集，第 24 页。

② ［日］和田清著、潘世宪译：《明代蒙古史论集》，北京：商务印书馆，1984 年，第 437 页。

第三节 《万历武功录》在蒙古史研究中的作用和地位

一、《万历武功录》在蒙古史研究中的作用

《武功录》的史料价值既然非常之高，在明代蒙古史研究中，它到底能够起到什么样的作用呢？综合而论，它能起到旁证、补充、纠错、为深层次研究提供素材等作用。我们以鄂尔多斯的切尽·黄台吉的有关情况作例证，看《武功录》的作用。

（一）有关切尽黄台吉的史料

切尽·黄台吉的事迹主要记载于《蒙古源流》、《阿勒坦汗传》和《武功录》。另外，田清波的《鄂尔多斯志》中有一部分内容。[①]《明实录》中也有几条散见材料。其中最重要的、内容最丰富的是《蒙古源流》，其作者是切尽·黄台吉的直系后裔，在内容也以切尽家族为主。

(116) 其后土谢图阿勒坦彻辰汗于白羊年四月间，
　　以诸弟喀喇沁之昆都楞汗、永谢布之岱青诺延、鄂尔多斯之彻辰诺延为首，
　　右翼三万户行兵逼近汉国，
　　为平等议和驻扎札格勒哈勒噶外边。

(197) 派鄂尔多斯万户之彻辰鸿台吉、彻辰岱青、威正钟图费，
　　精英万户之那木岱彻辰鸿台吉、达云诺延、巴雅兀特诺延、岱青讷寨，
　　另有永谢布喀喇沁之巴儿虎彻辰岱青台吉等为首，
　　相继迭出（将达赖喇嘛）欢迎。

[①] 陈育宁：《田清波与鄂尔多斯》，载《蒙古学资料与情报》，1984年，第3期，第48页。

第六章 《万历武功录》蒙古部分的史料价值

(300) 驾临而来时（指达赖喇嘛）鄂尔多斯之彻辰鸿台吉来请，

施主与法主二者如愿欢然相逢，

大献无数无限之布施，

使祝福父母众生踏入菩提佛门。

(301) 与呼图克图达赖喇嘛会晤，

库图克台彻辰鸿台吉极为崇信，

领受显密诸经接引优波提舍灌顶，

率全鄂尔多斯万户皈依宗教之门。①

其中的彻辰诺延、彻辰鸿台吉、库图克台彻辰鸿台吉都是指切尽·黄台吉。

其次是《蒙古源流》：

那木·塔儿尼·花台吉的尼温·帖古思·扯辰哈屯生了忽图黑台·切尽·黄台吉……

同时，生于庚子年的忽图黑台·切尽·黄台吉，于壬戌年二十三岁时出兵四瓦剌，在额儿赤思河进攻土尔扈特人，杀死哈喇·不兀喇，在他们的炉灶前面树起黑纛，收服了失勒必思、土尔扈特［部］的一半［人众］，班师回营。

丙寅年，[忽图黑台·切尽·黄台吉] 二十七岁，出兵吐蕃，在失里木只的三河汇流处扎营，向大卜儿萨喇嘛、禅些喇嘛、打儿汉喇嘛以及兀松答儿·蛇进、安坛·蛇进等人遣使［宣谕］说："如果你们归降我们，我们愿意奉行佛法；如果不归降，我们就进攻！"[那些人] 非常害怕，内部商议起来。三天过后，[忽图黑台·切尽·黄台吉的] 两个弟弟说："这样等下去怎么得了？现在就进攻吧！"哥哥切尽·黄台吉说："明天太阳升起来的时候，将会有三个喇嘛前来，其中坐在中间的一位喇嘛会同我认真交谈。暂

---

① 珠荣嘎译注：《阿勒坦汗传》，呼和浩特：内蒙古人民出版社，1990年，第73、108、147页。

且等等他们。"果然，第二天来了三个喇嘛，中间［那位］称为打儿汉喇嘛的，在与切尽那颜交谈之间，［被］切尽那颜问道："您的亲族当中有名叫瓦只剌·土麦的一位贤智的桑哈思巴［喇嘛］吗？"［打儿汉喇嘛］说："没有那样一个人。"［切尽那颜］说："现在您回去带属众前来归降，我们不会加害你们。"这样说定之后，［那三个喇嘛］回去了。第二天，瓦只剌·土麦·桑哈思巴正在放牧，一个身骑老虎，眼皮和胡须向外冒火的人追赶过来，他刚要进家，［那个人］就不见了。他把事情缘由讲给众人听，他的叔叔打儿汉喇嘛说："昨天那位切尽那颜似乎不是凡人，大概是他稍微显示神灵了吧？这可逃脱不成了。现在，［你］必须和我们一起前去。"说完就带他去了。到达后，一见面，［发现］骑虎的人就是那位那颜，于是赶紧［上前］拜见。当时，［切尽那颜］就像老相识似的说："哎，桑哈思巴！你为什么要躲着我呢？如果不是你变作白凤［飞］去，我本会立即把你捉住的。"［桑哈思巴的］叔叔打儿汉喇嘛说："我不是已经说过的吗？"由此，［忽图黑台·切尽·黄台吉］收聚起三河［地方］的吐蕃人众，给予安置，将卜勒儿干喇嘛、阿思朵黑·赛罕·班第、阿思朵黑·瓦只剌·土麦·桑哈思巴三人带回蒙古地方，赐给瓦只剌·土麦名叫兀罕出·陈坛的妻子，以及'国王·黄金'的称号，封他为众臣之首……

癸酉年，切尽·黄台吉三十四岁，从称为"赛因哈屯之四营五腹"的五哨队中精选了七百名士兵出征。来到结仇的哈速鲁黑地方，托克马克的阿哈撒儿合罕率领十万军兵迎战，双方在额失勒·达布地方交战。切尽·黄台吉下令说："任何人不准在我之前进入这个战阵！我一定要亲自带头［冲进去］！"说完，骑上不儿忽察人赛因·阿兀剌的撒儿伯红马，穿上用象皮制成的描金红色皮甲，带头冲了过去。那边敌军的眼中，只见［这边］领头者的眉毛胡须冒着火焰，他两侧两队骑黑马的士兵，马蹄下迸出火光，

[直冲]过来，[敌军]即刻纷纷败逃，[切尽·黄台吉等人]直杀得死尸高堆，找回青·把都儿的铠甲，活捉了阿哈撒儿合罕的儿子三个算滩，训话之后放他们回去。就这样，痛快地给两个弟弟报了仇，然后班师回营。

甲戌年，[切尽·黄台吉]听说不彦·把都儿·黄台吉兄弟们出兵四瓦剌，即将到达那里，就把辎重放置在巴里坤之地，同时向四瓦剌进军。把都儿·黄台吉在哈儿该山阳，尽行收服了以额薛勒贝·恰为首的八千辉特万户，这时切尽·黄台吉在札剌蛮山阴收服了以哈木速、都哩库二人为首的巴图特[部]。他的儿子完者·允都赤追赶三个月，因缺乏行粮，就吃[一种]称为"不喇·秃列格"的石头，继续追赶，[终于]在土卜罕山阳收服了以绰啰阿思的别赤咧·蛇进为首的杜尔伯特鄂托克。却说，各自陆续踏上归途后，切尽·黄台吉在卜隆吉儿[河]地方派出别该·扯臣·宰牙气、土别·哈什哈·宰牙气二人为首的使臣去对[不彦·把都儿·黄台吉]说："额薛勒贝·恰的眼睛像老鹰的眼睛似的，[他]不是什么安份的人。我们平分了他的八千辉特万户，分散他的力量吧！"把都儿·黄台吉不以为然，让那些[使]臣坐在[帐]外……当天夜里，额色勒贝·恰纠集军队前来攻袭，在乞儿察巴黑河地方杀死了[不彦·]把都儿·黄台吉，叛离而去……

忽图黑台·切尽·黄台吉在不彦·把都儿·黄台吉被杀之后，于乙亥年回师驻营，说："父亲在家中[安然]辞世，儿子在荒野死于敌手。如今八白帐断了供奉，陷入了极大的困境。"于是在丙子年，把生于乙丑年、年已十三岁的卜失兔吉囊扶上了吉囊位。同年，[忽图黑台·切尽·黄台吉]三十七岁，前去拜见了叔父俺答合罕，禀奏说："……听说如今西方雪域有识者大自在大慈悲观世音菩萨以真形现世。如果迎请他前来，依照从前圣明的忽必烈·薛禅皇帝、贤明的八思巴喇嘛二人的前制，建立起政、教[二道]，岂不是美事吗？"俺答合罕极为赞许，随即与右翼三［万户］协议，就在那丙子年，派出俺答合罕［方面］的阿都撒·打儿汉、昂客·打儿汉二人，以及切尽·黄台吉［方面］的晃豁歹·答言经师等人［前去］邀请圣识一切索南·坚错圣人。①

此后，《蒙古源流》记述的完全是切尽·黄台吉的宗教活动：迎请达赖喇嘛；他的摩揭陀国之主的身份；在仰华寺（恰卜恰寺）的演讲；他的"具色藏·切尽·黄台吉"的封号；装饰《甘珠尔》经；赴宁夏城接受明朝给予他的龙虎将军的封赐；达赖喇嘛在切尽的封地内传教；丙戌年去世，年四十七岁。

《武功录·切尽黄台吉列传》所记内容远远丰富于《蒙古源流》，有许多事迹更为详细，个性也更为鲜明：

> 切尽黄台吉者，吉能之侄也。初授指挥佥事。是时，贡市始成，诸部酋既得汉官，皆相传以为荣。切尽独心怀怏怏，以为"汉将军不当以众人遇我乎"！切尽为人明敏而娴于文辞，尤博通内典。隆庆辛未（1571），吉能遣切尽等至俺答所曰："幸为我告制置使王崇古，请得贡市比宣、大。"俺答随令切尽纠合都督同知昆都力哈、黄台吉、指挥使把汉那吉、指挥同知永邵卜大成台吉、哆罗土蛮把都儿黄台吉、哈剌慎著力兔把都儿台吉、秃（委）兀儿慎著力兔台吉等、指挥佥事摆腰把都儿台吉等、正千户兀慎打儿汉台吉等、副千户阿封台吉等、百户恰台吉等六十五人，贡马五百有九匹。内进上马三十匹、镀银鞦辔马鞍一副，而切尽亲为表文，使夷使扯布哱罗、不散台布、柏儿等六十四人赍奉到关。制置使王崇古阅其表文，大都感上许俺答封王通贡恩，顾辞多参以佛语。乃即封还，而令其表视俺答式以进。切尽谨如约。然后下令，令择五色银合枣骝骟马四十匹，咨送礼部，复选择以进，余悉得畜边营。先是，和宁王阿鲁台款塞，凡写表夷使，文皇帝皆赐银花台盏、段绸绢布牛酒有差。于是，王崇古念切尽迎敕撰表，

---

① 乌兰：《〈蒙古源流〉研究》，沈阳：辽宁民族出版社，2001年，第370页。

多积功劳，乃请赏彩段三表里、阔生绢一匹、织金紵丝衣一袭，木棉布四匹，诏报可。已，乃议马值：上马三十匹，请比三卫及北虏，每匹赏彩段二表里、阔生绢一匹。是岁，初贡，上马加彩段一表里。故事：马值，上马三十匹，马匹半予五金，约一百五十金。留边马四百七十九匹，皆属中马，马匹予十金，大约四千七百有（又）九十金。崇古议贷太仆、椿棚银如数。于是，召切尽赴清水营颁给，乃望阙叩头谢恩。

是岁，吉能死，切尽日夜伤世父，亟还套治丧。所过道上，皆以抢番为戒。当是时，切尽与威正恰把不能雄视一套，投足左右，便有轻重。崇古恐有不测，乃欲以好爵縻之。于是，请稍迁切尽与威正恰把不能为指挥同知。已，乃授大都榜什及安克哑都赤百户。先是，汉人计龙与王继禄、小土谷气台实亡命在胡中矣，日与大都榜什等侦得虏情，即以来告。于是，授计龙等秩如大都榜什，以为谍者劝。说者谓计龙等以汉降虏，不宜遇之过厚，而不知切尽奸雄人也，好佛不已，必启它日西游之衅。故爵一谍者，庶几可动得胡中虚实耳。

明年壬申（1572）春二月，切尽乃踏水临边，关吏亟问："尔来何为？"切尽对曰："边外朵颜三卫为达子，乌思藏为回子、为西番，并我等入贡，必不敢往寇。吾来，为瓦剌也。"先是，火落赤由凉、永、山丹还绕甘州，以畜产赢弱告，与之交易，抚臣廖（廖）逢节恐切尽复率由故道，先期使裨将引兵守宁远诸堡，而又恐"切尽或无它肠，而我实先示以弱，不若以礼遇之可乎"？于是属偏将军怀周芝往镇番，而以羊八角、酒一筵、米面各五斗犒劳之。切尽既至，乃迎芝入伊母帐中，揖让登上坐，俨如汉宾母。乃椎羊煮酒，相得甚欢毋餍。已，乃援笔为书"幸为我多谢抚臣"，且妄请，请加封侯、伯，而又为其弟那木歹台吉、超胡儿台吉、妹滚吉阿不害索官爵，皆番文汉字，书多不载。芝还，具以实告。抚臣廖（廖）逢节复使芝往，言：

"尔那木歹、超胡儿在西塞多行不义,弗可与。今与尔约:尔始言往瓦剌,则边外川底至嘉峪关外,乃走瓦剌道也。及临席,则又言往西海,西海则从永昌、三条沟入寒鸦口,直走南山。著为令,敢不如令,而以匹马半策蹂践我汉地,汉以大兵捣尔巢,不尔容也。"切尽言:"我实往西海。"于是,起营至双井墩,徘徊者久之,则又从团湖儿走昌宁安远墩。已,又至溜沙坡止舍。抚臣怒曰:"何物么麽,乃聚党为奸如此?"我谍者侦之,乃曩所称超胡儿、那木歹、滚吉阿卜害及火落赤妻妣吉,欲过边临城而与大酋长会,会往西海也。于是,抚臣复使使者宣谕朝廷恩威及顺义王俺答、都督吉能禁令。

旦日,切尽乃从毛卜剌、庙儿沟透三条沟分为二枝,切尽走红羊圈,超胡儿从土佛寺过永昌,还走塔儿湾,并至高古城大河口。而会天大雪,昼晦,牛马大伤。聚首寒鸦口三日,复从黑土洪水寨透水湖塘出境而入南山。切尽乃以书告抚臣,大略称:"不敢违太师明禁,而走黑山,雨雪连旬,艰苦万状,以致马牛消耗,惟太师哀怜,为我许开市,敢以火落赤为比也?"且有后言,言欲索茶篚贡佛。抚臣即使周芝晓譬:"各房皆受朝廷官爵,而抚赏互市具在延宁,今谁敢私市?且河西不产茶,此切尽所知。尔宜亟去,无贻后悔。"切尽内深次骨,乃益谬为驯谨,诫诸部所过毋抢番、毋犯汉,令下即起营。于是,从乌鸦口往黑城,行未至草古城,遗达马二匹,游击朱勋使使者追而予之。而房部亦焚毁我吴家庄土房椽四间,切尽罚羊四十四、套旗一杆、罚羊四只。自是,汉房所损遗,罚治率以为常。

明日,为闰二月朔,切尽往马啼寺礼佛毕,即使夷使向抚臣索车渠数珠、莲花子数珠及西番十王经。先是,延宁抚臣郜光先为切尽请敕赏,幸报可。于是,赍(赉)使者段四匹、羊四只、果四盘、酒二罈、米面各一石五斗、番茶三十包。至是,建高台,陈设香筵仪伏(仗)鼓吹,传檄切尽同伊母并部夷二百人,叩头受敕赏而去。即使夷使同延宁使者诫后来诸部,毋抢略如初。已,乃为书谢抚臣曰:"如今活身都是谎,死在阴司是实佛。日夜跂而望车渠数珠及十王经拜诵,以修再生。唯太师早赐。"抚臣寥(廖)逢节以为切尽好佛,政(正)当顺其性以遏彼好杀之惨,不知切尽非忠心诚好佛者也。于是,遣画匠、余和尚赍《护法坛场经》、《密济坛场经》、《普觉坛场经》三部、数珠十盘与切尽。切尽率诸部并东向叩头,将经顶礼曰:"此持入西方公案矣。"于是,从水塘至盐池湖、三尖海,一宿而后至上双井、黑骨堆。是时,切尽诸部马牛羊实冻馁,未易动履,一日而至草滩边,又一日而至中渠河湾,又一日而至潭家庄,又一日而至太泉湖,时已三月初吉矣。

切尽乃以书告太师:"曩与太师约,约闰二月二十五六出边,今过期已多,实以马牛与所部诸男妇皆布疮。母亦(毋乃)诸部不义,天降祸于我躬。我今发心愿忏悔,惟太师宽假之。"于是烹茶礼佛,而请番僧祈禳。抚臣寥(廖)逢节怜切尽好善,乃给番茶七十包,麦面黄米各三石、烧饼四千。切尽叩谢如礼。乃以初六日黎明从新城起营,由加(嘉)峪关北长城出境,透大草滩而往回回墓。是月也,切尽婶母满都虎亦至镇番。满都虎,亲歹成妻也。切尽传檄酋妇,令其边外行。我塞上犒劳米面羊酒如切尽。满都虎乃以其子秃退台吉为辞,秃退台吉曰:"吾所走道视切尽,亦由水塘湖出境。"语在《秃退台吉传》。切尽诸酋虽不下数千人,而所统领,动称数万。颇闻出寇瓦剌,各番夷杀死酋长数人,兵马物故者,亡虑数千人。顷者,潜伏加(嘉)峪关外边,而与哈密酋长母恨等给欢,而复鸠顺义上次河套诸部酋会集,以大抢瓦剌为务。胜儿胜则阴狱其利,败则阳负诸虏以不义之名,而又不难自己出,乃与莲花会上口称"弥陀"迥异,其为狡猾不测类如此。

是年,万历癸酉(1573),宣大制置使王崇古录监市功。上有诏:赐切尽台吉彩段二表里,织金纻丝衣一袭。

然而切尽尚在海上,何以叙之?从延宁督臣戴才、抚臣郜光先议也。于是,抚臣张守已以所颁彩币召切尽叩领。

明年甲戌(1574),督臣石茂华又奏:切尽比年力主贡市功,请于所进上马价,每匹加五金、留边马匹加十金。故事:敕书属太史,币帛出内帑。仍会戎部,遣通事、武职、署丞凡三人,赍赴塞上,而以大官治筵宴,遇之不谓不优渥矣。而抚臣张守已又奏切尽侵及延安出没之路,何哉?

明年乙亥(1575)春三月,清水营法当开市,抚臣朱笈使使者召切尽,切尽令部夷我著太等并指挥佥事或收气黄台吉赴市,而又以马弱延引至六月。自二十九至次月初三,又自七月二十五至次月初三。市毕,秋毫无犯,抚臣罗凤翔因制置使以闻。

丙子(1576)春,切尽见西海丙兔同克臭、银锭、著力兔、大成及松山宾兔,岁在庄浪、岔山口、铧尖墩小市,亦请以为比。抚臣侯东莱拒之甚严,得解免。及大市,则又不至。但诸部皆凛凛奉约束唯谨,则切尽指示之功也。制置使石茂华请给敕书一道、正赏一分、加赏一分。是年秋八月还套,躬率百骑余赴清水营互市。塞上诸将卒以为旷观,争睹厥为何如面貌。即识者亦谓切尽倦于游,而或有櫜弓卧鼓之意乎?切尽益念诸小部及畜产俱在肃州边外讨来川,复欲西行。而以我兰河、靖虏击刁斗坚壁,未可伧伜(仓促)出。

乃以丁丑(1577)春,赴西宁请曰:"吾欲往西海迎活佛、饮长生水,庶几得保残躯,可乎?"关吏戒严,又弗许。先是,切尽约俺答携众西援,以求得志于番夷。俺答虽口许,而实以春秋逾七十,手足不瞿铄,殊不欲往。而督臣方逢时又遣一个之使奉咫尺之书,遮留王幸毋往,俺答退而唯唯。当是时,俺答方日夜拥美好妾三娘子,坐帐中为快乐,而所畏惧者,独惟有死亡耳。切尽善用奇兵,西抢置勿论,忽从中须臾起,而以迎佛饮长生水耸动之。

于是，俺答携三娘子顷部而往西海迎佛，兼请开市鬻茶，语在《俺答传》。是年，按臣邢玠新得俺答书，欲为切尽请给都督金印，则其心喜切尽可知矣。切尽见俺答迎佛，正坠其术，仰视天而俯视地，自以为可雪宿耻。

戊寅（1578），复聚打儿汉及宾兔、丙兔，并赴红山、清水、中卫、扁都口、铧尖墩大小市，而使汉关谓我实恭顺。顷之，督臣石茂华果奏："北虏互市已竣，而不知联翩住牧，声势相倚，意欲何为乎？"

己卯（1579）、庚辰（1580）入贡，俱称"龙虎将军"。

辛巳（1581）春，使夷使撒字户把都以其书微告我汉关言："东虏决策犯辽阳有状，不可不早自备之。"是年，秃退、哈汉二酋妇，借兵千（于）切尽，切尽不许。

壬午（1582）、癸未（1583），同卜失兔、那木木（太）、丙兔等赴市。是年，三娘子与恰台吉争板升，切尽左袒恰台吉，语在《三娘子传》。

甲申（1584），互市，亦如之。市毕，诸虏为切尽请迁秩。

乙酉（1585）五月，切尽先进上马一十五匹，卜失兔以请增赏，不至，语在《卜失兔传》。市毕，群河套、松山、西海诸虏纷纷藉藉，或欲修筑瓦剌，或欲寇钞（抄）西番。督臣郜光先使使者风谕切尽及卜失兔："昔年瓦剌之祸，尔忘之乎？慎勿复往。"二酋对使者曰："敢不如约？"乃遣虏骑诚西行诸部毋轻称兵。当是时，俺答久欝欝回巢，旋物故。而诸虏又自镇番、龙首堡载败，既不得志于内地，又不得志于瓦剌。且加（嘉）峪关诸虏道逢回夷，又被卤（掳）略。自是，切尽雄心亦稍稍消耗矣。

丙戌（戍）（1586），切尽先进上马二匹，它悉以次贡市。是时，归华寺比丘宛冲习学鞑靼、畏兀、西番番字，乡（向）随切尽传经译字，积功劳，宣大督臣郑洛请授宛冲都纲，比万历初喇叭（嘛）沙乞例也。

丁亥（1587）冬，切尽逢雾露死。上从督臣郜光先议，悯切尽勤劳，赐以恤典。是时，切尽虽物故乎，然胡中事无大小，无不愿以切尽为法。切尽子侄火落赤最桀骜，特为切尽所节制，不得恣其虎狼耳。临死，嘱其酋妇妣吉，善自保部夷，尤惓惓无忘天恩为戒。惜哉！其不讲于长生之术也。①

抄录了以上文字后，在内容最丰富的蒙文文献《蒙古源流》与《武功录》的对比中，哪一个更翔实、更完善已经是不言而喻了。

（二）纠正错误，弥补不足

《蒙古源流》中记载切尽·黄台吉与明朝官方交往的文字不多，不足200字。"却说，先前在大明隆庆皇帝四年的辛未年，[隆庆皇帝]以切尽·黄台吉为大政出过力，决定授予他'龙虎将军'的称号，并赐给他玉印、黄牒。然而由于一时耽搁没有[来得及]领受。到了庚辰年，[切尽·黄台吉]年已四十一岁，赴宁夏城领受了[封赐]，于是上自宁夏城下至榆林城，[共]从二十一座城市中输取了不计其数的财物"。以上所记，无论是时间、称号、地点、事迹等都存在极大的失误，而《武功录》在这些方面可以为人们提供更为详细、准确的信息。这是《武功录》的纠错功能。

切尽·黄台吉其人到底如何呢？只有将三种书籍中对黄台吉的记载综合起来，才会形成对切尽·黄台吉的全面认识和立体形象。他"明敏而娴于文辞，尤博通内典"，参与隆庆议和，并亲为表文，"辞多参以佛语"；隆庆议和前后，他率军出征卫拉特和中亚，汉文史籍记其路途，蒙古文史籍记其征服行动及结果，还有在西征途中进一步接触了佛教；归套后扶立卜失兔吉囊，在鄂尔多斯具有举足轻重的地位，"雄视一套，投足左右，便有轻重"；他还约束部"夷"遵奉与明朝订立的贡市规范；万历五年，导引俺答迎佛，万历十五年又迎请达赖喇嘛到鄂尔多斯宣讲佛经，等等。没有《武功录》，我们是无法得到对切尽·黄台吉的系统的认识的。即便是其直

---

① 瞿九思：《万历武功录》卷14《切尽黄台吉列传》，北京：中华书局影印本，1962年，第1238页。

系后代萨囊彻辰撰写的、以切尽·黄台吉为记述重点的《蒙古源流》，与《武功录》相比，其内容也还是显得薄弱一些。

同理，在蒙古文史籍中记载较少、甚至根本就没有记载的其他人物更是如此。

（三）为深层次文化研究提供史料

历史研究有时不仅仅是浅表层次的事实考证，有时更需要进行深层次的规律探询、文化心理挖掘等，这同样离不开史料。《武功录》的丰富内容恰好可以为我们进行深层次的蒙汉民族文化心理、文化冲突碰撞研究提供史料。这是蒙古文史籍不具备的功能。

如《武功录·切尽黄台吉列传》中记，隆庆壬申（1572）春二月，切尽·黄台吉借道甘州前往瓦剌（此次是蒙古方面在明蒙议和后第一次前往瓦剌，而且通过蒙古文史籍的记载也可发现切尽黄台吉的确是前往瓦剌，而不是像后来实往西海，为借道而佯言往瓦剌的欺骗行为），明方给予热情招待，并打探消息，巡抚廖逢节急使偏将军周芝警告切尽，"'尔始言往瓦剌，则边外川底至嘉峪关外，乃走瓦剌道也。及临席，则又言往西海，西海则从永昌、三条沟入寒鸦口，直走南山。著为令，敢不如令，而以匹马半策蹂践我汉地，汉以大兵捣尔巢，不尔容也。'切尽言：'我实往西海。'于是，起营至双井墩，徘徊者久之，则又从团湖儿走昌宁安远墩。已，又至溜沙坡止舍。抚臣曰：'何物么麽，乃聚党为奸如此？'我谍者侦之，乃曩所称超胡儿、那木歹、滚吉阿卜害及火落赤妻妣吉，欲过边临城而与大酋长会，会往西海也。于是，抚臣复使使者宣谕朝廷恩威及顺义王俺答、都督吉能禁令"。

何以切尽变化无常、出尔反尔呢？并非切尽不守约定，也不是他在玩弄花样，这是游牧文化的生产特点及游牧文化与农耕文化的差异所致。游牧民族的生产特点是择水草而居，迁移流动是他们的家常便饭。他们对自然条件如牧场、气候的依赖性较强，不论是选择迁徙的目的地，还是选择迁移的路线，前提条件就是气候适当的时候，寻找水草丰美的牧场。只有保证了这些，才能保证牲畜正常繁殖，部落实力才有发展。一次迁移不慎，就可能导致部落的灭顶之灾。切尽出兵瓦剌，更需要保证实力，以确保作战的胜利。基于此，他们要求借道友邦的河西走廊前往。但农耕文化的观念与此相反，即凡事讲求定规，必须严格按照规定的时间、地点、路线和规模，甚至包括礼仪规范行事。隆庆议和后，明蒙双方的各种交往都有明确的规定，切尽的西行借道超出了规定的范围，明方官吏不敢也不肯违反规定，更不能理解迁移道路在游牧民族生产生活方式中的重要程度，对切尽的要求严词拒绝，以为对切尽的闪烁其词"洞若观火"而一再指责切尽，认为切尽"内深次骨，乃益谬为驯谨"，虽切尽"不敢违太师明禁，而走黑山，雨雪连旬，艰苦万状，以致马牛消耗，唯太师哀怜，为我许开市，敢以火落赤为比也……诚诸部所过毋抢番、毋犯汉，令下即起营"，"从乌鸦口往黑城，行未至草古城，遗达马二匹，游击朱勋使使者追而予之。而虏部亦焚毁我吴家庄土房橼四间，切尽罚羊四十匹、套旗一杆、罚羊四足。自是，汉虏所损遗，罚治率以为常"，他的要求仍然遭到拒绝，并得到了"好杀"、"非忠心诚好佛者"等评价。

明方不仅对切尽如此，对其他蒙古首领也是如此，并因此造成双方大小冲突，像扯力克的西行和东返、多罗土蛮部护送歹雅黄台吉灵柩东归等，都是因为观念不同、文化差异过大，心理抵触较多而导致摩擦不断，甚至是局部战火再起。一方面，蒙古方面游牧民族生活需要迁徙，需要开拓新的牧场，其迁移道路和时间安排是根据自然条件的变化，并首先要保证生存。无论是前往瓦剌还是西海，蒙古方面为了生存的需要都希望穿越河西走廊这样自然环境优越、水草丰美的地方。他们不了解明方政策的相对稳定性和对外交往中安全第一的防范心理，认为明方的拒绝是不友好的。另一方面，明方的拒绝或允诺则完全依据处理双边关系、甚至是多边关系（以夷制夷政策）的一些条款和定规，他们希望把危险限定在最小的范围内，将新冲突和新情况消灭在萌芽状态中。他们同样不了解蒙古社会生活的必然性和被动性，而认为蒙古方面的要求是"犬羊之性，贪得无厌"。正是由于存在着这样的文化差异，在以后的历史发展中，明蒙关系因为蒙古方面屡次受拒，迫不得已地经常地采取骗术，诈称往瓦剌，实往西海而使双边关系蒙上尔虞我诈的色彩。反过来看，明方实行"以夷制夷"政策，在"往瓦剌"的前提下便允许蒙古借道，试图利用蒙古力量削弱瓦剌势力的作法应该是蒙古欺诈行为的直接诱因。这应该是隆庆议和后明蒙间冲突爆发的主要原因。经理边事的明方官吏，有的熟知两种文化的差异，处理争端时胸有成竹，游刃有余，如郑洛；有的因为文化隔阂较深，蒙古各部一有风吹草动，便惊慌失措，不敢面对，一味地严加限制束，反而造成矛盾激化。所以《武功录》为我们更深层次研究明蒙间的文化差异提供了较多的材料。

二、《万历武功录》的地位——研究明朝嘉靖初年到万历中期蒙古史的主要资料

研究明代蒙古史可供使用的史料并不是很多，这是造成明代蒙古史研究状况低迷和消沉的主要原因。"过去相当长的一段时间内，明代蒙古史的研究一直很薄弱，主要原因就是缺少记载蒙古内部情况的史料。人们的研究只能依靠明代汉籍中的一些零散、主要反映明朝与蒙古关系的记载，因而研究往往不是难以深入，就是得出的结论难免片面"。① 《武功录》以其资料丰富可靠、人物众多、记录范围广泛等优点引起了学者的重视，并被利用进行明代蒙古史的研究。《武功录》成书不久，影响就已经十分广泛了。"由于这部书在资料方面有一定的价值，所以在当时已很负盛名，《明史》本传中提到它，茅瑞征写《万历三大征考》和谈迁写《国榷》也都采用它"。② 今人更为重视它。"尤其难能可贵的是，本书中对于明代北方各少数民族的史实，记载颇详，足补其它史书之不足，有些资料甚至是绝无仅有，非此莫可考其实者"。③ 从一定意义上可以这样说，没有《武功录》，今天的明代蒙古史就不会有现在的成就和水平。利用《武功录》研究明代蒙古史并取得极大成就的学者有：亨利·塞瑞斯《达言汗后裔世系笺注》、乌兰《〈蒙古源流〉研究》、达力

---

① 乌兰：《〈蒙古源流〉研究》，沈阳：辽宁民族出版社，2001年，导论第32页。
② 陈乃乾：《影印〈万历武功录〉跋》，北京：中华书局，1962年。
③ 《内蒙古史志资料选编》，第四辑，《〈万历武功录〉选录》编后说明。呼和浩特，1985年，第545页。

扎布《明代漠南蒙古历史研究》、和田清《明代蒙古史论集》、珠荣嘎译注《阿勒坦汗传》等。其中尤以亨利·塞瑞斯、乌兰在其著作中使用《武功录》的频率最高。两部著作在蒙古史学界的影响，尽人皆知。可以说没有《武功录》，两位先生的研究成果不会如此丰硕。举例以证。

关于《达言汗后裔世系表》中鄂尔多斯部的"那言大儿吉能"，《世系表》和《蒙古源流》都列出了他的五个儿子，两者所列人名不大相同。那言大儿吉能（《源流》作诺延达喇）生于1522年，1551年成为济农，死于1574年。其他情况不详。亨利·塞瑞斯根据《武功录·吉能列传》分析考证，得到更多的信息："《万历武功录》卷十四第125—128页上有诺延达赖的一篇简传，正如大多数汉文史料一样，他在那上面被称为'吉能'。那上面告诉我们说，他的领地在河套西部。按照萨刚彻辰，诺延达喇死于1574年。蒙古著作家的记载还是不同于对诺延达喇之死惟一地有所记载的汉文史料《万历武功录》。我们在该书（卷九第18—19页，卷十四第147页）上读到：诺延达喇患'霜露'病，死于1572年4月14日。同一作者在另一处（卷14第136页）说他死于1573年，但这一定是计算上的错误所致。同书（卷十四第127页）告诉我们说：他的妻子名叫中爱哈屯，他还有个妾名叫小板阿不害。诺延达喇还有个女儿名叫太松阿不害，她嫁给素郎傥不浪。说不定还有另一个女儿，因为在第135页上我们发现叙及另一个女婿威正恰把不能，又名威静哈唐不能。"[①] 很显然，《武功录》使塞瑞斯的研究成果丰富许多。

乌兰《〈蒙古源流〉研究》对"伯思哈勒·昆都力合罕"的注释是："即明人记载中的'昆都力哈'（《明实录》隆庆五年四月辛亥条、《北虏世系》、《武功录》卷9），'髡突里哈'（《武功录》卷8）、'坤肚儿哈'（《武功录》卷9）、'坤的里罕'（《武功录》卷9）；又称为'老把都'（《明实录》隆庆五年二月庚子等条，《名山藏》、《武功录》等），'老把都儿台吉'（《北虏世系》）、'把都台

---

① [Amer.] Henry Serruys. Genealogical Tables of the Descendants of Dayan - Qan. Copyright 1958 by Mouton & Co., Publishers, The Hague, The Netherlanda. P44.

吉'（《明实录》嘉靖二十六年四月己酉等条）。他是巴儿速孛罗的第四子，名声也比较大，《武功录·昆都力哈列传》说他'甚好兵'，有'精兵三万'，常与二兄衮·必里克吉囊、俺答一起行动，曾参加剿灭兀良罕万户的战役（《译语》等），所领哈喇嗔部势力逐渐向东扩展，控制朵颜卫的一部分属众（《俺答汗传》、《辽夷略》等），常寇明边，'俺答封贡'告成后，授都督同知。1572年（壬申，明隆庆六年）病死。同年衮·必里克吉囊之子那言大儿吉能（明人多称其为'吉能'）亦病死，'俺答如失左右手，日夜哭'（《武功录·昆都力哈列传》）。"

尽管和田清的《明代蒙古史论集》因为在汉文史料的取舍上也有一些偏差，导致研究出现了一些失误，但他在《察哈尔部的变迁》中利用《武功录》谈到察哈尔部的盛衰，是正确的。"嘉靖三十六、七年前后，图们札萨克图汗嗣位后，颇富雄略，在亡父培植的基础上，大肆活跃。从明人一惊呼土蛮，就误认为东方的察哈尔看来，也可推测他侵犯辽边如何激烈了。瞿九思的《万历武功录》（卷十）特别立了《土蛮列传》，描述他的活跃情形。现在关于他侵犯辽边的事迹，略而不述，只探讨塞外各族间的发展，首先，事迹最显著，最饶兴趣的便是和建州女真的联系……阿台所通的北虏究竟是谁，记录不详，但就《万历武功录》等记载来看，当时蒙古和女真关系最深，这当然是察哈尔一派。从这以前父王杲失败后，就想投靠图们汗这一事实看来，两者的关系大有宗主和被领的情形。因为王杲虽属建州最强悍的酋首之一，但终不过是浑河河畔的一个部酋，强弱之势，毕竟不能和当时风靡兴安岭以东地区的察哈尔汗相匹敌。尤其使我们深感兴趣的是，清太祖继承了这种关系，自然还是服膺了察哈尔部的势力……就以上所述，可知图们汗的势力确已制服了建州女真，而还慑服了一部分的海西女真，可由《清实录》的记载来证明"。①

达力扎布在综合考证了《开原图说》、《登坛必究》、《辽夷略》

---

① ［日］和田清著、潘世宪译：《明代蒙古史论集》，北京：商务印书馆，1984年，第431-434页。

等书后，发现了明嘉靖、隆庆、万历间福余卫的首领实际上是科尔沁人。"扯赤揹、者儿得都是万历初年的'北虏'名酋，据《万历武功录》，他们与察哈尔土蛮、黑石炭、喀尔喀的速巴亥、炒花等人一起屡犯明边，者儿得名前常冠以好儿趁之名。科儿沁部也是在嘉靖中南下，驻牧松花江中上游一带，他们收服福余卫的一部分及海西女真，在开原参与贡市"。①

以上成绩充分证明了《武功录》在蒙古史研究中的地位和作用。"汉籍不论在数量上或质量上，都有无与伦比的价值。如《明实录》包含同代人写下的大量的第一手资料。《皇明九边考》、《皇明北虏考》、《北虏始末志》、《夷俗记》、《万历武功录》等等大量的明人著作，资料丰富，内容广泛，有的还是封疆大吏的直接记载。不利用这些汉籍，明代蒙古的历史是根本说不清楚的。"② 如果说，《明实录》记载了明朝与蒙古各部关系的总体发展脉络，那么，其他的书则是明蒙关系发展的局部史、阶段史，而《武功录》则是其中重要的一部，是对万历前期明蒙关系总体的详备的记载。

---

① 达力扎布：《有关明代兀良哈三卫的几个问题》，载《明清蒙古史论稿》，北京：民族出版社，2003年，第216页。
② 乌兰：《关于整理蒙文史籍的意见》，载《蒙古学资料与情报》，1984年，第3期，第61页。

参考文献

一、文献资料

1. ［清］张廷玉等：《明史》，北京：中华书局，1974 年。
2. ［明］朱国祯：《涌幢小品》，北京图书馆善本特藏室。
3. ［明］瞿九思：《万历武功录》，北京：中华书局影印本，1962 年。
4. ［清］覃翰元、袁瓒修、宛名昌等纂：《黄梅县志》，清光绪二年（1876）年刻本。载《中国地方志集成》，第 24 册。南京：江苏古籍出版社，2001 年。
5. ［唐］刘知几：《史通》，沈阳：辽宁教育出版社，1997 年。
6. ［明］陆粲：《与华修撰子潜论修史书》，载《明文海》卷 174。
7. ［明］瞿九思：《瞿聘君全集》，北京图书馆善本特藏室。
8. ［清］章学诚：《章氏遗书》，上海：商务印书馆，1936 年。
9. ［清］黄宗羲著、沈芝盈点校：《明儒学案》，北京：中华书局，1985 年。
10. ［民国］陈伯陶等辛亥重修：《东莞县志》卷 58《陈建传》，广东东莞县养和印务局印。
11. ［明］李贽：《焚书》，北京：中华书局，1974 年。
12. ［明］王阳明：《传习录》，长沙：岳麓书社，2004 年。
13. 《史记》，北京：中华书局，1959 年。
14. 《汉书》，北京：中华书局，1992 年。
15. ［明］岷峨山人：《译语》，《记录汇编》本。
16. ［明］严从简：《殊域周咨录》，北京：中华书局，2000 年。
17. 余大钧译注：《蒙古秘史》，石家庄：河北人民出版社，2001 年。

18. [元] 佚名：《圣武亲征录》，载王国维：《王国维遗书》，第十三册《圣武亲征录校注》。上海：上海古籍书店，1983年。
19. [明] 宋濂等：《元史》，北京：中华书局，1976年。
20. [明] 郑晓：《皇明北虏考》，《吾学编》本。载《四库禁毁书丛刊》，史部第46册，北京：北京出版社，2000年。
21. [明] 曹汝为：《附北虏始末》，《北京图书馆古籍珍本丛刊》，第八册，北京：书目文献出版社，1988年。
22. [明] 杨荣：《北征记》，《纪录汇编》本。
23. 《明实录》，台北："台湾"中央研究院校勘本，1962年。
24. [明] 冯时可：《冯元成文集》中《俺答前志》、《俺答后志》，载《明经世文编》。
25. [明] 《赵全谳牍》，载《四库全书存目丛书补编》，第93册，济南，齐鲁书社，2001年。
26. [明] 刘绍恤：《云中降虏传》，《名臣宁攘要编》本。
27. [明] 刘应箕：《款塞始末》，《名臣宁攘要编》本。
28. [明] 焦竑：《通贡传》，载《四库存目丛书》，史部，第106册，济南：齐鲁书社，1995年。
29. [明] 方逢时：《云中处降录》，载《四库未收书辑刊》，集部第5辑，第19册，北京：北京出版社，1998年。
30. [明] 佚名：《北狄顺义王俺答谢表》，《玄览堂丛书》本。
31. [明] 王鸣鹤：《登坛必究》，载《四库禁毁书丛刊》，子部，第35册。
32. [明] 王士琦：《三云筹俎考》，载《国立北平图书馆善本丛书》，第一辑，上海：商务印书馆，1937年。
33. [明] 张鼐：《辽夷略》，载《四库禁毁书丛刊》，集部，第105册。
34. [明] 高岱：《鸿猷录》，《纪录汇编》本。
35. 杨博：《覆巡抚宣府都御史吴兑等计处安插史、车二营属夷疏》，载《明经世文编》。
36. 《万历邸抄》，台北："国立中央图书馆"，1968年。
37. [明] 郭造卿：《卢龙塞略》，北京：中国审计出版社，

2001年。

38. 包文汉奇·朝克图整理：《钦定外藩蒙古回部王公表传》，呼和浩特：内蒙古大学出版社，1997年。

39. ［明］茅元仪：《武备志》，载《四库禁毁书丛刊》，子部，26册，北京：北京出版社，2000年。

40. ［明］萧大亨：《北虏世系》，载《北京图书馆古籍珍本丛刊》，第11册，北京：书目文献出版社，1988年。

41. ［明］程开祜：《东夷奴儿哈赤考》，载潘喆、孙方明、李鸿彬编《清入关前史料选辑》，北京：中国人民大学出版社，1984年。

42. ［明］佚名：《北虏世代》，载《北京图书馆古籍珍本丛刊》，第8册，北京：书目文献出版社，1988年。

43. ［明］胡宗宪：《题为献愚忠以裨国计事疏》，载《明经世文编》。

44. ［明］杨博：《虏中降人传报夷情疏》，载《明经世文编》。

45. ［明］刘焘：《上元老书》，载《明经世文编》。

46. ［明］郑洛：《边将因循积玩疏》，载《明经世文编》。

47. 《顾中丞抚辽疏议》，载《北京图书馆古籍珍本丛刊》，第8册，北京：书目文献出版社，1988年。

48. ［明］米万春：《蓟门考》，载《四库禁毁书丛刊》，史部，第15册，北京：北京出版社，2000年。

49. ［明］冯瑗：《开原图说》，《玄览堂丛书》影印明刻本。

50. 珠荣嘎校注：《阿勒坦汗传》，呼和浩特：内蒙古人民出版社，1990年。

51. ［明］郑洛：《类报虏情疏》，载《明经世文编》。

52. ［明］郑洛：《抚夷纪略》，薄音湖、王雄：《明代蒙古汉籍史料汇编》，第二辑，呼和浩特：内蒙古大学出版社，2000年。

53. 阿旺罗桑嘉措著，陈庆英译：《三世达赖喇嘛传》，全国图书馆文献缩微复制中心，1992年。

54. ［明］张雨：《边政考》，载《国立北平图书馆善本丛书》，第一辑，上海商务印书馆，1937年。

55. 吴廷燮撰：《明督抚年表》，北京：中华书局，1982年。
56. ［明］熊廷弼：《与徐耀玉职方计安西虏》，载《明经世文编》。
57. ［明］李化龙：《抚辽疏稿》，载《四库禁毁书丛刊》，史部，第69册，北京：北京出版社，2000年。
58. 朱风、贾敬颜译注：《汉译〈蒙古黄金史纲〉》，呼和浩特：内蒙古人民出版社，1985年。
59. ［台］札奇斯钦：《〈蒙古黄金史〉译注》，台北：联经出版事业公司，1979年。
60. ［清］查继佐：《罪惟录》，杭州：浙江古籍出版社，1986年。
61. ［明］陈子龙等编：载《明经世文编》，北京：中华书局影印本，1962年。

二、著作资料

1. 嵇文甫：《晚明思想史论》，上海：东方出版社，1996年。
2. 陈鼓应、辛冠结、葛荣晋主编：《明清实学思潮史》上卷，济南：齐鲁书社，1989年。
3. 林乾：《嘉靖帝、隆庆帝》，长春：吉林文史出版社，1996年。
4. 吴怀祺主编、向燕南著：《中国史学思想通史》（明代卷），合肥：黄山书社，2002年。
5. 瞿林东：《中国古代史学批评纵横》，北京：中华书局，1994年。
6. 钱茂伟：《明代史学的历程》，北京：社会科学文献出版社，2003年。
7. 杨艳秋：《明代史学探研》，北京：人民出版社，2005年。
8. 瞿林东：《明代史学史纲》，北京：北京出版社，1999年。
9. 谢国桢：《增订晚明史籍考》，上海：上海古籍出版社，1981年。
10. 邱树森主编：《中国史学家辞典》，石家庄：河北教育出版社，1990年。

11. 钱茂伟：《明代史学编年考》，北京：中国文联出版社，2000年。

12. 赵吉惠：《历史学方法论》，成都：四川人民出版社，1987年。

13. 达力扎布：《明代漠南蒙古历史研究》，海拉尔：内蒙古文化出版社，1997年。

14. 张大可：《史记研究》，兰州：甘肃人民出版社，1985年。

15. 谢巍编撰：《中国历代人物年谱考录》，北京：中华书局，1992年。

16. 皮明庥：《湖北历史人物辞典》，武汉：湖北人民出版社，1984年。

17. 武新立：《明清稀见史籍叙录》，南京：金陵书画社，1983年。

18. 田继周：《中国历代民族政策研究》，西宁：青海人民出版社，1993年。

19. 刘祥学：《明朝民族政策演变史》，北京：民族出版社，2006年。

20. 龚荫：《中国民族政策史》，成都：四川人民出版社，2006年。

21. 张舜徽：《中国古代史籍校读法》，武汉：华中师范大学出版社，2004年。

22. 靳德俊：《史记释例》，上海：商务印书馆，1934年。

23. 达力扎布：《明清蒙古史论稿》，北京：民族出版社，2003年。

24. 乌兰：《〈蒙古源流〉研究》，沈阳：辽宁民族出版社，2000年。

25. 敖登：《蒙古史文集》，呼和浩特：内蒙古教育出版社，1992年。

26. 留金锁主编：《蒙古族通史》中册，北京：民族出版社，2000年。

27. 谭其骧主编：《中国历史地图集》，第七册，北京：中国地图出版社，1982年。

28. 德勒格编著：《内蒙古喇嘛教史》，呼和浩特：内蒙古人民出版社，1998年。

29. 曹永年：《蒙古民族通史》第三卷，呼和浩特：内蒙古大学出版社，1991年。

30. ［美］牟复礼、［英］崔瑞德编：《剑桥中国明代史》，北京：中国社会科学出版社，1992年。

三、论文资料

1. 葛兆光：《明代中后期的三股史学思潮》，载《史学史研究》，1985年，第1期。

2. 谢国桢：《明清野史笔记概述》，载《明史研究论丛》，第一辑，南京：江苏人民出版社，1982年。

3. 姜胜利：《明代野史述略》，载《南开学报》，1987年，第2期。

4. 陈乃乾：《影印〈万历武功录〉跋》，北京：中华书局影印本，1962年。

5. 邓嗣禹：《明瞿九思〈万历武功录〉叙论》，载《足本〈万历武功录〉》，台北：台湾艺文印书馆，1980年。

6. 白寿彝：《司马迁与班固》，载《中国史学史论集》（一）。上海：上海人民出版社，1980年。

7. 翦伯赞：《中国历史学的开创者司马迁》，载《中国史学史论集》（一），上海：上海人民出版社，1980年。

8. 达力扎布：《〈万历武功录〉有关卜赤汗记事浅析》，载《内蒙古社会科学》，2002年，第4期。

9. ［台］瞿荆州：《一部不平凡的罕传书——万历武功录》，台湾《湖北文献》，65期。1982年10月。

10. ［台］廖瑞明：《明代野史的发展与特色》，私立中国文化大学史学研究所，博士论文，1994年。

11. 胡日查：《有关朵颜卫者勒篾家族史实》，载《内蒙古社会科学》，2000年，第1期。

12. 薄音湖：《关于察哈尔史的若干问题》，载《蒙古史研究》，第五辑，呼和浩特：内蒙古大学出版社，1997年。

13. 薄音湖：《俺答汗征卫郭特和撒拉卫郭尔史实》，载《蒙古史论文选集》第二辑,呼和浩特市蒙古语文历史学会编印,呼和浩特,1983年。

14. 李文君:《明代西海蒙古史研究》,北京:中央民族大学2004年博士学位论文。

15. 贾敬颜:《〈陕西四镇图说〉所记之甘青蒙古部落》,载《西北史地》,1989年,第2期。

16. 王雄、薄音湖:《明代蒙古汉籍史料述略》,载《蒙古史论文选集》第四辑,呼和浩特市蒙古语文历史学会编印,呼和浩特市,1983年。

17. 乌兰:《关于整理蒙文史籍的意见》,载《蒙古学资料与情报》,1984年,第3期。

18. 薄音湖:《俺答汗征兀良哈史实》,载《蒙古史论文选集》第二辑,呼和浩特市蒙古语文历史学会编印,呼和浩特,1983年。

19. 陈育宁:《田清波与鄂尔多斯》,载《蒙古学资料与情报》,1984年,第3期。

20. 达力扎布:《有关明代兀良哈三卫的几个问题》,载《明清蒙古史论稿》,北京:民族出版社,2003年。

21. 《〈万历武功录〉选录》编后说明,《内蒙古史志资料选编》第四辑,呼和浩特,1985年。

四、外文或译文资料

1. Henry Serruys. Genealogical Tables of the Descendants of Dayan-Qan. Copyright 1958 by Mouton & Co., Publishers, The Hague, The Netherlanda.

2. [美]塞瑞斯:《达延汗后裔世系表笺注》,载《北方民族史与蒙古史译文集》,昆明:云南人民出版社,2003年。

3. [日]和田清:《明代蒙古史论集》,北京:商务印书馆,1984年。

4. [日]江国真美:《青海蒙古史的一个考察》,载《蒙古学资料与情报》,1986年,第4期。

5. [蒙古]沙·比拉著,陈弘法译:《蒙古史学史》,呼和浩特：内蒙古教育出版社，1988年。

6. ［英］罗素著、何兆武、肖巍，张文杰译：《论历史》，桂林：广西师范大学出版社，2001年。

五、资料汇编

1. 薄音湖、王雄点校：《明代蒙古汉籍史料汇编》第一、第二辑，呼和浩特：内蒙古大学出版社，1994、2000年。

2. 潘喆、孙方明、李鸿彬编：《清入关前史料选辑》，北京：中国人民大学出版社，1984年。

3. ［日］田村实造等编：《明代满蒙史料》（《明实录抄蒙古篇》），京都大学文学部，1954—1959年。

4. ［日］田村实造等编：《明代满蒙史料》（《明实录抄满洲篇》），京都大学文学部，1954—1959年。

后　记

　　中央民族大学，三易寒暑的潜心修读；中南民族大学，两度春秋的增删修补，形成了呈现于读者面前的这部专著。

　　2002年9月，一直渴望深造的我，终于考取了中央民族大学博士研究生，从接到通知之日起，就告诫自己，不要"一瓶子不满，半瓶子晃荡"，要珍惜机会，踏踏实实，从头做起。更为幸运的是，我投师于达力扎布老师门下从事蒙古史的学习和研究。三年中，达力老师严谨的学风、丰富的学术成果、宽阔的学术视野、谦逊无私的品质都时时提醒我注意自己的零起步状态，并注意改正自己好高骛远的习性和马虎浮躁的性格。所以，三年的学生生涯不仅在学习上收获了知识，在品行上也得到极大的濡染和修炼。2005年，我以《〈万历武功录〉研究——以蒙古、女真部分人物传记为中心》的学位论文顺利毕业。2006年初，又以其中的蒙古部分为深入研究的课题得到了中央民族大学"985工程"中国边疆民族地区历史与地理研究中心第二期项目的资助，这既是我研究的条件，也是我研究的动力。书稿从选题、布局谋篇等等都得益于我的老师——中央民族大学历史系达力扎布教授，在书稿最终完成的时候，恰值老师百忙之中，仍然抽出时间在文字润色、用词等方面提出很多建议，并且亲自为我做了蒙古人名的拉丁转写。没有老师的引导、修正和督促，就没有今天的成绩。如果说，该书还有一点价值的话，功劳首先属于老师。

　　本书得到了诸多学术关爱，中央民大历史系的李桂芝老师、尚衍斌老师、奇文瑛老师、赵令志老师，内蒙古大学的薄音湖老师，中国社会科学院的刘正寅老师、乌兰老师，中国人民大学清史所的张永江老师等诸位老师都给予了思维方式和方法上的指导，给我以拨云见日般的帮助和指引，在此一并致谢。

　　在本书诸多问题上帮助过我的友人们——杨富学、王记录、李文君、任爱君、陶玉坤、曹显征、哈斯、刘茗、黄治国、唐丰姣等等，还有我一些没有列出姓名的朋友，感谢你们的帮助，我的谢忱将随书而至。

感谢中南民族大学党委书记李步海教授、民族学与社会学学院许宪隆院长、岑峻明书记等领导的帮助。因为他们，我得到了一个简单而舒心的工作环境，在教学工作之余，专心致力于本书的修改和补充，使得本书得以尽快面世。我将用更多成绩回报他们的厚爱。

中央社会主义学院教授杨绍猷老师为本书做了成果鉴定，提出诸多中肯意见，字斟句酌，令后学十分感动；中央民族大学出版社社长云峰老师亲自担任本书责任编辑，本人深感荣幸，充满感激，更觉心里惴惴，深恐有负重望。在此书付梓之际，深深感谢两位学界前辈的提携和鞭策。

现在，谈谈我的这本书。尽管本书是自己多年辛勤钻研、不懈努力的结果，但因水平有限，书中肯定挂一漏万，疏漏多多，欢迎大家批评指正。

孟凡云

2007年12月30日